NOUVELLES RECHERCHES

SUR

L'ATAXIE LOCOMOTRICE PROGRESSIVE

(MYÉLOPHTHISIE ATAXIQUE)

ENVISAGÉE SURTOUT AU POINT DE VUE DE L'ANATOMIE ET DE LA PHYSIOLOGIE PATHOLOGIQUES

PAR LE DOCTEUR

MARIUS CARRE D'AVIGNON

Ancien interne des Hôpitaux de Lyon,
Membre correspondant de la Société des Sciences médicales de la même ville,
Lauréat de l'Académie Impériale de Médecine de Paris.

AVEC FIGURES

Observationes sunt vera fundamenta ex quibus in arte medica veritates elici possunt.

WEPFER.

PARIS

ADRIEN DELAHAYE, LIBRAIRE-ÉDITEUR

PLACE DE L'ÉCOLE-DE-MÉDECINE

1865

NOUVELLES RECHERCHES

SUR

L'ATAXIE LOCOMOTRICE PROGRESSIVE

(MYÉLOPHTHISIE ATAXIQUE)

ENVISAGÉE SURTOUT AU POINT DE VUE DE L'ANATOMIE ET DE LA PHYSIOLOGIE PATHOLOGIQUES

PAR LE DOCTEUR

MARIUS CARRE D'AVIGNON

Ancien interne des Hôpitaux de Lyon,
Membre correspondant de la Société des Sciences médicales de la même ville,
Laureat de l'Académie Impériale de Médecine de Paris.

AVEC FIGURES

Observationes sunt vera fundamenta ex quibus in arte medica veritates elici possunt.

WEPFER.

PARIS

ADRIEN DELAHAYE, LIBRAIRE-ÉDITEUR

PLACE DE L'ÉCOLE-DE-MÉDECINE

1865

INTRODUCTION.

L'Académie Impériale de médecine de Paris ayant mis au Concours pour l'année 1864, la question suivante : *Faire l'histoire de l'Ataxie Locomotrice progressive*, je résolus de lui soumettre mes opinions sur un sujet qui depuis longtemps faisait l'objet de mes études. Deux plans pouvaient être adoptés pour résoudre ce problème à la fois si difficile et si attrayant. Le premier aurait consisté à envisager l'ataxie locomotrice dans son ensemble, d'abord comme un symptôme dans les nombreux états morbides où on l'observe, dans les affections cérébrales, cérébelleuses, dans les névroses, dans les diathèses, etc., et ensuite dans la maladie récemment décrite par M. Duchenne (de Boulogne) sous le nom d'*Ataxie Locomotrice progressive*, et depuis longtemps classique en Allemagne sous le titre de *Tabes dorsal*. Le second plan consistait à retracer de cette dernière maladie un tableau complet, à rappeler les phases diverses qu'elle avait parcourues avant d'être connue en France, à montrer les travaux nombreux qu'elle avait engendrés parmi nous et à l'étranger pendant ces dernières années, et à établir les signes grâce auxquels on pouvait la distinguer des autres maladies *ataxiformes*. Cette dernière voie, moins générale, me parut cependant la plus logique, la plus rationnelle, la plus conforme en un mot non-seulement à la lettre, mais encore à l'esprit du programme tracé par l'Académie. Je la suivis. L'Académie a accordé à mon mémoire une mention honorable, et cette marque de distinction me pousse aujourd'hui à passer de son jugement à celui du corps médical.

Le but que je me suis proposé a été surtout de prouver que l'ataxie locomotrice progressive est une entité morbide, une maladie particulière de la moëlle, et pour cela j'ai dû m'appuyer sur l'anatomie pathologique. J'ai trouvé dans les ouvrages de Rokitansky, Turck, Leyden, etc., des documents nombreux propres à faire ressortir cette opinion depuis longtemps admise en Allemagne. En présence de lésions constantes et bien définies, je n'ai pu me ranger à l'avis de ceux qui considèrent l'ataxie comme une névrose, voire même comme une névrose accompagnée de lésions anatomiques. J'ai même vu dans cette théorie une tendance naturelle de l'esprit humain à conclure trop vite, ou à faire plier les faits devant une idée préconçue. J'ai été plus loin, et j'ai pensé que la plupart de ces maladies qu'on appelle aujourd'hui *sine materia*, changeront peut-être bientôt de nom, lorsqu'on emploira mieux et plus souvent les puissants moyens d'investigation que la science actuelle a mis dans nos mains, et qui chaque jour permettent à l'esprit d'arracher à la nature les secrets qu'elle nous cache.

Tout en nous laissant espérer que la Pathologie des névroses entrera un jour dans la voie du positivisme, les recherches anatomiques qu'a suscitées l'ataxie progressive font entrevoir des résultats plus féconds pour les maladies chroniques de la moëlle épinière. Le moment n'est pas éloigné, je crois, où leur démembrement s'opérera, où la myélite chronique perdra son nom, où à côté de la sclérose des faisceaux postérieurs se placera la sclérose des faisceaux antérieurs, celle des faisceaux latéraux, des racines antérieures ou postérieures, de la substance grise. Les symptômes observés suivant le siége et la localisation du processus morbide permettront de prédire l'étendue du mal, et d'en prévoir les conséquences.

Les idées actuelles sont tournées vers ces études positivistes, la physiologie expérimentale les favorise, le concours que les sciences accessoires prêtent à la médecine les fructifie. La médecine de nos jours n'est pas seulement un art, elle se développe comme une science, et il faut l'avouer, elle le doit en grande partie à ces travaux exacts que la génération actuelle poursuit avec ardeur, à ce système qui nous déborde de tout côté, à l'organicisme. Je ne parle pas de cet organicisme exclusif qui ne voit dans la maladie que la lésion, mais de cet organicisme qui sait qu'au-delà des changements de structure il y a des causes qui les ont préparés et qui échappent souvent à nos sens ; mais qui tout en acceptant ces causes quand elles sont évidentes, ne se donne pas pour but unique d'en poursuivre la découverte, d'en étudier le mécanisme, et de se perdre dans des théories qui ne font souvent qu'encombrer la science ou n'apprennent qu'à philosopher en médecine. L'expérience des siècles a prouvé en effet ce que valent les théories, quand elles ne s'appuient pas sur des faits ; elle se sont abimées les unes devant les autres ; elles ont conduit les médecins à des idées comme celles dont Molière a fait justice.

Les recherches exactes échappent à ces défaillances ; les résultats qu'elles enregistrent aujourd'hui ne seront pas effacés demain, car ils sont visibles, et on ne peut nier l'évidence, bien assez de l'interpréter.

C'est sous l'inspiration de ces principes que ce livre a été écrit. J'ai tenu à analyser ce qui était du domaine de l'observation : la symptomatologie et l'anatomie pathologique. J'ai évité de trop rechercher sous l'influence de quelles causes la maladie actuelle prend naissance, car la théorie était là qui m'attendait avec ses illusions. Aussi l'étiologie, comme le traitement offriront peut-être pour quelques-uns des lacunes, lacunes qui ne sont pas de mon fait; car je n'ai fait ici que représenter l'état de la science; je n'avais pas à inventer. Si j'ai donné une part assez grande à la physiologie pathologique, c'est que les fonctions de quelques parties de la moëlle m'ont paru assez bien établies aujourd'hui pour que j'aie pu essayer une théorie de l'ataxie locomotrice, et l'attribuer dans le cas présent à une altération des mouvements réflexes. Mais ce qui m'a dominé surtout, c'est de dépeindre dans tous leurs détails les lésions anatomiques, c'est de vulgariser la structure intime de la sclérose de la moëlle; c'est ensuite de montrer comment les symptômes varient parallèlement aux lésions. On m'accusera peut-être de matérialisme; je n'ai fait qu'étudier la partie du problème accessible aux sens, laissant à qui voudra celle qui n'est accessible qu'à l'intuition.

Pour rendre plus facile la description de la sclérose de la moëlle j'ai joint à cet ouvrage plusieurs dessins représentant les lésions tantôt dans leur ensemble, tantôt dans leurs plus intimes détails.

Parmi les livres le plus récemment parus sur la matière, j'ai consulté ceux de MM. Topinard et Jaccoud. Le premier m'a fait connaître quelques observations d'anatomie pathologique recueillies dans les hôpitaux de Paris, et qui m'ont permis de placer plus fortement en saillie les formes diverses que j'ai admises dans la maladie : forme *lombaire*, *généralisée*, *cérébrale*, etc. ; le second m'a fourni quelques indications bibliographiques grâce auxquelles j'ai pu compléter l'historique des travaux allemands , si nombreux sur ce sujet. En mettant ainsi mes recherches au courant de la science, ces additions n'ont nullement modifié le plan primitif; j'ai d'ailleurs toujours consciencieusement signalé les sources auxquelles j'ai puisé.

Je ne terminerai pas sans mentionner un remarquable mémoire de M. Ch. Bouchard , qui m'a permis de joindre au chapitre consacré à l'anatomie pathologique quelques considérations sur la sclérose de la moëlle en général, et sans le remercier ici de ses conseils et des pièces anatomiques qu'il a mises à ma disposition.

Avignon , le 15 juillet 1865.

Chapitre I.

RECHERCHES HISTORIQUES SUR LE TABES DORSAL ET L'ATAXIE LOCOMOTRICE PROGRESSIVE.

§ 1er.

La maladie que Duchenne (de Boulogne), a récemment décrite sous le nom d'Ataxie Locomotrice progressive n'est pas d'origine toute moderne. Ce n'est pas un de ces maux qui naissent soudain pour frapper l'humanité, et qui disparaissent de même après une existence plus ou moins longue; elle appartient au contraire à ces affections qui par leur ancienneté, par leur nature, constituent le fond permanent des souffrances humaines. Si pendant longtemps elle est restée inconnue, c'est qu'on la méconnaissait quand on l'avait devant les yeux, c'est qu'on la confondait, grâce à une ressemblance grossière, avec les vraies paralysies. Aussi dès que ses caractères bien accentués ont été vulgarisés, l'ataxie locomotrice est devenue très commune, la plus commune, je ne crains pas de le dire, des maladies chroniques de la moëlle épinière. Je n'en veux pour preuve que ces travaux nombreux qui ont paru de tous les côtés, presque à la fois, les uns pour retracer sa physionomie, d'autres pour rechercher son origine jusque dans les travaux les plus anciens où on la retrouve ébauchée.

S'il est une cause qui ait surtout contribué à tenir cette maladie dans l'obscurité, c'est sans contredit la multiplicité des noms qu'on lui a donnés et surtout celui de Tabes Dorsal, sous lequel elle a été et est encore désignée par beaucoup d'auteurs, en Allemagne. Or cette expression a reçu diverses significations que je crois utile de rappeler ici brièvement.

Hippocrate le considérait comme une maladie de la

moëlle épinière (1). Ses successeurs reproduisirent, le plus souvent en pâles imitateurs, les idées de ce grand médecin, quand ils ne négligèrent pas de mentionner cette maladie, ou qu'ils ne la confondirent pas avec d'autres. Celse (2), Galien (3), Arétée (4), ne décrivent que la spermatorrhée. C'est en vain qu'on feuillète les ouvrages romains et arabes pour y rencontrer quelques détails nouveaux. Il nous faut traverser une longue suite de siècles, et arriver jusqu'à 1679 pour retrouver la description du tabes dorsal. C'est alors que Bonnet (5), puis Sauvages (6), Jh. Franck (7), etc., revenant à l'idée

1 Tabes dorsalis ex spinali medullâ oritur.... quodsi itâ affectum percontetis, afferet, sibi videri ex superioribus partibus a capite velut formicas in spinam demitti, cumque urinam ant stercus reddit, semen genitale copiosum et liquidum ei prodit, neque generatio fit, etc. (*Hipocrates de morbis*, lib. II, cap. XIX.

2 Celse, lib. IV, ch. 1, section 7, n° 9.

3 Galien, *de Locis affectis*, lib. VI, cap. VI.

4 Arétée de Cappadoce, liv. II, cap. 5.

5 *Boneti Sepulcretum*, Genève 1679 Liv. I, section 13. Voici la description de cet auteur : Hippocrates morbum hunc ex professo tractans, duplicem ejus speciem assignavit ; unam ex immodicâ venere et alteram e distillationne in spinam dorsi comitem habens dolorem continuum tum marcorem insuperabilem. Dolorem autem hic parit acida pituita dilacerans magnopere vel membranam, quæ spinalem medullam proximè cingit, vel ipsos nervos indè oriendos, sed si obstruantur venæ aut arteriæ sive a lumbis sive a cervice huc delatæ... *eripitur œgro hoc modo consensus inter inferiores superioresque partes,.... neque marcescit solum ipsa medalla spinalis*.... etc.

Voici en résumé une observation empruntée à cet auteur : Il s'agit d'un homme qui souffrit de plusieurs affections convulsives, d'une faiblesse paralytique et finalement d'une paralysie des muscles, de difficulté dans la parole et d'une constipation opiniâtre. La maladie dura douze ans. On trouva à l'autopsie la moelle ramollie et dans le canal vertébral beaucoup de liquide.

6 Sauvages — *Nosologia anatomica*, lib. II, p. 477. — Tabes dorsalis Lomnii. Justâ Lomnium accidentia sunt cephalalgia vehemens, acuta, lumborum dolore formicanti collum et lumbos sequens, rhumatismus inflexionem artuum impediens, alvus pigra, mictio difficilis, seminis effluxus inter mingendum et in somno.... febris nulla.,. dolor artuum crescens ; morbo inveterescente, accedit phlegmatia, tremor manuum, amaurosis.

7 J. P. Franck. — Quodsi vero tabis quam vocamus dorsalem symptomata : singularem musculorum dorsalium lumbalium destructionem, dolorem capitis, cervicis, lumborum, formicarum per spinam decurrentium sensum, artuum tremores gravitatem, convulsiones, paralysis, articulorum cruciatus faciles que seminalis liquoris jacturas, attentâ mente rimemur, vereor ne tantorum affectuum ad ipsam spinam ejusque medullam causa interdum lateat. Interdum vero resiccatur medulla spinalis maxime cum venulæ fuerint obturatæ item que ex cerebro accessus. Propter corporis autem afflictionem hæc patitur et ægrotat...

hippocratique, et la fécondant quelquefois par l'examen cadavérique, décrivent de nouveau le tabes dorsal comme une maladie de la moëlle épinière, et pressentent la vérité.

Puis vient une autre période de transition. Pendant presque tout le XVIIIme siècle et une partie du XIXe, l'attention se concentre de préférence sur un symptôme, la spermatorrhée, qu'on rencontre souvent dans les maladies de la moëlle, et ce sont les névroses génitales, mêlées à un cortége plus ou moins constant de phénomènes nerveux, à l'hypocondrie, à l'hystérie, etc., qu'on retrouve dans les nombreux travaux qui parurent pendant cette époque sur le tabes dorsal, et parmi lesquels nous nous contenterons de citer les ouvrages de : Scheldammer (1), Brendel (2), Lewis, (3), Selp (4), Tissot (5), Wichmann (6), Percy (7) Plouquet (8) Loewenhard (9) Schesmer (10), Gossow (11), de Meyeren (12), L. Schaper, (13) Guill. Horn (14) etc.

Il était réservé à Lallemand de réunir ces divers travaux, de les comparer, et d'y trouver en les fouillant les éléments de son remarquable traité sur les *pertes séminales*. L'éminent professeur de Montpellier, en fixant les traits de cette variété de *tabes dorsal*, a contribué puissamment à démembrer les maladies qui s'abritaient sous

1 Scheldammer. *Dissertatio de Tabe dorsali*. Jenæ, 1691.

2 Brendel. — *Opuscula medica*. *Dissertatio XII, de Tabe dorsali*. Gœting. 1749.

3 Lewis. — *Essay upon the tabes dorsalis*. London 1758.

4 Selp. *Dissertatio de phthisi nervosa*. Gœting, 1773.

5 Tissot. — *Opera medica*. C. I.

6 Wichmann. — *Dissertatio de Pollutionne diurna frequente sed rarius observata tabescentiæ causà*. Gœtting., 1782.

7 Percy. — *On the Lues venerea, Gonorrohea and Tabes dorsalis*. *Diss. London*, 1787.

8 Plouquet — *Dissertatio*. *Exemplum singularis morbi paralytici*. Tubingæ, 1806.

9 Loewenhard. — *Dissertatio de Myelophthisi chronica vera et nota*. Berol. 1843.

10 Schesmer. — *Dissertatio*. *Tabis dorsalis adumbratio pathologica*. Berol, 1819.

11 Gossow. — *Dissertatio de Tabe dorsali*. Berol., 1825.

12 De Meyeren — *De Diagnosi phthiseos nervosæ*. Bérol. 1825.

13 L. Schaper. — *Diss. de Tabe nervosa*. Berol. 1825.

14 Guil. Horn. — *Diss. de Tabe dorsuali.*, Berol 1827.

cette vieille et fausse dénomination. De son côté l'école positiviste allemande, aidée par les lumières de l'anatomie pathologique, édifiait peu à peu sous le même nom une maladie chronique de la moëlle épinière.

C'est ainsi que se creusait de plus en plus l'abîme entre des maladies dissemblables, qu'un abus de langage avait un instant confondues.

Ce n'est pas à Romberg le premier que revient l'honneur d'avoir décrit sous le nom de tabes dorsal la dégénérence grise des faisceaux postérieurs de la moëlle. L'exactitude historique conduit à retrouver antérieurement à cet auteur les premières traces de ce rapprochement.

Déjà, après les travaux de Loewenhard qui, en 1812, décrit le tabes dorsal sous la dénomination expressive de myélophthisie chronique, de E. Horn (1), qui consacre dans son journal plusieurs articles à l'étude de cette maladie, de Brera et Harlews (2), Wenzel avait, dès 1824, considéré le tabes dorsal comme une atrophie de la moëlle épinière. « Je les considère (le marasme infantile et le tabes dorsal), dit-il, dans son ouvrage sur les maladies de la colonne vertébrale (3), comme des maladies de la moëlle épinière consistant dans un amaigrissement morbide de cet organe.

Cette description générale laissait beaucoup à désirer sous le rapport des détails anatomiques et manquait d'observations. W. Horn échappa à ce défaut. On trouve dans son ouvrage (4) une série d'observations comprenant la description des symptômes et la relation des autopsies. Les altérations consistaient en une atrophie de la moëlle épinière : l'amincissement des nerfs de la queue de cheval y est déjà signalé.

Parmi les auteurs qui suivent et dont il serait trop long de reproduire les idées, nous signalerons comme ayant contribué le plus à avancer la question et à la placer sur

1 E. Horn. — *In seinen arch.* 1813.

2 Brera et Harlew. — *Ueber die Entzundang des Ruckenmarcks.* Nurnberg. 1814.

3 Wenzel- — *Ueber die Krankheit am Rückgrate.* Bamberg. 1824.

4 W. Horn. — *De Tabe dorsuali præclusio.* Berlin, 1827.

le terrain de l'observation exacte : Hufeland (1), Rust (2), Schœnlein (3), Naumann (4), W. Grimm (5), Canstatt (6).

Nous avons hâte d'arriver aux descriptions de Steinthall et de Romberg.

« *Le tabes dorsal, l'atrophie de la moëlle spinale, la phthisie dorsale*, dit le premier de ces écrivains, *ne sont qu'une même maladie, aboutissant à une altération organique à la moëlle.* »

Comme symptômes essentiels, il signale 1° une faiblesse paralytique des extrémités, principalement des extrémités inférieures. La démarche est incertaine, chancelante, plus tard elle devient trainante ; les malades marchent sur le talon, la jambe est élevée difficilement, elle oscille et n'est pas dirigée au gré de la volonté.

2° Une faiblesse paralytique, et plus tard une paralysie complète de la vessie.

3° Une sensation de contriction dans le corps.

4° L'Amblyopie amaurotique.

Comme symptômes accessoires il note : des sensations morbides dans la colonne vertébrale, une irritabilité morbide des parties génitales, un amaigrissement général, principalement des extrémités et du dos.

A l'autopsie de ces malades on trouve l'atrophie de la moëlle épinière, la dégénérence grise des faisceaux postérieurs. (7).

Il faut cependant reconnaître que c'est dans l'ouvrage de Romberg, dont la première édition remonte à 1837, qu'on trouve les détails les plus précis. On ne peut, en le lisant, méconnaître les rapports intimes qui unissent le tabes dorsal et l'ataxie locomotrice progressive.

Romberg s'exprime ainsi : « Le premier symptôme est une diminution de la force motrice des muscles, d'abord

1 *Hufeland.* — *In seinen* : Journal, 1826, févr. et juin.

2 Rust. — *In seinen Magazin.* Bd. XXII.

3 Schœnlein. — *Allegemeine and spécielle pathologie and therapie.* Würzburg

4 Naumann. — *Medicinische Clinik*, Berlin, 1837, vol. VII.

5 Grimm. — *Idiopathischen Atrophien.* Leipzig, 1840.

6 Canstatt. — *Specielle pathologie and Therapie.* Erlangen, 1843, vol. III, chap. I.

7 Steinthal. — *In Hufeland's Journal Juli und August.* 1844.

et de préférence dans les extrémités inférieures, symptôme qui est parfois plus prononcé, au début, dans une jambe que dans l'autre. Le malade est faible, il ne peut rester longtemps en marche et debout. Au début apparait aussi une diminution de la sensibilité tactile et musculaire, pendant que la sensibilité de la peau à la température et à la douleur n'est pas amoindrie. Debout et dans la marche, les pieds semblent appuyer sur du coton, du sable fin ou une vessie remplie d'eau. La résistance du sol n'est pas nettement perçue. Le malade fait des efforts pour vaincre l'incertitude de ses mouvements, son pas n'est pas assuré, il appuie le talon avec plus de force ; au commencement la vue régularise ses mouvements; s'il ferme les yeux, il chancelle, il vacille, tout comme lorsqu'il est dans l'obscurité et l'incertitude de la marche se prononce davantage. Ces signes pathognomoniques, (car d'aprés mes observations ils ne se montrent ni dans d'autres paralysies, ni dans les amauroses libres de complication), je les ai déjà fait remarquer il y a 20 ans, et depuis ce temps ils n'ont manqué chez aucun malade de ce genre. Quelques uns les signalent d'eux-mêmes.

« La diminution de la force musculaire se montre aussi dans les organes munis de sphincters principalement dans la vessie. L'émission de l'urine se fait souvent au début, et avec paresse. La constipation est presque constante. Il existe des douleurs diverses, presque toujours une sensation de constriction, qui part des vertèbres dorsales et qui entoure le corps dans un cercle, et souvent gêno la respiration. La plupart des malades se plaignent de douleurs fulgurantes, térébrantes, dans les jambes, de picotements, de mouvements convulsifs, de sensations de brûlure, de froid, dans la peau, non-seulement dans les extrémités inférieures mais dans les supérieures. Le visage seul fait exception.

« Dans ces cas qui souvent ne sont pas remarqués au début, la faiblesse des jambes augmente sensiblement au bout d'un certain temps. Bientôt un soutien devient nécessaire. Plus tard, la diminution de la force s'étend aux membres supérieurs, sans cependant atteindre jamais un degré aussi élevé. La paralysie du sphincter vésical est complète. La puissance virile s'éteint, la nutrition ne souffre pas en proportion; de tels malades peuvent même conserver leur embonpoint, plus tard les chairs deviennent molles et flasques.

L'examen nécroscopique révèle ordinairement une *atrophie partielle de la moëlle*. L'atrophie des nerfs de la queue de cheval est quelquefois arrivée à un tel degré qu'il semble qu'il n'en reste que les enveloppes névrilématiques, les racines situées au-dessus participent à l'altération, et ce qui présente le plus d'intérêt, *les racines postérieures sensibles sont parfois seules envahies, pendant que les racines antérieures motrices ne paraissent pas altérées.* J'ai vu, il y a 20 ans, un exemple remarquable de cette disposition chez un médecin de province de 52 ans qui, à la suite de grands chagrins et de refroidissements contractés dans l'exercice de ses fonctions, fut atteint, à 40 ans, de paresis dans les extrémités inférieures et d'amblyopie. La maladie continua sa marche malgré tous les traitements; l'autopsie, à laquelle j'assistai, fut faite par Froriep, et je ne fus pas peu surpris de voir une atrophie limitée à la partie inférieure des faisceaux postérieurs et des racines nerveuses correspondantes. La substance nerveuse était presque tout-à-fait atrophiée, elle apparut comme transparente, d'un gris jaunâtre, les racines nerveuses étaient privées de tubes nerveux, et étaient comme macérées dans l'eau, les faisceaux et les racines antérieurs ne présentaient rien d'anormal. Dans une autre cas de tabes dorsal Froriep a trouvé la même disposition. » (1).

En 1854, Wunderlich décrit sous le nom de *paralysie spinale progressive* une maladie qui a la plus grande analogie avec l'ataxie locomotrice progressive (2). Pour cet auteur ces deux dénominations représentent une même maladie, car plus tard (3) il déclare nettement qu'elles sont synonimes. « Il est très singulier, dit-il, déjà dans son premier ouvrage, de voir des malades qui, depuis

1 *Handbuch der Nervenkankhreiten.* vol. II, Berlin, 1851.

2 Wunderlich *Handbuch der Pathologie und Thérapie,* vol. III, p. 52 et suiv. — 1854. — Stuttgard.

3 *Id. Archiv. fur Heilkunde*, 1863.

longtemps sont incapables de faire un pas d'une manière assurée, pouvoir frapper du pied le sol avec une grande force, et lorsqu'ils sont couchés, exécuter tous les mouvements sans difficulté. » La conservation de la force musculaire, et la liberté des mouvements dans le lit (deux symptômes très-importants) se trouvent nettement indiqués dans les lignes qui précèdent.

Jusqu'ici on s'est contenté de décrire les caractères physiques, visibles à l'œil nu, palpables, des altérations anatomiques, soit qu'on ait signalé l'atrophie d'une manière générale (Wenzel. Horn, etc.), soit qu'on ait limité l'atrophie (Steinthall, Romberg) aux faisceaux postérieurs. Mais la nature des lésions, l'état des éléments nerveux, ne furent recherchés que plus tard. Cette étude, du plus haut intérêt, éclaira la question d'un jour tout nouveau.

Le premier examen microscopique fut fait en 1855 par Virchow. Voici comment il décrit les lésions anatomiques: « Dans l'affection nommée *Tabes dorsalis*, dans ce que nous caractérisons aujourd'hui par l'atrophie de certains cordons spinaux, on voit, à mesure que l'atrophie s'avance et que les nerfs sont détruits en diverses directions, dans les cordons postérieurs par exemple, on voit, dis-je, près de la commissure postérieure des traits coniques, dans lesquels la substance blanche devient grisâtre et transparente, en un mot il se forme apparemment de la substance grise. L'affection peut faire des progrès, et la partie conique altérée peut s'élever de plus en plus, et augmenter en largeur ; toute la substance des fibres médullaires disparaît; peu à peu, on ne trouve plus de nerfs nets dans ces points ; ils sont remplacés par une énorme quantité de névroglie contenant des corpuscules amylacés (*Pathologie cellulaire*, p. 255.)

La dégénérescence grise des centres nerveux devint presque en même temps l'objet de travaux très-importants de la part de Rokitansky (1) et de Tuerk (2).

1 Rokitansky — *Ueber das Auswachen des Bindegewebsubstanzen Sitzam, bericht dei Akadem des Wissench*, vol. XIII, p. 122, 1854.

2 Tuerck. — *Ueber die Dégénération einzelner Rückenmarksstrange*, même recueil, 1856.

Le premier de ces auteurs étudie d'une manière générale cette dégénérescence dans le cerveau et dans la moëlle épinière, il décrit avec la plus grande exactitude ses caractères, il recherche son mode de développement, et attribue une part capitale dans ce processus à la prolifération des éléments de tissu conjonctif. Nous aurons l'occasion de revenir plus tard sur ces idées que nous nous contentons de signaler ici.

Tuerck, entraîné par l'exemple du maître, tourna aussi son attention vers l'étude de ces altérations chroniques des centres nerveux : sur quatorze autopsies de sujets morts de maladies chroniques de la moëlle épinière, il trouva trois fois seulement le siége de l'altération dans les faisceaux antérieurs et latéraux, et onze fois la dégénérescence existait dans les faisceaux postérieurs. Ces sujets avaient présenté des symptômes d'ataxie.

A l'exception d'un garçon de six ans, tous les autres dix malades étaient âgés de 22 à 58 ans au début de la maladie, et la plupart hommes.

Le commencement de la maladie s'annonçait par une paralysie progressive des membres inférieurs, qui le plus souvent demeura incomplète, de sorte que les malades pouvaient se tenir debout ou marcher avec ou sans soutien. Dans quelques cas il s'y joignit des crampes dans les membres inférieurs, et une paralysie incomplète de la vessie.

Quand la mort survint par le fait de la propagation de la maladie, on trouva les faisceaux postérieurs fortement dégénérés au niveau du plexus brachial; cette dégénérescence s'était traduite pendant la vie par une paresse des membres supérieurs.

Dans deux cas, il y eut des troubles des facultés mentales, et on trouva, à la mort, des adhérences des membranes cérébrales avec la surface supérieure du cerveau, comme dans la paralysie générale.

Les altérations de la sensibilité consistaient en douleurs survenant par intervalles, fourmillemens des membres, et anesthésie *constante*. L'anesthésie se renfermait la plupart du temps aux membres inférieurs, néanmoins elle était dans quelques cas très-étendue; son intensité était variable.

Aucun malade ne se plaignit de maux de reins.

La durée de la maladie était de 1 à 8 ans.

L'auteur ne donne aucun renseignement sur la cause de la mort de ces malades, mais certainement ils ne sont pas morts d'ataxie locomotrice.

Eisenmann s'étonne que Türck n'ait pas mentionné les troubles occulaires, quoique dans un cas cependant il ait signalé l'atrophie du nerf optique qui avait un aspect gélatineux.

L'examen cadavérique donna les résultats suivants: les faisceaux de la moëlle épinière présentaient dans le plus grand nombre des cas, du côté de la partie postérieure de la moëlle, des traces d'une hypémérie plus ou moins prononcée ou même de méningite.

Dans des cas rares, la dure-mère était solidement unie avec l'arachnoïde.

La dégénérescence des faisceaux postérieurs existait toujours des deux côtés. Elle présentait à l'œil nu un aspect grisâtre, gélatineux, la consistance de ces parties était une fois *diminuée*, quelquefois normale, souvent manifestement augmentée. On les trouva atrophiées dans peu de cas où la maladie avait duré longtemps.

Le microscope montra dans les parties dégénérées des amas de noyaux (noyaux de cellules), dont l'abondance variait suivant les cas ; de plus, une masse finement granuleuse et de la graisse en liberté.

Les tubes nerveux étaient presque toujours atrophiés, mais dans des proportions très-variables.

L'intensité de la dégénérescence n'était pas toujours en rapport avec les caractères extérieurs. — Ainsi dans certains cas où l'aspect gélatiniforme était peu prononcé, les tubes présentaient au microscope de profonds changements, et vice-versâ.

L'étendue de l'altération n'était soumise à aucune règle constante. Dans certains points elle occupait la totalité des faisceaux, et alors elle diminuait en haut et en bas à partir de ces points, et tout autant en largeur qu'en épaisseur. Quelquefois les faisceaux latéraux étaient atteints, et l'altération diminuait aussi, dans ces cas, en haut et en bas. Les points où la maladie était à son apogée, et qu'on peut considérer comme indiquant le point de départ de la maladie, correspondaient tantôt au niveau des 10me et 12me nerfs dorsaux, tantôt au niveau de l'insertion des premiers nerfs dorsaux et des premiers lombaires; tantôt au niveau de l'insertion des nerfs lombaires; tantôt au niveau de tous les nerfs dorsaux et lombaires; tantôt au niveau des nerfs lombaires et sacrés; tantôt, enfin, elle partait de la partie supérieure de la région dorsale, et s'étendait jusqu'à la partie la plus inférieure des nerfs sacrés. Elle se propageait, en diminuant successivement jusqu'à l'extrémité supérieure de la moëlle épinière, ou ses environs.

Les cellules de la moëlle épinière furent trouvées normales.

Les racines étaient tantôt saines, tantôt elles avaient un aspect rougeâtre ou gélatineux, tantôt les tubes nerveux étaient plus ou moins atrophiés, tantôt envahis par la graisse. — Turk conclut de ces observations que ni l'intensité, ni l'âge de la maladie, ni l'existence, ni l'absence d'une méningite, ni son siége spécial (de la méningite) ne peuvent avoir une influence sûre et constante sur l'évolution de la dégénérescence des faisceaux postérieurs.

A côté de la dégénérescence des faisceaux postérieurs L. Turck a trouvé les changements accidentels suivants : une fois avec une induration des faisceaux postérieurs et des amas de noyaux, un aspect très-gélatineux, une infiltration de cellules dans la moitié de la moëlle avec une dégénérescence secondaire des faisceaux latéraux.

Une fois il se trouvait seulement dans les faisceaux postérieurs des amas de noyaux, une infiltration de cellules dans le cerveau, avec dégénérescence secondaire des faisceaux latéraux; une fois avec une altération gélatiniforme prononcée des faisceaux postérieurs et des parties postérieures des faisceaux latéraux, un épaississement des membranes du cerveau adhérentes aux circonvolutions cérébrales et une dégénérescence gélatineuse des nerfs optiques.

Dans un de ces cas, sur une femme de 37 ans, il existait un cancer dans l'hémisphère gauche du cerveau.

Dans une autre, sur un garçon de 6 ans, il y avait un cancer de la grosseur d'un œuf de poule, dans les circonvolutions de la base (1).

En Angleterre les travaux produits pendant cette période sont bien loin d'aboutir à des résultats aussi précis. Ce n'est plus comme en Allemagne, dans ce pays du positivisme et des recherches minutieuses, souvent jusqu'à l'excès, des travaux nombreux que l'on rencontre à chaque pas, mais quelques auteurs isolés, qui par une analyse rigoureuse, essayant de dépouiller le chaos des paraplésies, ont ainsi mis au jour quelques exemples de tabes dorsal ou d'ataxie.

Stanley (2) en 1840 et John Webster (3) en 1843 publiaient deux observations d'atrophie des faisceaux postérieurs de la moëlle, (voir chap. V). Dans la première, il s'agit d'un malade qui ne pouvait marcher qu'avec peine, ni soulever les jambes, étant assis, et qui présenta, à l'autopsie, une dégénérescence des faisceaux postérieurs qui étaient *mouset résistants.*

La seconde se rapporte à un homme de 36 ans qui, après des accès épileptiques, ressentit dans les jambes des élancements très-douloureux, et la plus grande difficulté dans la marche. Les faisceaux postérieurs étaient en grande partie détruits, et les antérieurs sains. On ne trouva aucune trace de substance grise.

En 1847 le docteur Todd (4) fit paraître un travail des plus intéressants sur la coordination des mouvements.

« Depuis longtemps, dit-il, j'ai été conduit à croire que les fonctions des faisceaux postérieurs diffèrent complètement de celles qu'on leur attribue : ils servent à la fois à harmoniser entr'eux les divers segments de la moëlle, et à la fois ils sont solidaires du cervelet, pour régu-

1 Ces recherches de Turk se trouvent analysées dans l'ouvrage d'Eisenmann, et c'est d'après lui que nous en donnons le résumé.

2 Stanley. — *Médico-chirurgical Transactions*, t. 23, p. 8 et suivants. 1840.

3 *Même recueil*, 1844, p. 1 et 18

4 Todd. — *Art. Physiology of the nervous system (Cyclopædia of anatomy and physiology)*. London 1847.

lariser et coordonner les mouvements volontaires de la locomotion. Les faisceaux postérieurs tiennent le tronc en équilibre, et mettent ses mouvements en harmonie avec ceux des extrémités inférieures. Ces vues sont appuyées par la clinique. Dans plusieurs cas où le symptôme capital était une difficulté progressive de la marche, on trouva dans les faisceaux postérieurs le siége de la maladie. On peut admettre deux espèces de paralysies motrices des extrémités inférieures : la première consiste simplement dans *la faiblesse ou la perte des mouvements volontaires* ; *la deuxième est caractérisée par une diminution ou une perte totale de la faculté de coordonner les mouvements*. Dans ce dernier cas, le malade, quoique ayant conservé une force spontanée considérable, éprouve une grande difficulté à marcher, et la démarche est si chancelante et si incertaine, que le centre de gravité se déplace facilement..(1).

Le docteur Topham (2) cite un nouveau cas d'altération des faisceaux postérieurs, accompagné pendant la vie de troubles de la sensibilité et du mouvement.

Gull adopta plus tard les vues de Todd que nous venons de développer. Il rapporte deux cas qui sont reproduits plus loin, et dans lesquels l'autopsie montra que le siége

1 On ne dirait pas mieux aujourd'hui. Todd est évidemment le premier auteur qui ait nettement établi une distinction radicale entre les paraplégies par *paralysie*, et les paraplégies par défaut de coordination, distinction sur laquelle M. Duchenne, de Boulogne, a justement insisté plus tard, et qui a éclairé d'un vif éclat les maladies de la moëlle. Il est curieux de rapprocher de l'opinion du physiologiste anglais celle d'un auteur allemand bien connu :

«La moëlle épinière, dit Muller, p. 368, peut conserver son aptitude comme conducteur, bien qu'elle ait perdu sa seconde propriété, *celle de régler la force des mouvements volontaires, comme on le voit dans la Phthisie dorsale*. Dans cette maladie, qui doit sa naissance à l'abus des jouissances et qui s'accompagne d'une atrophie de la moëlle épinière, il n'y a d'abord aucun muscle des membres inférieurs qui soit frappé de paralysie. Tous obéissent encore à la volonté, même à une époque assez avancée de la maladie, le sujet peut exécuter toutes sortes de mouvements, et la moëlle épinière n'a évidemment rien perdu de son aptitude à conduire les ocillations ou les courants qui émanent du sensorium commune. Mais les mouvements ont perdu de leur énergie, le malade ne peut plus rester longtemps ni assis, ni debout, et les forces vont toujours en diminuant jusqu'à ce qu'il y ait paralysie complète. Il faut bien distinguer cette espèce de paralysie d'autres dans lesquelles la propagation se trouve interrompue dans un point quelconque de la colonne motrice, et où les muscles correspondants n'obéissent plus à la volonté.

2 *Lancet, Marsh*, 1852.

des lésions anatomiques résidait dans les faisceaux postérieurs de la moëlle épinière. Le principal symptôme observé pendant la vie était l'incoordination des mouvements volontaires. Il considère la maladie comme une méningite spinale chronique entraînant à sa suite la dégénérescence des faisceaux postérieurs. (1).

§ 2.

Fortement ébauchée à l'étranger, comme nous venons de le voir, l'ataxie locomotrice progressive était à peine connue en France, malgré les observations qui sommeillaient dans ses recueils scientifiques, lorsque le mémoire de M. Duchenne (de Boulogne) (2), attacha l'attention sur cette maladie. Patronées par M. le professeur Trousseau (3), commentées par M. Teissier (de Lyon) (4), critiquées par M. Jaccoud (5), les idées de l'auteur de l'*Electrisation localisée* furent accueillies avec l'avide curiosité qui s'attache aux découvertes.

L'anatomie pathologique ne devait pas tarder de montrer que l'ataxie locomotrice progressive n'était autre chose que le tabès dorsal des Allemands. Quelle qu'ait été l'impression produite par ce rapprochement, rien n'a pu diminuer le mérite qu'a eu l'écrivain français de retracer d'une manière magistrale la physionomie de cette maladie ; c'est ce qui manquait avant lui.

M. Bourdon retrouva le premier la dégénérescence gélatineuse des faisceaux postérieurs (6) et il en fixa les caractères dans un mémoire qui fit une sensation pro-

1 *Guy's Hospital reports* 1858, T. IV, p. 169, 3e série.

2 Duchenne, de Boulogne. — *De l'Ataxie locomotrice progressive. Archives générales*, 1858 *et* 1859.

3 Trousseau. — *De l'Ataxie locomotrice progressive.* — *Union médicale*; 1861, numéros 12, 14, 20). — Ibid. — *Comptes rendus de la Société médicale des hôpitaux*, Gazette hebdomadaire. 1861, numéro 41. — Ibid — *Clinique médicale de l'Hôtel-Dieu de Paris*, T. II, p. 181. — Ib. — *Union médicale*, 1862: 26 et 29 juillet — Ibid. — *Gazette des hôpitaux*, 4 avril 1863. *De la valeur des différentes méthodes de traitement de l'Ataxie locomotrice progressive.*

4 Teissier, de Lyon. — *De l'Ataxie musculaire.* — Gazette médicale, de Lyon, 1861 et 1862 — Broch. in 8o. Paris, 1862.

5 Jaccoud. — *Sur l'ataxie musculaire*, Gazette hebdomadaire, 1862, nº 8.

6 Hip. Bourdon. — *Etude clinique et histologique, sur l'ataxie locomotrice progressive*, Archives générales, novembre, 1861.

fonde. Bientôt après, dans un second travail (1), où les plus modernes idées de physiologie trouvent leur application, il rapprocha de ce premier fait plusieurs exemples analogues, incomplètement connus ou mal interprêtés jusque là ; et depuis lors les observations de Hutin (2), Sandras (3), Monod (4) et Ollivier d'Angers (5), Cruveilhier (6), Schützemberger (7), ont été généralement considérées comme appartenant à l'ataxie locomotrice progressive.

M. Oulmont publia peu de temps après une observation remarquable par la complication qui amena la mort et par la persistance de la sensibilité (8). M. Dumesnil en rendant compte de son expérience personnelle (9), annonça avoir observé plusieurs fois cette maladie, et appela l'attention sur l'atrophie musculaire qui la complique assez souvent.

Plusieurs mémoires dus à MM. Charcot et Vulpian fixèrent les exprits sur les détails les plus intimes de l'anatomie pathologique, élucidèrent les points les plus importants afférents à la physiologie de cette maladie, le rôle des racines, des faisceaux postérieurs dans la coordination des mouvements, l'importance de la sensibilité pour la régularité de la locomotion. On doit

1 Ibid. — *Nouvelles recherches cliniques et anatomiques sur l'ataxie locomotrice progressive. In. Arch. gén.*, avril 1862.— Voir aussi *Comptes rendus de la Société médicale des hôpitaux*. Gazette hebdomadaire, 1861, n° 41, et 1862, n° 2 et 5.

2 Hutin. — *Nouvelle bibliothèque médicale*, 1828, t 1.

3 Sandras. — *Journal de médecine*. 1829, T. CXI, p. 360.

4 Monod. — *De quelques maladies de la moëlle épinière*, Bulletin de la société anatomique, 1832, T. II, p. 56.

5 Ollivier, d'Angers. — *Traité des maladies de la moëlle épinière*. Paris. 1837, T. II. 1837.

6 Cruveilhier. — *Anatomie pathologique*, livraisons 32 et 38 ; 1830, 1842.

7 Schutzemberger. — Voir les thèses de E. Sellier. — *De la nature et du siège de certaines paralysies isolées de la sensibilité*, Strasbourg, 1860, numéro 514. — et Ch. Sizaret : de l'*Anesthésie musculaire*. Strasbourg, 1860. — Cette observation se retrouve aussi relatée par Michel. — *Du Microscope et de ses applications*. Mémoire couronné par l'académie des sciences, T XXI. Paris, 1827

8 Oulmont. — *Observation d'ataxie locomotrice progressive, etc.*. Union médicale, 1861, numéro 41.

9 Dumesnil, de Rouen, *Note sur la dégénérescence avec atrophie des cordons postérieurs de la moëlle épinière et de ses rapports avec l'ataxie locomotrice progressive ;* Union médicale, 1862, numéro 17.

aussi à ces auteurs de remarquables recherches sur l'emploi du nitrate d'argent dans le traitement de l'ataxie locomotrice progressive. (1).

Parmi les autres travaux consacrés à l'étude des lésions cadavériques, je signalerai encore les recherches de M. Ordonez sur l'altération des capillaires de la moëlle (2) l'observation de M. Marotte (3), celle que j'ai publiée ailleurs (4) et dont l'autopsie est la seconde qui ait été faite en France, celles de MM. Sappey (5), les thèses d'Ewards (6), de Carboneil (7), un travail de Cornil (8) ; une observation de Duchenne (de Boulogne) (9), où se trouvent mentionnées pour la première fois des altérations du grand sympathique : enfin un très remarquable résumé critique de M. Axenfeld, qui expose l'état de la question tant chez nous qu'à l'étranger (10).

En Allemagne plusieurs travaux très-importants ont paru depuis le mémoire de M. Duchenne (de Boulogne).

1 Charcot et Vulpian. — *Sur un cas d'atrophie des cordons postérieurs de la moëlle épinière et de ses racines postérieures*. Gazette hebdomadaire, 1862, numéros 6 et 18.

Ibid. — *Deux nouvelles observations d'ataxie locomotrice avec autopsie*, Gazette médicale de Paris, 1863.

Ibid. — *Sur l'emploi du nitrate d'argent dans l'ataxie locomotrice progressive*, Bulletin de thérapeutique, 15 juin et 1er juillet 1862.

2 Ordonnez — *Sur une altération des capillaires de la moëlle*, Gazette médicale de Paris, 1863. — *Comptes rendus de la société de Biologie.*

3 Marotte. — *Observation d'ataxie locomotrice progressive, suivie d'autopsie*, Union médicale, 7 juillet 1862.

4 Carre. — *De l'ataxie locomotrice;* thèse. Paris, 13 août 1862.

Ibid. Voir : *De la dégénérescence grise des faisceaux postérieurs de la moëlle épinière, dans l'ataxie locomotrice progressive*, Gazette médicale de Lyon. 1864, août et octobre.

5 Trousseau. — *Union médicale*, 29 juillet 1862.

Sappey. — *Ataxie locomotrice progressive. — Lésions anatomiques qui l'accompagnent*, Gazette des hôpitaux, 1863.

6 Edwards. — *De l'Anatomie pathologique et du traitement de l'ataxie locomotrice progressive, etc.* Thèse. Paris, 24 juillet 1863.

7 Carboneil. — *Quelques considérations sur l'ataxie locomotrice.* Thèse. Montpellier, 1863, numéro 46.

8 Cornil. — *Bulletin de la Société de Biologie*, T. v de la troisième année. J. B. Baillière, 1864. — *De la Mensuration et de l'examen microscopique de la moëlle dans l'ataxie.*

9 Duchenne (de Boulogne), *Gazette hebdomadaire*, 1864, numéro 29.

10 Axenfeld. — *Pathologie médicale de Requin*, T. IV, et des *Lésions atrophiques de la moëlle épinière. — Tabes dorsalis, ataxie locomotrice progressive, etc. — Archives générales*, août et octobre 1863.

Ce pays semble ainsi revendiquer la gloire d'avoir le premier décrit la maladie qui nous occupe. En 1861 Friedreich donne connaissance, à la trente-deuxième réunion des naturalistes et des médecins tenue à Spire, d'une série de faits relatifs à des lésions des faisceaux postérieurs de la moëlle épinière. Pendant la vie on avait observé chez les malades des symptômes de paralysie singulière (1); en 1863 il exposa le résultat de ses recherches dans les archives de Virchow (2). Dans le même numéro E. Rindfleich (3) étudie les détails microscopiques de la dégénérescence grise de la moëlle, et les diverses phases que parcourt le processus. Cette même année vit paraître les recherches importantes de Westphall (4), celles de Remak, de Ruhle et de Goltz (5) et deux ouvrages remarquables qui résumant les travaux antérieurs, ont étudié la question dans son ensemble. Ce sont les traîtés d'Eisenmann et de Leyden : l'un conçu essentiellement au point de vue clinique, insiste sur les différentes variétés d'ataxie, l'autre expose avec de curieux détails l'anatomie pathologique.

Ces recherches historiques se résument en trois périodes : la première qui commence à Hippocrate et s'étend jusqu'au commencement du siècle actuel, et dans laquelle l'expression de tabes dorsal sert à désigner d'abord une maladie de la moëlle épinière, puis est appliquée surtout à la faiblesse paralytique et aux symptômes névrosiques qui accompagnent les pertes séminales, (*période ancienne*).

La deuxième qui commence vers 1825, et finit au mémoire de M. Duchenne (de Boulogne) ; le tabes dorsal se dégage des affections nerveuses et paralytiques voisines, et est localisé dans la partie postérieure de la moëlle épinière, (*période allemande.*)

1 *Gazette médicale de Paris*, 9 novembre 1861, p. 703.

2 Friedreich. — *Ueber degenerative atrophie der spinalen hinterstrange* (Virchow's. Archiv. fur pathologie anat. und physiol. Bd. 26 et 27. 1863.

3 Rindfleich. — *Histolog detail zu der grauen degeneration von Gehirn und Ruckenmark* (Virchow's. Archiv. Bd. 26. 1863.)

4 C. Westhpall. — *(Tabes dorsalis). Graüe degeneration der hinterstrange und paralysis universalis progressiva* (Zeitschrif für psychiâtrie,) *XX*, 1863.

5 Nous reviendrons en temps et lieu sur des travaux.

La troisième comprend tous les travaux qui ont paru depuis le mémoire de M. Duchenne (de Boulogne) jusqu'à ce jour. Les mots de tabes dorsal et d'ataxie locomotrice progressive désignent une même maladie dont les diverses parties sont approfondies, et qui est considérée comme une entité morbide (*période française.*)

Ici s'arrête la liste des travaux qui ont paru sur l'anatomie pathologique du Tabes dorsal et de l'Ataxie locomotrice progressive. Il me reste, pour terminer, à mentionner les recherches qui ont été faites sur les autres points de cette question.

Et d'abord nous rencontrons une réclamation de priorité formulée par M. Landry qui demande pour lui la paternité de l'ataxie progressive. M. Landry avait publié, il est vrai, avant le mémoire de M. Duchenne, de remarquables recherches sur les sensations tactiles, dans plusieurs mémoires où l'on retrouve évidemment des exemples d'ataxie progressive (1). Mais qu'est-ce à dire? que M. Landry avait décrit alors et reconnu cette maladie? ou bien qui l'avait décrite en se méprenant sur sa véritable signification, et en la confondant avec la perte du sens d'activité musculaire? Les auteurs spéciaux ont depuis longtemps répondu, et d'ailleurs l'historique précédent montre suffisamment jusqu'où il faut remonter pour trouver les premières notions de l'ataxie progressive, et sans aller si loin un auteur allemand, dont les travaux ont beaucoup d'analogie, d'un certain côté, avec ceux de M. Landry, le docteur Brach, de Cologne, avait, dès 1840, décrit la perte du sens d'activité musculaire. Ce qui nous prouve quelle modestie et quelle réserve, il convient d'apporter dans ces réclamations de priorité.

Voici, d'après M. Axenfeld, ce qu'écrivait ce médecin, dans un article où il examine « un point incomplètement connu de la physiologie des nerfs et une espèce particu-

1 O. Landry. — *Recherches physiologiques et pathol. sur les sensations tactiles.* — (Archives gén. de médecine, 1852). — *Mémoire sur la paralysie du sentiment d'activité musculaire* (Gazette des hôpitaux, 1855); voir aussi: *Traité complet des paralysies.* Paris, 1859

lière de paralysie » qui appartient à l'atrophie spinale ou tabes dorsalis. Partant de cette idée que le *sentiment du mouvement* est indispensable à l'exercice du mouvement lui-même, il signale un état paralytique encore mal connu, et dont il espère que d'autres observateurs écriront un jour l'histoire complète.

« En pareil cas, dit-il, (1) ce n'est ni la sensibilité générale qui manque, ni la contractilité des muscles, mais bien la perception du mouvement.... La démarche de ces sortes de malades a quelque chose de caractéristique; les efforts désordonnés qu'ils font avec leurs membres ne se rencontrent point dans les paralysies ordinaires...... Comme ils n'ont pas la sensation des mouvements, ils ont recours aux autres sens pour y suppléer, et c'est alors la vue qui leur vient principalement en aide; aussi leur est-il difficile ou même impossible de marcher dans l'obscurité... » (2).

Avant M. Landry, un professeur dont les travaux de physiologie sont à la hauteur des travaux cliniques, avait décrit l'ataxie des mouvements. C'est à M. Bouillaud que revient réellement l'honneur d'avoir le premier signalé l'incoördination des mouvements (3), seulement il avait principalement en vue dans ce premier travail, l'incoordination cérébelleuse, comme plus tard, il pensait à une autre variété de ce symptôme quand il décrivait l'ataxie de la paralysie générale (4). Ainsi M. Bouillaud a fait beaucoup pour l'ataxie locomotrice (5), mais M. Duchenne a défendu à bon droit que l'ataxie progressive n'avait rien à faire avec les variétés décrites par M. Bouillaud.

A peine cette maladie était-elle connue que cédant à

1 Brach. — *Ueber einen nicht hinlanglich beobacht. Punkt ans d. phisiol. d. nerven u. eine eigenthüml. Art. von Lahmung* (Med. Zeitschr. d. Vereins f. Heilk. in Preussen 1840, n° 45.) Le même, *Ibid.* 1842, numéros 3 et 4.

2 Axenfeld. — *Loc. cit. p.* 6.

3 Bouilland. — *Traité de Nosographie Médicale* (Art. Ataxie, t. v, p. 317, in-8o. Paris, 1846).

4 *Gazette des hôpitaux*. 1845, p. 410.

5 *Des signes propres à faire distinguer les hémorrhagies cérébrales des hémorrhagies cérébelleuses, leçons recueillies par M. le docteur Voisin* (Union médicale, nouvelle série, 1859, t. II, p. 535).

ce penchant irrésistible et trop légitime qui entraine l'esprit à rechercher le pourquoi et le comment des choses, on s'est demandé ce que c'était que l'ataxie progressive. M. le professeur Trousseau, dans les cliniques que j'ai déjà citées, se basant sur les signes extérieurs, et conduit par les déductions de la logique, exprima l'opinion que c'était une névrose. Depuis l'anatomie pathologique qui a renversé tant de prévisions, et ébranlé tant de théories, paraît n'avoir nullement modifié les idées de M. Trousseau. M. Isnard (de Gémenos), encore plus affirmatif, soutint quelque temps après que l'ataxie progressive était une névrose de la sensibilité, et que les lésions des faisceaux postérieurs n'étaient que la conséquence de trouble fonctionnel apporté primitivement dans le jeu de la moëlle épinière (1).

Je n'ai pas à examiner ici cette théorie; qu'il me suffise de la rapprocher momentanément de celle qui ne voit dans l'ataxie progressive qu'une *paralysie de sens d'activité musculaire*, théorie qui a été soutenue par M. Marcé (2). Monneret (3), Becquerel (4), et par M. Jaccoud, qui après avoir repoussé en 1862 (*Loc., cit. Gazette hebdomad.*), la maladie de Duchenne, continue encore aujourd'hui sa croisade contre les idées de ce médecin (5).

Beaucoup d'auteurs que je ne citerai pas, beaucoup de praticiens, embrassèrent alors ouvertement ou en silence cette théorie. Mais le doute s'est peu à peu évanoui, et nous avons pu voir au Congrès de Lyon par les mémoires qui y ont été lus, quelle uniformité régnait dans les idées et dans les esprits (6).

Il ne suffisait pas d'envisager la question dans sa simplicité, de voir l'ataxie progressive à l'état d'isolement,

1 *Observation d'ataxie locomotrice progressive (maladie de Duchenne); considérations sur la maladie, son traitement, sa nature.* (Union médicale, 6, 13, 15, 20 et 29 novembre 1862.)

2 Marcé. — *De la sensibilité*. Thèse d'agrégation, 1860.

3 Monneret. — *Traité de Pathologie générale*. T. III, 1861.

4 Becquerel. — *Traité d'électricité appliquée à la thérapeutique*.

5 Jaccoud. — *Les paraplégies et l'ataxie du mouvement*. Décembre 1864, Paris.

6 Ces mémoires sont dus à MM. Bouchard, Teissier, Dumesnil, Chabrier, Carre, etc. (Voir : *Gazette médicale de Lyon*, 1er octobre 1864). Le mémoire de M. Teissier (*de l'Ataxie locomotrice*) a paru dans ce même numéro.

dans son jour le plus favorable. Ceux qui ont étudié ses complications, qui ont appris les moyens de la découvrir alors qu'elle était masquées par les symptômes concomitans d'autres maladies, ceux-là ont fait beaucoup pour elle et pour le diagnostic.

C'est ainsi que M. Foucart rapporta une observation avec complication d'atrophie musculaire progressive (1), que M. Baillarger dans plusieurs mémoires, insista sur les liens qui unissent l'ataxie et la paralysie générale des aliénés (2). Depuis, ces complications qu'on pouvait considérer comme rares et non avenues, ont été rencontrées plusieurs fois.

Sans parler des indications générales ou particulières qui figurent dans les leçons cliniques de M. Trousseau, de M. Teissier, et dans les différentes observations publiées dans les recueils périodiques, je signalerai plus particulièrement parmi les auteurs qui se sont occupés du traitement, Wunderlich, dont les tentatives firent naître les plus grandes illusions (3). MM. Charcot et Vulpian continuèrent ces essais à la Salpétrière. (*Bulletin de Thérap. loc. cit.*) Les espérances, attachées à sa naissance à cette médication, encouragèrent plusieurs médecins à l'appliquer à l'ataxie locomotrice et même à d'autres paralysies (4). Les principaux travaux qui ont été publiés sont dus à M. Moreau, (de Tours) (5), à M. Beau, à MM. Pidoux (6), Trousseau (7), Herschel (8), Bourrillon (9), Debout (10), Isnard (*loc. cit.*). Nous aurons plus tard a étudier les résultats obtenus.

1 Foucart. — *France médicale et pharmaceutique*, 9 novembre 1858.

2 *Gazette des hôpitaux*, 1861.—*Annales médico-phychologiques*, *janvier* 1862 *Archives cliniques des maladies mentales et nerveuses*, 1862.

3 Vunderlich. — *Archiv. für Heilkunde* 1861, Ibid. *même recueil*, 1863, — 1er *helft*, p. 43.

4 Ces essais ont été faits par M. Bouchut et par M. Carre, voir : *Gazette des hôpitaux*, 6 juin 1863.

5 *Observation d'ataxie locomotrice progressive à forme hémiplégique, compliquée d'accès épileptiformes* (Union médicale, 16 octobre 1662.)

6 *Bulletin de Thérapeutique*, 30 janvier 1863.

7 *Gazette des hôpitaux*, 4 avril 1863.

8 Herschell. — *Bulletin de Thérapeutique*, 30 octobre 1862.

9 *Gazette des Hôpitaux*, 26 novembre 1863.

10 *Gazette des Hôpitaux*, 4 jnin 1863.

En terminant cet article je signalerai les thèses de MM. Dujardin-Baumetz (1), Mattéus et Ortet (2), le *Traité de Pathologie interne* de M. Grisolle (9e édition, t. II), le *Dictionnaire de diagnostic médical* de M. Voillez (p. 99). Dans tous ces ouvrages on trouvera d'utiles renseignements sur la maladie dont je viens de retracer les diverses phases.

Ce chapitre était déjà imprimé, quand j'ai eu connaissance du dernier livre de Jaccoud (*Les Paraplégies et l'Ataxie du mouvement*) où j'ai trouvé les renseignements suivants que je reproduis pour compléter l'historique de la deuxième période.

En 1842 Jacoby a publié une observation de tabes dorsalis, dans laquelle se trouvent décrites les lésions anatomiques des faisceaux et de racines postérieurs de la moëlle épinière (3). C'était peu de temps après l'apparition du livre de Romberg. Quelques années après Henoch signalait la conservation de la motilité volontaire et la liberté des mouvements dans le lit (4) deux symptômes capitaux de l'ataxie progressive qu'on retrouve aussi mentionnés un peu plus tard par Oertel (5).

Cette même année (1846) Schulte de Cranwinkel revenait sur les troubles oculo-pupillaires signalés déjà par Romberg (6), et Spiess étudiait d'une manière remarquable la physiologie du tabes dorsal, insistait sur la conservation des mouvements volontaires et de la force de ces mouvements, et distinguait dans l'acte de la locomotion la part qui revient à l'*incitation cérébrale*, et les phénomènes complexes qui dépendent de l'*influence spinale* (7).

1 *Thèses de Paris*, 19 février 1862.

2 *De l'Ataxie locomotrice progressive*, Ortet, 29 décembre 1862. — *Thèses de Paris.*

3 Jacoby. — *Exemplum tabis dorsualis épicrisi ornatum.* Berolini, 1842.

Cette observation ainsi qu'une semblable tirée du *Rust's magazin* figurent dans une dissertation de Kuschel, de *Tabe dorsuali*, Berolini 1844.

4 Henoch. *Die Muskelbewegungen des Menschen und der Hausthiere* (*Deukskriften des deutschen Vereins für Heilwissenschaft*) Berlin, 1845.

Comparez : Neiss, *De morborum medullæ spinalis symptomatibus.* Bérolini, 1848

5 Oertel. — *De Myelophthisi siccâ.* Berolini. 1846.

6 Schulte de Cranvinkel : *De Tabe dorsuali.* Berolini, 1846.

7 Spiess. — Art. *Krankafte Storungen in der Thatigkeit der Nervensystem in Vagner's Handworterbuch der physiologie.* Braunschweig, 1846.

Depuis on retrouve ces notions dans les dissertations de Meyer (1) et de Bickenbach (2) et principalement dans le traité de Henle (3) qui étudie la physiologie du tabes dorsal.

Enfin un ouvrage plus récent, presque contemporain du mémoire de Duchenne, et qui est dû à un élève de Romberg, Albert Amberg, retrace avec soin les phénomènes oculo-pupillaires et le strabisme, et insiste sur l'influence du grand sympathique dans leur production (4)

1 Meyer. — *De Tabe dorsuali.* Berolini, 1837.
2 Bickenbach. — *De Tabe dorsuali.* Berolini, 1853.
3 Henle. — *Hanbuch der rationnellen Pathologie, II.* Braunschweig, 1853.
4 Albert Amberg. — *De Tabe dorsuali*, Berolini. 1855.

Chapitre II.

SYNONYMIE, ÉTYMOLOGIE.

Comme on peut en juger par le chapitre précédent, l'expression nouvelle d'ataxie locomotrice progressive a été appliquée à une maladie bien ancienne, et très-connue en Allemagne sous le nom de Tabes dorsal. On serait injuste envers la littérature médicale de ce pays, trop partial pour la nôtre, si on ne le proclamait hautement.

Cette dénomination a-t-elle eu quelque avantage, a-t-elle été exempte de dangers ? Je me suis élevé dans ma thèse contre la fausseté de cette expression, qui est aussi vicieuse au point de vue grammatical, qu'imparfaite pour désigner la maladie à laquelle elle a été appliquée. Mais ce sont là des questions secondaires. A surcharger le langage médical d'un mot nouveau, il fallait avouer qu'il était synonyme d'un mot ancien, il fallait le choisir meilleur que celui-ci et plus rigoureux. Or la locution ataxie locomotrice progressive n'a eu aucune de ces qualités; elle a eu l'inconvénient par contre de détourner l'attention d'une maladie commune en Allemagne, de l'appeler un peu trop sur le symptôme ataxie, et de permettre de confondre grâce à ce mot des maladies dissemblables.

On a trop senti généralement le vice de cette expression pour que j'insiste. M. Trousseau a cru devoir la remplacer par celle de *maladie de Duchenne*, qui a été un instant acceptée. Mérite-t-elle d'être conservée? non : elle jurerait dans toute nomenclature exacte ; elle est contraire à la justice de l'histoire.

On a proposé de revenir au mot *tabes dorsal*, le plus ancien, le plus répandu, mais j'ai montré dans le chapitre précédent comment il avait été appliqué à des états différents, et je dois le repousser à cause de sa signification complexe et de son ambigüité.

Wunderlich décrit la maladie qui nous occupe sous le

titre de *paralysie spinale progressive.* Cette expression se rapproche beaucoup de celle de *paralysie générale spinale* que Duchenne a employée pour désigner un état réellement paralytique de la moëlle : il pourrait y avoir là une source d'erreurs. D'ailleurs il ne faut pas perdre de vue que la maladie décrite par Wunderlich n'est qu'une pseudo-paralysie.

Après avoir fait table rase, je me suis demandé ce qu'il fallait substituer à cette démolition, et au Congrès médical de Lyon, je proposai la dénomination de *myélophthisie ataxique.* Malgré son défaut d'euphonie que le professeur Teissier lui reprocha alors, je la crois bonne, et préférable à toutes les autres. Le mot *myélophthisie* a été employé avant moi par Loevenhard et Oertel, pour désigner le tabes dorsal, le premier sous le nom de *myélophthisie chronica vera et nota,* le second sous celui de *myélophthisie sicca.* Il me parait s'adapter parfaitement à cette atrophie de la moëlle que les auteurs français ont désignée aussi sous le nom de *sclérose.*

Suivant que la dégénérescence morbide siègera dans telle ou telle partie de la moëlle, nous aurons différentes variétés de myélophthisie, qui se distingueront les unes des autres par une épithète qui rappellera le caractère saillant de la maladie : la *Myélophthisie ataxique* rappellera la sclérose des faisceaux postérieurs, la *Myélophthisie atrophique*, celle des racines antérieures, la *Myélophthisie paralytique*, celle des faisceaux antérieurs, etc. Le mot de myélophthisie sera le nom générique, le nom de famille si je puis dire, il indiquera les liens de parenté de ces maladies, qui, variables dans leurs formes et suivant leur siége, doivent être rapprochées à cause de l'identité de leurs lésions élémentaires.

J'emploierai comme synonymes et indistinctement dans ce travail les expressions *Myélophthisie ataxique*, *tabes dorsal*, *Ataxie locomotrice progressive.*

Chapitre III.

DES FORMES DE LA MALADIE.

1° Forme lombaire et dorso-lombaire; 2° Forme cervicale; 3° Forme hémiplégique; 4° Forme commune ou généralisée; 5° Forme cérébrale.

L'ataxie locomotrice progressive n'est pas soumise à un type invariable. Elle affecte au contraire différentes formes assez distinctes les unes des autres. Je décrirai successivement la forme *lombaire* et *dorso-lombaire*; la forme *cervicale*; la forme *généralisée*; la forme *hémiplégique*; la forme *cérébrale*.

Très-souvent transitoires, ces diverses variétés d'ataxie locomotrice progressive se transforment les unes en les autres. Ainsi la forme lombaire ou *paraplégique* n'est le plus souvent que le prélude de la forme généralisée. Il en est de même pour les formes cervicale et hémiplégique; il existe par conséquent des formes intermédiaires ou *mixtes* qui résultent de la combinaison des autres.

1° FORME LOMBAIRE ET DORSO-LOMBAIRE.

M. Duchenne (de Boulogne) admet trois périodes dans l'ataxie locomotrice: la 1re ou *céphalique* dans laquelle se montrent divers symptômes oculaires: paralysie de la 3me paire, de la 5me paire, strabisme, diplopie, amaurose, etc.; la 2me dans laquelle l'incoordination se montre aux membres inférieurs, et la 3e caractérisée par la généralisation de la maladie. J'ai déjà rejeté cette division, et je suis forcé d'avouer aujourd'hui que je la repousse de plus en plus. Si M. Duchenne a eu l'heureuse idée d'appeler l'attention sur les phénomènes oculaires qui apparaissent dans l'ataxie locomotrice progressive, les faits qu'il a eu l'occasion d'examiner l'ont conduit sans doute à exagérer la fréquence de ce phénomène dans la première période de cette maladie. Sur un relevé statistique de soixante-trois observations, voici en effet, les résultats que j'ai obtenus.

Quatorze fois les accidents oculaires se sont manifestés primitivement (sept de ces cas sont dus à M. Duchenne);

Dix-neuf fois ils se sont montrés consécutivement à d'autres symptômes;

Quatre fois concurremment avec les troubles du mouvement;

Neuf fois l'époque d'apparition n'est pas fixée d'une manière positive;

Dix-sept fois enfin ils ont manqué.

Il résulte de la comparaison de ces chiffres que ce n'est que dans le cinquième des cas environ que les phénomènes oculaires se sont développés d'une manière primitive. Ainsi la première période de l'ataxie manque souvent, mais ce qui diminue encore de beaucoup son importance et sa valeur au point de vue du diagnostic, c'est que rien n'est caractéristique dans ces accidents, et qu'ils ont la même physionomie que lorsqu'ils sont idiopathiques ou qu'ils naissent sous l'influence de beaucoup d'autres affections. Aussi tout en se tenant en garde en présence d'une amaurose, d'une paralysie de la 3me et de la 5me paire qui surviennent sans cause légitime, on est en droit de craindre aujourd'hui un peu moins l'invasion prochaine de l'ataxie locomotrice progressive.

J'attache beaucoup plus d'importance pour ma part à d'autres prodromes, je veux parler des phénomènes qui se passent dans les extrémités inférieures. Tandis que les symptômes oculaires dont nous venons de parler peuvent se rattacher à beaucoup d'autres états morbides, quand on verra survenir du côté des membres inférieurs des douleurs névralgiques persistantes, s'accompagnant d'altération de la sensibilité, fourmillements, anesthésie, hypéresthésie, sensations anormales, etc., que ces douleurs après avoir envahi successivement et peu à peu les divers segments d'un membre, le pied, puis la jambe, puis la cuisse, atteindront lentement et graduellement aussi le membre du côté opposé, on pourra alors soupçonner avec beaucoup plus de certitude, même en l'absence de toute incoordination, l'imminence de l'ataxie progressive. J'attribue une grande valeur à ces signes, surtout quand ils se développent comme je viens de le dire, et je crois que la maladie que j'étudie se cache plus souvent au début sous les dehors du rhumatisme et principalement de la névralgie sciatique, que sous le voile d'une amaurose, d'une diplopie, d'un strabisme. Que de malades en effet vous parlent de leurs rhumatismes antérieurs et de leur sciatique.

Je comprends qu'on négligeât ces signes quand on pensait que la maladie avait son siége dans le cervelet, mais aujourd'hui il suffit d'avoir l'attention appelée sur eux pour qu'ils réveillent immédiatement à l'esprit l'idée d'une maladie de la moëlle épinière.

Les observations qui figurent dans ce chapitre, montreront d'ailleurs suffisamment l'importance et la fréquence des symptômes fournis par les extrémités inférieures.

OBSERVATION I.

Ataxie ayant débuté par des douleurs, et limitée aux membres inférieurs.

Un concierge de 38 ans, ayant eu plusieurs hémopthisies, ressentit à l'âge de 17 ans, dans un repas, une douleur vive et passagère ayant duré une seconde au niveau du genou gauche ; cette douleur se répéta pendant 24 heures au moins vingt fois par heure. Au bout de deux jours elle disparut et ne revint plus pendant quatre ans, puis elle s'est montrée de nouveau à des intervalles inégaux, et a ensuite gagné le membre opposé à un point correspondant.

La puissance génitale était conservée, puis il survint une paralysie de la troisième paire, sans affaiblissement de la vue. La diplopie dura deux ans.

Les mouvements partiels sont restés vigoureux, un peu affaiblis à gauche, diminution de la sensibilité aux deux jambes, surtout à la face antérieure. Incoordination des mouvements.

(*Edwards. Obs. IX, p. 68. Loc. citat.*)

Dans cette observation les douleurs passagères du début, disparaissant pendant quatre ans, auraient pu en imposer par une douleur sciatique ou rhumatismale, si les troubles oculaires qui survinrent ensuite, puis l'anesthésie et l'incoordination, n'avaient éclairé le diagnostic. C'est ainsi que très-souvent la maladie se dissimule sous des dehors trompeurs, et qu'il est très-difficile d'en saisir les prodromes.

OBSERVATION II.

Depuis 1836 une dame éprouve les douleurs horribles de l'ataxie locomotrice progressive. En 1851, sa vue commença à s'affaiblir et s'est éteinte graduellement. En 1856, 20 ans après le début, elle oscillait étant debout, et était ménacée de tomber, si elle ne prenait un point d'appui. En marchant elle ne pouvait modérer son pas, et se sentait comme poussée en avant par une force invincible, et tout cela quoiqu'elle sentit parfaitement le sol et qu'elle n'eut aucune diminution apparente de la sensibilité dans les membres inférieurs. Les troubles de la coordination n'ont pas progressé.

(*Duchenne*, *de Boulogne*, *Obs. XI.*)

Je noterai en passant les oscillations dans la position horizontale, l'imminence où la malade était de tomber, quand elle n'avait pas de point d'appui, et enfin cette tendance à marcher en avant et à accélérer le pas, qui donne à la maladie dans ce cas quelque ressemblance avec *la paralysie agitante*, dans laquelle ce symptôme est caractéristique et très-accentué.

Dans les observations VI et VII nous voyons au contraire que l'incoordination était moins prononcée quand le malade allait à reculons. Nous aurons l'occasion de signaler plus tard la tendance au recul ou la propension irrésistible à aller d'un côté.

OBSERVATION III.

D..., mécanicien, âgé de 42 ans. Au mois d'octobre 1854, il fut pris subitement dans la jambe de douleurs qu'il compare à des coups de couteau, et qui revinrent à plusieurs reprises. En 1859, il s'aperçut qu'il ne sentait plus ni sa jambe ni son pied droits. Son urine s'écoulait sans qu'il en eut conscience.

L'anesthésie céda au bout de deux ans environ sous l'influence des bains sulfureux. L'incontinence des urines n'avait duré que deux ou trois mois ; depuis le début de la maladie, les érections ont diminué de plus en plus; elles ont complètement disparu depuis six mois (1).

C'est alors qu'ont paru des troubles du côté des yeux : à droite prolapsus de la paupière supérieure, puis strabisme externe ; à gauche, léger degré de strabisme externe, vision un peu affaiblie, mais pas de diplopie.

Les membres inférieurs sont surtout frappés d'incoordination, et ont conservé leur force musculaire.

L'anesthésie occupe les jambes, les parois thoraciques, et ont envahi depuis peu les extrémités supérieures.

Dujardin-Baumetz (Thèse de Paris. Obs. III.)

Dans l'observation suivante la maladie s'est annoncée encore par des douleurs; nous ferons remarquer en passant que les troubles de la vue sont venus consécutivement, comme dans les cas précédents.

OBSERVATION IV.

M. K., 41 ans, maigre, sec, d'un tempérament nerveux, est malade depuis trois ans. Au début il fut pris dans les deux jambes de douleurs fulgurantes se répétant sous forme d'éclairs à peu de durée. La marche peu à peu devint vacillante, très-difficile et très-mal assurée ; un an après le début du mal, le sens génital s'affaiblit et la sensibilité s'émoussa dans les membres inférieurs. Les fonctions organiques du reste s'exécutent facilement; les sens et l'intelligence sont intacts.

Depuis dix mois seulement, troubles de la vue, mydriase ; un peu d'incontinence d'urine et des matières fécales.

Teissier. — De l'Ataxie musculaire. (Gazette Médicale de Lyon, 1861. *p.* 562. *Obs.* IX).

Les douleurs sur lesquelles M. Duchenne (de Boulogne) a justement insisté, et dont il a établi le caractère le plus général en les désignant par les épithètes de *fulgurantes* et de *térébrantes*, peuvent être remplacées au début par un véritable affaiblissement musculaire comme dans les observations V et VI, ou directement par l'incoordination des mouvements. Nous retrouverons fréquemment plus tard, quand nous traiterons de la forme généralisée, cette faiblesse locomotrice parmi les premiers accidents de la maladie.

1 Le malade est entré à l'hôpital le 3 décembre 1861.

OBSERVATION V.

Auguste Rivière , 50 ans. Au mois d'avril 1859 il s'aperçut , sans cause connue, que ses genoux pliaient et que la marche était moins assurée qu'auparavant. Cette indécision des mouvements persista seule pendant plusieurs mois sans autre accident concomitant ; au mois de juillet la miction devint difficile , le jet d'urine était moins fort, et il se manifesta un peu d'incontinence d'urine ; alors aussi le malade s'aperçut par hasard que la vue était totalement perdue de l'œil droit.

La force musculaire était parfaitement conservée ; intégrité des fonctions végétatives et des actes intellectuels.

Les symptômes morbides allèrent en augmentant, le malade devint complètement et doublement amaurotique. A part les douleurs fulgurantes, il n'éprouva du côté de la sensibilité que des fourmillements et jamais d'anesthésie certaine.

(*Teissier. Loc. cit. Obs. VIII.*)

M. Lecoq a inséré dans les Archives générales de 1861 deux observations bien curieuses dans lesquelles l'incoordination n'occupait qu'un seul membre. L'une d'elles (obs. VI.) s'est annoncée aussi par de la faiblesse et de l'incoordination dans les mouvements du membre inférieur gauche. Il n'y a jamais eu aucune altération de la sensibilité. La maladie est ainsi localisée depuis vingt ans , depuis cinq ans seulement il existe un peu d'affaiblissement de la vue. Faut-il voir dans ce fait , à cause de sa longue durée , une forme particulière de la maladie bornée à un seul membre ? Non à mon avis ; je ne vois là que le commencement d'un mal incurable , arrêté momentanément par des causes inconnues. La preuve que la maladie n'est qu'à sa première période d'évolution , c'est cette *névralgie sciatique très-douloureuse et rebelle* qui commença à se montrer au bout de vingt ans, dans le membre inférieur droit , et qui pourrait bien être le signal de l'invasion de cette partie.

OBSERVATION VI.

Level, 44 ans , cultivateur , puis jardinier. La maladie a débuté il y a vingt-quatre ans , par un peu de difficulté dans la marche. La jambe gauche se fatiguait plus vite et avait moins d'assurance , elle était un peu paresseuse à obéir aux ordres de la volonté. Cette maladie resta stationnaire pendant vingt-trois ans environ, sans troubles oculaires, sans altération de la sensibilité A ce moment il survint une *douleur sciatique* violente dans le membre inférieur droit ; elle céda bientôt.

Voici l'état de la motilité : assis ou couché le malade exécute les mouvements les plus variés, mais quand il veut marcher, on constate dans le membre inférieur gauche des désordres locomoteurs prononcés; dès que le pied veut se détacher du sol pour exécuter le deuxième temps de la marche, on voit une indécision, une incohérence dans les mouvements de cette jambe, qui semble se soustraire à la volonté du malade. Le mouvement de progression en avant ne s'effectue qu'avec beaucoup d'effort. Au moment où le pied atteint le sol, il ne peut plus se poser avec cette assurance qui garantit l'intégrité de la marche, et le malade pour éviter une chute en avant, est obligé de porter le corps en arrière et de s'aider d'un bâton, il est condamné à faire de tout petits pas, à trottiner : le pied arrive sur le sol par saccades, tout le corps en est ébranlé.

La sensibilité musculaire et cutanée, interrogée comme l'indique M. Duchenne, était normale dans tout le corps. Pas d'autre altération des sens qu'un peu d'affaiblissement de la vue à gauche, avec dilatation de la pupille, existant depuis cinq ou six ans, sans prolapsus de la paupière supérieure.

L'incoordination disparait quand le malade marche à reculons, qu'il monte ou descend les escaliers ; elle n'existe que dans la marche régulière sur un terrain plat.

Lecoq. (Archives générales, 1861, *p.* 690).

La maladie était aussi limitée à un seul membre dans le fait suivant, et avait débuté aussi par l'incoordination. Une circonstance toute particulière c'est que la maladie qui occupait la jambe gauche se développa après une chûte qui amena une fracture de la cuisse droite et une contusion de la région lombaire. On peut donc admettre qu'une commotion ou qu'une apoplexie de la moëlle est quelquefois le point de départ de l'ataxie progressive (1).

Ces deux observations, analysées avec beaucoup de délicatesse par l'auteur, nous ont paru très-dignes d'être rapportées; elle montrent comment les symptômes se présentent dans beaucoup de cas, et elles disent suffisamment quel soin il faut apporter pour reconnaître et interpréter les premières manifestations de la maladie.

1 J'ai relaté dans ma thèse un fait (observé sur un chien) d'ataxie locomotrice reconnaissant pour cause une hémorrhagie dans les faisceaux postérieurs de la moëlle.

OBSERVATION VII.

Le malade âgé de 62 ans est un ancien sous-commissaire de la marine.

Rien dans les antécédents.

Jamais de troubles visuels.

Il y a deux ans, à la suite d'une chûte, Lem.. se fractura le fémur droit; puis au bout de deux mois il s'aperçut que sa démarche n'avait plus sa régularité ordinaire. Au lieu de diriger ses pieds suivant deux lignes à peu près parallèles, la jambe gauche, qui paraît atteinte d'ataxie locomotrice à un degré plus avancé, vient croiser la droite et se placer presque sur le même plan qu'elle, et le talon, en se posant sur le sol, fait entendre un bruit sec. Tantôt le malade s'avance lentement et fait résonner le parquet, tantôt il hâte le pas et trottine en augmentant de vitesse. Il n'a pas conscience de la singularité de sa démarche. Quand on attire son attention sur la manière étrange dont il pose les pieds à terre, et qu'il cherche à rectifier sa démarche, il recommence vingt fois de suite, sans pouvoir y parvenir. La progression en arrière est moins difficile ; quand il est assis ou couché, les mouvements s'exécutent sans gène et sans hésitation.

Aucune altération des diverses sensibilités tactile, douloureuse, à la température.

Lecoq. (*Loc. cit.* p. 694.)

J'ai rejeté à dessein au dernier plan les exemples de forme lombaire, ayant commencé par les phénomènes oculaires, afin de mieux faire ressortir l'importance des autres variétés, dont on avait un peu trop négligé la description, et qu'on considérait avec M. Duchenne comme des exceptions. On ne saurait adopter cette manière de voir sans s'exposer à laisser passer inaperçus les premiers symptômes d'une redoutable maladie et à rester désarmé alors que l'action peut être le plus efficace.

OBSERVATION VIII.

Ataxie locomotrice progressive localisée aux membres inférieurs, impossibilité de la marche et de la station, mouvements faciles dans le lit ; cécité complète; sensibilité tactile diminuée, autres sensibilités conservées ou augmentées.

Louise, 32 ans, vivandière, est couchée au n° 58 de la salle Sainte-Blandine (hôpital de la Croix-Rousse).

La maladie qui l'amène à l'hôpital remonte à deux ou trois ans , c'est-à-dire à la guerre d'Italie. A cette époque , elle fut obligée de suivre l'armée comme vivandière , de partager toutes les fatigues de la guerre, de coucher en plein air , et de s'exposer à toutes les agitations des camps. Les seuls abus qu'elle signale sont les abus de café dont elle prenait cinq à six tasses par jour.

A la fin de la campagne , elle s'aperçut déjà de quelques troubles dans sa santé, qui avait été excellente jusqu'alors; elle était devenue sujette aux maux de tête , aux bourdonnements d'oreille ; elle avait des étourdissements fréquents , des cardialgies , quelques douleurs fugaces autour de l'orbite.

A ce moment, apparurent divers troubles du côté de la vision ; la vue était très-imparfaite en plein jour, surtout au soleil, et à une vive lumière; à la lumière diffuse , elle distinguait plus facilement les objets. La malade n'a pas eu de diplopie , pas de strabisme non plus ; mais il lui arrivait fréquemment de croire que les personnes qui venaient à sa rencontre marchaient à reculons. Il lui est arrivé plusieurs fois, en conduisant la voiture de la cantine, de croire que l'équipage reculait alors qu'il avançait ; elle voyait des flammes , des éclairs et des corps lumineux de tout genre.

En même temps, la vue s'affaiblissait, la malade ne distinguait que confusément les objets , mais elle pouvait encore lire , même les caractères fins.

Tel était son état , quand elle rentra en France pour prendre une vie moins agitée et plus régulière ; il resta pendant longtemps stationnaire , et ce n'est que depuis neuf mois que la malade a constaté une aggravation notable et progressive. Dès ce moment, la faiblesse de la vue est allée croissant, puis il est survenu de la faiblesse et de l'irrégularité dans les mouvements des membres inférieurs , ainsi qu'un défaut de sensibilité , et la malade fut obligée d'entrer , pendant l'hiver , dans le service des troisièmes femmes à l'Hôtel-Dieu, où elle fut considérée comme atteinte de paraplégie. A ce moment-là cependant la marche n'était pas complétement impossible ; Louise pouvait encore marcher , quand on la soutenait par les bras ; mais elle traînait la jambe, jetait ses pieds à droite, à gauche , était prise de tremblements qui la forçaient à s'asseoir ou à tomber. Chose singulière , ces troubles de la marche étaient surtout prononcés, quand la malade, après s'être reposée , voulait se mettre en mouvement ; puis quand elle avait un peu marché , la roideur et la gêne disparaissaient. Elle éprouvait , à cette époque , à la plante des pieds surtout , des picotements et des fourmillements , dont elle rend compte, en disant qu'elle marchait sur des épines; les fourmillements existaient aussi dans la jambe et la cuisse du côté droit , et ce sont ces parties qui avaient été les premières envahies par la douleur: elle éprouvait dans la fesse et dans la cuisse des lancées qui suivaient le trajet du sciatique , et descendaient jusque dans le pied.

Le côté gauche ne fut envahi qu'un mois après. Ces douleurs étaient presque continues ; elle ressentait quelquefois dans les mollets des douleurs fulgurantes , rares.

Plus tard la marche devint plus embarrassée ; la malade n'était plus maîtresse de ses mouvements, il lui était impossible de s'aventurer seule. Les jambes étaient prises quelquefois de mouvements involontaires qu'elle ne pouvait modérer. Ainsi il lui est arrivé plus d'une fois de ne pouvoir s'opposer aux mouvements involontaires d'extension de la jambe ; d'autres fois au contraire, quand elle voulait l'étendre, celle-ci se fléchissait irrésistiblement, sans que les mains de la malade, qui luttaient énergiquement, pussent triompher de cette révolte musculaire. Un jour, en voulant s'étendre dans son lit, où elle reposait déjà par le siége, il lui arriva, au lieu d'exécuter le mouvement qu'elle voulait, de porter le pied sur la figure d'une personne qui l'assistait. Enfin, l'état de la malade empirant toujours, elle a été admise à l'hôpital de la Croix-Rousse.

Nous constatons ce qui suit : la vue est complétement abolie ; les pupilles sont resserrées et entrent difficilement en jeu au contact des rayons lumineux; quelques vaisseaux sur la conjonctive ; la cornée est saine ; pas de phosphènes ; aucune douleur dans les yeux.

Tous les autres sens ont conservé leur intégrité parfaite.

L'intelligence est très-lucide.

Mouvements. Depuis plus de deux mois il lui est impossible de se tenir debout, à plus forte raison d'essayer de faire un pas. C'est une femme maigre, nerveuse, d'une constitution sèche, mais douée d'une grande énergie. Les jambes sont assez grêles, mais quand on considère le reste du corps, on voit que la maigreur est générale et qu'il n'y a aucun préjudice pour les membres inférieurs qui, quoique paraissant complétement paralysés, conservent beaucoup de force, le droit surtout ; dans le lit, les mouvements sont faciles.

Du côté des extrémités supérieures on n'observe aucun trouble. Non seulement les grands mouvements, mais les mouvements coordonnés, se font avec facilité et harmonie ; la puissance contractile est conservée.

Sensibilité. Nous avons déjà signalé ces douleurs qui ont existé, il y a plusieurs mois, dans les fesses, dans les reins, dans les jambes ; elles persistent encore, mais à un degré peu marqué et d'une manière transitoire, sous forme de névralgies, aux changements de température. Il existe aussi des douleurs dans les masses sacro-lombaires ; de temps en temps, douleurs fulgurantes dans le mollet. Souvent la malade sent une constriction douloureuse au gras de la cuisse, au cou-de-pied du côté droit : on dirait que ces parties sont étreintes par une main de fer.

Fourmillements à la plante des pieds, tendance au refroidissement des extrémités. Depuis quelques jours, transpiration abondante des jambes et des pieds. La sensibilité tactile de la plante des pieds est très-obtuse ; la sensibilité aux températures est conservée. Quand on pique, ou qu'on tiraille la peau des membres inférieurs, la malade accuse une vive douleur, qu'elle rapporte exactement au point intéressé. Le chatouillement est difficilement supporté. Ces diverses sensibilités sont manifestement augmentées, si on prend pour point de comparaison les membres supérieurs. Sensibilité musculaire conservée. La sensibilité et la contractilité électriques persistent. (Il a y cinq mois environ, quand elle était à l'Hôtel-Dieu, elle fut soumise à la faradisation. Pendant les premières séances, le courant ne fut pas senti ; puis, successivement, il fut perçu, et, au bout de quelques semaines, il était difficilement supporté). Il y a une quinzaine de jours (mai 1862), nouvelle séance d'électrisation ; le passage du courant était très-douloureux, la contraction musculaire était très-vive et très-douloureuse.

Intégrité complète de la sensibilité aux membres supérieurs.

L'état général est bon ; l'appétit est conservé ; digestions normales, un peu de constipation, l'urine est rendue volontairement, mais avec difficulté, sans douleur.

La menstruation a toujours été régulière; seulement, depuis le séjour de la malade à l'hôtel-Dieu, le flux menstruel s'est arrêté.

Les principaux moyens de traitement ont été l'électricité, les douches, les bains sulfureux. La malade part, dans le courant du mois de juin, pour les eaux. Son état est stationnaire.

OBSERVATION IX.

M. B., domestique à Chambéry, a 37 ans, une bonne constitution, un tempérament bilieux, et a joui jusqu'à présent d'une très-bonne santé.

Il y a trois ans en 1858, la maladie débuta par quelques troubles légers dans la vue, un peu de diplopie, sans cause appréciable.

Au mois de mars 1861, la vue est un peu améliorée, cependant les pupilles sont encore immobiles, et il reste un peu d'amblyopie.

La puissance musculaire est entière, mais la marche est chancelante, les jambes sont projetées en avant avec irrégularité : la station debout ellemême est fatigante, et ne peut se prolonger longtemps.

Un peu plus tard, douleurs dans les membres inférieurs, fourmillements dans les genoux, difficulté dans l'émission de l'urine, engourdissements des deux derniers doigts de chaque main.

Il n'y a point encore d'anesthésie : la parole, la mémoire et les autres facultés intellectuelles sont intactes.

Sous l'influence d'un traitement tonique, ferrugineux, hydrothérapie, vin de quina, il y eu un temps d'arrêt dans la maladie.

Teissier. (*Loc. cit. Obs.* X.)

Avant d'aller plus loin on peut se demander si cette forme d'ataxie locomotrice progressive que je viens de décrire est bien légitime, et quels sont ses caractères. — Pour ceux qui ne voient dans la succession des symptômes qu'une occasion d'établir des périodes, le point de vue auquel je me suis placé peut paraître vicieux, mais pour le clinicien qui veut se familiariser avec les différents aspects que présente une maladie, qui veut savoir avant tout comment et de quelle manière les symptômes peuvent se grouper, se combiner au lit des malades, pour celui-là le plan que j'ai suivi peut avoir de l'intérêt. Tandis qu'il verra souvent les périodes manquer, il sera moins surpris et moins embarrassé quand il sera mis en garde par des exemples nombreux contre la marche irrégulière, protéiforme, du mal. Il suffit en effet de jeter les yeux sur le résumé suivant des observations qui appartiennent à la forme lombaire pour voir combien varie l'ordre de succession des symptômes.

Résumé de onze observations appartenant à la forme lombaire, dans lequel les symptômes sont placés par ordre d'apparition.

Observations I et II. — Douleurs, troubles oculaires, incoordination.

Obs. III. — Douleurs, incontinence d'urine et impuissance, troubles oculaires, incoordination.

Obs. IV. — Douleurs, incoordination, diminution du sens génital et de la sensibilité, incontinence d'urine et des matières fécales.

Obs. V. — Faiblesse et indécision des mouvements, incontinence d'urine, troubles oculaires.

Obs. VI et VII.— Douleurs sciatiques et incoordination limitées à un seul membre.

Obs. VIII.— Troubles oculaires, faiblesse et irrégularité dans les mouvements ; diminution de la sensibilité et des douleurs.

Obs. IX. — Troubles oculaires, faiblesse et incoordination, douleurs et fourmillements, difficulté dans l'émission de l'urine.

Obs. X. — Incertitude dans la marche et raideur, troubles de la vue, incontinence d'urine, dfficulté de la puissance génitale.

Obs. XI. — Faiblesse des mouvements, incontinence et rétention alternatives de l'urine et des matières fécales (1).

Comment vouloir qu'une maladie aussi inconstante puisse être assujettie à des périodes fixes ! Ce qui la constitue réellement, ce n'est pas l'apparition de tel ou tel

1 Ces deux observations seront rapportées en détail au chapitre V.

symptôme, mais bien leur combinaison, leur rapprochement, leur manière d'être. Si toutes les amauroses, toutes les diplopies et strabismes qui surviennent sans raison d'être appréciable étaient un indice d'ataxie progressive, mais cette maladie serait des plus fréquentes ! Les seuls symptômes réellement constants et pathognomoniques sont fournis par les extrémités inférieures, et encore faut-il tenir compte de leur caractère intrinsèque, de la manière dont ils se développent, et qui permettront de les distinguer des symptômes analogues qui surviennent dans les maladies des centres nerveux. J'y ai insisté et je n'y reviendrai pas, d'ailleurs nous aurons occasion de les retrouver encore dans la forme généralisée.

A côté de la localisation des manifestations morbides la forme lombaire présente-t-elle quelques particularités. J'avais pensé un instant que les organes du petit bassin étaient plus souvent en souffrance que dans les autres formes. En comparant à ce point de vue les observations, nous trouvons : l'impuissance, un peu d'incontinence d'urine et de matières fécales (obs. IV et XI) d'urine seulement (obs. V et X) la constipation et la rétention d'urine (observ. III) parmi les symptômes qui pourraient être considérés comme dépendant d'une altération de la région lombaire de la moëlle épinière. Il faut reconnaître que ces symptômes ne sont pas plus fréquents dans cette forme, par la raison toute simple que la maladie commence presque toujours par la partie inférieure de cet organe.

Il n'existe pas, à proprement parler, de forme *dorsale* d'ataxie progressive. Ce n'est dans tous les cas qu'un dégré un peu plus avancé de la forme lombaire. Les symptômes sont les mêmes, sauf peut-être des douleurs plus fréquentes siégeant dans les parois thoraciques et abdominales. C'est pour ces motifs que j'ai réuni ces deux variétés sous le même chef.

2° FORME CERVICALE.

Les symptômes de l'ataxie progressive commencent quelquefois par les extrémités supérieures, pour se propager de là aux membres inférieurs, comme nous le verrons en parlant de la forme commune de la maladie. Je ne connais qu'un exemple de forme cervicale qu'on pourrait appeler permanente , que j'ai observé, pendant mon internat, dans le service de M. Vernay à l'Hôtel-Dieu de Lyon. Les observations de Turck dont j'ai parlé plus haut, et dans lesquelles l'altération de la moëlle avait sa naissance à la région cervicale de la moëlle et s'affaiblissait à la région dorsale , me font admettre que cette forme peut exister à l'état de permanence et peut entraîner la mort par elle-même. Cependant , si comme dans le fait qui va suivre , les extrémités inférieures , le rectum et surtout la vessie restaient alors sans souffrance , le malade échapperait à de nombreuses causes de mort: décubitus , escharres , rétention d'urine , cystite , pneumonie hypostatique, etc. et pourrait prolonger sa vie, jusqu'à ce qu'il survînt une complication cérébrale ou la généralisation de la maladie. C'est peut-être ce qui explique la rareté de cette forme isolée.

OBSERVATION X.

Barthélémy C., 53 ans, ancien commis voyageur est entré au n° 57, salle St-Bruno , le 12 décembre 1861. Il a eu deux attaques de rhumatisme nettement caractérisées en 1841 et 1856.

Antérieurement il avait eu, en 1830 , un bubon suppuré : jamais de manifestation syphilitique.

Le début de l'affection pour laquelle il réclame des soins remonte à quatre ans , et s'est annoncé par une sécheresse dans les mains et l'avant-bras du côté droit , et peu de temps après dans les mêmes parties du côté gauche. La persistance de ce symptôme attira l'attention du malade , qui peu après s'aperçut qu'il devenait inhabile et maladroit quand il se servait de ses mains. A peu près à la même époque , il ressentit des douleurs térébrantes dans les parois thoraciques , une pesanteur continue entre les épaules , des douleurs à la nuque et dans la région sus-claviculaire gauche. Depuis deux ans , douleurs fulgurantes dans les deux bras ; il y a un an, diplopie.

Ce symptôme s'est montré d'une manière passagère au mois de mars 1861. Le malade subissait, en ce moment, un traitement par la strychnine à haute dose , lorsqu'il s'aperçut , un jour , en sortant de l'hôpital , de troubles divers du côté de la vue. La cage de l'escalier lui semblait partagée en deux par une diagonale ; les personnes lui apparaissaient avec deux rangées d'yeux superposées ou juxtaposées , etc. Après une durée de trois mois , la diplopie avait complètement disparu.

Les autres symptômes ont persisté d'une manière progressive , et actuellement nous constatons les phénomènes suivants :

Sensibilité. La peau des mains et de l'avant-bras des deux côtés, mais surtout à gauche, a perdu presque toute trace de sensibilité; cependant le malade sent une aiguille profondément enfoncée dans les chairs. Au thorax et sur le reste du corps, sensibilité normale. Lorsque la vue n'intervient pas, cette anesthésie donne lieu aux erreurs les plus fréquentes : c'est ainsi que le malade prendra sa pipe pour son conteau, s'il plonge la main dans sa poche pour en sortir sa tabatière; d'autres fois deux doigts restent accrochés au bord de sa poche, et ce n'est que la vue qui lui rend compte d'une résistance qu'il ne comprenait pas. Le malade sent cependant par le toucher les différences de température. La sensibilité musculaire a persisté, le malade perçoit une douleur obscure quand on lui pétrit les masses musculaires, les doigts peuvent être fléchis et étendus quand le malade est dans l'obscurité ou qu'on lui bande les yeux.

Douleurs. Le malade éprouve des douleurs de deux espèces ; les unes, qui ont la rapidité de l'éclair, qui partent du moignon de l'épaule, s'irradient dans le bras, et se terminent à la main en retentissant spécialement dans le petit doigt et l'annulaire. Ces douleurs apparaissent par lancées successives qui forment par leur ensemble de véritables accès.

Ces accès reviennent à intervalles variés, quelquefois au bout d'un mois, d'autres fois au bout de quelques jours.

Les autres douleurs sont térébrantes, elles siégent au-dessous des mamelons, et ont un point correspondant du côté droit de la colonne vertébrale, au niveau de l'angle des côtes ; ces douleurs sont profondes, elles procurent une sensation de tiraillement des chairs ou simulent un insecte qui ramperait sous la peau ; leur durée est d'environ trois heures ; elles ont une relation fixe d'apparition avec les premières ; quelquefois elles sont très-vives et réveillent le malade en sursaut ; en outre, il existe dans le dos une sensation douloureuse, le malade croit toujours avoir un sac sur les épaules.

Mobilité. Les mouvements des doigts, qui n'étaient que paresseux au début, sont maintenant incohérents ; quand le malade veut rapprocher la pulpe des cinq doigts, il éprouve la plus grande difficulté ; le plus fréquemment, deux doigts, l'annulaire et l'auriculaire, restent étendus et en rébellion complète ; les autres ne se rapprochent qu'après des efforts et une certaine concentration de la volonté ; il ne peut tenir une plume qu'avec beaucoup de peine ; veut-il écrire, ce sont des jambages irréguliers, illisibles ; quelquefois la plume est brisée dans un mouvement intempestif, d'autres fois elle s'échappe des mains du malade.

Cependant il a conservé toute sa puissance musculaire, il est d'une carrure athlétique, ses muscles sont développés ; il porte un sceau plein d'eau à bras tendu, mais quand il veut soulever un objet, même léger, du bout des doigts, cela lui est difficile ; les mouvements de l'avant-bras et du bras sont coordonnés et normaux.

Les membres inférieurs ont conservé toute leur puissance, et le malade peut faire plusieurs lieues par jour sans être incommodé.

L'intelligence est saine, la vue bonne actuellement, l'ouïe et l'odorat ntacts.

Les facultés génitales ont subi une profonde atteinte qui survint brusquement au début ; depuis il n'y a aucun désir et aucun effet sur les parties génitales aux contacts sexuels ; toutefois, pendant son sommeil, le malade a des érections complètes, fructueuses ; mais, chose remarquable, s'il se réveille et s'il porte attention à ce qui se passe, la réalité s'évanouit et tout rentre dans l'ordre. Intégrité de la vessie et du rectum.

Barthélemy C... jouit de tous les attributs de la santé. Il n'a jamais fait d'abus alcooliques ; les seules causes qui peuvent être invoquées sont d'abord le rhumatisme dont j'ai parlé, ensuite des chagrins causés par des pertes pécuniaires et la mort d'un fils unique, événements qui remontent à l'année qui précéda le début de la maladie.

Nous ajouterons, en terminant cette observation, les résultats de la faradisation ; elle a montré que :

La contractilité musculaire était intacte,

La sensibilité musculaire était intacte,

La sensibilité cutanée était profondément modifiée.

Traitement. Le malade de cette observation s'est bien trouvé d'un régime tonique, de l'emploi des bains sulfureux, de petites doses d'éther phosphoré ; mais l'électricité, et surtout la strychnine, ont paru aggraver son état. Ayant pris progressivement des pilules de sulfate de strychnine (0 gr. 001) à la dose d'une jusqu'à huit par jour, il eut des accès tétaniques de tout le corps, qui entraînèrent une contraction des parois thoraciques qui mirent sa vie en danger.

La localisation de l'anesthésie et de l'incoordination de même que le siége des douleurs doivent faire penser à une altération de la moëlle à la région dorsale. Un fait digne d'être noté c'est l'intégrité de la vessie et du rectum, et la persistance des érections, quoique les parties sexuelles eussent perdu leur sensibilité. Cette persistance ne nous surprend pas ; elle est en rapport avec ce que nous dirons plus loin sur le siége des mouvements de la vessie, du rectum et des organes génitaux. Nous savons aussi que l'érection qu'on a considérée à tort pendant quelques temps comme un signe d'une valeur réelle des affections du cervelet (1), se manifeste fréquemment dans la myélite cervicale (2) ; ce que je m'explique moins facilement, c'est l'anesthésie des parties sexuelles sans anesthésie des membres inférieurs.

1 Serres. — *Anatomie comparée du cerveau*. Paris, 1827. T. II.
2 Ollivier, d'Angers. — T. I. p. 270, 272, 276, 281, 284, 291.

Quant à la conservation des mouvements et de la sensibilité, nous savons qu'on l'a observée quelquefois dans les membres inférieurs avec une altération profonde de la moëlle, au cou ou au dos (1). Cette particularité n'a donc rien qui doive nous surprendre; l'anatomie l'explique d'ailleurs, car nous savons que les fibres sensitives ne font pas un tout continu depuis les extrémités jusqu'au cerveau ; elles s'infléchissent après un trajet ascendant et descendant au milieu des faisceaux postérieurs vers la substance grise avec laquelle elles contractent des liaisons intimes. De là rien d'étonnant que la sensibilité persiste au-dessous des parties de la moëlle mutilées ou détruites par le mal.

Remak a signalé comme caractéristiques de cette forme de la maladie les phénomènes qui se passent du côté des yeux et auxquels on a donné le nom d'*oculo-pupillaires* (2). Ils consistent en dilatation ou resserrement de la pupille, vascularisation et calorification du globe de l'œil, et dépendent, comme les expériences modernes l'ont montré, du grand sympathique. On a pensé qu'ils étaient la conséquence de la propagation de l'atrophie aux racines cervicales antérieures par où passent le filet cervical du sympathique. C'est du moins l'explication qu'en a donnée Amberg (*L. cit.*) bien avant M. Duchenne, de Boulogne. Je reviendrai plus tard sur ce sujet ; qu'il me suffise pour le moment de dire que l'atrophie des racines antérieures n'est rien moins que prouvée, et en second lieu que ces phénomènes oculo-pupillaires peuvent apparaitre au début de la maladie, et dans la forme dorso-lombaire, alors que la dégénérescence commençante est bornée à la partie inférieure de la moëlle.

Le seul phénomène qui me parait être plus fréquent dans cette forme que dans les autres, ce sont les douleurs de la nuque et de la partie supérieure du thorax ; je n'ai

1 Voir : Desault — *Journal de Chirurgie*. T. IV. p. 137.
Rullier. — *Journal de Physiologie de Magendie*. Avril, 1823
Ollivier, d'Angers, — P. 339 ;
Bayle. — *Mémoire sur quelques points de physiologie et de pathologie du système nerveux*, (Revue médicale, avril, 1824.)
2. Remak. — *Ueber tabes dorsalis* (Oesterreichische Zeitschr. *Für pratik. Heilkunde*. 1862.) — Ibid. — *Galvanothérapie*. Berlin, 1858.

trouvé du coté des organes internes rien qui put faire croire qu'ils étaient plus souvent affectés. — C'est d'ailleurs un point, qui tout intéressant qu'il soit, ne peut être élucidé que par des faits nombreux, et ce n'est que plus tard qu'on pourra apprécier l'influence que l'étendue des lésions exerce sur le jeu des organes internes.

Pour le moment je dois reconnaître que la forme cervicale n'a rien de spécial que le siége de ses manifestations.

3° FORME HÉMIPLÉGIQUE.

La forme hémiplégique éveille immédiatement à l'esprit l'idée d'une affection cérébrale. La confusion est d'autant plus facile que cette forme est très-rare, et qu'il faut être bien convaincu de la possibilité de son existence, pour songer à éviter l'erreur. L'intégrité des fonctions intellectuelles et de la puissance musculaire suffiront le plus souvent pour éclairer le diagnostic. Dans les cas obscurs il faudra consulter la marche des accidents.

Je rapporterai plus loin, à propos de la forme commune, plusieurs observations dans lesquelles la maladie a revêtu dans le principe la forme hémiplégique. Ceci me conduit naturellement à me demander si cette forme peut être permanente; je le crois; car la science renferme plusieurs exemples de myélite dans lesquels l'altération n'occupait qu'un seul côté de l'organe : les malades avaient présenté de leur vivant une paralysie unilatérale corespondant au côté lésé. Pourquoi dès-lors dans l'ataxie progressive, l'atrophie ne pourrait-elle pas se limiter à un seul faisceau postérieur, fuser tout le long de ce faisceau et des racines adjacentes dans le sens vertical, au lieu de se propager d'avant en arrière ?

J'admets donc la forme hémiplégique, comme j'admets la forme cervicale, lombaire, dans le même sens que j'admets la limitation de la maladie aux faisceaux postérieurs, c'est-à-dire avec toutes les réserves qu'il faut faire sur ces limites dans une maladie dont un des principaux caractères est l'envahissement.

OBSERVATION XI.

Observation d'Ataxie locomotrice progressive à forme hémiplégique (1).

Catherine C...., 39 ans, entre à la Salpêtrière le 15 juin 1862, pour des accès épileptiformes, reparaissant pour la deuxième fois.

Deux de ses frères ont, parait-il, la tête un peu faible.

A 35 ans, au septième mois de sa deuxième grossesse, hémorrhagie abondante. Peu de temps après la malade avait pour la première fois éprouvé dans les membres inférieurs des sensations pénibles, particulières, accompagnées de secousses.

Trois mois après son accouchement qui eut lieu à terme, la malade éprouva une faiblesse générale et bientôt des douleurs de tête violentes, accompagnées de cris; bientôt la vue de l'œil droit se trouble, photopsie.

Douleurs rachialgiques, surtout dans le côté droit du thorax. Puis des phénomènes d'incoordination bien marqués apparurent dans le côté droit du corps, d'abord dans le membre inférieur, puis dans le supérieur, et s'accompagnèrent de troubles de la sensibilité, et d'amaigrissement prononcé.

Un an après environ, à la suite d'une perte abondante, embarras de la parole, céphalalgie violente, puis premier accès convulsif, épileptiforme, qui se renouvela pendant quatre jours. A la suite de ces accès, elle resta cachectique, une escharre se forma au sacrum, et il s'établit sur plusieurs points des foyers de suppuration.

En juin 1862, nouvel accès épileptiforme. On constata alors une ataxie locomotrice, limitée au côté droit du corps avec conservation de la force musculaire; symptômes plus prononcés aux membres inférieurs qu'aux supérieurs.

La sensibilité générale est émoussée dans le côté droit. La sensibilité à la douleur ainsi que le tact y sont diminués, la sensibilité à la température paraît à peu près normale. La malade n'a pas conscience de la position des membres. Une sensation subjective de froid existe dans tout le côté droit du corps. La sensibilité électro-musculaire est normale.

Sens : l'ouïe, l'odorat et le goût ne sont pas compromis. La vue est complètement abolie à droite, très-affaiblie à gauche. L'œil droit est légèrement devié en dehors, la pupille de ce côté est très-dilatée. A l'examen ophthalmoscopique, on constate que les papilles optiques sont des deux côtés dépourvues des deux cercles concentriques de l'état normal, qu'elles ont une coloration d'un blanc crayeux, et un reflet nacré. Atrophie des nerfs optiques.

1 Ce fait a été recueilli dans le service de M. Moreau, de Tours, à la Salpêtrière, par M. Duguet, interne, voir : *Union médicale*, 16 octobre 1862.

Constipation, anorexie, vomissements fréquents. Le côté gauche est indemne.

Intelligence médiocre, mais non manifestement pervertie. La mémoire est affaiblie.

La malade avait été traitée antérieurement pendant quatre ans, sans succès, par divers moyens : purgatifs, fer associé au quinquina, narcotiques et antispasmodiques, sétons, cautères, électricité pendant huit mois.

Au bout de dix jours de traitement par le nitrate d'argent formulé d'après les indications de MM. Charcot et Vulpian, il s'est manifesté une amélioration notable. Les muscles du côté malade, émaciés, avaient déjà repris le même volume que les membres sains, et leurs fonctions au bout de trois mois.

L'exemple précédent s'éloigne par plus d'un côté de l'ataxie progressive telle qu'on la rencontre ordinairement. L'affaiblissement de la mémoire et de l'intelligence, la céphalalgie qui a existé à un moment donné, la localisation des symptômes dans une des moitiés du corps, tous ces signes réunis donnent à cette observation une physionomie cérébrale ou cérébelleuse, et j'avoue que moi-même en lisant ce fait pour la première fois, je fus tenté de placer dans les masses cérébrales le point de départ de la maladie. Aujourd'hui j'ai complétement adopté l'opinion si habilement émise par M. Moreau, de Tours, et je l'étaye sur la persistance de la force musculaire, et la marche de la maladie qui est celle de l'ataxie progressive : douleurs, puis sensations étranges d'abord dans le membre inférieur droit, puis dans le supérieur, altérations de la sensibilité, puis troubles musculaires.

Ce n'est qu'après l'envahissement des membres supérieurs qu'on a vu survenir les symptômes cérébraux, la céphalalgie et l'embarras de la parole, manifestations secondaires qui, tout en donnant à ce fait une physionomie complexe, ne peuvent cependant empêcher le diagnostic de se poser. A ce moment aussi éclate le premier accès épileptiforme, et alors cette complication qui, si on ne tenait compte de son heure d'apparition, pourrait faire penser à une épilepsie de nature cérébrale, acquiert ici une toute autre signification et l'on peut se demander si elle n'est pas due à la propagation des lésions au bulbe rachidien, dans lequel, comme chacun le sait, les travaux modernes, ainsi que les expériences physiologiques, tendent à placer le point de départ de cette affection (1). Mais à côté de cette déduction se place naturellement une réserve ; c'est que dans beaucoup d'autopsies nous verrons le bulbe conjectionné, et pas d'épilepsie.

J'appellerais l'attention sur la cause initiale de tous les accidents, qui a été une métrorrhagie abondante, accident qui s'est montré de nouveau quand la maladie s'est confirmée, et qui paraît avoir eu une action évidente sur son développement.

Enfin quelle a été l'influence de la grossesse dans le cas actuel ? On voit survenir rarement, il est vrai, mais quelquefois cependant, pendant ou à la suite de la gestation, de véritables paraplégies. Des exemples de ce genre ont été rapportés par de nombreux auteurs, et il y a quelques années un de nos amis, le docteur Gamet a donné de ces divers travaux un excellent résumé (2) en même temps qu'il produisait une observation nouvelle des plus intéressantes. Quelle que soit l'opinion que l'on adopte sur le mécanisme de cette paraplégie, qu'on la mette sur le compte de l'anémie (et cela aurait quelque vraisemblance pour le cas actuel), de la compression, etc; on peut se demander si la grossesse chez Catherine C... n'a pas produit dans la moëlle épinière une modification d'abord dans la vascularisation, ensuite dans la nutrition de cette partie. Le fait est dans tous les cas assez rare pour mériter d'être signalé et médité.

1 Voir : *On Epilepsy and epileptiform seizures*, by H. Sieveking, London 1861.

Epileptie and other convulsive affections of the nervous system, by Bland Radcliffe, London 1861.

Epilepsie, its symptomes, treatment, aud relations to other chronic convulsive discases, by Russel Reynolds. London 1861.

Brown-Séquard en irritant certaines parties de la moëlle a rendu épileptiques des lapins qui ont transmis la maladie à leurs petits.

(*Recherches on epilepsy ; its artificial production in animal, and its étiology, nature and treatment in man.* Boston 1857.)

2 Gamet. — *Observation de paraplégie chez une femme grosse.* (Gazette médicale de Lyon, 1862.)

OBSERVATION XII.

Mademoiselle H... jouit d'une bonne santé jusqu'à l'âge de 33 ans. A cette époque (1851) elle accoucha de son premier et unique enfant qui est aujourd'hui âgé de 11 ans. Quelque temps après sa délivrance, elle devint amaurotique de l'œil droit ; cette affection disparut au bout de peu de temps et d'elle-même, pour envahir l'œil du côté opposé. A peu près à cette même époque la malade s'aperçut d'une incertitude dans la marche, qui s'accrut graduellement. Ce fut d'abord dans la jambe droite qu'elle sentit une faiblesse ; le genou de ce côté lui manquait fréquemment. Cette position s'aggrava peu à peu pendant un an, puis un jour il survint une augmentation subite dans son mal, la main droite devint insensible, et la malade ne put plus rien faire avec elle. C'est à cette époque, et pendant qu'elle présentait tous les symptômes d'une ataxie hémiplégique, qu'elle se rendit chez le docteur Klinger. Il lui ordonna le nitrate d'argent à la dose d'un sixième de grain deux fois par jour. L'amélioration ne se fit pas longtemps attendre, mais malheureusement l'emploi du médicament ne put être continué longtemps sans qu'il survint des vertiges et des étourdissements si violents que le docteur Klinger dut suspendre le nitrate d'argent. Le membre supérieur droit était du reste guéri, et la guérisona persisté six mois. La malade qui a à présent 44 ans voit bien ; elle a recouvré la sensibilité dans le bras et dans la main gauches, mais elle ne peut marcher qu'avec grand peine, et seulement sur un terrain uni, en lançant fortement la jambe droite. Dans la station, si elle ferme les yeux, elle éprouve de telles oscillations qu'elle craint de tomber. La jambe gauche est saine relativement.

Ce fait que nous empruntons à Eisenmann (obs. LXV) mérite de prendre place à côté du précédent, quoiqu'il pêche un peu sous le rapport des détails. Nous ferons remarquer avec le docteur de Wurzburg la ressemblance de cette observation avec celle de Duguet. La maladie débute dans les deux cas sur une femme, après un accouchement, elle occupe le côté droit du corps, elle est améliorée par le nitrate d'argent. Mais faut-il penser que si ce médicament avait pu être continué, l'amélioration survenue dans le bras se serait étendue à l'extrémité inférieure : une amélioration aussi radicale, complète, n'est pas commune dans le traitement par le nitrate d'argent, et on peut tout au moins se demander, si elle sera persistante, et si elle n'a pas coïncidé avec une de ces rémissions si communes dans la maladie qui nous occupe.

4° FORME COMMUNE.

Sous le nom de *forme commune* ou *généralisée*, je vais décrire une variété d'ataxie locomotrice progressive, dans laquelle les phénomènes morbides occupent les quatre membres, et qui correspond comme nous le verrons plus loin à une atrophie des cordons postérieurs dans toute leur hauteur.

Les formes que j'ai signalées jusqu'à présent sont partielles, et peuvent être considérées comme une phase de la forme généralisée. La forme cérébrale dont il sera question dans le paragraphe suivant est au contraire un dégré plus avancé du mal, et pour dire dès-à-présent toute ma pensée, la forme dans laquelle les phénomènes ataxiques, après avoir envahi graduellement et de bas en haut les quatre membres, s'est terminée finalement par des symptômes d'aliénation mentale (v. chap. VI), cette forme là est encore plus complète, mais elle est déjà une complication.

La forme généralisée se développe de quatre manières différentes: tantôt elle débute par les extrémités inférieures (forme lombaire transitoire); tantôt par les extrémités supérieures, (forme cervicale transitoire); tantôt, par les deux membres homologues (forme hémiplégique transitoire); et enfin elle envahit simultanément les quatre membres (forme généralisée d'emblée.)

Les observations suivantes se rapportent à la première variété.

OBSERVATION XIII (1).

C.... (Jacques), 55 ans, relieur de livres, né à Dôle (Jura), salle Saint-Bruno, service de M. Vernay.

Cet homme a commencé à éprouver les symptômes de la maladie actuelle vers les derniers jours de mai 1861. Pendant environ trois mois, il a senti ses forces diminuer graduellement; les jambes devenaient faibles, avaient peine à le soutenir; son travail le fatiguait vite; quand venait le soir, la lassitude était extrême.

1 Voir ma Thèse, obs. IV, communiquée par M. Chauveau.

Depuis quinze jours son état s'est aggravé; il a commencé à éprouver des douleurs lombaires, s'exaspérant parfois subitement et devenant alors lancinantes; ses jambes sont devenues si faibles qu'elles ne peuvent plus soutenir le malade. Sensibilité tactile diminuée depuis deux jours.

Etat actuel. La respiration et la circulation ne présentent rien d'anormal. *Digestion* : appétit bon, digestion facile. Le malade retient bien ses matières fécales; il sent très-bien le besoin d'aller à la selle; mais, chose curieuse, quand il se présente à la chaise, il n'a pas conscience de l'expulsion des matières; il dit être obligé de regarder pour s'assurer que l'expulsion a eu réellement lieu.

Excrétion urinaire. La vessie et son sphincter conservent toute leur activité; il n'y a point d'incontinence d'urine, et la miction se fait avec facilité : seulement, dans ce cas encore, le malade n'a qu'une conscience imparfaite de l'expulsion de l'urine quand la vue n'est pas fixée sur le jet.

Organes des sens. La vue, l'ouïe, l'odorat, le goût, sont intacts. Jamais le malade n'a éprouvé le moindre trouble du côté de ces organes; on a étudié particulièrement, avec le plus grand soin, les mouvements du globe oculaire sans saisir le moindre signe de paralysie dans les muscles qui exécutent ces mouvements. Questionné sur l'état de ses facultés génésiques, le malade invoque son âge pour déclarer qu'il n'a plus à penser à cela; on ne le fait pas sortir de cette déclaration générale, malgré des tentatives réitérées pour avoir des renseignements plus précis.

Le tact est toujours obtus.

Sensibilité générale. Intacte à la face, sur le tronc; considérablement diminuée aux membres inférieurs. Le malade déclare même ne pas les sentir du tout dans son lit; il n'y a point de fourmillements ni de douleurs lancinantes; le malade ne souffre plus des reins.

Point de céphalalgie.

Motilité. Au lit le malade n'éprouve aucun trouble du côté de la motilité; quoique les muscles des jambes aient considérablement diminué de volume, ils se contractent encore avec énergie; ainsi les mouvements de flexion et d'extension de la cuisse sur le bassin, de la jambe sur la cuisse, et du pied sur la jambe s'exécutent encore avec une notable énergie, et, de plus, avec la plus parfaite régularité.

Cependant le malade est dans l'impossibilité la plus absolue, quand on le met sur ses jambes, non-seulement de marcher, mais encore de se tenir seul debout; il n'y parvient qu'avec l'aide de deux personnes qui le tiennent sous les bras et qui supportent tout le poids de son corps; il s'affaisse sur lui-même aussitôt qu'on cesse de le soutenir.

Lorsqu'il est ainsi soutenu, si on essaye de le faire marcher, ses jambes s'agitent avec peine en s'embrouillant l'une dans l'autre, quoiqu'il regarde ses pieds avec la plus grande attention.

Ainsi la station et la marche ne sont pas seulement rendues impossibles par ataxie musculaire, mais par paralysie réelle; cependant cette paralysie n'existe plus pour les mouvements que le malade veut exécuter dans son lit.

Ajoutons que le malade ne présente point de contractures et n'éprouve point de secousses involontaires.

Traitement. Bains thérébentinés, électricité, strychnine. Dans les derniers jours de septembre le malade éprouve quelques secousses le long des deux jambes.

Le 2 octobre, la sensibilité des membres inférieurs est revenue presque comme à l'état normal; mais l'état de la motilité ne s'est pas modifié, de plus, le malade se sent bien uriner, mais la défécation se fait toujours sans qu'il en ait conscience.

Le 3 décembre, le retour de la sensibilité s'est maintenu : l'état de la motilité s'est aggravé, de plus, les mouvements des membres supérieurs sont devenus également difficiles. Le malade ne peut plus tenir sa cuiller et la porter à la bouche.

Le 7, on signale des fourmillements dans les doigts et des douleurs lancinantes dans les jambes.

OBSERVATION XIV.

Victor, 46 ans, charretier. En 1849, deux mois après avoir eu la suette miliaire, il fut pris d'une diarrhée intense, qui dura quatre ou cinq ans; au début de cette dernière affection, ou peu après, le malade remarqua que ses jambes devenaient plus faibles; peu à peu il remarqua que cette faiblesse, qu'il avait d'abord attribuée à la diarrhée, augmentait de plus en plus et se prononçait d'avantage la nuit; ses jambes vacillaient et s'il fermait les yeux, il tombait aussitôt; en même temps il éprouvait parfois en marchant, la sensation d'un corps dur interposé entre le pied et le sol, d'autres fois il percevait la sensation d'un corps élastique, et dans ce cas son pied aussitôt posé sur le sol se repliait sur lui-même, la jambe fléchissait sur la cuisse, et il marchait en bondissant, suivant son expression.

En même temps il ressentit des douleurs térébrantes et dilacérantes dans les membres, fugaces, et revenant à divers intervalles.

Il y a environ dix-huit-mois, diplopie qui dura six mois, puis disparut; depuis six mois, brouillard devant les yeux, presbytie.

Depuis huit jours le membre supérieur droit est devenu excessivement faible, il ne peut s'en servir, il éprouve beaucoup de difficulté pour saisir son couteau, sa cuiller; de même il peut à peine écrire.

Il entre à Lariboisière, le 17 mai 1861. Il est d'une maigreur extrême, il a le teint cachectique. La contractilité musculaire est conservée partou.

La sensibilité générale et tactile sont conservées. Il a le sentiment de la contraction musculaire; mais non celui de la distance, quand il ne s'aide pas du sens de la vue.

Le malade ne peut rester longtemps debout sans être pris de vertiges; si on lui ferme les yeux il vacille et il tremble; il porte très-bien un infirmier sur ses épaules, les yeux ouverts; ceux-ci fermés, le malade ploie et tombe.

La parole est facile et nette; les sens, excepté la vue, sont intacts. Impuissance complète. L'urine est normale.

Le malade quitte l'hôpital le 30 juillet. L'état morbide semble avoir progressé.

Duchenne. (Obs. VI. Loc. cit.)

OBSERVATION XV.

En 1856, je fus appelé par Chomel à donner des soins à M. C.... Il offrait l'ensemble des symptômes de l'ataxie progressive, limitée aux membres inférieurs : troubles de la station et de la marche impossible, et cependant conservation de la force musculaire pour les mouvements partiels, et dans la position assise ou horizontale ; anesthésie incomplète de la plante des pieds et douleurs caractéristiques profondes, erratiques, mobiles, rapides comme l'éclair, revenant par crises; tournoiements, éblouissements fréquents ; constipation et difficulté dans l'émission des urines constatées parfaitement saines par l'analyse au saccharimètre ; facultés intellectuelles parfaites ; pas d'hésitation de la parole ni de tremblement des lèvres.... Il me fallut bien fixer ses souvenirs pour apprendre enfin de lui que la diplopie avait été un des premiers accidents qui avait signalé le début de la maladie. Quelquefois, disait-il, il voyait double et cela ne l'incommodait pas: alors que je le soignais, il fut diplopique pendant sept à huit jours et je constatai une faible paralysie de la sixième paire gauche. Dès ce moment mon diagnostic et mon pronostic ne furent pas douteux, et je prévis la généralisation de la maladie. Bientôt en effet il se plaignit d'une anesthésie des deux derniers doigts de chaque main et d'une certaine difficulté pour se servir de sa main ; depuis je l'ai perdu de vue, mais j'ai appris que son état était de plus en plus grave et s'était généralisé.

Duchenne (Obs. VI. Loc. cit.)

Dans le groupe d'exemples qui précède, on voit la maladie qui commence à se généraliser ; les symptômes sont très-prononcés aux membres inférieurs, tellement même que la plupart de ces faits ressembleraient exactement à la forme lombaire, si on ne trouvait noté comme dernier symptôme, un envahissement partiel des extrémités supérieures. Les observations XIII et XIV offrent sous ce rapport un contraste que je dois faire ressortir : tandis que la généralisation s'effectue dans la première au bout de quelques mois à peine, dans le deuxième cas, ce n'est que onze ou douze ans après le début que la propagation est remarquée.

C'est toujours par les doigts, quel que soit d'ailleurs le symptôme initial, (anesthésie, fourmillements, douleurs, etc.) que l'envahissement commence, et nous verrons par la suite, comme cela est d'ailleurs noté dans l'observation XV, que le petit doigt et l'annulaire sont les premiers pris.

Dans le fait suivant la maladie a suivi une marche descendante. Cette circonstance, disons-le en passant, est très-rare.

OBSERVATION XVI.

M. X..., employé d'une maison de commerce, éprouvait depuis plusieurs années une difficulté pour écrire, qui avait augmenté graduellement, au point qu'il en était arrivé à ne pouvoir faire que sa signature et d'une manière illisible. Il plaçait assez facilement sa plume entre ses doigts, et s'il voulait écrire, ses doigts se roidissaient et se refusaient absolument à sa volonté, ou laissaient tomber la plume et exécutaient des mouvements singuliers; il éprouvait souvent des douleurs dans les membres supérieurs. M. Duchenne diagnostiqua la maladie dite crampe des écrivains. A quelques jours de là, dit-il, je fus frappé d'une différence légère dans l'élévation de ses paupières, il m'apprit alors, pour la première fois, que six mois avant d'éprouver de la gêne en écrivant, il avait été atteint d'une paralysie de la troisième paire, dont il avait guéri. Ce renseignement fut pour moi comme un trait de lumière, et je constatai que le strabisme avait été accompagné de douleurs siégeant dans la partie postérieure de la tête et d'éblouissements; que des douleurs fulgurantes s'étaient fait sentir peu après dans les membres supérieurs, puis étaient venus des fourmillements avec engourdissement dans les quatre derniers doigts surtout à droite; la sensibilité était obtuse et les mouvements des doigts étaient extrêmement gênés, non-seulement pour écrire, mais aussi pour tous les usages manuels (1); alors je constatai l'existence des troubles fonctionnels, dus uniquement à la perte de la coordination des mouvements. Depuis je vis que la maladie était entrée dans sa troisième période (généralisation).

La sensibilité de la plante des pieds et des jambes était normale; il arrivait souvent au malade de ne pouvoir marcher droit devant lui.

(*Duchenne. Obs. XV, loc. cit.*)

3. Dans l'observation suivante la maladie a eu aussi une marche descendante, seulement ayant débuté par la main gauche, elle a envahi quelque temps après la jambe du même côté. La forme hémiplégique n'a été que transitoire; car un an après le mal s'est déroulé du côté droit.

1 Ce symptôme s'il eut été constaté plus tôt, aurait suffi pour éviter la confusion de cette maladie avec la crampe des écrivains.

en suivant le même ordre d'évolution, c'est-à-dire une marche descendante encore.

OBSERVATION XVII.

M. X...., âgé de 48 ans ; antérieurement chancres, habitation humide ; douleurs rhumatoïdes depuis l'âge de 20 ans. En 1856, diplopie tenant à une paralysie de la sixième paire droite, et, en même temps, affaiblissement de la vue de ce côté ; en même temps douleurs térébrantes, erratiques, rapides, revenant toutes les minutes et arrachant des cris au malade pendant des crises de vingt-quatre heures de durée ; hypéresthésie cutanée limitée au point douloureux, et disparaissant avec la douleur térébrante.

En janvier 1855, fourmillements et diminution de la sensibilité tactile dans les deux derniers doigts de la main gauche ; qui devient maladroite et inapte à un grand nombre d'usages, les fonctions musculaires de la main provoquant dans les doigts des mouvements étranges. Vers la fin de la même année, aux troubles précédents, qui se sont aggravés, s'ajoutent des fourmillements dans les membres inférieurs et de la difficulté dans la marche ; il commence à trébucher du côté gauche et à ne plus pouvoir régler sa marche, il oscille dans la station. En septembre 1856, le côté droit se prend comme le côté gauche, d'abord dans le membre supérieur, puis, quelques semaines après, dans le membre inférieur, de sorte que les troubles de la coordination des mouvements sont généralisés.

(*Duchenne. Obs.* IX, *loc. cit.*)

4. Peut-on admettre une forme généralisée d'emblée, c'est-à-dire l'ataxie progressive envahit-elle simultanément les quatre membres ? La réponse à cette question est des plus importantes, elle touche à l'intimité même de la maladie, et je n'hésite pas à la résoudre par la négative. Je ne connais pas de fait qui puisse s'élever contre cette manière de voir. Je me trompe, l'ouvrage du docteur Topinard nous apporte à l'instant un exemple dans lequel l'incoordination locomotrice s'est montrée, dit-il, en même temps aux quatre membres. Le voici en résumé :

OBSERVATION XVIII.

B. Paul, 41 ans ; son affection a débuté en 1861. En deux mois les symptômes suivants firent invasion presque à la fois ; élancements dans les genoux, les bras, le thorax, plus douloureux que ceux d'aujourd'hui ; affaiblissement de la vue des deux côtés à la fois ; céphalalgie ; incertitude dans la station, maladresse des mains, perte du toucher. Ils paraissent avoir été presque aussi caractérisés à cette époque qu'aujourd'hui, et depuis trois ans la maladie serait parfaitement stationnaire, sauf les douleurs qui ont diminué et la vue qui s'est éteinte à droite.

Ce qui frappe en abordant le malade, c'est sa ressemblance avec un paralytique général, ses traits sont comme immobiles et indifférents. La démarche est plus tôt titubante qu'ataxique, la parole est parfois embarrassée, son état intellectuel est excellent. Les mains ne serrent presque pas, la gauche pas du tout, la force est aussi notablement diminuée aux membres inférieurs. Anesthésie cutanée, musculaire et profonde.

Paul Topinard. (*Loc. cit. Obs.* XVII.)

Il est assez difficile de saisir la signification précise de ce fait. Faut-il voir là une variété de la forme aiguë qui a pris ensuite l'allure chronique, ou bien une forme particulière de paralysie générale qu'on peut appeler ataxique? Je pencherais volontiers vers cette interprétation.

Après avoir examiné les différents modes suivant lesquels la forme commune se développe, il me reste à la montrer dans sa période d'état. Quelques exemples suffiront.

OBSERVATION XIX.

41 ans, habitation humide, vie très-active, soucis. Depuis 1835, crises douloureuses dans les extrémités inférieures; vers 1841, début de l'incoordination, affaiblissement graduel des forces, embarras de la marche.

Etat en 1856 : *Sens.* Surdité complète de l'oreille gauche, strabisme depuis le début de la maladie qui a peu à peu disparu. Affaiblissement de la vue; l'œil droit est myope, l'œil gauche presbyte, l'odorat et le goût sont conservés.

Sensibilité. Le bras et la main gauches sont légèrement engourdis, et le toucher est assez obtus, il est meilleur du côté droit, les mouvements n'obéissent pas à la volonté, ils ont besoin de la vue pour les guider. En fermant les yeux, la main gauche ne peut trouver le bout du nez, mais la main droite y arrive moins difficilement.

Dans son lit même, de la main droite, le malade ne sait, à température égale, s'il touche son matelas ou sa cuisse : en grattant légèrement l'épiderme, il sent que c'est à lui, mais il ne peut se rendre compte si c'est la jambe droite ou la gauche.

Lors des changements atmosphériques, le malade éprouve des tiraillements douloureux qui lui parcourent le corps avec la rapidité de l'éclair, et retentissent dans l'oreille gauche. Sauf la colonne vertébrale et la partie postérieure du tronc, elles affectent toutes parties du corps, depuis les doigts du pied, jusqu'au sommet du crâne. Ces douleurs ne se font sentir que sur un très-petit espace à la fois, durent par série de douze heures, vingt-quatre, trente-six et jusqu'à septante-deux heures. Elles commencent soudain avec des intermittences qui se rapprochent au point de ne pouvoir respirer quatre fois sans un élancement dans les genoux, par exemple, comme si une aiguille à bas le traversait lentement ; dans le pied, comme si un cheval l'écrasait de son sabot, dans les cuisses et les mollets, comme si un rateau de fer les arrachait ; dans les bras, les poignets, la poitrine, comme s'ils étaient comprimés dans un étau ; c'est surtout dans la tête que ces souffrances sont inouïes : ce sont tantôt de violents coups de marteau sur le cervelet, tantôt des secousses si violentes dans les nerfs du cou, que la tête en est ébranlée comme une cloche violemment agitée.

Les facultés intellectuelles ne sont point altérées.

Les selles un peu difficiles se font assez régulièrement, mais il ne peut retenir ses matières, s'il y a dévoiement. Une incontinence d'urine qui avait lieu au début n'existe plus.

Fonctions digestives normales.

Nutrition bonne, sauf les hanches qui sont un peu amaigries.

Duchenne, de Boulogne, (*Obs. I. Loc. citat.*)

OBSERVATION XX.

D..., 30 ans, confiseur. En 1844, rhumatisme ; en 1848, chancre induré ; en 1854, strabisme gauche, affaiblissement de la vue, douleurs térébrantes dans les membres inférieurs et dans le tronc.

En janvier 1855, troubles de la coordination dans les membres inférieurs pendant la station et la marche ; perte de la sensibilité. Celle-ci n'a commencé à diminuer d'une manière appréciable, à la plante des pieds, aux jambes, aux genoux, qu'en avril 1855.

En octobre, fourmillements dans les deux derniers doigts de la main droite, et plus tard, dans la main gauche ; troubles dans les mouvements de la main et du membre entier, et cependant conservation de la sensibilité de la peau et des tissus profonds aux avant-bras.

En juin 1856, *contracture des extenseurs* du pied.

(*Duchenne, loc. cit. Obs. VIII.*)

OBSERVATION XXI.

Virginie P..., 49 ans, est sujette depuis l'âge de 21 ans à des *attaques d'hystérie*. Elle attribue sa maladie à un séjour de cinq mois, en 1845, dans une habitation humide. Les premiers symptômes furent une faiblesse, des fourmillements dans les membres inférieurs ; au bout de six semaines, elle ne pouvait marcher qu'à l'aide d'une canne, et en projetant sa jambe en avant et de côté.

Vers la fin de 1847, les mains étaient déjà affectées, elle éprouvait des fourmillements dans la main droite où les mouvements étaient difficiles : les trois derniers doigts de la main gauche étaient engourdis.

Actuellement elle éprouve une faiblesse dans les jambes ; elle se lève et couche seule ; elle peut se tenir debout sans appui ; mais aussitôt qu'elle ferme les yeux. Elle s'affaisse, elle a un engourdissement général de la main droite et ne peut s'en servir qu'avec difficulté ; la sensibilité tactile est obtuse.

Du 27 novembre au 25 juin elle fut soumise à diverses médications, mais surtout à la belladonne et au nitrate d'argent. A la fin, sa maladie s'est beaucoup améliorée ; elle urine bien et retient bien ses matières, sa vue s'est beaucoup améliorée, elle peut se servir de ses mains, ce qu'elle ne pouvait faire auparavant ; elle marche seule, monte les escaliers en tenant la rampe, mais trébuche aussitôt qu'elle ferme les yeux.

(*Charcot et Vulpian, cités par Edwards. Thèse. Obs. VII.*)

5° FORME CÉRÉBRALE.

Je tiens à définir d'abord la vraie signification que j'attache à ce terme; il ne s'agit pas dans ce paragraphe de ces lésions matérielles ou fonctionnelles du cerveau qui engendrent l'incoordination des mouvements. J'étudierai cette variété d'ataxie dans un chapitre à part. Je me propose de décrire en ce moment une forme particulière d'ataxie locomotrice progressive, de myélophthisie ataxique, dans laquelle on voit survenir des phénomènes cérébraux. On pensera peut-être que ce chapitre serait mieux placé au milieu des complications. Mais je dois dire qu'il ne sera pas question ici de ces accidents vraiment cérébraux, qui, survenant dans le cours de la maladie, en masquent les manifestations, mais bien de quelques symptômes qui viennent se surajouter à ceux de la maladie principale, à diverses époques de son évolution, et qui ne font que rendre sa physionomie plus complexe.

Ces symptômes peuvent apparaître au début de la maladie. Ce sont alors des maux de tête violents, des vertiges, des éblouissements, etc.

Ou bien ils se montrent à une période avancée de l'ataxie, comme un effet de la propagation du mal à la base du cerveau, et aux nerfs de la langue qui sont compromis de préférence. On voit survenir de la difficulté dans la parole, du bégaiement, des tremblements de la la langue, et concurremment de fréquents vertiges ; la langue n'est pas déviée, il n'y a aucune altération des facultés intellectuelles, et pas de paralysie. L'embarras de la parole est dû non pas à un oubli des mots, comme on le voit dans les affections paralytiques dont le point de départ est le cerveau, mais bien à une ataxie des muscles de la langue, reconnaissant pour cause une altération matérielle des nerfs de cet organe.

Dans le premier cas la forme cérébrale est primitive (obs. XXII, XXIII, XXIV, XXV) ; dans le second elle est consécutive (obs. XXVI, XXVII, XXVIII et XXIX).

OBSERVATION XXII.

La maladie débuta brusquement, en février 1856, par un *étourdissement* violent qui força le patient à traverser une rue malgré lui, et le contraignit à s'arrêter quelque temps pour reprendre son aplomb. Jusqu'alors il n'avait eu que des constipations opiniâtres accompagnées de lourdeurs de tête, et depuis quelque temps des tiraillements d'estomac. Immédiatement après son accident il eut de la difficulté à courir, et il éprouva une impossibilité complète à détacher ses pieds de terre pour sauter.

A la fin d'une saison passée à Barèges, en août 1857, le malade s'aperçut qu'il ne pouvait marcher sans jeter ses jambes en dehors de la manière la plus désordonnée, et peu après que ses pieds devenaient insensibles.

En février 1858, il crut remarquer dans les deux derniers doigts de la main droite un manque de tact et une maladresse qui ne lui étaient pas habituels.

En septembre 1858, marche très-pénible, le pied droit posant souvent à faux ; les genoux très-faibles ; station debout impossible, même avec une canne ou tout autre appui. Dans la marche les mouvements des jambes s'exécutent mal et obéissent difficilement à une volonté attentive.

L'incoordination existait aussi dans les muscles des doigts.

Les sensibilités électrique, tactile et douloureuse étaient affaiblies ; la sensibilité à la température était intacte. Le malade avait conscience de la position de ses membres.

La force musculaire était partout conservée. Dans les derniers temps le malade a commencé à éprouver des douleurs qui ont quelque ressemblance avec celles de l'ataxie.

Il n'a pas présenté de phénomènes oculaires.

Duchenne, de Boulogne. (*Loc. cit. Obs. X.*)

Un médecin qui aurait été consulté le lendemain de l'accident qui inaugura la maladie, ou dans l'année qui le suivit, qu'aurait-il pensé ? Le début brusque par un étourdissement et une inpulsion irrésistible à traverser une rue, suivi immédiatement de la difficulté de courir et de l'impossibilité de détacher les pieds de terre pour sauter, voilà tout autant de symptômes qui auraient pu faire croire à une affection cérébrale, si les accidents paralytiques n'avaient pas revêtu la forme paraplégique. Mais plus tard le mal persiste, il s'aggrave, l'insensibilité apparait, les membres supérieurs sont graduellement envahis, l'intelligence n'est pas compromise, il n'y a que de l'incoordination et pas de paralysie réelle, les symptômes céphaliques n'ont plus reparu ; dès-lors et en présence de cette marche, le diagnostic s'établit, la maladie est chronique, c'est une ataxie progressive.

Dans l'observation XXIII les accidents cérébraux, au lieu d'être passagers, comme dans le cas précédent, durèrent pendant plusieurs mois. La maladie commença, après une violente émotion morale, par une céphalalgie persistante qui fit considérer le malade comme atteint de fièvre cérébrale; l'état morbide continuant, la vue diminuant, le malade se rend à Bagnères, et là la scène change : la vue se perd à droite, la céphalalgie et les douleurs augmentent, puis une amélioration se fait. Dès-lors il n'est plus question de céphalalgie ; mais il survint de l'incertitude dans la marche, de l'anesthésie, des faiblesses et des fourmillements dans les membres inférieurs, etc. ; ne dirait-on pas qu'il y a eu là une véritable métastase, que le principe morbide, abandonnant le système nerveux cérébral où il avait pris naissance, s'est porté sur la moëlle épinière, ne conservant de son siége primitif que les nerfs optiques où il se maintient et s'aggrave ? Cette opinion me parait admissible. Il n'est pas douteux, en effet, que dans la deuxième période de la maladie, à l'époque des consultations de MM. Ferrus et Baillarger, on eut à faire à une simple affection spinale. L'absence de céphalalgie, d'étourdissements, l'intégrité de la mémoire, des fonctions des membres supérieurs furent alléguées par M. Baillarger pour écarter l'idée d'une affection cérébrale.

D'un autre côté, il me semble qu'on trouve dans cette même période un ensemble de symptômes qui permettent de croire aujourd'hui que cette paralysie rhumatismale était une ataxie locomotrice progressive.

OBSERVATION XX.

M. B...., âgé de 50 ans, négociant à Bordeaux. Lorsque éclata la révolution de 1848, il se crut ruiné, et peu de temps après cette forte émotion, il était traité pour une fièvre cérébrale.

Une céphalalgie intense à peu près permanente, des douleurs irradiées sur diverses parties du corps, un affaiblissement de la vue, succédèrent à sa maladie. La céphalalgie augmenta d'intensité, malgré l'application d'un séton à la nuque, et une saison passée aux eaux de Bagnères de Bigorre. Les douleurs devinrent intolérables, et la vue se perdit complètement à droite.

Envoyé à la campagne, il éprouva un peu d'amélioration qui persista pendant plusieurs années. Peu à peu reparurent les douleurs, de l'incertitude dans la marche, des faiblesses et des fourmillements dans les membres inférieurs, de l'incohérence dans les mouvements de cet organe, avec affaiblissement progressif de la vue du côté gauche.

La mémoire et l'intelligence étaient intactes, les membres supérieurs avaient toute leur liberté de mouvement ; la sensibilité cutanée un peu amoindrie dans les membres inférieurs, la contractilité musculaire conservée. Les muscles mous et flasques avaient diminué de volume.

M. Oré, qui vit le malade à ce moment, se prononça pour une paralysie rhumatismale développée sous l'influence des bains froids pris à Bagnères, et employa la faradisation des muscles, des purgatifs répétés, des vésicatoires volants autour des orbites, des collyres à base de strychnine et un séton à la nuque. Ces divers moyens n'eurent d'autre résultat que de ramener la tonicité musculaire ; le malade fut adressé, en 1856, à M. Duchenne (de Boulogne) qui conseilla de continuer l'emploi de l'électricité, puis à M. Ferrus, qui se prononça pour une affection de nature rhumatismale fixée primitivement sur les enveloppes nerveuses, et enfin à M. Baillarger, qui admit l'existence d'une amaurose rhumatismale, et se prononça nettement contre l'idée d'une affection cérébrale.

Depuis cette époque, malgré les divers traitements mis en usage, l'état de M. B.... est toujours resté le même.

Ortel. (*Loc. cit. Obs.* III.)

Dans l'observation qui suit le début de la maladie consista aussi dans une céphalalgie continue, elle ne fut pas aiguë cependant comme chez M. B.... elle affecta une allure chronique, et ce n'est que plusieurs mois après que les jambes furent prises, et qu'on vit se développer tous les symptômes de l'ataxie locomotrice progressive.

OBSERVATION XXIV.

C... Nicolas, 30 ans, sellier, a eu dans sa jeunesse un chancre. Sa mère a succombé à une attaque d'apoplexie. Il a habité pendant six mois un logement bas et humide, et à cette époque (avril 1859), il ressentit des maux de tête qui revenaient tous les jours, occupant la région frontale et disparaissant pendant la nuit Il y avait trois mois que ces céphalalgies duraient, quand la vue s'affaiblit d'une façon sensible, et il y avait diplopie, probablement de l'amblyopie. Cette altération de la vision a duré un mois, elle a reparu après six mois d'intervalle et cette fois elle a persisté pendant deux mois environ.

Dans le temps qui a séparé les deux attaques d'amblyopie, les céphalalgies ont été plus fortes ; puis elles ont disparu après la seconde attaque, mais progressivement. Aux douleurs de tête ont succédé immédiatement d'autres douleurs, qui partaient rapides comme l'éclair de la région lombaire et s'étendaient dans les cuisses et dans les jambes, et s'accompagnaient de crampes dans les mollets ; puis incoordination et anesthésie dans ces régions, diminution de la sensibilité dans les deux doigts annulaires et les deux pouces, diminution dans l'activité de la fonction de la génération, éjaculations difficiles et érections rares; constipation habituelle.

Au mois de février 1861, il était dans l'état suivant : vue normale, anesthésie tactile aux doigts, aux orteils, aux talons, aux mains, aux bras et aux avant-bras, aux pieds, à la jambe, à la cuisse. Le malade a conservé la faculté de percevoir les sensations de chaleur, de froid, de douleur, non de pression.

L'incoordination existe aux membres inférieurs et supérieurs.

La nutrition est bonne, les facultés intellectuelles sont intactes. Il survint une amélioration sous l'influence des douches froides tous les jours, et de frictions avec le liniment ammoniacal camphré.

(Dujardin-Baumetz. Th. cit. Obs. IV.)

OBSERVATION XXV.

Garcin, âgé de 42 ans, marchand ambulant. En 1840 affection syphilique (chancre induré). En 1850 diplopie avec affaiblissement de la vue qui existe encore aujourd'hui (il est atteint d'nne paralysie double de la sixième paire.

Vers la même époque douleurs térébrantes et fulgurantes dans les membres revenant par crises, et qui ont augmenté progressivement jusqu'à ce jour.

En 1854, station fatigante; marche vacillante, incertaine et difficile à modérer, quand elle est plus rapide. Ces troubles de la locomotion sont restés stationnaires. Mais depuis le commencement de 1858 il lui arrive fréquemment de ne pouvoir marcher en ligne droite; il est alors poussé irrésistiblement toujours à gauche; ainsi, s'il longe le côté droit d'une rue, il ne peut s'empêcher d'appuyer à gauche, et bientôt il arrive obliquement au côté gauche de cette rue. Ce phénomène dure plusieurs minutes et se reproduit de temps à autre.

Cette tendance irrésistible à aller toujours du même côté, avait fait penser à Duchenne que dans le fait précédent il y avait une lésion d'un des prédoncules cérébelleux moyens. Cette opinion lui a été peut-être surprise par cette idée préconçue qu'il avait alors, que la lésion anatomique de l'ataxie progressive résidait dans le cervelet. Or, je ne vois pas qu'il y ait des raisons suffisantes pour me faire adopter ce jugement.

Je ferai remarquer que ce phénomène qui peut reconnaître, tout au plus, pour origine, un peu de congestion du cervelet, sinon une altération purement fonctionnelle de cet organe, s'est développé consécutivement à l'apparition de l'ataxie motrice. Dans les faits qui suivent les symptômes céphaliques ont suivi aussi ce même ordre d'apparition.

OBSERVATION XXVI.

Charlotte Lotsch, 35 ans, a commencé à éprouver dans sa dix-huitième année une faiblesse permanente dans l'extrémité inférieure gauche, puis dans la droite, faiblesse qui augmenta peu à peu. A l'âge de 24 ans, à la suite d'une couche, aggravation notable, impossibilité de marcher sans un appui étranger; deux ans plus tard, sentiment de faiblesse dans les extrémités supérieures, paraissant avoir débuté simultanément des deux côtés. En même temps la parole commença à être gênée. Tous les symptômes s'aggravèrent progressivement.

En juillet 1850, treize ans après le début, difficulté d'exécuter les mouvements combinés et une certaine possibilité d'exécuter les mouvements simples, tant aux membres inférieurs qu'aux supérieurs; parole lente et balbutiante. Langue non déviée, exécutant les mouvements simples, agitée cependant d'un léger tremblement, quand la malade veut la tenir immobile.

Etat normal de la sensibilité cutanée, de la distinction des températures des divers degrés de pression, de même que de la sensibilité musculaire. Contractilité musculaire électrique normale.

Le 24 août 1859, après une soif vive, on vit apparaître un *diabète insipide* qui s'aggrava rapidement au bout de quelques jours et arriva à son maximun dans les premiers jours de novembre.

Le 8 septembre la malade éprouva subitement une faiblesse plus grande dans les extrémités du côté droit, une sensation d'engourdissement de ces parties, phénomènes qui se dissipèrent d'ailleurs au bout de quelques jours.

Etat stationnaire jusqu'au 8 octobre 1855. Ce jour là l'hydrurie disparut subitement, il y succéda des sueurs et une sialorrhée abondantes. La malade sujette précédemment à une constipation opiniâtre eut, à partir du mois de janvier 1860, des selles aqueuses fréquentes et copieuses alternant avec les sueurs; de même des *vomissements* fréquents indiquèrent une sécrétion aqueuse anormale à la face interne de la muqueuse stomacale.

En juin 1860, palpitations très-pénibles, dyspnée et oppression.

Juin 1861, vertiges fréquents ; depuis quelques mois paralysie momentanée et complète de la parole.

Amélioration à la fin de 1861.

En 1862, sensations vertigineuses très-fréquentes et très-incommodes. Le courant électrique provoque plus difficilement qu'autrefois des contractions dans les muscles des extrémités inférieures, notamment dans ceux des jambes qui sont probablement envahis par un commencement de substitution graisseuse ; les fléchisseurs des pieds paraissent surtout en être atteints: les pieds sont dans une extension permanente, et le mouvement de flexion ne s'opère qu'incomplètement.

La sensibilité électro-musculaire était diminuée aux extrémités inférieures.

Depuis quelques mois la portion dorsale de la colonne vertébrale s'est légèrement déviée à droite. Toutes les autres fonctions sont parfaitement conservées.

OBSERVATION XXVII.

Lisette Süss, née le 1er avril 1826. A 15 ans, sensation de fatigue et de faiblesse dans les extrémités inférieures, puis dans les supérieures, accompagnée fréquemment de douleurs profondes ; les troubles de la motilité s'aggravèrent progressivement et la parole s'embarrassa à son tour. Elle entra le 27 décembre à l'hospice de Pforzeim.

Elle n'avait pas quitté le lit depuis plusieurs années, et ne pouvait ni marcher ni se tenir debout. Les divers muscles avaient conservé la faculté de produire isolément les mouvements qui leur sont confiés, mais les mouvements se faisaient avec effort et manquaient d'énergie et de précision. Les mouvements combinés par contre étaient troubles ; la parole était pénible, lente, balbutiante, lorsque la malade essayait de prononcer un mot composé de plusieurs syllabes, elle était obligée de le commencer à plusieurs reprises, la langue n'était pas déviée, et exécutait assez facilement les mouvements simples. Elle était seulement un peu tremblante. Lorsque la malade essayait d'exécuter des mouvements combinés, de parler, de saisir un objet, divers groupes musculaires étaient pris de contractions synergiques ; de là des oscillations irrégulières de la tête, du tronc, des extrémités ; les muscles de la face ne présentaient rien d'anormal. Les muscles des extrémités étaient moins bien nourris que chez les autres malades ; la sensibilité cutanée, les sens supérieurs, les fonctions psychiques n'avaient pas subi d'atteinte. La malade était sujette au vertige, depuis quelques années. La colonne vertébrale était fortement courbée à droite et en arrière. La malade ne pouvait se tenir assise, elle restait accroupie dans son lit. Sauf un peu de constipation, les diverses fonctions organiques s'accomplissaient normalement.

La malade était d'ailleurs sujette à des attaques convulsives ; mais ces attaques avaient d'une manière si évidente, le cachet des attaques hystériques, qu'on ne pouvait les considérer que comme une complication tout à fait accidentelle.

D'après les renseignements fournis en mai 1862, la gêne de la parole avait beaucoup augmenté depuis dix-huit mois, les accès d'hystérie ne se reproduisaient plus, et les autres symptômes étaient restés dans le *statu quo*.

OBSERVATION XXVIII.

Frédéric Süis, 24 ans, reçu le 9 juillet 1859, à l'hôpital académique. A 15 ans il éprouva dans l'extrémité supérieure gauche une faiblesse qui s'étendit au bout de deux ans environ à l'extrémité supérieure du même côté. Les mêmes accidents se seraient ensuite reproduits en suivant une marche semblable dans les extrémités du côté droit ; de telle sorte qu'à l'âge de 17 ans le malade n'était plus parfaitement maître de ses mouvements. Depuis l'âge de 18 ans, parole difficile, embarrassée.

La marche se fait d'une manière incertaine, chancelante, et s'accompagne d'une propulsion brusque des jambes en avant. Il serre avec assez de force les objets dans ses mains et les contractions des divers muscles ne manquent nullement d'énergie.

Par contre, les mouvements combinés sont extrêmement troublés. Pas de déviation de la langue, ni de la luette, pas de nystagmus, intégrité de la sensibilité cutanée, des sens supérieurs et de toutes les autres fonctions.

Le 2 mai 1862, la maladie avait fait des progrés évidents, tous les symptômes s'étaient aggravés, les troubles de la motilité étaient manifestement plus prononcés du côté gauche, le premier atteint, qu'à droite. La difficulté de la station et de la marche était beaucoup plus prononcée dans l'obscurité, et quand le malade fermait les yeux. Par contre il appréciait facilement, même après avoir fermé les yeux, la situation de ses extrémités, leur écartement, de même que le poids relatif du corps. La sensibilité et la contractilité électro-musculaire, de même que la sensibilité cutanée étaient restées intactes. Le malade annonçait qu'il n'avait eu ni érections ni pollutions depuis deux ans. Depuis la même époque il éprouvait parfois des vertiges.

Les trois observations que je viens de rapporter et que j'emprunte à Friedreich (1) donnent une très-bonne idée de la forme que j'appelle *Cérébrale consécutive*. Elles diffèrent complètement des faits que j'ai mentionnés au commencement de ce paragraphe, et dans lesquels les symptômes cérébraux survenant au début du mal, pourraient, si on ne tenait compte que de ce point de vue, être considérés comme étant le point de départ et la cause de tous les accidents. Mais dans le cas actuel, rien de pareil, les accidents se développent dans un ordre qui n'admet pas de doute. D'abord, c'est une gêne, une faiblesse, une incoordination dans les mouvements, à marche paraplégique (obs. XXVI, XXVII), hémiplégique (obs. XXVIII), et ce n'est que plus tard et seulement quand les membres supérieurs ont été envahis depuis quelque temps, que surviennent de la difficulté dans la parole, du bégaiement, des tremblements de la langue, des vertiges...., tous symptômes céphaliques. Ces manifestations ont été accompagnées dans l'observation XXVI d'une faiblesse plus grande dans le côté droit du corps, et d'une sensation d'engourdissement de cette partie, symptômes qui se dissipèrent au bout de quelques jours, et qui, dans tous les cas, ne peuvent pas faire penser à une hémiplégie de nature cérébrale. Les troubles de la parole apparaissent ici comme une propagation du mal, de la partie supérieure de la moëlle aux nerfs de la base du cerveau, propagation que nous verrons plus tard confirmée par l'anatomie pathologique, (chap. V).

Envisagés en eux-mêmes les troubles de la parole prennent une signification plus précise. Au début ils sont peu prononcés et sujets à des rémissions. Il est rare que la paralysie soit complète comme on l'a observé à un moment donné (obs. XXVI). La difficulté de parler tient généralement à la difficulté de coordonner les mouvements de la langue, et non à la paralysie : aussi cet organe est-il facilement tiré hors de la bouche; les mouvements d'ensemble sont possibles, les mouvements complexes, néces-

1 Friedreich. *(Loc. cit., obs. II, V, VI.)*

saires pour la prononciation des diverses syllabes sont au contraire compromis : la langue tremblotte, ataxique, comme les jambes du malade quand elles se détachent du sol.

La langue n'était déviée dans aucune des observations précédentes, et cette particularité les distingue des affections cérébrales, dans lesquelles ce phénomène s'observe. Cette différence se comprend trés-bien, quand il n'y a que de l'incoordination ; mais plus tard, quand les nerfs hypoglosses sont atrophiés, comme nous le verrons dans quelques observations de Friédreich que je rapporterai plus loin, pourquoi encore cette absence de déviation? c'est parce que la dégénérescence est ici symétrique, comme dans la moëlle et que les nerfs moteurs de la langue sont simultanément compromis.

La signification des vertiges dans les faits qui précèdent nous échappe. Faut-il l'attribuer à une hypérémie commençante de certaines portions du cerveau, hypérémie qui serait le premier degré d'une dégénérescence future ?

Le fait suivant doit être considéré aussi comme un exemple de la forme cérébrale ; nous le reproduirons *in extenso* à cause de son importance.

OBSERVATION XXIX.

Sophie C..., célibataire, âgée de 28 ans, entrée le 26 janvier 1862, salle St-Charles, n° 39, à l'Hôtel-Dieu de Lyon.

Cette malade, d'un tempérament nerveux, est d'une constitution moyenne ; ses masses musculaires se dessinent nettement sous la peau ; le volume des membres n'a subi qu'une diminution insignifiante depuis le début de la maladie.

Elle raconte que dix-huit membres de sa famille, dont plusieurs vivent encore, ont été atteints de la même maladie que celle qui l'amène à l'hôpital. (Voir, pour les détails, l'article *Etiologie.*)

Sophie a quitté son pays (Mazan, Ardèche) à l'âge de 12 ans, pour habiter le Midi comme domestique. Elle nous raconte que pendant son enfance elle couchait sur la paille, dans une grotte humide, pêle-mêle avec ses frères, ses sœurs et les bestiaux. Elle habitait une des montagnes les plus sauvages et les plus pittoresques du centre de la France, n'avait jamais qu'une nourriture grossière, et se livrait à de pénibles travaux.

Jusqu'à l'âge de 22 ans, elle avait joui de la meilleure santé. A ce moment elle ressentit à la plante des pieds des douleurs qu'elle compare à des piqûres d'épingle. Plus tard, quand elles eurent disparu de ce siége, il survint des douleurs bien plus violentes dans la cuisse ; elles étaient dilacérantes, et revenaient à des intervalles variés. Quand elles apparaissaient, la malade était forcée de garder la plus exacte immobilité ; sans cela, il lui semblait qu'on lui arrachait les chairs. Ces véritables crises duraient quelquefois pendant l'espace d'une heure et n'étaient conjurées que par le repos. Après la disparition de ces douleurs, elles se montrèrent à la face interne des mains : celles-ci étaient *mortes*, suivant l'expression de la malade, ce qui ferait supposer que la sensibilité y était émoussée ; elles étaient aussi le siége de fourmillements.

En même temps qu'apparaissaient ces diverses perturbations de la sensibilité, Sophie C.... reconnut que ses mouvements perdaient de leur précision habituelle ; la démarche était vacillante, la malade tombait souvent ; ses jambes, surtout la gauche, fléchissaient sous elle.

Il y a huit mois seulement, les mouvements des membres supérieurs s'embarrassèrent ; à la même époque, tremblement, oscillations de la tête pendant la marche, qui cessaient pendant le repos.

Il y a six mois, la marche est devenue presque impossible, la malade, a besoin d'un bâton ou d'un aide pour se soutenir, mais souvent ces soutiens ne concourent qu'à augmenter la discordance des mouvements : ainsi, si l'aide qui la soutient marche trop vite, si ses pas ne concordent pas avec ceux de la malade, elle fera des faux pas et tendra à tomber; le bâton, tout en lui servant beaucoup comme appui, la gène cependant, car il faut qu'elle le dirige, qu'elle s'en occupe, et souvent elle s'en sert maladroitement et l'embarrasse dans ses jambes. Actuellement, grâce à une amélioration survenue depuis quelque temps, elle peut marcher sans secours ; elle traverse ainsi la salle où elle est en longeant les lits, auxquels elle demande de temps en temps un point d'appui ; ses pas sont très-petits ; le pied se détache lentement du sol, comme retenu par une force invisible, il se dirige en avant assez facilement; mais, avant que le talon appuie sur le sol, la pointe du pied relevée oscille dans un sens ou dans un autre. Certains mouvements augmentent le désordre : ainsi l'hésitation est au comble quand la malade se retourne pour changer de direction, quand elle monte ou descend les escaliers ; quand lle s'assied, il faut qu'elle s'appuie sur les bras du fauteuil, puis tout-à-coup elle se projette en arrière, et ses jambes se relèvent ; en un mot, tous ses mouvements ont quelque chose de saccadé qui n'existe jamais à l'état normal. Quand on compare le peu d'étendue des pas avec l'élévation très-considérable du pied, puis cette série d'oscillations qui se succèdent à ce moment, on trouve à cette démarche quelque chose de caractéristique et de curieux.

La vue n'intervient nullement pour guider les mouvements ; Sophie ne regarde jamais à ses pieds pour les diriger. Quand on lui ferme les yeux, elle exécute les mouvements qu'on lui commande.

Pendant la marche, le cou est pris de mouvements involontaires ; par suite de cette espèce de tremblement, la tête branle et vacille ; les paupières et le globe oculaire aussi sont agités de mouvements désordonnés.

Quand elle est assise, tout rentre dans l'ordre. La malade peut rester longtemps dans cette position sans être fatiguée ; alors elle peut disposer de ses jambes à son gré, elle les étend et les fléchit, les dirige dans tous les sens, avec presque autant de facilité que si elle n'était pas malade. Dans le lit, il en est de même.

Les membres supérieurs sont aussi le siége de quelques phénomènes particuliers : les grands mouvements qui se passent dans l'articulation de l'épaule ont conservé leur précision, les mouvements des doigts au contraire sont entravés ; depuis trois mois, elle ne peut plus tricoter qu'avec difficulté. Si on lui dit de saisir une épingle, on voit la main s'avancer, planer, pour ainsi dire, sur l'objet, aller en deça, puis au-delà, enfin tomber sur lui. Quand elle veut prendre un crayon, c'est en le faisant glisser le long des doigts qui doivent le tenir qu'elle parvient à lui donner une position convenable. Il lui est impossible de tracer une ligne droite, toutes sont flexueuses, entrecoupées.

Avec tous ces signes de faiblesse apparante, cette malade est très forte, elle vous serre la main avec vigueur ; si elle résiste, il est presque impossible d'étendre le bras ou la jambe fléchis.

La sensibilité générale existe partout, la malade dit très-bien qu'elle sent dans toutes les parties du corps ; elle perçoit nettement le chaud et le froid, les piqûres d'épingle, les pressions exercées sur les masses musculaires ; la plante des pieds, la paume des mains, ont conservé toute leur sensibilité ; il semble même que cette propriété soit plutôt augmentée, d'une manière générale, que diminuée.

Les troubles de la vue sont loin d'avoir inauguré ici la série des accidents. Ce n'est que depuis son entrée à l'hôpital que Sophie observe quelque chose d'anormal de ce côté. Elle avait, à ce moment, de la diplopie et de la faiblesse de la vue. Actuellement, rien à l'examen de l'œil, contractilité pupillaire normale, la vision est bonne ; la malade compte parfaitement les caractères d'imprimerie qu'on lui soumet.

Nous n'avons à noter aucun trouble du côté des sens : le goût, l'odorat, l'ouïe, sont intacts.

L'intelligence est très-nette ; il n'y a jamais eu de douleurs de tête.

La parole est embarrassée. Quelques mots sont plus dificiles à prononcer que d'autres. Sophie éprouve une espèce de bégaiement ; ainsi elle appuie sur certains mots, et à ce moment, on dirait que la langue, retenue par un obstacle, a de la peine à se détacher du palais, puis une série de mots se succèdent avec volubilité. On voit à ce moment que la malade fait effort pour imprimer à l'organe rebelle des mouvements qu'il n'exécute pas à son gré ; les joues aussi se contractent avec énergie, mais non pas toujours à temps voulu, il n'y a cependant aucun muscle paralysé. Les lèvres se rapprochent exactement dans l'action de souffler. Quand on fait sortir la langue, cet organe est saisi de tremblement, et ne se dirige en ligne droite qu'après un moment d'hésitation.

De temps en temps il y a une espèce de nasonnement qui ressemble assez à celui qu'on observe dans la paralysie du voile du palais. Cependant jamais les aliments, comme cela a été noté dans une observation de M. Teissier, n'ont pénétré dans les fosses nasales, pour être ensuite rejetés.

Cet embarras de la parole augmente quand la malade a froid, ou qu'elle parle depuis un moment.

L'état général est bon, les fonctions digestives s'exécutent normalement. Du côté de la vessie et du rectum il n'y a rien à noter. La menstruation, toujours régulière, s'est suspendue pendant deux mois seulement au commencement de la maladie. Les jambes sont froides surtout le matin, et jusqu'à ce que la malade ait fait de l'exercice. La transpiration cutanée est abolie. Pas de palpitations, pas de rhumatisme.

Traitement. Avant d'entrer à l'Hôtél-Dieu de Lyon, cette malade avait déjà été traitée à l'hôpital de Nîmes, où elle était restée pendant plusieurs mois. Les frictions de tout genre furent essayées sans succès; dix cautères volants, appliqués le long de la colonne vertébrale, n'amenèrent aucun soulagement. Ce fut aussi en vain qu'on essaya les bains, les douches, l'électricité. La maladie suivait une marche croissante.

Depuis son entrée à la salle Saint-Charles, voici quels moyens ont été dirigés contre sa maladie :

26 janvier. Potion sirop de quinquina, 40 grammes;
Sulfate de strychnine, 0 gr. 01
4 pilules de Vallet; tisane de centaurée.

10 février. 2 pilules nitrate d'argent 0 gr. 01
Bains sulfureux.

Sous l'influence de cette dernière médication, on a constaté une amélioration notable. Quand la malade est entrée, ses jambes étaient roides; elle ne pouvait les croiser, ni s'asseoir toute seule, ni étendre le pied facilement, toutes choses qu'elle exécute aisément aujourd'hui. Elle marche aussi un peu moins péniblement; la parole est moins embarrassée.

Il me resterait à parler de quelques autres formes de la maladie : *la forme nerveuse*, *la forme aiguë*, etc. Mais comme j'ai eu surtout en vue, dans ce chapitre, d'étudier la marche de l'ataxie progressive, son allure quand elle débute, puis s'étend et se confirme, je crois préférable de m'occuper autre part de ces deux formes : de la première à propos de la nature, de la seconde au sujet de la durée de l'affection; et d'aborder immédiatement la description générale des symptômes.

Chapitre VI.

DE LA SYMPTOMATOLOGIE.

PRODROMES.

L'ataxie locomotrice progressive débute presque toujours d'une manière obscure. Il est aussi difficile de retracer que d'apprécier, quand ils existent, les traits fugitifs, protéiformes, sous lesquels elle se dissimule. Et pourtant de quelle importance serait la connaissance des symptômes qui permettraient de la reconnaître alors ! « L'habileté du médecin , a dit il y a déjà quelques années M. le professeur Trousseau, consiste non plus à reconnaître cette maladie quand elle existe , mais à la deviner dans ses prodromes , à la dépister si je puis ainsi dire. »

Depuis ces paroles , la question a peu avancé dans ce sens, et on est encore à la recherche d'un symptôme initial , pathognomonique. Ce n'est pas que les prodromes fassent défaut ; on se heurte plutôt à l'excès contraire. Il faut un examen scrupuleux pour remonter jusqu'aux premières traces du mal, car le malade a souvent une impitoyable tenacité pour ne se rappeler que les symtômes qui ont frappé son esprit, soit par la gêne apportée à ses occupations , soit par leur persistance.

Le plus souvent le premier symptôme est la douleur , douleur qui est confondue avec une névralgie ou qui est considérée comme un rhumatisme (obs. XLI). Ces névralgies du début sont variables , fugaces ; elles siégent le plus souvent sur le trajet du sciatique (obs. V, VI, XLVI), ou bien des nerfs qui animent les doigts. D'autres fois elles occupent l'occiput, la nuque , le dos , le pourtour de l'orbite; ou bien encore les nerfs intercostaux et iléo-lombaires. Dans d'autres circonstances les douleurs envahissent les masses sacro-lombaires , et simulent un lumbago.

On rencontre quelquefois d'autres accidents nerveux : des palpitations, des cardialgies (obs. VIII) , des lypothymies (obs. XLV) ; enfin quelques malades se plaignent d'une constriction insupportable à la base du thorax , ou dans les membres (obs. L). On a vu la maladie être précédée par des attaques d'hystérie (obs. XXI, XXXV), d'épilepsie; chez les femmes chlorotiques d'attaques nerveuses accompagnées de crampes (obs. XXXII).

On a rarement signalé des fourmillements. Dans quelques cas c'est une sécheresse particulière de la peau qui a ouvert la marche de tous les accidents (obs. X) ; dans d'autres une suppression de la sueur (obs. LIII) ou un abaissement de la température dans les parties qui ont été les premières affectées par les désordres des mouvements.

Enfin il est d'autres névroses qui ont été plus particulièrement signalées par M. Trousseau parmi les signes avant-coureurs. J'ai nommé l'incontinence nocturne d'urine , la spermatorrhée , l'anaphrodisie , ou bien une exagération du pouvoir génital qui permet de répéter le coït un grand nombre de fois dans un court espace de temps.

Les douleurs fulgurantes et térébrantes sont très-rares dans la période prodromique.

Il en est de même des troubles de la sensibilité : anesthésie , hypéresthésie , perversions des diverses sensibilités , qui dans certains cas cependant ouvrent la scène.

J'en dirais autant des troubles oculaires. Il faut donc avouer , en terminant cette rapide revue des prodromes , qu'il n'y en a aucun qui soit caractéristique. Mais si isolément ils n'ont aucun valeur absolue , ils peuvent en acquérir beaucoup quand ils sont groupés ensemble. Ainsi je soupçonnerais fortement l'ataxie progressive en voyant réunis chez un malade une névrose génitale , des douleurs fulgurantes , une paralysie oculaire , en dehors de toute tendance à l'incoordination. — D'autres fois au contraire c'est par cette tendance que la maladie débute ; ou bien encore l'ataxie progressive survient brusquement à la suite d'une chûte, d'un refroidissement, d'un accouchement, etc.

SYMPTOMES DE LA MALADIE CONFIRMÉE.

1° *Symptômes tirés du mouvement.*

MOUVEMENTS VOLONTAIRES.

Incoordination locomotrice. — Le symptôme le plus important, le seul constant, vraiment pathognomonique, est l'incoordination des mouvements : c'est-à-dire l'impuissance de coordonner les mouvements volontaires. Ce symptôme, joint à la conservation de la force musculaire, distingue la maladie actuelle des paraplégies telles qu'on les avait comprises pendant longtemps ; joint à la faculté d'exécuter volontairement des mouvements d'ensemble, il la distingue des maladies convulsives et spasmodiques ; joint à la liberté des facultés intellectuelles, il la différencie des paralysies cérébrales et cérébelleuses, etc.

Ce symptôme se présente constamment avec ce double caractère : impossibilité d'exécuter les mouvements *complexes*, facilité d'exécuter les mouvements d'*ensemble*.

Il est toujours le même, qu'on l'étudie aux membres inférieurs ou aux membres supérieurs : aux extrémités pelviennes il est souvent précédé par de la maladresse dans les mouvements ou bien par une faiblesse et une fatigue particulières dont les malades ne se rendent pas bien compte (1), ou bien encore par une légéreté inaccou-

1 Ce sentiment de fatigue et de lassitude tient, d'après Jaccoud (*Loc. cit.* p. 641), à l'intervention anormale de l'influence volontaire, dans les actes automatiques de la locomotion. Il en résulte une continuité de l'action volontaire, et une augmentation dans la dépense de force, qui amène la fatigue insolite qui caractérise l'ataxie à son début. Ce symptôme ne dépend pas alors, d'après cet auteur, d'une diminution réelle de la force musculaire qui ne survient que plus tard. Il est difficile de se prononcer sur la valeur réelle de cette interprétation, qui, malheureusement, n'est qu'une hypothèse, car il pourrait bien se faire qu'au début de la maladie, il se produisit une congestion dans les faisceaux antérieurs, qui serait alors la cause de cette faiblesse ; d'ailleurs nous verrons plus loin que les faisceaux postérieurs paraissent avoir une influence directe sur la force des mouvements.

tumée, comme nous le voyons noté dans une observation de M. Charcot (v. n° XLIV) ; quelquefois au contraire par une pesanteur et une roideur insolites. Le malade a de la peine à étendre les divers segments de ses membres qui n'obéissent qu'avec paresse ; bientôt après une course un peu longue le fatigue, sa démarche s'embarrasse, il lui arrive de tomber ou de se heurter contre des obstacles qu'il ne peut éviter, puis les jambes n'exécutent que des mouvements désordonnés, maladroits ; les malades sont obligés de regarder leurs pieds pour les diriger, et si chez quelques-uns la vue suffit pour corriger, en partie du moins, l'irrégularité des mouvements, chez la plupart son concours est sans résultat.

C'est surtout quand l'ataxique veut faire le premier pas, changer de direction, se retourner, s'asseoir ou se lever, qu'il éprouve la plus grande difficulté ; il multiplie ses mouvements, il trébuche et souvent tombe. Quand il va se mettre en marche, on le voit hésitant, comme cherchant un point d'appui ou un guide pour le diriger, il relève le pied outre mesure, ou bien pendant, la pointe dirigée vers le sol. Il ne se porte pas où tend le malade ; comme s'il était mal soutenu ou s'il obéissait à des puissances opposées et en lutte, le pied oscille à droite, à gauche, et enfin il retombe pesamment sur le sol. Le talon frappe parfois si pesamment que tout le corps en est ébranlé.

Les pas sont en général irréguliers, les uns petits, les autres allongés ; ils n'ont ni cadence, ni mesure ; ainsi tandis qu'un pied reste à peine un instant posé sur le sol, l'autre y demeurera longtemps. Alors il arrive souvent que les jambes fléchissent, que les pieds traînent, qu'ils s'embarrassent entr'eux ou dans les corps les plus voisins. Les malades vont tomber si on ne les soutient, on voit leurs corps inertes se reployer sur eux-mêmes, comme si les masses musculaires étaient en relâchement ; les aides ne font souvent que contrarier les mouvements; car les malades ne peuvent régler leur pas sur ceux des personnes qui les soutiennent, et si le contraire n'a pas lieu, ils font des efforts à contre-temps qui rendent leur chûte imminente.

Chez d'autres ataxiques les pas sont précipités ; ils trottinent au lieu de marcher ; d'autres projettent follement leurs jambes en avant ; d'autres se portent en arrière. Quoi qu'il en soit, quand la maladie est arrivée à une période avancée, les ataxiques ne peuvent faire un seul pas sans le secours d'un aide ; il faut les prendre fortement sous les bras et les soutenir ; alors des malades qui paraissaient tout-à-fait paralysés peuvent encore essayer quelques pas, saccadés il est vrai et désordonnés. Voyez-les ; ils sont anxieux ; ils craignent, en dépit de leur soutien, de tomber, tant ils ont conscience de l'impuissance où ils sont ; après une ou deux minutes d'une marche pénible, ils sont dans la plus grande agitation ; ils transpirent, ils souffrent de violentes douleurs dans la région lombaire. — Dans le lit le calme reparait.

Alors la scène change. Ce malade si faible tout à l'heure, si impotent, semble avoir reconquis la liberté de ses mouvements. Si on lui dit d'étendre ou de fléchir la jambe, de la porter dans telle ou telle position, il le fera avec une certaine précision, sinon sans hésitation. Ce fait est fréquent ; il nous paraît constituer un caractère frappant de l'ataxie locomotrice progressive.

A quoi tient cette différence ? On pourrait admettre l'hypothèse proposée par Ollivier (d'Angers) pour expliquer certains cas de paraplégies où ce phénomène s'est manifesté, et invoquer l'existence d'un excès de sérosité rachidienne, comprimant, dans la position verticale, la moëlle par son accumulation dans les parties inférieures de la boîte rachidienne, et au contraire la laissant libre de toute pression dans le décubitus horizontal (1). On a trouvé plusieurs fois cet excès de sérosité rachidienne dans l'ataxie locomotrice, et cette circonstance a sa valeur dans l'hypothèse que nous agitons. Mais sans nous arrêter à la fréquence de ce phénomène par rapport à la rareté des cas dans lesquels l'excès du liquide arachnoïdien a été mentionné, nous nous demanderons pourquoi, lorsque les ataxiques sont assis dans un lit ou dans un fauteuil, leurs

1 Ollivier (d'Angers). — T. II, p. 27.
Graves. — *Archives générales de médecine*, 2e série, 1836. T. II, p. 208

mouvements récupèrent une partie de leur liberté. Nous croyons donc que la compression est insuffisante pour nous rendre compte de la bizarrerie locomotrice que nous signalons, et nous croyons qu'elle est due à un trouble fonctionnel des muscles des gouttières vertébrales dont nous parlerons plus loin.

Dans certains cas cependant le malade ne peut se tenir ni assis sur une chaise ni sur son lit. (Obs. XXXIII). La maladie est alors à un degré plus avancé.

Revenons. Pour en finir avec ces troubles locomoteurs, je signalerai la tendance au recul, notée dans l'observation, et cette singulière aberration mentionnée chez la malade du numéro 8, qui croyait que les gens marchaient à reculons, alors qu'ils venaient directement vers elle, et qui croyait aussi marcher en arrière, quand elle allait droit.

Dans les mouvements complexes autres que la marche, le désordre apparait encore : le malade veut-il s'asseoir, il se maintient d'abord fortement avec les mains, puis il se laisse aller pour ainsi dire à la dérive, en relevant les jambes. Veut-il se coucher, il appuiera un des côtés de son corps sur le bord du lit, et c'est par un mouvement de bascule, en s'aidant des bras, qu'il arrivera à son but. Tout rappellerait dans cet acte une véritable paralysie, si la force n'était pas conservée, et si tout ce manège n'était pas une ruse du malade pour échapper à cette puissance invisible qui a dissocié l'harmonie des groupes musculaires qu'il met en jeu.

La *station* est possible et même facile au début, avec un point d'appui, ou même sans cet expédient ; quand la maladie est un peu avancée, les malades sont pris de *tremblements* et s'affaissent sur eux-mêmes. Le plus souvent ce sont les membres inférieurs qui présentent ces mouvements asynergiques qui ne rappellent en rien le tremblement sénile, celui de l'intoxication alcoolique, absinthique, le délirium tremens, etc. ; le tremblement a lieu sur place, les jambes se rapprochent et s'éloignent, elles grelottent, qu'on me pardonne cette expression qui rend ma pensée. Le tremblement est plus rare aux extrémités supérieures; il se manifeste ici quand on engage les malades à tenir quelque temps la main étendue. On l'a quelque fois rencontré dans les muscles du cou, il en résulte des oscillations particulières de la tête, qui impriment aux malades une allure particulière. Le tremblement ne me semble pas dû dans ces divers cas à un affaiblissement musculaire, à un ébranlement nerveux, mais bien à la rupture de l'équilibre entre les groupes musculaires antagonistes. On saisit très-bien cette rupture d'équilibre, quand on examine de près le jeu des muscles, surtout à la jambe. On voit les muscles extenseurs former sous la peau un relief manifeste qui dévoile l'exagération de leur jeu.

C'est ordinairement par les membres inférieurs que débute l'incoordination des mouvements. Souvent même elle reste limitée dans cette partie du corps. (Voir observations I à IX et XLIV à IL).

Cette variété peut être appelée *lombaire* ou *dorso-lombaire* suivant la hauteur occupée par la maladie.

Il est rare, et pour mieux dire exceptionnel que la maladie *débute simultanément* dans les deux jambes. Ordinairement elle commence par une jambe, principalement la gauche ; puis au bout d'un temps variable, de quelques mois, plus rarement quelques années, elle se propage du côté opposé, en suivant une marche graduellement ascensionnelle. Au bout d'un certain temps elle gagne les membres supérieurs, commençant par le bras gauche, si c'est la jambe gauche qui a été la première atteinte, et par le bras droit, dans le cas contraire. Ce premier mode de propagation est de beaucoup le plus fréquent.

Dans d'autres circonstances l'ataxie occupe une moitié du corps, la jambe et le bras du même côté. Cette variété, qu'on peut appeler *hémiplégique*, simule plus facilement que toute autre une maladie cérébrale (Voir observations XI, XII, XXVI.) Les symptômes ne sont jamais croisés.

Enfin dans une dernière forme la maladie débute par les extrémités supérieures; d'autres fois elle reste cantonnée dans ce siège primitif. C'est la *forme cervicale*. (Obs. X, XVI.)

L'incoordination des membres supérieurs a été fidèlement décrite par M. Duménil dans une de ses observations. « Il y a, dit-il, dans les membres supérieurs quelque chose de tout particulier bien différent de la demi-flexion habituelle qui accompagne le relâchement des muscles. Les doigts sont fortement fléchis, la main étant dans une extension forcée, ou bien la main étant toujours dans l'extension, les premières phalanges seules sont fléchies, les autres étendues. Les mouvements imprimés aux doigts, aux mains, aux avant-bras sont brusques, très-énergiques, et dépassent de beaucoup en force le but à obtenir. Les muscles dépensent autant de force pour imprimer aux parties le plus simple mouvement que pour vaincre un obstacle considérable; le malade n'est plus maître de modérer leur action. Quand la main est étendue, les doigts ont de la tendance à se placer les uns sur les autres; l'extension des premières phalanges est exagérée, et quand on fait fléchir et étendre les doigts alternativement, ils s'écartent ou se rapprochent les uns des autres irrégulièrement. »

C'est avec peine en effet que les malades peuvent grouper leurs doigts en un faisceau unique; toujours quelques-uns semblent en révolte, et malgré tous les efforts, ils n'arrivent souvent pas à se mettre en contact. Le défaut d'équilibration réciproque des muscles les uns par les autres devient très-manifeste, quand on fait tenir un œuf aux malades. Ici l'effort doit être suffisant pour ne pas laisser échapper l'objet, modéré pour ne pas le briser. Cet exercice est souvent une pierre d'achoppement pour les malades avancés; ou bien l'œuf est brisé dans une contraction involontaire et immodérée, ou bien il n'est pas maintenu, et il s'échappe de la main inhabile.

Si l'ataxique veut prendre un petit objet, comme une pièce de dix sous ou une épingle, il n'arrivera pas directement au but. Ce n'est qu'après avoir tatonné, après avoir vacillé un instant au-dessus de l'objet, que la main s'abaisse pour ainsi dire sur lui : l'objet monte en glissant dans les doigts, plutôt qu'ils n'est pris. Le malade veut-il écrire, il couchera la main sur la plume, appliquera les doigts sur elle, et la relèvera dans une position encore imparfaite. Ecrit-il, les caractères sont des plus irréguliers, les uns grands, les autres petits, décrivant des lignes brisées, onduleuses.

Enfin l'inhabileté se remarque encore dans les mouvements complexes qui exigent le concours des muscles des doigts, de l'avant-bras et des bras, comme lorsque le malade veut boire, manger.., etc. Il n'est pas rare qu'il se jette les aliments ou les boissons à la figure, ou qu'il les lance de côté. Aussi ces individus sont très-gauches pour accomplir les actes les plus communs. Quand ils veulent prendre un objet dans leur poche, sans s'aider de la vue, le pouce peut rester accroché, ou bien le malade serre son pouce dans les autres doigts croyant tenir l'objet qu'il cherchait. Ils ne peuvent qu'avec peine se boutonner, dénouer leur cravate, les cordons de leurs souliers, s'habiller; car leurs doigts s'embarrassent entr'eux et avec les objets.

La coordination locomotrice est fatalement influencée par l'obscurité et par la nuit. Ainsi certains malades qui pendant le jour peuvent faire de longues courses en s'aidant de l'influence régulatrice de la vue sont-ils surpris par la nuit? ils sont obligés de s'arrêter, incapables d'avancer. Le jour vient-il? ils reprennent leur course. De même à l'hôpital fermez les volets de la salle, et vous verrez les ataxiques qui marchaient tout-à-l'heure, tomber et s'accroupir, et être obligés de marcher sur leurs quatre membres pour regagner leur lit. Aussi qu'un ataxique soit privé de la vue, et vous le verrez alors, les yeux béatement tournés vers la lumière, immobile et paraissant paralytique, quoiqu'il ait conservé toute sa force musculaire.

Cette particularité que je signale tient à ce que les ataxiques ont perdu le sentiment d'activité musculaire, et que n'ayant ni le contrôle de cette fonction, ni le concours régulateur de la vue pour diriger leur marche, ils n'osent essayer un pas qui chaque fois serait pour eux une chûte. Nous reviendrons plus loin sur cette complication.

L'incoordination des mouvements peut siéger ailleurs qu'aux membres. Au thorax, au tronc en général, il est difficile d'en saisir les manifestations, à cause du peu d'étendue des mouvements qui se passent dans ces régions. Je trouve cependant mentionné dans quelques observations (voir entr'autres les n°s LXI , LXII) que les malades ne pouvaient se tenir assis, soit sur une chaise, soit dans leurs lits. Ils sont accroupis sur eux-mêmes, ou bien ils s'affaissent immédiatement, quand ils veulent relever le tronc. Cet état particulier, qui est rare dans l'ataxie, doit-il être attribué à une paralysie ou à un défaut de synergie des muscles du tronc, et en particulier des masses sacro-lombaires ? On ne peut se prononcer entre ces deux hypothèses, l'état de ces muscles n'ayant pas généralement été mentionné, comme nous le verrons bientôt.

On peut se demander si la dyspnée, l'oppression, ne pourraient pas dans certains cas, où il n'existe pas de lésions pulmonaires, être mises sur le compte d'une perturbation survenue dans le jeu des muscles thoraciques, ou du diaphragme ....

Dans quelques observations , la plupart dues à Friedreich (obs. LIV, LXI, LXIII), on a signalé des oscillations involontaires de la tête dues à une ataxie des muscles de la nuque. On voit alors, quand le malade est debout, la tête qui est portée tantôt à droite tantôt à gauche, et qui finit par retomber sur le devant de la poitrine. (Voir aussi l'obs. XXVII.)

Comme on le voit l'ataxie locomotrice ne respecte aucun muscle. La face échapperait-elle à cette complication? Nullement. M. Teissier de Lyon (obs. I et III de son mémoire. Loc citat.), MM. Charcot et Vulpian ont observé l'incoordination des muscles des lèvres et des joues. Le nystagmus se trouve noté dans deux observations de Friedreich (obs. LXII, LXIII) , dans une de M. Beau. Dans les cas de ce genre, les muscles de la face présentent les mouvements les plus désordonnés (Cruveilhier. — *Anatomie pathologique* , 32e livraison p. 19.) Quand le malade veut parler surtout avec animation, ces muscles si mobiles sont tirés dans les directions les plus diverses, et il en résulte une étrange physionomie.

Les muscles de la langue peuvent devenir aussi ataxiques. Friedreich a rapporté six observations de ce genre, d'une éloquente unanimité (voir entr'autres les obs. XXVI, XXVII, XXVIII), dans lesquelles ce symptôme est consigné. Leyden a observé ce fait. Teissier de Lyon l'a aussi noté dans les deux exemples que j'ai rappelés plus haut ; mais la nature de ces faits m'empêche de leur attacher une valeur égale aux précédents. Enfin dans une observation qui m'est personnelle (v. obs. XXIX), on trouve mentionnée cette ataxie de la langue concurremment avec les principaux symptômes que je viens de rappeler ; ataxie du voile du palais (nasonnement), ataxie des muscles du cou, ataxie des paupières et du globe oculaire (nystagmus), ataxie des joues. L'ataxie de la langue a des caractères particuliers: elle consiste en une espèce de bégaiement, de balbutiement. Les malades appuient sur certains mots, et on dirait alors que la langue retenue par un obstacle a de la peine à se détacher du palais, puis une série de mots se succèdent avec volubilité. Les malades font des efforts pour imprimer à l'organe rebelle des mouvements qu'il n'exécute pas à leur gré, les joues se contractent avec énergie; il n'y a pas cependant de muscles paralysés. La langue tirée hors de la bouche n'est pas déviée, mais elle est prise de tremblement et quelquefois même de petites secousses involontaires. « L'embarras de la parole, dit M. le professeur Teissier, peut se traduire différemment suivant le degré du mal. Tout d'abord on ne remarque qu'un peu d'hésitation, mais plus tard cette hésitation augmente. L'ataxique en parlant passe sous silence des mots oudes portions de mots, la parole devient traînante ; il est facile de se convaincre que le défaut d'élocution provient non pas d'un affaiblissement de la mémoire qui empêche de trouver tel ou tel mot, mais bien d'un défaut dans les mouvements de la langue ou des lèvres qui gène ou trouble la prononciation. »

Enfin si nous poursuivons le dépouillement minutieux des observations, nous voyons que l'ataxie du pharynx et du voile du palais a été signalée par M. Teissier. Un fait de M. Cruveilher, et une observation de M. Dujardin-Baumetz semblent prouver que les muscles du larynx peuvent être aussi pris de mouvements ataxiques, qui se traduisent par une toux spasmodique, quinteuse, des accès de suffocation, de la difficulté et de l'essoufflement en parlant.

Les symptômes qui surviennent du côté du masque facial et de la langue impriment à la maladie un cachet particulier, et la rapprochent des maladies cérébrales avec lesquelles on la confondrait, si on n'était tenu en garde. C'est aux faits de ce genre que s'applique la dénomination de forme *cérébrale consécutive*. Elle désigne exclusivement les observations dans lesquelles les symptômes céphaliques surviennent comme manifestations tardives de la maladie.

Puissance musculaire. — A voir un ataxique dans une période avancée, à le voir surtout quand les progrès du mal l'ont cloué dans son lit, on dirait qu'il a perdu sa force musculaire, qu'il est atteint d'une vraie paralysie. Et longtemps on l'a cru. Le nom de paraplégiques, entraînant fatalement celui d'incurables, leur était donné, et on ne se doutait pas que ce qui leur manquait avant tout, que la cause de cette faiblesse plustôt apparente que réelle, c'était cette absence de pouvoir coordinateur qui règle et harmonise à l'état normal les mouvements. Müller fut un des premiers, comme nous l'avons dit, qui signala cette véritable cause, et sépara les paraplégies par défaut de coordination des paralysies réelles. Todd insista aussi fortement sur cette distinction capitale. (Voir p. 13 et la note.) Puis Romberg, Steinthall et Spiess surtout insistèrent sur la conservation de la force musculaire dans le tabes dorsal, qui devint bientôt un symptôme commun de cette maladie. La persistance de la force musculaire est en effet, comme l'a bien fait ressortir M. Duchenne (de Boulogne), un signe important de l'ataxie progressive, d'autant plus important qu'il coïncide avec cette prétendue faiblesse qui rend impotents les ataxiques. On est étonné vraiment de la force que déploient ces malheureux quand ils vous serrent la main; quand ils étendent la jambe, il est souvent impossible de s'opposer à ce mouvement. Rien n'est plus curieux que de voir ces malades si inhabiles supporter sur leurs épaules un homme vigoureux; on est surpris de voir un patient qui ne peut diriger une plume, qui à chaque pas est menacé de tomber, porter un sceau plein d'eau à bras tendu.

Il est cependant remarquable que pour manifester leurs forces les malades aient besoin d'un point d'appui. C'est alors seulement qu'ils supportent de lourds fardeaux, auxquels, abandonnés à eux-mêmes, ils succomberaient. C'est la prise d'un point d'appui qui nous explique en partie aussi cette espèce de liberté des mouvements dans le lit que nous avons signalée.

Pour apprécier la puissance musculaire, on emploie généralement les moyens suivants, il faut le dire bien imparfaits : Pour les membres inférieurs, on fait coucher le malade, et on lui commande de fléchir la jambe; alors on saisit le coude-pied avec les deux mains, et on résiste pendant qu'on commande au'malade d'étendre la jambe. Pour les membres supérieurs, le patient fléchit l'avant-bras, et on le lui étend de force, pendant qu'il s'oppose à ce mouvement. On peut apprécier ainsi relativement la force musculaire, distinguer de quel côté du corps elle est plus prononcée, saisir les degrés extrêmes; mais pour apprécier exactement l'étendue et la force des mouvements partiels, et les variations qu'ils peuvent présenter aux diverses périodes de la maladie, M. Duchenne (de Boulogne) a inventé un ingénieux instrument qui substitue des indications mathématiques aux données souvent fallacieuses de nos sens. Le dynamomètre fournit des données exactes, on comprend de quelle impatience il serait pour apprécier sainement les résultats de la thérapeutique (1). Mais à cause de son volume, et

1 Ce dynamomètre auquel son auteur a fait subir de nombreuses modifications se compose :

1° D'un puissant ressort en spirale, terminé par deux branches droites placées parallèlement l'une à côté de l'autre. Ce ressort est mis en tension par l'écartement des branches ;

2° De deux poignées qui sont fixées à volonté ou à l'écartement des branches, ou près du point du centre, à l'aide desquelles on croise les branches;

3° D'une plaque fixée sur la face antérieure du ressort, et sur laquelle sont gravées, sur deux lignes, des divisions depuis un kilo jusqu'à 100 kilos pour la première ligne, et jusqu'à 40 kilos pour la seconde ;

peut-être des complications de son usage, il a été peu employé, du moins si j'en juge par le mutisme des observations à ce sujet; je n'excepte pas celles de M. Duchenne. Mais il est un moyen d'investigation bien simple et peut-être trop négligé. C'est l'examen de *la tenue des contractions*. Certains ataxiques ont des mouvements violents, saccadés; on est tenté de croire que leur force musculaire est non seulement conservée, mais exaltée. Ils soulèvent des poids très-lourds, mais dites leur de renouveler plusieurs fois l'exercice, de maintenir ce poids longtemps dans leurs mains, vous les verrez impuissants, bien avant que l'heure de la fatigue physiologique soit arrivée. Ceci est déjà de la faiblesse.

Paralysies. — La paralysie à proprement parler n'est pas du fait de l'ataxie progressive, et on peut être surpris de voir paraître ici ce symptôme. On observe chez beaucoup de malades une véritable faiblesse, comme paraly-

4° D'une aiguille mise en mouvement par l'écartement des branches, et qui marque le degré de force qui produit cet écartement, en s'arrêtant sur telle ou telle division de la plaque.

Lorsque le dynamomètre est placé dans son étui, les poignées s'entrecroisent de manière à présenter moins de volume. Dans cet état il peut servir à mesurer la force des fléchisseurs des doigts, comme le dynamomètre de M. Burck. On le place dans la paume de la main, de telle sorte que les poignées soient saisies entre le pouce, l'éminence thénar et les doigts infléchis. Alors en fermant fortement la main, les branches s'écartent, et l'aiguille marque sur la première ligne du cadran le degré de force dépensé dans ce mouvement.

Pour rechercher la puissance des mouvements partiels, les vis sont desserrées, les poignées abaissées jusqu'à la partie cylindrique des branches, où elles sont tournées en dehors, comme les poignées, puis elles sont ramenées dans les parties carrées des branches, soit aux extrémités si la force ne dépasse pas 40 kilos; soit près du point du centre, si la force à mesurer doit aller de 40 à 100 kilos; puis elles sont fixées par les vis. Ensuite une courroie étant fixée d'une part à l'une des poignées à l'aide du crochet, et d'une autre part à l'extrémité des membres dont on veut mesurer la force, (cette courroie peut être remplacée par une serviette ou un mouchoir plié en cravate), on saisit l'autre poignée libre, et on tire en sens contraire du mouvement partiel que l'on fait exécuter par le sujet, jusqu'à ce que l'on ait surmonté la résistance. Alors l'aiguille mise en mouvement par l'écartement des branches marque, si les poignées ont été fixées en bas ou si elles ont été fixées près du point du centre, la puissance du mouvement partiel exécuté.

(Voir *Gazette des Hôpitaux*, 23 juillet 1863.)

tique, qui a valu à la maladie le nom de *parésis*. Cette faiblesse ne tient pas à ce que la force musculaire a diminué, car il est facile de se convaincre du contraire, mais bien aux efforts incessants et impuissants que fait le malade pour diriger ses membres rebelles. Cette distinction entre la faiblesse et la paralysie se trouve nettement indiquée dans l'observation LIX.

Mais chez d'autres , à une période avancée du mal surtout, ou sous l'influence d'une cause accidentelle (poussée congestive, inflammation, etc.), on observe une diminution notable de la force musculaire. Ainsi dans l'observation XXVI, il survint à un moment donné une faiblesse marquée dans le côté droit du corps, qui se dissipa au bout de quelque temps, et une paralysie complète de la langue qui disparut aussi au bout de quelques mois; dans l'observation XLV une faiblesse complète qui disparut au bout de deux mois. Dans l'obs. XIII on a pris soin de spécifier que la marche n'était pas rendue difficile par ataxie seulement mais aussi par paralysie réelle. Le plus souvent le fait s'explique, à l'autopsie, pas une propagation du processus morbide aux parties motrices de la moëlle (obs. LVI, LV, LIV, LI, XLVI.)

Très-souvent aussi cette diminution réelle de la force musculaire reconnaît pour cause l'amaigrissement, assez fréquent dans la maladie; une débilitation générale due au marasme, au séjour dans le lit, aux troubles qui surviennent quelquefois dans les fonctions digestives, au défaut de fonctionnement des membres et dans des cas beaucoup plus rares à l'âge et aux déformations. Il est assez difficile de se rendre un compte exact des variations de la force musculaire, malgré les appareils dont nous avons parlé. Car pour cela il faudrait juger du dégré de force qui revient physiologiquement à chaque individu, dégré variable sans cesse; car une femme grêle et gibbeuse, je suppose, comme quelques malades de Friedreich, ne peut pas avoir autant de puissance musculaire que cet homme dans la plénitude de l'âge et à forte carrure de l'obs. X.

Avant d'aller plus loin, faisons ressortir le contraste qu'il y a entre cet état paralytique, et les mouvements convulsifs que nous signalerons tout à l'heure. N'y a-t-il pas là deux ordres de symptômes qui paraissent antipathiques, l'un dans lequel il y a exaltation des mouvements, et qui ne contrarie en rien la manifestation de l'ataxie, et dans lequel il y a exagération des fonctions de la moëlle: convulsions, spasmes, mouvements automatiques, mouvements réflexes exagérés, hypéresthésie; et l'autre dans lequel il y a une véritable torpeur de ces facultés, caractérisée par l'affaiblissement musculaire et un état paralytique commençant mais réel, qui masque déjà l'ataxie? Nous signalons seulement ce contraste, nous réservant d'en rechercher plus tard l'interprétation.

La faiblesse et la paralysie frappent, dans les cas dont nous venons de parler l'ensemble du système musculaire; elles proviennent de ce que les centres nerveux moteurs sont compromis, mais les faits laissent supposer que dans certains cas l'atteinte morbide s'est localisée sur les nerfs périphériques; ce qui est confirmé d'ailleurs par l'anatomie pathologique. Dans ce cas la paralysie est bornée à quelques groupes musculaires. Friedreich a noté la paralysie des adducteurs de la cuisse (obs. LXI). Dans l'observation suivante il y avait paralysie des muscles sacro-lombaires. Je crois que l'avenir agrandira le champ de ces paralysies partielles, qui pourraient bien jouer un rôle dans la production de l'ataxie.

Nous examinerons plus loin les paralysies des organes de la vision, et des organes internes.

OBSERVATION XXX.

Ataxie locomotrice progressive généralisée, altérations diverses de la sensibilité, paralysie de la sensibilité et un peu du mouvement des muscles sacro-lombaires.

Au n° 105 de la salle Sainte-Marie, service de M. Chavanne, est couché (mai 1862) un homme de 44 ans, qui exerce actuellement la profession de tisseur. Antérieurement il a été employé pendant longtemps dans les caves à enlever le tartre des tonneaux; il a abusé du vin et des alcooliques, et un peu des femmes; il a été pendant plusieurs années cultivateur, et a souvent couché en plein air; il aimait beaucoup le café.

Il a été atteint, il y a quelques années, de plusieurs affections vénériennes (bubons suppurés, chancres simples), qui n'ont jamais entraîné d'accident consécutif.

Il n'y a que quelques mois qu'il a été forcé de quitter ses occupations; mais, depuis une douzaine d'années déjà, il était sujet à des douleurs vagues et mobiles, apparaissant tantôt dans les bras, tantôt dans les jambes, et revenant surtout pendant la nuit et aux changements de température. Il y a dix-huit mois, il est survenu de la diplopie, en même temps la vue s'est affaiblie. Trois mois après, la marche s'est embarrassée; puis les jambes (la gauche d'abord) sont devenues le siége d'une faiblesse progressive; il y a dix mois, la marche est devenue presque impossible, et le malade s'est vu dans la nécessité d'entrer à l'hôtel-Dieu de Lyon, le 28 septembre 1861.

Actuellement la vue est bonne, le malade distingue parfaitement les numéros des lits placés en face du sien. La diplopie n'existe plus; l'œil droit est cependant un peu plus faible que l'autre; il n'y a pas de douleurs autour de l'orbite.

L'ouïe, le goût, l'odorat, sont demeurés intacts.

Mais c'est surtout du côté de la sensibilité et des mouvements qu'existent les symptômes intéressants. Il y a trois semaines environ (quand nous le vîmes pour la première fois), X.... pouvait encore se tenir droit et faire quelques pas; quand il voulait lever une jambe, c'était avec peine et une certaine paresse; il s'appuyait sur le côté opposé, et ce n'est que lentement qu'il détachait le pied du sol; celui-ci, au lieu d'être porté en ligne droite, oscillait dans un sens ou dans l'autre, et le talon retombait lourdement sur le sol. A voir cet homme, on aurait dit que la force des mouvements était complétement abolie, mais il n'en était rien.

A présent, la marche est devenue totalement impossible, c'est à peine si le malade peut se tenir un instant debout, en se fixant des deux mains aux barreaux de son lit; les jambes fléchissent, elles sont fortement attirées dans l'extension, et on dirait qu'elles vont se courber en avant, suivant l'expression du malade. Aussi, dès qu'il est resté quelques secondes sur ses jambes, il est obligé de se jeter aussitôt sur son lit pour échapper à une chûte imminente. (Un mois après que nous écrivions ces lignes, la position verticale était devenue totalement impossible.)

Dans le lit la scène change : les mouvements de flexion, d'extension , s'exécutent comme chez un homme robuste, et avec assez de précision. Quand la jambe est fléchie, il est difficile de s'opposer à son extension.

Aux extrémités supérieures, les grands mouvements de l'articulation de l'épaule et du coude sont conservés; les mouvements des doigts sont très-irréguliers, saccadés, surtout ceux de flexion, car l'extension se fait plus normalement; la force musculaire est aussi conservée.

Sensibilité. La sensibilité tactile est perçue quel que soit le point où ait lieu le contact, au bras, à la face, dans le dos; cependant à la cuisse et à la jambe gauche elle est un peu obtuse. La sensibilité à la douleur (piqûres d'épingle) existe généralement partout, quelques points cependant sont plus ou moins impressionnables; le malade distingue bien le chaud du froid.

Le tact est diversement compromis; la plante des pieds, qui est sensible à la douleur, qui distingue les températures, n'apprécie que d'une manière imparfaite les corps sur lesquels elle appuie.

Ces altérations du toucher se prononcent davantage aux membres supérieurs. Le malade confond, quand il est privé de secours de la vue, les objets dont il se sert usuellement, même quand il les a parcourus du doigt pour en reconnaitre la nature. C'est avec beaucoup de peine qu'il parvient à se boutonner, à dénouer les cordons de ses souliers; il tient difficilement la plume et ne peut la diriger sur le papier; il éprouve dans la pulpe des doigts un sentiment particulier de sécheresse, et de l'engourdissement. Souvent quand il veut soulever avec les doigts un objet un peu pesant, il sent une faiblesse et des crampes qui l'obligent à lâcher prise.

Les muscles, dont le volume est normal, ont conservé leur sensibilité et leur contractilité électrique, du moins en grande partie. Cette restriction s'applique aux muscles sacro-lombaires. Ainsi quand on arrive à ce niveau, il faut augmenter beaucoup l'intensité du courant pour amener un sentiment de douleur. Ces muscles sont atrophiés en partie; partout ailleurs les muscles sont bien sensibles. Quand à la peau, sa sensibilité électrique est conservée partout.

Contractilité électrique. En appliquant les réophores sur les muscles antérieurs de la jambe, on produit l'extension de tous les orteils; les fléchisseurs ont moins conservé leur contractilité; tous les muscles de la cuisse et de la fesse se contractent sous l'influence du courant; mais en excitant les muscles qui occupent les gouttières vertébrales à la région lombaire et sacrée, il ne nous a pas été possible de produire le moindre mouvement, ce qui a lieu ordinairement, quoiqu'à un faible degré, chez les personnes saines, mais, chose singulière, dès qu'on arrive au niveau de l'angle de l'omoplate, dès qu'on excite les muscles de la région dorsale et cervicale, on voit ces muscles se contracter très-énergiquement, et imprimer des mouvements variés à l'épaule.

La propriété introduite dans la physiologie par M. Duchenne, sous le nom de *conscience musculaire*, est conservée. Dans l'obscurité, ou bien quand il a les yeux fermés, X.... exécute toute espèce de mouvements.

Nous ajouterons, pour terminer ce tableau, que le sujet de cette observation est impuissant depuis un an. Depuis cette époque, il n'a eu ni érection, ni émission spermatique, pas même un désir érotique.

L'urine est rendue d'une manière saccadée, entrecoupée; ses qualités n'ont pas été examinées.

Il y a de la tendance à la constipation.

Depuis le début, suppression de la transpiration qui était abondante auparavant. Le malade a souvent froid aux pieds; le sommeil est tranquille, l'appétit bon, la mémoire et toutes les facultés intellectuelles sont conservées.

Le traitement a consisté principalement dans les douches de vapeur et les bains sulfureux; le malade se trouvait bien de ce dernier moyen. Il est parti depuis peu pour les eaux, avec une aggravation marquée dans tous les symptômes.

Il est inutile de faire ressortir tout l'intérêt qui s'attache à cette observation. La paralysie des muscles sacro-lombaires, si elle était confirmée par des faits ultérieurs, nous expliquerait en partie ces troubles des mouvements si divers dans leurs causes qu'on observe chez les malades atteints d'ataxie locomotrice progressive.

Nous ferons remarquer que la sensibilité de ces muscles était notablement diminuée, et nous croyons que l'anesthésie de ces masses musculaires, en entravant les mouvements réflexes si nombreux qui se passent autour du rachis, peut concourir, dans une grande mesure à l'incoordination des mouvements dans la marche, à la perte de l'équilibre des diverses parties du corps dans la station verticale. Nous reviendrons sur ce point intéressant, qui demande d'autres détails, quand nous aborderons le côté physiologique.

Nous avons eu l'occasion de voir un nouveau cas de ce genre. L'atrophie, constatée par les médecins de l'établissement des eaux de Lamalou, était très-prononcée. Il existait de chaque côté du rachis, au dire de la femme du malade, une véritable excavation, qui s'était en partie comblée depuis qu'il faisait usage de l'hydrothérapie; mais, à ce moment encore, ces muscles étaient réduits à une corde de deux travers de doigt, qui se tendait outre mesure quand le malade se levait ou voulait se mettre en marche. Chose remarquable, la marche était possible quand le malade était habillé; quand il était nu, pour se rendre à la douche, il lui était impossible de se tenir droit et de faire le moindre pas sans appui. Faut-il attribuer ce fait à la constriction exercée par les vêtements sur les muscles sacro-lombaires ?

Contractilité musculaire. — L'exploration de la contractilité musculaire constitue un élément important pour le diagnostic. Dans les maladies cérébrales où la moëlle est restée saine de toute injure, les muscles conservent toute leur contractilité; dans les maladies du cordon rachidien, le contraire s'observe très-souvent ; il suffit pour cela que les colonnes motrices aient perdu leurs fonctions. Quand une inflammation aiguë frappe la moëlle, même dans une grande étendue, les muscles manifesteront encore leurs propriétés contractiles, si les éléments moteurs quoique enflammés n'ont pas suspendu leur action. Dans les dégénérescences chroniques de la moëlle, quand ces éléments sont complètement désorganisés, la contractilité musculaire s'éteint et disparait, c'est ce qu'on observe dans la paralysie spinale progressive. Dans les myélites chroniques où le processus morbide reste cantonné dans les parties sensibles de la moëlle, la contractilité musculaire n'aura rien perdu. C'est le cas de l'ataxie progressive.

En général l'absence de contractilité musculaire indiquera que les parties motrices de la moëlle sont complètement détruites, sa conservation indiquera que la maladie est cérébrale, quand des symptômes spéciaux révèleront ce point de départ de l'affection. Mais en présence d'une paralysie des membres à forme généralement paraplégique, ou généralisée, qui ne s'accompagnera d'aucun phénomène cérébral, où la contractilité musculaire persistera, il faudra penser à l'ataxie progressive, car alors la paralysie n'est qu'apparente, et on trouvera, en poursuivant l'examen, la conservation de la force musculaire et d'autres symptômes propres à cette maladie.

Il est de règle en effet que la contractilité musculaire persiste. Dans quelques cas elle peut être affaiblie (obs. LVIII); on ne l'a jamais trouvée abolie, si ce n'est dans quelques groupes musculaires isolés (obs. XXX et LXI). Dans tous ces cas, il y avait concurremment paralysie. La dégénérescence avait sans doute empiété sur les faisceaux antérieurs, ou sur les nerfs périphériques, car dans ce cas aussi la contractilité musculaire est atteinte.

Pour constater l'état de la contractilité musculaire, il suffit en général d'un courant faible. On pratique la faradisation avec des excitateurs humides. Avant de prononcer qu'un muscle ne répond pas aux excitations électriques, il faudrait toujours employer les préceptes donnés par M. Duchenne. (*Traité de l'électrisation localisée*,

p. 402) et en particulier les aiguilles implantées dans la fibre musculaire elle-même.

Mouvements involontaires.

Mouvements réflexes. — L'étude des mouvements réflexes a été généralement négligée dans les maladies nerveuses, et bien à tort. Si la conservation et la perception de la sensibilité, et la liberté des mouvements succédant à un ordre volontaire, indiquent que la moëlle possède la plénitude de ses fonctions comme conducteur, ces symptômes ne nous éclairent en rien sur l'état de cet organe comme centre ou comme succession de centres. Or, pour bien connaître cet état, nous avons un moyen simple, naturel, d'une grande valeur : c'est de rechercher comment sont les mouvements réflexes. Ces mouvements qui se passent dans la moëlle épinière, (je n'envisage en ce moment que ceux-ci) pourront, suivant leur état d'intégrité ou de perversion, nous renseigner sur la manière d'être de cet organe, et nous éclairer sur la source et le terrain de certaines paralysies.

Conduit par ces idées, encouragé par la physiologie de la moëlle, qui a confirmé cette distinction qui ne peut manquer d'avoir une grande influence sur le diagnostic des maladies nerveuses, et principalement de celles de l'axe rachidien, j'avais appelé dans ma thèse l'attention sur les mouvements réflexes, et je ne craignis pas d'attribuer le désordre des mouvements involontaires à un état anormal des mouvements inconscients, et d'établir une distinction complète entre les symptômes cérébraux et les symptômes spinaux, au point de vue de l'ataxie progressive.

Aujourd'hui les observations en se multipliant nous ont fourni quelques détails nouveaux, mais malgré cela nous avons l'espoir que ces mouvements seront mieux étudiés dans la suite. Suivant M. Jaccoud, « dans l'ataxie complète, la motricité réflexe de la moëlle est toujours exagérée, et il en est ainsi pendant une période souvent très-longue. Ainsi, alors même que les malades ne présentent pas ces mouvements en apparence spontanés qui résultent des excitations périphériques, il est toujours facile de provoquer chez eux, par les moyens ordinaires, des mouvements réflexes dont l'intensité, la vivacité et l'étendue annoncent clairement l'hyperkinésie spinale» (1).

Je ne serai pas aussi absolu, et je reconnais que ces mouvements sont tantôt *déprimés*, *tantôt exaltés*. Ils étaient complètement abolis dans les observations XXXI, et XXXII, peu prononcés ou retardés dans les observ. XLVIII, LV, XXXIII, et au contraire exagérés ou très-énergiques dans les obs. VIII, XXXIV, XXXV, XLI, LIII.

soit :	abolis,	2 fois,
	diminués ou retardés,	3 fois,
	exagérés,	5 fois.

Divers moyens peuvent être employés pour produire les mouvements réflexes : le châtouillement de la plante des pieds est le moyen classique; il faut avoir soin de fermer les yeux aux malades, afin d'éviter toute supercherie, et de prolonger pendant un certain temps, cinq minutes au moins, l'excitation. D'autres fois une piqûre brusque et inattendue révélera l'état de la motricité réflexe ; on se servira aussi avec avantage de la faradisation électrique, ou mieux de l'application d'un corps chaud ou froid (éponge mouillée sur les téguments). C'est au moyen du froid que MM. Charcot et Vulpian ont interrogé les mouvements réflexes dans les observations que nous citons plus loin.

En résumé, les mouvements réflexes (si nous nous en tenons au résumé qui précède, et qui est aussi complet que possible dans l'état actuel), sont exaltés dans la moitié des cas, diminués ou abolis dans l'autre moitié. A quoi tient cette différence radicale ? A ce que dans le premier cas la moëlle fonctionne encore comme centre ; irritée seulement par les poussées congestives, ses propriétés propres sont exaltées ; dans l'autre cas, l'hypérémie s'est changée en dégénérescence, les cercles diastaltiques sont interrompus, et la moëlle a perdu ses qualités particulières.

1 Jaccoud. — *Loc. cit.*, p. 645.

Les observations suivantes nous montrent l'état des mouvements réflexes.

OBSERVATION XXXI.

Millet Jeanne, 57 ans, service de M. Charcot, 22 septembre 1862.

Il y a 7 ans, fourmillements dans les membres, puis difficulté dans la marche. Aujourd'hui, tremblements, sautillements dans la marche; tremblement dans la position verticale plus prononcé quand la malade ferme les yeux. Ataxie, conservation de la force musculaire. Diminution du tact à la cuisse, il disparait depuis le genou jusqu'à l'extrémité du pied. La notion de position des membres est perdue. Absence complète de tout mouvement réflexe à la suite du chatouillement de la plante du pied. Mouvements spasmodiques aux jambes soit dans la journée, soit lorsqu'elle s'endort. Anesthésie du rectum. Difficulté dans la miction.

La sensibilité est obtuse aux mains, on constate même qu'au niveau de l'orbiculaire des lèvres, du nez, des joues, il y a un véritable masque insensible.

Diplopie, paralysie du droit externe.

Traitement et amélioration par le nitrate d'argent

(*Edwards*. (*Obs* VIII, *Th. citée.*)

OBSERVATION XXXII.

Mme G..., 56 ans; pas de causes connues. A 18 ans chlorose, attaques de nerfs accompagnées de crampes : à 42 ans faiblesse et lassitude dans les membres inférieurs. Au bout de trois ans, démarche incertaine, diminution de la sensibilité à la plante des pieds qui ne sentent plus le sol. Douleurs fulgurantes dues à l'humidité, constipation, vomissements, démangeaisons. Contracture des orteils. Diminution de la contractilité musculaire. Sensibilité obtuse aux membres inférieurs. Le châtouillement ne produit aucun mouvement réflexe, diminution de la sensibilité à la douleur; la sensibilité à la température n'est ni bien appréciée ni localisée, sensibité tactile et musculaire diminuées aux membres inférieurs, au thorax, au cou, à la face. La notion de la position des membres qui a été perdue est revenue aujourd'hui; affaiblissement de la vue sans lésion matérielle. La station assise est impossible, Amélioration par le nitrate d'argent.

(*Ortel. Thèse citée. Obs.* II.)

OBSERVATION XXXIII.

Jeanne N.. 51 ans, après avoir habité un logement humide a ressenti des douleurs dans le membre inférieur droit, peu après elle perdit la vue de l'œil gauche, qui se dévia en dehors; à peu près à la même époque (il y avait deux ans environ au 9 mars 1862, jour de son entrée dans le service de M. Charcot) la vue diminua à droite; depuis quinze mois elle est complètement abolie de ce côté.

Les mouvements d'extension et de flexion de la jambe, de la cuisse, et des pieds sont normaux. Les mouvements de flexion et d'extension de l'avant-bras droit sont moins énergiques qu'à gauche. La malade est très-maladroite de ses mains; mais elle est privée de toute espèce de faculté de se soutenir, même couchée. Il lui est impossible de s'asseoir dans son lit ou dans un fauteuil, encore moins de se tenir debout ou de marcher sans tomber.

La sensibilité au toucher, à la piqûre, au froid, est conservée sur toute la surface cutanée.

La sensibilité à la douleur parait plus vive à l'extrémité des doigts de la main droite qu'à celle de la main gauche. La malade n'a pas conscience de la position de la jambe droite.

Les mouvements réflexes se produisent longtemps après l'excitation de la plante des pieds. Soumise au traitement par le nitrate d'argent du 10 avril au 11 juillet, elle éprouva une grande amélioration. A ce moment son état général était excellent. Il n'y a plus de douleurs, ni de mouvements désordonnés dans les bras; elles exécute tous les mouvements avec assurance, elle reconnait la forme, le volume et le poids des objets. La perception de la sensibilité cutanée est un peu en retard, la sensation du froid et de la chaleur est normale. La malade passe sa journée assise dans un fauteuil, elle y va seule; en s'appuyant avec les mains, elle peut se tenir sur ses jambes. Les yeux n'ont pas subi d'amélioration notable.

(*Charcot et Vulpian.* — Bulletin de Thérapeutique. *Loc. cit. ob.* I)

OBSERVATION XXXIV.

L.... Marie-Françoise, 56 ans; douleurs erratiques pendant trois ans; puis engourdissement de la jambe gauche, ensuite de la cuisse de ce côté. Depuis la ménopause, à 53 ans, chaque mois douleurs violentes accompagnées de mouvements involontaires et de vomissements pour ainsi dire incessants. Ces sortes de crises durent un, deux ou trois jours, et cessent complètement. Le membre inférieur droit se prit vers le mois de juillet 1861. En avril 1862 les membres supérieurs n'étaient pas encore envahis, il n'y a jamais eu aucun trouble de la vue.

Les membres malades sont un peu atrophiés, la force musculaire est conservée.

Sensibilité tactile obtuse. L'application du froid est très-vivement sentie et détermine des mouvements réflexes énergiques, qui se répètent plusieurs fois; sensibilité musculaire très-affaiblie.

De temps en temps contractions fibrillaires et fasciculaires des muscles des jambes et des cuisses, et soubresauts dans ces parties.

Amélioration par le nitrate d'argent.

(*Charcot et Vulpian.* — Bulletin de Thérapeutique, *ob.* IV.)

OBSERVATION XXXV.

M.... Rose Aimée, 46 ans; attaques d'hystérie depuis l'âge de 21 ans. Début de la maladie actuelle, il y a quinze ans au moins, à la suite d'un séjour pendant deux ans dans un logement humide, par des douleurs dans les membres inférieurs, de l'incoordination et de la diplopie. Depuis 1848, surdité incomplète. Il y a sept ans, la marche était tout-à-fait impossible, mais elle fut considérablement améliorée par l'électricité. Plus tard des applications de cautères le long de la colonne vertébrale parurent aggraver la position. Elle fut ensuite plus tard améliorée de nouveau par l'électricité.

En mars 1862, bronchite très-aiguë, expectoration mucoso-purulente, striée de sang. Diarrhée, dysurie, urines purulentes.

Conservation de la force musculaire. Sensibilité tactile obtuse, musculaire diminuée; mouvements réflexes considérables au moment de l'excitation électrique, douleurs, constriction à la base du thorax. Il y a eu quelques soubresauts et mouvements involontaires dans les membres inférieurs.

Amélioration très-notable par le nitrate d'argent.

(*Charcot et Vulpian*. -- Bulletin de Thérapeutique. *obs*. V.)

Spasmes. — *Convulsions*. — A côté de l'ataxie et des mouvements réflexes, on trouve notés dans les observations, sous les noms de *spasmes, mouvements convulsifs*, *involontaires*, *automatiques*, *crises nerveuses*, *soubresauts*, etc., divers désordres locomoteurs qui doivent trouver place ici. Leur rapprochement avec l'ataxie proprement dite, leur combinaison avec ce symptôme chez le même malade, montrera et fera mieux comprendre leurs points de contact et leurs différences, et rendra plus facile à saisir ce que nous dirons plus tard du diagnostic différentiel de ces divers mouvements asynergiques.

Ces désordres locomoteurs n'ont été mentionnés que depuis que le champ de l'ataxie progressive s'est agrandi: ils sont devenus cependant assez fréquents pour que je croie utile d'appeler sur eux l'attention et que j'essaie d'en fixer la signification.

Ces mouvements en règle générale, occupent les membres inférieurs, rarement ils restent localisés dans les orteils, comme l'a observé Wunderlich (*Bulletin de Thérapeuthique*, *loc. cit.*, obs. 2). Dans les cas où ils se sont généralisés, ils prennent alors le caractère de véritables attaques d'hystérie.

Ces mouvements sont *spontanés* ou *provoqués*.

C'est généralement quand le malade est en repos, dans la position horizontale qu'ils paraissent ; sans cause appréciable, les jambes sont brusquement fléchies sur les cuisses, et alternativement étendues ; d'autres fois les cuisses sont fortement fléchies sur le bassin. (obs. XLV, XLVI, XLIX, LXIII).

Ces alternatives de flexion et d'extension reviennent par crises, qui durent plus ou moins longtemps ; quelquefois cinq minutes et plus, et se renouvellent plusieurs fois ; quelquefois très-souvent dans le courant de la journée, et de préférence pendant la nuit, pendant le sommeil qu'elles interrompent inopinément (obs. XXXI, LX, LXIV). Les mouvements d'extension paraissent en général prédominer sur ceux de flexion.

Elles s'accompagnent très-souvent de *crampes* douloureuses qui suivent le trajet des membres et parviennent même jusqu'au rachis, d'autres fois de soubresauts des membres (voir obs. III, IV. V de MM. Charcot et Vulpian, *Bulletin de thérapeutique*, *loc. citat.* et obs. XXXV.)

Il ne faut pas confondre ces convulsions avec ces mouvements involontaires, qui entraînent les membres dans une projection folle, quand le malade veut exécuter un mouvement, sortir sa jambe du lit (obs. VIII). Les faits de ce genre sont assez fréquents. Les malades le savent, ils vous préviennent, et malgré cela ils ne peuvent les conjurer. C'est aux assistants à se tenir en garde contre ces contractions brusques, violentes, qui peuvent les atteindre au visage ou à la poitrine.

Quelquefois le point de départ des accidents convulsifs est la douleur. Ce symptôme éclate avec son intensité connue, et on voit survenir des secousses convulsives, comme électriques (obs. LIX).

Chez une malade, chaque mois, à l'époque des règles, il survenait des douleurs violentes accompagnées de mouvements involontaires et de vomissements, de soubresauts et de mouvements fibrillaires et fasciculaires des muscles des jambes et des cuisses (obs. 34).

Dans certains cas ces convulsions ont été provoquées par un attouchement, par la pression exercée sur les masses musculaires, (obs. de MM. Charcot et Vulpian (*Gazette hebdomadaire*), ou par le froid. J'ai connu un malade qui était pris de mouvements convulsifs toutes les fois qu'il recevait une douche froide. Un bruit imprévu, comme celui d'une porte brusquement fermée, le faisait ressauter à son insu. C'est que les mouvements réflexes sont généralement exaltés chez les malades qui présentent ces particularités convulsives, comme d'ailleurs la sensibilité.

Enfin quelques malades présentent de véritables attaques d'hystérie (obs. XXVII) ; c'est une complication le plus souvent, quelquefois le prélude de la maladie. Nous étudierons plus tard les rapports qui existent entre deux maladies si distinctes. Je mentionnerai seulement, en terminant, cette crise convulsive qui survint inopinément chez le malade de l'observation XLII et qui s'accompagna de perte de connaissance, d'hypéresthésie et de mouvements réflexes exagérés.

Avant d'aborder l'étude de la sensibilité, et pour compléter ce que j'ai à dire sur les mouvements et l'état des muscles, je mentionnerai le *tremblement* qui existe quelquefois dans l'ataxie progressive, et occupe les extrémités inférieures, les muscles du cou ou ceux de la langue. Il apparaît ordinairement aux membres, dans la station verticale, ou quand on engage les malades à tenir les bras étendus.

Contractures. — Elles sont rares, elles siégent ordinairement dans les orteils (obs. LI, XXXII) qui sont fléchis plus ou moins complètement et dont l'extension, malgré les plus grands efforts, reste souvent imparfaite. Elles occupaient les extenseurs du pied dans l'observation XX. Le malade du n° 57 présentait une flexion anormale des pieds et des genoux (genou-valgus).

2° *Symptômes tirés de la sensibilité.*

Après les symptômes qu'on observe du côté des mouvements, les plus importants sont ceux tirés de la sensibilité. Les données de l'anatomie pathologique ont fait ressortir toute leur valeur et sentir la nécessité de l'étudier avec le plus grand soin. Aussi avant de se prononcer sur l'état de la sensibilité, doit on l'explorer dans ses modes divers. La question ne se réduit pas à savoir, comme on l'a fait trop souvent, si la sensibilité est modifiée, si elle persiste ; il faut encore rechercher quelles sont les sensibilités modifiées et qu'elles sont leurs modifications.

Le nombre des sens, jadis fixé à cinq, a fait successivement des acquisitions. Buffon avait ajouté le sens de la volupté; Gerdy, dont la classification embrasse la question d'une manière plus large, admettait cinq genres de sensations qu'il subdivisait en dix espèces. Je n'irai pas si loin ; je me bornerai à examiner successivement les modifications de la sensibilité générale, et celles de la sensibilité spéciale.

Sensibilité générale.

Sensibilité cutanée. Elle comprend plusieurs variétés qui peuvent être isolément ou simultanément compromises, savoir : le sens du *tact*, de la *douleur*, de la *température*. Ces divisions ne sont ni subtiles ni arbitraires, elles ont au contraire une grande importance, car en les ayant présentes à l'esprit, on ne craindra pas de multiplier inutilement les recherches, et peut être ainsi finiront par disparaître ces cas difficiles à expliquer, dans lesquels la sensibilité a paru intacte. Quoique nous ne considérions ces diverses sensibilités que comme des variétés simples d'une même espèce, on les trouve dans certains cas si indépendantes, qu'on peut se demander si elles n'ont pas pour siége des parties distinctes du système nerveux.

Sensibilité tactile. Le *tact et contact* sont les deux expressions, l'une active l'autre passive, par lesquelles se traduit la sensibilité tactile.

Ainsi que les divers modes de la sensibilité cutanée, elle peut être diminuée, pervertie ou augmentée. Sur un relevé de cinquante-sept observations, vingt-huit fois l'état de la sensibilité tactile se trouve expliqué. Elle était :

conservée	3 fois,
obtuse ou diminuée	20 fois,
abolie	3 fois,
exaltée	2 fois.

Dans certains cas l'hypéresthésie survenait pendant les douleurs, et était limitée aux points douloureux (obs. XVII, XXXVIII.)

On voit d'après ces chiffres combien souvent la sensibilité est obtuse. Ne trouve-t-on pas là la preuve de la facilité avec laquelle on est conduit à se demander seulement quel est le degré de la sensibilité tactile ? Dans certains cas le contact est perverti, les malades ne savent pas distinguer la nature des corps qui les touchent et localiser ces impressions. Ces erreurs sont si fréquentes, que Benedikt se basant sur ce que la sensibilité à la température est la dernière à disparaître, conseille d'interposer entre les parties malades et les doigts un linge pour empêcher que la différence de température ne donne lieu à une sensation qui serait faussement attribuée à la perception de la sensibilité tactile (1).

Ces troubles de la sensibilité peuvent se montrer sur divers points du corps. En général ils se développent avec ceux des mouvements. Ils sont tantôt limités aux membres inférieurs, tantôt aux supérieurs. On observe dans certains cas de l'anesthésie d'un côté, de l'hypéresthésie de l'autre. Ils sont comme les mouvements sujets à des rémissions (obs. III.)

Aux doigts ils produisent ces méprises nombreuses que nous avons signalées, une confusion des divers objets qui tombent sous la main. Aux pieds ils contribuent à la gêne de la marche parce que le malade n'a pas une idée exacte de la surface sur laquelle il pose, de la résistance, etc. certains de ces malades éprouvent, quand ils appuient les pieds à terre, une sensation de mollesse élastique qui les force à marcher en bondissant.

L'hypéresthésie tactile entraîne des désordres analogues. Elle pervertit aussi les impressions physiologiques que le cerveau doit percevoir pour la régularité des mouvements. Elle est fréquente et quelquefois très-étendue, comme dans les observations de M. Charcot et surtout dans celle de M. Donezan (nº XLII) ; elle coïncide alors

(1) Benedikt. — *Ueber Tabes dorsalis.* (Oesterriche Zeitschrift fur pratik Heilkund, 1864), — cité par Jaccoud.

avec des crises convulsives, hystériformes, et l'exagération des mouvements réflexes. Elle est rarement partielle.

La perversion de la sensibilité tactile se traduit par des sensations anormales de mollesse, d'élasticité, de sécheresse insupportable de la peau, de froid et de chaleur, qui varient suivant les malades et qui ne présentent d'ailleurs aucune valeur bien réelle, car certaines malades névropathiques, à tempérament nerveux, exalté, n'ont souvent que des impressions fausses enfantées par leurs imaginations maladives. Il en est ici comme pour tous ces états de la sensibilité dont l'appréciation est laissée entièrement au jugement et à la bonne foi des malades : je parle de bonne foi ; car personne n'ignore les supercheries et les ruses dont les malades nous font le but.

Ces altérations de la sensibilité peuvent siéger sur tous les points du corps, quoique on les recherche de préférence aux mains et aux pieds. Au tronc elles ont été peu étudiées, quoique cependant on ait constaté l'anesthésie, l'hypéresthésie de la peau du dos ou des parties antérieures de la poitrine. C'est une altération de la sensibilité tactile qui empêche le malade de reconnaître la qualité des draps ou des vêtements qui les enveloppent, des corps qui sont en contact avec eux, etc.

La peau de la face présente des altérations du même genre (obs. XXXII et XXXIII). Les muqueuses peuvent être envahies. Signalée par M. le professeur Trousseau, cette anesthésie occupe le plus souvent les fosses nasales ; là elle produit le nasonnement (obs. XXIX) et des troubles de la mastication, si par suite de l'insensibilité de la muqueuse buccale ou linguale, les aliments ne sont pas convenablement ramassés dans la bouche. L'anesthésie peut s'étendre au pharynx et à l'œsophage et produire de la dysphagie.

M. Trousseau a noté l'anesthésie des dents, chez une de ses malades. » Les dents, dit-il, ont perdu leur sensibilité propre ; elles ne savent plus distinguer si l'aliment est facile ou difficile à broyer. » Ce fait mérite d'être noté à cause de sa rareté. » Il est certes bien étrange, dit Graves (1) qu'on n'ait pas observé jusqu'ici un seul exemple de paralysie dentaire. Depuis plusieurs années mon attention est éveillée sur ce sujet, et j'ai l'habitude de rechercher chez tous mes malades paralytiques, si la sensibilité des dents est diminuée ; mais je n'ai jamais rien remarqué qui put faire songer à l'anesthésie de ces organes. » L'ataxie progressive ferait-elle exception ?

Les fosses nasales étaient insensibles chez une des malades de MM. Charcot et Vulpian. L'anesthésie de la muqueuse oculaire n'est pas un fait exceptionnel.

On se servira pour étudier la sensibilité tactile non-seulement du toucher avec la main, et avec un corps étranger et en général de petit volume et mousse, pour ne pas éveiller une sensation intempestive de douleur ou de température (ces moyens ne pourront servir tout au plus qu'à indiquer les limites de l'état normal et de l'état anormal, limites, disons-le en passant, qui n'ont pas été toujours bien précisées), mais de divers instruments, plus exacts que nos sens, qui permettront d'apprécier non-seulement si la sensibilité existe, mais surtout qu'elle est son étendue ; quant à l'intensité et aux variations que présente l'intensité de la sensibilité, nous n'avons rien pour la mesurer. Parmi ces instruments nous citerons celui de Brown-Séquard, l'esthésiomètre de Siévéking et surtout le compas de Weber. (M. Jaccoud a récemment imaginé un compas analogue, mais plus portatif).

Comme la sensibilité tactile varie à l'état normal suivant les diverses parties du corps, il est indispensable, quand on se sert de ces instruments, de se rappeler les limites de ces variations. Ainsi l'écartement qu'il faut donner aux deux pointes mousses du compas, pour procurer deux sensations distinctes est d'après Weber :

Au bout de la langue.................................. 1/2 ligne
A la face palmaire de la phalangette...................... 1 ligne.
La surface rouge des lèvres, la face palmaire de la deuxième phalange des doigts.................................. 2 lignes.

1 *Clinique*, T. 1, p. 597.

La face dorsale de la troisième phalange, le bout du nez, la face palmaire au-dessus des têtes des os métacarpiens.....	3 lignes.
Le dos et le bout de la langue à un pouce de la pointe, la partie non rouge des lèvres, le métacarpe du pouce.........	4 lignes.
Le bout du gros orteil, la face dorsale de la deuxième phalange des doigts, la face palmaire de la main, la peau de la joue, la face externe des paupières........................	5 lignes.
La muqueuse du palais............................	6 lignes.
La peau de la partie antérieure de la pommette, la face plantaire du métatarsien du gros orteil, la face dorsale de la première phalange des orteils..........................	7 lignes.
La face dorsale des têtes des os métacarpiens.............	8 lignes.
La membrane muqueuse des gencives..................	9 lignes.
La peau en arrière et au-dessus de la pommette, la partie inférieure du front..................................	10 lignes.
La partie inférieure de l'occiput......................	12 lignes.
Le dos de la main..................................	14 lignes.
Le cou au-dessus de la mâchoire......................	15 lignes.
A la rotule..	16 lignes.
Au sacrum, à l'acromion, à la fesse, à l'avant-bras, au genou, et au dos du pied près des orteils...................	18 lignes.
Au sternum..	20 lignes.
Au rachis, le long des cinq vertèbres dorsales supérieures, près de l'occiput à la région lombaire................	24 lignes.
Au rachis, dans le milieu du cou, dans le milieu du dos, ainsi qu'au milieu du bras et de la cuisse..................	30 lignes.

Les appareils électriques fourniront aussi d'utiles renseignements sur l'état de la sensibilité cutanée. Elle était diminuée ou abolie dans les observations X, XXII, LVIII.

Sens de la température. — Ce mode de sensibilité est celui qui persiste le plus longtemps. Sur vingt-huit observations où les diverses sensibilités tactiles ont été étudiées, je ne l'ai trouvée mentionnée que 13 fois :

elle était exagérée	3 fois,
conservée	7 fois,
obtuse	2 fois,
abolie	1 fois.

Pour l'apprécier on se sert d'une éponge, imbibée d'eau froide ou très-chaude, que l'on promène sur les téguments. Ce corps a l'avantage de s'appliquer mieux que tous les autres aux parties à explorer.

Sens de la douleur. — Pour explorer ce sens, on aura recours à divers moyens, les piqûres, le pincement, etc. Ce mode de sensibilité est souvent atteint : sur le même nombre de cas que tout à l'heure, elle était mentionnée 14 fois de la manière suivante :

Conservée	4 fois.
Obtuse	6 fois.
Abolie	4 fois.
Augmentée	4 fois.

Elle est plus souvent, par conséquent, au-dessous du niveau normal qu'au-dessus.

Sensibilité musculaire. — Dans beaucoup d'observations on a noté que la sensibilité musculaire était conservée (VIII, X, XI, XXVIII, XXIX, XLI, LXI) ; c'est à peine si dans quelques-unes on a noté sa diminution (obs. XXVI, XXXII, XXXV, LXII). Pour nous, nous sommes loin de croire que la sensibitité musculaire soit aussi souvent intacte qu'il semble résulter de ces faits. Sur cinquante-sept observations détaillées que nous avons comparées entr'elles cette sensibilité n'est notée, que douze fois ; rien ne prouve que les observations muettes soient négatives. Ces abstentions tiennent sans doute à la difficulté d'interroger cette sensibilité. Il faudrait ici, comme pour la sensibilité cutanée, étudier le sens du tact, de la température, de la douleur, investigation très-difficile, surtout si on pense combien la sensibilité musculaire a eu de peine à se faire adopter par la physiologie. Nous ajouterons que dans plusieurs cas où la sensibilité musculaire a été regardée comme intacte, on a noté des crampes, des tiraillements dans les muscles, des engourdissements, etc., symptômes qui sont pour nous l'indice d'une altération de la sensibilité musculaire. Ces manifestations sont loin d'être rares.

Sur ciquante-sept observations :
Les fourmillement existaient 18 fois (1).
Les engourdissements 8 fois (2).
Les crampes 4 fois (3).
C'est-à-dire dans plus de la moitié des cas.

Elles se combinent souvent deux à deux, comme on peut s'en apercevoir en comparant les observations ci-dessous désignées.

Je ne chercherai pas l'explication physiologique de ces symptômes. Si les crampes paraissent n'être qu'une contraction momentanée et douloureuse des muscles malades, l'engourdissement une espèce de torpeur douloureuse aussi le plus souvent de ces organes, il est plus difficile de se prononcer sur le vrai sens qu'il faut attacher aux fourmillements. Ils siégent de préférence dans l'extrémité des membres, au bout des doigts et des pieds, et sont les avant-coureurs de la maladie ; plus tard ils se propagent le long des doigts, remontent dans la continuité des membres, et occupent une plus grande étendue, en même temps qu'ils deviennent plus profonds. Si au début on pouvait croire qu'ils tenaient seulement à une perversion de la sensibilité cutanée, on ne peut plus douter alors qu'ils soient l'expression d'un trouble morbide des muscles. Les fourmillements se rapprochent un peu dans certains cas de ces douleurs térébrantes que nous avons signalées, de ces sensations anormales d'insectes qui ramperaient sous les chairs, etc.; ils ne sont pour moi le plus souvent qu'un premier degré de cette variété de souffrance musculaire que le mot douleur exprime trop vaguement.

Les moyens pour explorer la sensibilité musculaire sont la pression exercée sur les muscles, le pincement de ces organes (on voit déjà qu'on ne pourra guères, par ce moyen, se renseigner que sur les muscles superficiels; le malade ressent alors un engourdissement, une torpeur

1 Obs. V, VIII, IX, XVI, XVII, XXI, XXIII, XXVIII, XXIX, XXXI, XLI, XLVI, XLVIII, L, LIII, LXX. Obs. de M. Oulmont.

2 Obs. IX, XIII, XVI, XIX, XXX, XXXIV, XLV, LXX.

3 Obs. XXIV, XXX, LXIII. Oulmont.

doulourеuse, ou une sensation sourde, désagréable, qui augmente si on insiste un peu) ; et enfin la faradisation. Il faut avoir soin, comme le recommande M. Duchenne (de Boulogne), de déssécher au préalable la peau avec une poudre absorbante, afin de ne pas avoir de la part de cette membrane une fausse sensation. Si la sensibilité est abolie, le courant ne sera pas perçu, malgré la persistance de la contractilité ; quand elle est obtuse, le malade localise mal le courant, n'apprécie pas les variations de son intensité, ou ne sent que les courants énergiques ; enfin quand elle est exaltée, il survient des crampes, des contractions douloureuses, accompagnées souvent de mouvements réflexes exagérés. J'ai observé deux fois cette hypéresthésie. Dans un autre cas, elle occupait seulement les muscles de la région postérieure du dos, tandis que les muscles des autres régions supportaient facilement le courant électrique. Chez un malade de MM. Charcot et Vulpian, la contractilité musculaire était affaiblie, et la sensibilité musculaire douloureuse.

En résumé, sur neuf cas où la sensibilité électro-musculaire est indiquée, elle était :

diminuée	6 fois,
abolie	1 fois,
conservée	2 fois.

Sens d'activité musculaire. — Dans ce qui précède nous n'avons eu en vue de rechercher dans les muscles que l'état de la sensibilité générale. Mais ce système contractile est doué d'une sensibilité spéciale, étudiée par Darwin, Ch. Bell, Gerdy, Landry, etc., et qui a reçu généralement le nom de sens d'activité musculaire (1). Cette propriété permet d'apprécier la position des membres, l'étendue des mouvements, la résistance des corps, la notion de poids. Les malades qui ont perdu cette sensibilité ne savent,

1 Darwin. — Zoonomie. T. I. sect. 14, paragraphe 7. *On the sense of the extension*, 1801. 3e édition.

Belfield-Lefèvre — *Recherches sur la nature, la distribution et l'organe du sens tactile*. Paris, 1837. — Thèse no 96.

Charles Bell. — *The hand, its mecanism, and vital endowment, acervïcing* quand on les prive de la vue, fixer la position de leurs membres sous leurs draps ; quand ils touchent ces membres, ils ne savent s'ils sont à eux, ils ne peuvent nullement les diriger au gré de la volonté, ils ne savent à température égale, si c'est leur chair ou celle des autres qu'ils touchent, ou bien encore un corps étranger. La vue leur permet de redresser ces erreurs. Aux membres supérieurs, les troubles sont les mêmes. Les malades ne savent apprécier les différences de poids. Placez-leur deux poids différents dans chaque main, ils confondront, suivant le membre le plus malade, le plus lourd et le moins lourd. M. Jaccoud a fait de la notion de poids un moyen d'étudier cette sensibilité spéciale, appliquant ainsi la méthode que Weber avait imaginée pour explorer le sens musculaire aux membres thoraciques, et que Spath employait aussi concurremment dans le tabes dorsal (1). Il a d'abord fixé la moyenne de la différence minimum qui peut être perçue dans les conditions physiologiques, et il a trouvé qu'à l'état normal on peut distinguer une différence de poids de 20 grammes. Quand le sens musculaire est aboli, le cerveau, ou plutôt l'instinct qui y siége, ne reçoit plus une idée nette de la force qu'il faut déployer, si la vue ne lui vient pas en aide ; aussi on mettra dans la main des malades, ou on leur attachera aux membres inférieurs mis dans l'extension, des poids variant entre eux de 100, 200 et 300 grammes, etc.; ils n'apprécieront pas ces différences, le déploiement de force étant purement automatique et nullement perçu. On peut donc conclure que, plus la différence entre les poids sera grande, plus l'altération du sens musculaire sera prononcée.

Chez l'un des malades de Spath la différence de poids des deux membres n'était perçue que lorsqu'ils étaient entr'eux comme 1 : 100.

design., by sir Charles Bell. — Fifth édition 1859. Ch. IX, p. 241. *Of the muscular sense.*

A. Gerdy. — *De la sensation du tact et des sensations cutanées.* (*Bulletin de l'académie de médecine.* Juillet 1852

Duchenne (de Boulogne). — *Académie des sciences*, séance du 12 décembre 1852.

1 E. Spath — *Beïtrage zur Lehre von der tabes dorsualis.* Tubingen, 1864.

M. Jaccoud a donné l'observation de six malades atteints de sclérose spinale ; chez tous le sens musculaire était atteint. Chez l'un la différence de poids était de 50 grammes ; chez les autres de 200, de 25, de 50, de 250, et de 400 grammes (1).

Ce moyen, comme on le voit, est d'une application facile, et qui ne peut par conséquent manquer de devenir usuelle ; il a de plus une valeur réelle, car il permet d'apprécier de faibles altérations de la sensibilité musculaire, et de les reconnaître alors même que la notion de position des membres persiste. Cette manière d'être de la sensibilité musculaire n'a pas toujours été mentionnée dans les observations ; elle n'est pas fréquente non plus, si j'en juge par un relevé de cinquante-sept observations, où elle était abolie huit fois ; il y avait quatre fois des sensations anormales.

Conscience musculaire. — M. Duchenne a signalé une catégorie de malades, *dans laquelle les sujets qu'on prive également de la vue perdent la faculté d'exécuter le moindre mouvement volontaire.* « Si on leur commande par exemple de fléchir ou d'étendre l'avant-bras, les muscles qui devaient entrer en contraction restent dans l'inertie, malgré tous les efforts de la volonté. Rien ne saurait peindre leur étonnement quand ils s'aperçoivent, après l'expérience, que leur membre est resté dans la même situation alors qu'ils croyaient leur avoir fait exécuter un mouvement. Leur surprise est d'autant plus grande qu'ils ont pu exécuter le même mouvement avec rapidité dès l'instant où on leur a permis de voir. »

Ces phénomènes dépendraient suivant ce médecin d'un sens spécial, situé dans le muscle, et qu'il sépare nettement du sens d'activité musculaire ; mais pour beaucoup d'auteurs, MM. Trousseau, Landry, Marcé, cette distinction ne serait pas fondée, et je dois ajouter qu'un silence éloquent s'est fait autour de cette découverte.

1 Jaccoud. — Ouvr. cité, p 674 et suiv.
Il faut toujours avoir soin dans ces expériences de fermer les yeux des malad .

Sensibilité profonde. » — C'est, dit M. Axenfeld, la perception très-nette, bien que devenue presque inconsciente à force de continuité, que nous avons tous de la présence de nos organes, de leur volume, de leur poids, de leur forme, de leur situation, de leurs rapports.... Tous les tissus concourent à cette sorte de sensation à la fois très-vague et très-exacte : la peau, les muscles, le tissu cellulaire, les téguments, les plans fibreux, les os. » Il se fait de ces diverses parties comme un rayonnement vers l'encéphale qui porte au sensorium la notion de leur manière d'être. Si j'ai bonne souvenance des expériences de MM. Jobert de Lamballe et Flourens, j'ai peine à comprendre comment les plans fibreux, les tendons, les ligaments, qui sont insensibles hors l'état d'inflammation, peuvent concourir à ce concert de sensibilité : on invoquera sans doute la sensibilité spéciale.

Suivant M. Axenfeld, la sensibilité profonde serait souvent compromise, quoiqu'elle ait été peu étudiée. C'est par un effet de la perturbation de cette sensibilité que les malades ne savent plus indiquer la position de leurs membres, qu'ils ne savent plus s'ils existent à moins de s'aider de la vue, qu'ils les croient volumineux ou distendus outre-mesure, etc.

Ce que nous avons dit de ces divers symptômes, à propos de la sensibilité musculaire, montre combien nous restreignons cette interprétation physiologique, et quel rôle négatif nous attribuons aux plans fibreux. Quant aux articulations, au périoste, aux cartilages, leur sensibilité peut concourir à l'harmonie des sensations, mais, organes purement passifs, ils ne peuvent avoir qu'un rôle secondaire dans la régularité des mouvements ; d'ailleurs il est assez difficile d'être exactement renseigné sur leur sensibilité ; les pressions exercées le long des os, la percussion à l'extrémité libre de ces leviers ne peuvent donner que des notions vagues, obscures, comme cette propriété physiologique, et qu'il faudra bien se garder de confondre (confusion facile) avec les sensations fournies par les muscles, presque inévitablement englobés dans l'examen.

Douleurs. — J'ai négligé jusqu'à présent, et à dessein, de parler des douleurs, pour mieux faire ressortir leur importance et leur signification à côté des altérations nombreuses de la sensibilité que je viens de passer en revue. Les douleurs ne sont au fond qu'un trouble nouveau de la sensibilité, qui n'a pas toujours été interprêté comme il devait l'être. C'est, on peut le dire, une hypéresthésie portée à ses limites extrêmes. C'est donc un facteur dont il faut tenir grand compte, et quand elles existent on n'est pas en droit de conclure que la sensibilité ne présente pas d'altération, et c'est précisément ce qu'on a fait ; exemple :

OBSERVATION XXXVI.

M...., Auguste, 37 ans, *douleurs* très-vives térébrantes dans les membres inférieurs. Puis il y a deux ans troubles de la vue de l'œil gauche, affaiblissement. Après avoir dormi sur un sol humide *fourmillements* dans les jambes et dans les bras. Ataxie musculaire des quatre membres, conservation de la force musculaire et de la *sensibilité*. Constipation.

(*Dujardin-Baumetz. L. cit. Obs.* V.)

J'ai comparé à ce point de vue cinquante-sept observations ; dans douze seulement on a noté la conservation de la sensibilité. Eh bien, sur ce nombre,

Neuf fois il y avait des douleurs ;

Six fois des fourmillements ou des crampes ;

Dans une seule (celle de M. Bourdon) il n'y avait ni crampes, ni fourmillements, ni douleurs, ni altération d'aucune sensibilité : tactile, douloureuse, à la température, profonde ; il n'y avait que quelques douleurs à la nuque qui ne doivent pas, par un excès de rigorisme scientifique, être invoquées dans le débat. Voilà, à mon avis, la seule observation dans laquelle on puisse rigoureusement dire que la sensibilité était intacte. Dans l'observation VII la sensibilité persistait ; mais l'ataxie était localisée à une seule jambe, et était-ce bien une ataxie progressive ? En admettant cette hypothèse, on doit fortement soupçonner que l'anesthésie était latente, en puissance, ou bien inappréciable encore, car on sait que souvent les troubles de la sensibilité ne surviennent que tardivement (1).

Dans l'observation de M. Oulmont il y avait des douleurs, des crampes et des fourmillements ; dans les autres, un ou deux de ces symptômes, comme on en peut uger par le tableau suivant :

TABLEAU de douze observations dans lesquelles il est dit que la sensibilité était intacte.

Observation	Symptômes	Sensibilité
Obs. II.	Douleurs	Pas de diminution apparente de la sensibilité.
Obs. V.	Douleurs, fourmillements	Jamais d'anesthésie cutanée.
Obs. VI.	Douleur sciatique	Pas d'anesthésie musculaire et cutanée.
Obs. IX.	Douleurs, fourmillements	Point encore d'anesthésie.
Obs. XXVII.	Douleurs profondes	Sensibilité cutanée intacte.
Obs. XXVIII.	Fourmillements	Intégrité de la sensibilité cutanée.
Obs. XXIX.	Douleurs, fourmillements	Diverses sensibilités intactes, plutôt augmentées.
Obs. XXXVI.	Douleurs, fourmillements	La sensibilité est conservée.
Obs. LIX.	Douleurs	Sensibilité intacte.
Obs. Oulmont.	Douleurs, crampes, fourmillements	Pas d'anesthésie cutanée ou musculaire.
Obs. XLIV.	Aucune altération de la sensibilité.	
Obs. VII	Aucune altération des diverses sensibilités: tactile, douloureuse, à la température. Ataxie limitée à un seul membre ?	

1 Ainsi dans l'obs. XIV il est dit que la sensibilité était intacte : il y avait des sensations anormales ; puis on signala, à la fin de l'observation, de l'anesthésie tactile de la plante des pieds ; la notion de position des membres était abolie ainsi que celle du poids du corps.

Dans l'obs. XX les troubles de la sensibilité ne survinrent que fort tard. Inutile de multiplier ces exemples.

A moins de nier que les douleurs, les fourmillements, les crampes, soient des altérations de la sensibilité, on voit d'après cette statistique à quoi se réduisent ces cas d'ataxie progressive, où la sensibilité reste intacte. Rigoureusement à un seul fait. On voit aussi dans ce tableau, combien l'examen de cette propriété a été souvent superficiel. (Je reproduis autant que possible les indications fournies par les auteurs.) On dit souvent que la sensibilité était intacte, conservée, qu'il n'y avait pas d'anesthésie, etc., mais il est bien rare qu'on ait passé en revue tous les modes de sensibilité dont nous avons fait ressortir l'importance dans la question pendante; de sorte qu'on peut dire que l'ataxie progressive, sans trouble de la sensibilité, est une exception.

Revenons aux douleurs. Elles sont très-fréquentes; elles existent dans les deux tiers des cas environ, soit trente-sept fois sur cinquante-sept. Tantôt et le plus souvent c'est le premier symptôme qui apparait, soit isolé, soit joint à l'anesthésie, aux fourmillements, ou à l'ataxie, tantôt elles sont limitées à certains membres ou certaines portions de membre, rarement généralisées.

Ces douleurs présentent divers caractères. Je ne reviendrai pas sur ce que j'ai déjà dit de leur ressemblance fréquente avec les manifestations du rhumatisme, avec les névralgies, qui ne sont souvent que le premier son de cloche du mal obscur qui désorganise la moëlle. Certaines de ces douleurs ont des caractères que M. Duchenne a voulu élever à la hauteur d'une caractéristique; ce sont les douleurs *térébrantes* et *fulgurantes*. Mais il faut le dire encore, en Allemagne ces épithètes pittoresques n'étaient pas une propriété exclusive du tabes dorsal; on les signalait dans les autres maladies de la moëlle; et pour peu que chacun de nous fasse appel à ses souvenirs, il reconnaîtra qu'il a rencontré ces mêmes douleurs dans les myélites chroniques et même dans les myélites aigües, et qu'on les rencontre chaque jour.

Tantôt les malades éprouvent la sensation d'un insecte qui chemine dans les chairs, et s'y creuse un chemin; tantôt d'une tenaille qui mordrait les muscles et les déchirerait. Cette variété est remarquable par la fixité de son siége; ainsi le malade de l'observation X rapporte toutes ses douleurs à la base du mamelon gauche et à l'angle de la septième côte. Mais malgré cela, elles sont mobiles, intermittentes, pour ainsi dire, dans leur apparition, revenant sous forme de crises, d'accès.

Les douleurs fulgurantes n'occupent pas en général un siége aussi restreint; rapides comme l'éclair, elles se succèdent comme des décharges électriques, et traversent rapidement tout un membre. Les malades les comparent à des lancées. Elles reviennent par accès, tantôt de quelques secondes, tantot de quelques minutes ; elles se succèdent quelquefois pendant plusieurs heures, d'autrefois elles augmentent d'intensité pendant la nuit. Le malade est brusquement arraché à son sommeil par une douleur poignante, puis le calme apparait. Complètement soulagé le malade néglige sa névralgie, son rhumatisme, il se croit guéri, quand un changement de température, et surtout le retour du froid, une émotion, un écart, font reparaitre ses souffrances.

Ces douleurs affectent des siéges différents : quand elles sont térébrantes, elles siégent de préférence au tronc; les douleurs fulgurantes sont au contraire très-fréquentes aux extrémités.

A côté de cette variété, s'en place naturellement une autre qui, à mes yeux, a une valeur capitale, quand elle existe. Ce sont ces douleurs en ceinture, qui ont pour point de départ la colonne vertébrale, et qui s'irradient dans le thorax. La constriction est quelquefois tellement douloureuse qu'elle arrache des cris aux malades. La colonne vertébrale est rarement sensible à la percussion. Enfin je signalerai ces douleurs siégeant dans les jambes et dans les pieds, et qui produisent l'impression d'une main ou d'un cercle de fer qui serreraient ces parties, d'un étau qui les comprimerait, enfin les douleurs névralgiformes qui parcourent les diverses régions du corps, l'occiput, la nuque, l'orbite, le dos, etc.

Ces douleurs peuvent être ramenées à trois types :

1° *Douleurs d'origine nerveuse.* Tantôt superficielles elles ont pour siége les *nerfs cutanés*. Un attouchement léger, les frictions, le châtouillement, sont difficilement supportés, tandis qu'une pression plus énergique calme les souffrances.

Le plus souvent les douleurs siégent dans les *troncs nerveux*; elles sont alors fulgurantes. Dans ce groupe se rangent les névralgies sciatique , intercostale, iléo-lombaire, cubitale, etc.

Une troisième variété a pour point d'origine les *centres nerveux*. La moëlle est sensible à la percussion; on observe la rachialgie. Elles sont rares , il est encore moins fréquent d'observer des douleurs à l'occiput, à la nuque, au cervelet (comme ce malade de M. Duchenne qui ressentait me des coups de marteau dans cette région.,) de la céphalalgie ; symptômes qui dénotent un état de souffrance des masses cérébrales.

On pourrait admettre une quatrième variété, *névralgie sympathique*. Dans ce groupe se rangeraient les douleurs qui ont leur siége dans les organes internes, et que certains malades éprouvent soit dans la période prodomique, soit dans le cours de l'affection. De ce nombre sont la gastralgie, l'hépatalgie (Isnard), l'entéralgie, la cardialgie, etc., et ces sensations étranges de pression à l'anus, à la vessie, mentionnées dans quelques cas.

2° *Douleurs musculaires.* — D'autres douleurs prennent naissance dans les muscles; pendant les contractions soit volontaires, soit provoquées par l'électricité, les malades éprouvent des crampes, des tiraillements souvent douloureux, des engourdissements. La pression occasionne une douleur obtuse. Les douleurs térébrantes paraissent avoir pour point d'origine le système musculaire.

2° *Douleurs profondes.* Enfin il existe des douleurs plus profondes, osseuses et articulaires. Elles sont obscures et difficiles à localiser.

SENSIBILITÉ SPÉCIALE.

Sensibilité viscérale. — Les viscères sont doués d'une sensibilité spéciale, latente à l'état hygide , mais qui se traduit par des crises très-douloureuses dans certaines maladies; telles sont la gastralgie, l'entéralgie, l'hépatalgie, la cardialgie etc. L'hypochondrie elle-même, cette maladie aussi réelle qu'imaginaire, n'est-elle pas due souvent à une altération de la senbilité viscérale ? Dans ces cas divers, cette sensibilité d'obscure qu'elle était, devient manifeste, elle est perçue; mais comme la sensibilité générale, elle peut être en activité, sans se manifester pour cela. Elle préside à ces mouvements harmoniques et mystérieux qui se passent dans l'intérieur du corps à l'abri de nos regards et de nos sens, mouvements qui font cheminer dans l'estomac les matériaux alimentaires, dans l'intestin le bol fécal, dans les canaux du foie la bile, etc., et qui demandent pour condition première l'intégrité de la sensibilité viscérale.

Les viscères sont innervés par le grand sympathique, et c'est par la connexion de ce système avec la moëlle, que s'explique la perception de la sensibilité, de même que la latence de leurs mouvements réflexes peut être dans une certaine mesure attribuée à l'indépendance du système ganglionnaire. Mais quelques organes, comme le rectum et la vessie sont animés à la fois par les nerfs de la vie de relation et ceux de la vie végétative. Ces organes soumis ainsi en partie à l'influence de la volonté, diffèrent sous ce rapport de beaucoup d'autres qui sont complètement indépendants. L'incontinence d'urine et celle des matières fécales se rapprochent des paralysies ordinaires, et sont dues à une paralysie du mouvement ou de la sensibilité de la vessie et du rectum. C'est à cette dernière cause que ces phénomènes étaient rapportés dans les observations XIII et XXXI, où il est parfaitement spécifié que les malades n'avaient pas conscience du passage de l'urine ou des matières fécales, si ces notions ne leur étaient pas fournies par la vue.

Le sympathique n'intervient certainement pas dans ces phénomènes. Les expériences de Budge ont prouvé que les irritations du plexus solaire amenaient des contractions de l'intestin et la diarrhée chez les animaux; mais tout jusqu'ici est contraire à cette hypothèse que ce système fonctionne dans l'expulsion des fèces ou des urines. La constipation et le dévoiement seuls pourraient être mis sur le compte de l'anesthésie ou de la paralysie du tube intestinal.

L'anaphrodisie ne serait-elle pas due aussi à la paralysie de certaines portions des organes génitaux ?

On voit que nous sommes trés-peu renseignés sur l'état de la sensibilité viscérale ou sympathique dans l'ataxie progressive. S'il survient quelques névralgies de l'estomac, de l'intestin, du foie, de la vessie, de l'utérus même dans la myélophthisie ataxique, c'est tantôt au début de mal, tantôt dans son cours.

Malgré toutes ces lacunes, j'ai cru néanmoins utile de signaler cette variété de sensibilité et ses relations possibles avec quelques symptômes, anaphrodisie, constipation, etc.

C'est ici le lieu de parler de certains symptômes que M. Duchenne a attribués aussi au grand sympathique. Je veux parler d'un sentiment de *pression et de constriction à l'anus et à la vessie.*

E. Horn avait déjà remarqué ces symptômes chez un de ses malades dont l'observation est rapportée plus loin. (Obs. LXXXVI.)

Dans un fait qui m'est personnel et qui figure à la fin de ce travail, se trouvent aussi notés ce sentiment de pression à l'anus et à la vessie, et une sensation douloureuse dans l'abdomen, accompagnée de borborygmes et d'une augmentation dans le désordre locomoteur des jambes. Ces symptômes coïncidaient avec une contraction de la pupille.

M. Duchenne (de Boulogne) dit avoir observé plusieurs fois ce symptôme, et il a cherché à montrer ses relations avec les phénomènes oculo-pupillaires, et étudié son apparition intermittente sous forme de crises. Il est regrettable que M. Duchenne n'ait cru devoir donner qu'une seule de ces observations, la rareté de ces phénomènes aurait exigé davantage.

Les deux observations suivantes, l'une due à Eisenmann, l'autre à M. Duchenne donneront une idée exacte de ces symptômes (1).

(1) Ces phénomènes se retrouvent dans l'observation LXXIV due à M. Landry.

OBSERVATION XXXVII.

L... né en 1814 éprouve depuis 1847 des douleurs rhumatismales. A la fin de cette année, il survint soudainement une dilatation de la pupille qui a persisté Depuis mai 1849, il éprouva à époques indéterminées des crises douloureuses qui survenaient plutôt la nuit que le jour, fréquentes dans les jambes et les bras, plus rares à la poitrine, au cou et à la tête. En août 1859 il se refroidit dans le bain; il survint à la suite de la diarrhée, et un sentiment de constriction dans le corps, accompagné d'une sensation de froid, de pesanteur et de chaleur dans la région ombilicale. Au dire de l'infirmier, cette sensation persista une fois pendant plusieurs semaines. A la fin de 1859, à cette constriction se joignit un sentiment de pression au bas de la vessie et à l'anus. A la fin d'octobre 1859 apparut de l'incertitude dans les mouvements des extrémités inférieures, avec conservation de la force musculaire. La sensibilité était peu affectée; elle était obtuse aux pieds. Le malade était puissant, père d'enfants bien constitués, la puissance virile était conservée. Il fut soumis sans succès à l'iodure de potassium pendant six semaines, puis à l'iodure d'ammonium et à la noix vomique; il alla sans plus d'avantages aux eaux de Wildbad. Pendant quatre mois (octobre 1860 à janvier 1862) il fut traité par le professeur Remak, au moyen du courant galvanique, sans aucun profit; puis par Wunderlich, au moyen du nitrate d'argent et du quina.

(*Eisenmann. obs.* II.)

OBSERVATION XXXVIII.

M. le docteur X..., après avoir eu des douleurs qu'on croyait rhumatismales ou névralgiques, fut pris en 1860, à la suite de revers de fortune, de *douleurs vésicales* violentes, avec des envies fréquentes d'uriner. Ces mêmes douleurs avaient lieu au rectum, et s'accompagnaient de ténesme, de constipation et d'une *chaleur* extrême dans ces deux régions. Les crises survenaient deux ou trois fois par mois, et duraient chacune 24 heures et plus. Puis il survint des crampes, des douleurs lancinantes et térébrantes, de l'amblyopie, et de la mydriase sans diplopie. La mydriase survenait pendant les crises douloureuses, et n'était pas modifiée par la belladone. Le malade était constipé pendant les crises, et dans l'intervalle les garde-robes étaient régulières et demi-liquides.

Ejaculations rapides, sans pertes involontaires, intelligence conservée. Les purgatifs employés contre la constipation amélioraient les crises douloureuses de l'anus et de la vessie.

Duchenne (de Boulogne) (Gazette hebdomadaire 1864, n° 10.)

Dans ces deux observations nous retrouvons la dilatation de la pupille. Chez le malade de Horn on n'a signalé que l'amblyopie. Dans le fait qui m'est personnel, il y avait resserrement de la pupille. Je me borne à conclure que j'ai dû observer le malade en dehors des crises douloureuses.

M. Duchenne (de Boulogne) aurait vu ces crises se propager à l'intestin et à l'estomac. Elles dépendraient du grand sympathique, comme d'ailleurs l'augmentation de chaleur des parties malades. Il se ferait là sans doute une congestion analogue à celle de la conjonctive pendant les crises douloureuses. Je signalerai, en terminant ces alternatives de chaud et de froid qu'a présentées le malade d'Eisenmann; et je terminerai en disant qu'il faut faire encore beaucoup de réserves sur ces phénomènes.

Sens. — Parmi les sens, celui de la vue présente dans l'ataxie progressive de si fréquentes atteintes, que ses altérations ont acquis une grande importance dans les symptômes de cette affection. Nous avons dit comment la vue corrigeait les désordres produits par la perte du sens d'activité musculaire, complication qui vient fréquemment se surajouter aux symptômes propres de la maladie, et sur laquelle nous aurons à revenir plus tard. Mais à part cette action correctrice de la vue, la lumière parait avoir une action directe sur la marche des ataxiques, qui a été constatée par Eisenmann et par Jaccoud, et sur laquelle Marmé et Moleschott (1) ont particulièrement insisté au point de vue physiologique. Si l'on interpose en effet entre les yeux d'un ataxique et ses pieds un obstacle, la marche deviendra plus difficile et plus désordonnée; mais si le malade est soutenu et rassuré contre le danger d'une chûte, il pourra continuer à marcher; qu'on lui ferme alors les yeux, le malade s'affaisse et va tomber.

Le sens de la vue peut être offensé de plusieurs manières. Mais comme ces altérations sont souvent contem-

1 *Marmé et Moleschott.* — *Ueber den Einfluss des Lichtes auf die Reizbarkeit der Nerven. (Untersuchungen zur naturlehre* 1861.*)* cités par Jaccoud. *Loc. cit.* p. 648.

poraines de celles des nerfs moteurs de l'œil, nous les étudierons simultanément sous le titre de phénomènes oculaires, (p. 118).

L'odorat et le goût ne sont jamais compromis (1).

L'ouïe l'a été quelquefois; la surdité a été observée par Duchenne, Charcot et Vulpian, Carre, Leyden, (deux fois) Remak... (Voir obs. XVIIII , XXXV, XLVIII , LVIIII, etc.) Eisenmann l'a notée six fois dans un relevé de soixante-huit cas ; cette proportion représente, d'après nos recherches , l'expression de la vérité.

Le sens génital subit ordinairement de profondes atteintes; quand il est aboli, c'est généralement au début, et souvent il l'est d'une manière complète. Les malades, quoique demeurant insensibles aux excitations sensuelles, ont quelquefois cependant des érections et des pollutions nocturnes. Notons que dans l'observation de M. Vernay, ce sens était éteint quoique la maladie fut limitée aux extrémités supérieures. A côté de l'anaphrodisie et de l'impuissance nous signalerons le satyriasis, dont on trouve un remarquable exemple dans une observation d'Eisenmann. (Obs. XVIIII.)

Il s'agit d'un homme de soixante ans, qui, à la suite d'excès commis dans la compagnie des femmes, de marches fatigantes, et d'une chûte sur les reins, eut des douleurs rhumatismales qui se localisérent à deux reprises sur le nerf sciatique. Auparavant, à la suite d'un refroidissement contracté à la chasse , il avait eu une fièvre rhumatismale, avec affection de l'estomac. Sous l'influence de ces causes il ressentit, à l'âge de trente ans, une diminution de la force musculaire, une irritabilité excessive des parties génitales et un priapisme persistant. Les eaux minérales et salines améliorèrent plus ou moins son état; les eaux de Gastein restèrent inefficaces. Puis il survint un bruit dans l'oreille droite, puis dans la gauche, et une dureté d'oreille à droite, de la diplopie, des douleurs, de l'incertitude dans la marche. Vers trente-cinq ans le malade fut amélioré par l'hydrothérapie , et

1 Je fais exception pour l'observation LIX.

put reprendre ses travaux; puis l'incertitude dans la marche reparut, il n'y avait pas d'altération de la sensibilité cutanée ni musculaire. Douleur en ceinture partant des reins et suivant le diaphragme, — puis catarrhe bronchique, et catarrhe de vessie ; l'urine est riche en phosphate et en oxalate de chaux ; ni albumine ni sucre. L'incoordination fut améliorée par l'emploi du phosphate d'argent à la dose d'un demi-grain deux fois par jour. Le priapisme persistait à l'âge de soixante ans.

En général, au début de la maladie, il y a une exagération de la sensibilité génitale, une irritabilité morbide des organes de la virilité qui se traduit par des érections fréquentes, le priapisme, le satyriasis, des désirs vénériens trop prononcés. M. Trousseau a fait ressortir l'importance de ces symptômes parmi les signes avant-coureurs de la maladie. Peu à peu à cette hypéresthésie spéciale à laquelle les malades sacrifient trop souvent avec une coupable complaisance, succèdent des éjaculations faciles qui surviennent ensuite prématurement avant que le but qui les a excitées ait été atteint. Bientôt un désir, un souvenir lascif provoquent ces pertes, et les malades sont atteints de spermatorrhée, (1) ou bien au contraire la puissance virile s'éteint énervée par un abus anticipé. Les organes génitaux entrent en torpeur. Cette impuissance n'arrive ordinairement qu'à une période avancée; Steinthall a observé un malade de cinquante-deux ans, ataxique depuis dix ans, qui avait vu sa maladie se généraliser depuis quatre ou cinq ans; il ne retenait plus ses matières et son urine, quand l'impuissance et l'anaphrodisie éclatèrent. C'est ordinairement cinq ou six ans après le début de la maladie que l'impuissance survient (obs. III, XIII, XLIV), quelquefois elle survient presque au début (obs. XXX), ou au début (obs. X), mêlée à d'autres manifestations. On l'a vue précéder l'ataxie de plusieurs années, (2), exister indépendante, et simuler ainsi une névrose.

1 Lallemand, et le professeur Kaula, au dire d'Eisenmann, ont identifié le tabes dorsal et la spermatorrhée.

2 Nous rapporterons cette observation au chapitre du diagnostic différentiel.

3° *Phénomènes oculaires.*

Nous avons déjà dit que pour M. Duchenne (de Boulogne), les phénomènes oculaires constituaient la première période de l'ataxie, mais que les choses étaient loin de se passer ainsi.

L'examen de soixante-trois observations nous a montré en effet qu'ils étaient :

19 fois consécutifs ;

14 fois primitifs ;

4 fois développés concurremment avec les troubles du mouvement.

9 fois il n'y avait pas de renseignements précis sur la date de leur apparition ; enfin 19 fois ils ont manqué.

Il résulte de ces recherches que les phénomènes oculaires ne sont primitifs que dans le cinquième des cas environ ; qu'ils sont consécutifs dans le tiers des cas, et qu'ils manquent dans plus du quart.

Les troubles oculaires consécutifs ont paru :

22 ans après l'incoordination,		une fois ;
11 ans	—	une fois ;
9 ans	—	une fois ;
8 ans	—	une fois ;
7 ans	—	deux fois ;
4 ans	—	trois fois ;
3 ans	—	une fois ;
1 an	—	deux fois ;
4 mois	—	deux fois ;
Après un temps indéterminé,		cinq fois.

Sur quatorze observations les troubles oculaires primitifs ont paru :

Une fois, sept ans avant les douleurs et deux ans avant l'incoordination ;

Une fois cinq ans avant ;

Une fois quatre ans avant ;

Deux fois deux ans avant ;

Dans les autres cas, ils n'ont précédé les phénomènes ataxiques que de quelques mois.

Les phénomènes visuels sont par ordre de fréquence :

1° *La Diplopie.* C'est un symptôme qui échappe difficilement aux malades. Par suite du défaut de parallélisme des axes visuels, ils voient deux objets, quand il n'en existe qu'un. Le malade de l'observation X a présenté des phénomènes curieux : quand il regardait une personne, il voyait deux rangées d'yeux juxtaposés ou superposés; la cage de l'escalier lui paraissait partagée en deux par une diagonale, etc.

Ce symptôme est le plus souvent passager, c'est ce qui explique comment il peut échapper, si on n'appelle pas fortement l'attention des malades sur ce point ; il revint à intervalles variables et répétés dans l'observ. LXXXIX où il a reparu à quatre reprises différentes. Il peut avoir disparu alors que la maladie s'aggrave ; sa disparition ne doit pas être considérée comme indiquant une rétrocession.

La diplopie est notée vingt-sept fois, c'est-à-dire dans près de la moitié des cas.

2° *Strabisme.* Le Strabisme peut être double ou simple, interne ou externe, suivant la paralysie du nerf oculaire qui le produit.

Paralysie de la troisième paire. La paralysie du moteur oculaire commun est mentionnée quatorze fois. Elle se manifeste par la chûte de la paupiére supérieure, la déviation de l'œil en dehors, la dilatation de la pupille. Elle est plus souvent permanente que le symptôme précédent.

Deux fois seulement elle s'est montrée d'une manière temporaire ;

Huit fois elle siégeait à gauche ;

Deux fois à droite seulement.

La paralysie de la *sixième paire* vient après, elle est notée dix fois :

Quatre fois à droite ;

Une fois à gauche ;

Deux fois double ;

Trois fois sans renseignements.

Elle est annoncée par la déviation de l'œil en dedans. Le strabisme interne est moins franchement reconnaissable que la paralysie de la troisième paire. Si elle est double, elle échappe encore plus facilement à l'observation. Il faut, pour éviter l'erreur, faire regarder le malade en dehors, alternativement de chaque côté ; on voit alors que le bord de la cornée ne peut atteindre l'angle externe de l'œil, et qu'il en reste distant de quelques millimètres.

Le *nystagmus* se trouve mentionné trois fois ;

La *presbytie* deux fois ;

La *myopie* deux fois ;

Un malade était myope à droite et presbyte à gauche.

3° *Amaurose, amblyopie, etc.* — Ce symptôme se trouve noté vingt-quatre fois ; il existe à des degrés divers.

L'amaurose était double dix fois ;

Sur ce total, six fois la double paralysie était complète; dans les quatre autres, elle était complète à droite et incomplète à gauche.

L'affaiblissement de la vue existait quatorze fois : deux fois il avait été temporaire ;

Six fois il y avait dilatation pupillaire, tantôt double, tantôt unilatérale ;

Deux fois resserrement de la pupille;

Une fois photopsie ;

Une fois nyctalopie.

Cette paralysie se combine ordinairement avec le strabisme ; quelquefois elle marche indépendante.

Examen ophthalmoscopique. Dans les cas d'amaurose complète on a trouvé à l'ophthalmoscope les résultats suivants :

La papille est dépourvue des trois cercles concentriques de l'état normal ; elle a une coloration d'un blanc nacré; elle est plus petite, irrégulière sur ses bords, parfois excavée dans une partie de sa circonférence.

Les vaisseaux et principalement les artères ont diminué de calibre ; elles sont filiformes et comme voilées, sinueuses et déviées. Les petits vaisseaux capillaires disparaissent quelquefois complètement.

La rétine a présenté dans certains cas une vascularisation anormale, et quelques taches pigmentaires.

Ces résultats suffiront pour distinguer l'amaurose de l'ataxie d'autres amauroses et entre autres de celles qui résultent de l'atrophie secondaire des nerfs optiques par tumeur cérébrale. Dans ce cas en effet l'altération est caractérisée par le *gonflement*, par la rougeur et par la perte de transparence de la papille ; c'est une rétinite secondaire, résultant d'une hypérémie mécanique déterminée par l'altération cérébrale. « Dans les cas de tumeur cérébrale, d'exsudation et d'exostose à la base du crâne et de l'orbite, il se produit, dit M. le docteur Rich. Liebreich, une stagnation de la circulation rétinienne, une infiltration séreuse, un développement d'éléments de tissu cellulaire et une vascularisation fine dans la papille du nerf optique. A l'ophthalmoscope, ces différentes modifications se présentent de la manière suivante : toute la papille est trouble et d'un rouge grisâtre ; son contour est mal déterminé et plus éloigné qu'il ne l'est à l'état normal de la limite réelle, ainsi que les différents jeux d'ombre et de lumière qui existent sur la papille normale sont complètement cachés par le trouble de la partie antérieure de la papille. Les vaisseaux ne peuvent plus être suivis jusque dans la région de la lame criblée. Examinés par la périphérie, ils paraissent isolés dès qu'ils atteignent la papille, ne donnent sur celle-ci qu'un reflet incertain, et se soustraient complètement à l'observation, sitôt qu'ils s'enfonçent dans la profondeur du nerf. » (1).

Quand l'atrophie de la papille est partielle, qu'elle occupe une partie seulement de sa circonférence par exemple, il en résulte des *interruptions dans le champ de la vision* que M. Herschell a signalées (2) et qu'on reconnaîtra à l'aide du procédé suivant, indiqué par ce médecin :

Pour se rendre un compte exact des interruptions qui existent dans le champ de la vision d'un malade, on se sert d'une feuille entière de papier blanc à écolier, sur laquelle une série de points concentriques a été tracée.

1 Rich. Liebreich. — *Atlas d'opthalmoscopie*, p. 33. Berlin, 1863, cité par : Lancereaux. — *De l'amaurose liée à la dégénération des nerfs optiques dans les cas d'altération des hémisphères cérébraux* (Archives générales de médecine, février 1864.)

2 *Bulletin général de Thérapeutique*, 1862. T. LXIII. L'observation de M. Herschell sera rapportée à la fin de ce travail.

Ce tableau étant fixé sur le mur, on place le sujet à une distance de quarante centimètres, et pour maintenir toujours cette distance, on lui fait appuyer le menton sur un bâton offrant cette dimension, tandis que l'autre extrémité repose sur le mur.

Les choses ainsi disposées, le malade ferme un des yeux et fixe de l'autre œil le point central. On l'interroge ensuite pour savoir, si tout en fixant le point du milieu, il voit les points concentriques qu'on lui indique avec un crayon ; les points que le malade ne distingue pas sont marqués par un zéro.

Il est évident qu'en reliant tous les points qui ne sont pas vus, on obtient la figure de l'interruption du champ visuel. Cette première figure sert à constater dans les examens suivants la marche progressive ou rétrograde de l'affection.

D'habitude on dispose un tableau pour chaque œil. Si l'interruption est due à une altération de la partie externe de la papille, elle sera représentée à droite de la figure pour l'œil droit (soit par les zéros dans le cas actuel), et à gauche de la figure pour l'œil gauche : et dans un ordre inverse, si l'altération occupe le côté interne de la papille.

Phénomènes oculo-pupillaires.

Sous ce titre on désigne certains phénomènes qui surviennent du côté de l'iris et du système vasculaire de l'œil pendant le cours de l'ataxie progressive. Ce sont :

1° Un resserrement permanent des pupilles (myosis) ;

2° Une dilatation temporaire de ces diaphragmes pendant les crises douloureuses de la maladie ;

3° Une augmentation de la vascularisation et de la calorification de l'œil.

D'après M. Jaccoud, Romberg dès 1840, Schulte de Cranwinkel en 1846, Albert Amberg en 1855 auraient décrit ces phénomènes. Ce dernier, instruit à l'école de Romberg, les aurait expliqués par une altération du grand sympathique; nous avons vu plus haut (p. 42) que Remak les considérait comme un symptôme de la forme cervicale du tabes dorsal. Il n'y a pas longtemps (1863) M. Duchenne (de Boulogne) appela l'attention des observateurs français sur ce curieux phénomène (1) et plus tard il en donna l'explication physiologique (2).

Avant d'aller plus loin , je rapporterai les observations qui servent de base au mémoire de cet auteur.

OBSERVATION XXXVIII (bis).

La malade de l'observation II, qui présentait entr'autres symptômes un resserrement pupillaire (myosis) est morte en 1862. J'ai appris, dit M. Duchenne (*Gazette hebdomadaire*, n° 8, 1864, p. 116) des personnes qui l'ont assistée jusqu'à ses derniers moments que ses pupilles se dilataient énormément pendant les crises douloureuses, et qu'ensuite elles revenaient à leur état habituel de resserrement. Ces alternatives de resserrement et de dilatation pupillaires existaient déjà depuis longtemps chez cette malade, mais ne l'ayant jamais observée pendant ces crises douloureuses, je n'ai pu constater ce phénomène dont je n'avais pas songé à l'entretenir.

OBSERVATION XXXIX.

Resserrement des pupilles , avec une augmentation de vascularisation et de calorification de l'œil, et , pendant les crises douloureuses , dilatation de ces pupilles avec diminution de vascularisation de l'œil chez un sujet atteint depuis dix ans d'ataxie locomotrice progressive.

M. X..., 58 ans, éprouva en 1848, une diplopie passagère, et un affaiblissement de la vue, qui a augmenté progressivement. En 1850, douleurs térébrantes profondes, accompagnées d'une hypéresthésie cutanée qui disparaissait avec elles , sans changement de couleur à la peau. Puis les facultés génésiques s'affaiblirent et se perdirent ensuite complètement.

En 1862 la paralysie de la sixième paire avait disparu. Cécité complète. Les pupilles étaient très-resserrées. Depuis l'apparition du resserrement pu

1 Académie des Sciences, séance du 18 janvier 1864.

2 Duchenne (de Boulogne), *Recherches cliniques sur l'état pathologique du grand sympathique dans l'ataxie locomotrice progressive* (Gazette hebdomadaire , 1864, numéros 8 et 10)

pillaire, la vascularisation de l'œil avait augmenté; cet organe était chaud et douloureux; les sécrétions de l'œil n'étaient pas modifiées. Pendant les crises douloureuses le resserrement de la pupille était remplacé par la dilatation de cette membrane, et la vascularisation de l'œil disparaissait. L'électrisation de l'œil faisait aussi pâlir les vaisseaux oculaires.

(Duchenne , eodem loc. Obs. II.)

OBSERVATION XL.

Resserrement des pupilles et leur dilatation pendant les crises douloureuses de l'ataxie locomotrice à sa deuxième période ; augmentation de la vascularisation et de la calorification de l'œil pendant le resserrement de la pupille.

Guillery, 49 ans, maçon. En 1854 , douleurs fulgurantes dans les membres inférieurs; En 1858 diplopie passagère. En 1859 incoordination locomotrice à marche progressive. En 1862 amblyopie à droite, propagée depuis quelques mois à gauche. En 1863 on constate à l'ophthalmoscope l'atrophie de la papille. Depuis longtemps les pupilles étaient très-resserrées et se dilataient énormément pendant les crises douloureuses, et les yeux étaient rouges. Les yeux étaient chauds et douleureux par moments sans cause connue. Les paupières n'étaient pas collées le matin. La belladone n'a pu dilater la pupille de ce malade.

Duchenne (eoden. Loc. Obs. III.)

OBSERVATION XLI.

Resserrement continu des pupilles (myosis double) dans un cas d'ataxie locomotrice progressive à sa deuxième période.

Villnauloguy, 12 ans; douleurs fulgurantes depuis 1860. Incoordination des mouvements dans les membres inférieurs quelques mois après. Myosis double depuis plus d'un an, ne cessant ni pendant les crises douloureuses, ni par l'instillation de la belladone. La vue n'est pas altérée.

J'ai recueilli une demi-douzaine de cas de resserrement bilatéral ou unilatéral de la pupille semblables à ceux qui précèdent. Comme ils n'offrent pas d'intérêt particulier, il serait superflu de les rapporter ici.

Duchenne. (eodem Loc. Obs. IV.)

On trouve dans ma thèse publiée en 1862 une observation dans laquelle les phénomènes oculo-pupillaires se trouvent nettement indiqués. Je cite textuellement le passage : « La vue est complètement abolie ; *les pupilles sont resserrées* et entrent difficilement en jeu au contact des rayons lumineux; *quelques vaisseaux sur la conjonctive.* La cornée est saine ; pas de phosphènes, aucune douleur dans les yeux » (v. page 35). Je fus tellement surpris alors par le resserrement des pupilles , que si ce n'eut été mon respect pour la vérité , j'aurais eu quelque hésitation à consigner ce phénomène qui était si opposé à ce que j'avais observé jusqu'alors. Une autre particularité me frappa vivement : j'avais prié un de mes collègues , interne à l'hôpital de la Croix-Rousse, d'examiner cette malade à l'ophthalmoscope ; il ne put se rendre à mon désir, parce que les pupilles n'avaient pu être dilatées par l'atropine.

Je me rapelle avoir aussi observé chez un malade dont l'histoire est rapportée plus loin (obs. LXXIX) , à la fin de ses jours , une tuméfaction inflammatoire du côté droit de la face , un gonflement des paupières , une vascularisation insolite du globe oculaire (kémosis inflammatoire) ; la cornée était trouble ; une sécrétion purulente s'écoulait de l'œil. Mes souvenirs ne sont pas assez précis pour savoir quel était l'état de la pupille.

M. Donezan a observé aussi les phénomènes oculo-pupillaires dans un cas très-intéressant qui figure plus loin , où l'on retrouve le boursouflement de la conjonctive , la rougeur du côté droit de la face qui était excoriée.

Ces phénomènes , comme on le voit, diffèrent radicalement de tous les autres symptômes oculaires dont nous avons parlé jusqu'à présent.

Ils se sont toujours montrés à une période avancée du mal.

Ils ont toujours coïncidé avec une cécité plus ou moins complète.

Le plus constant de ces phénomènes est le resserrement pupillaire (myosis) ;

Ce resserrement est tantôt simple , tantôt double ;

La cornée est saine, elle n'est pas aplatie ;

Les sécrétions de l'œil sont ordinairement intactes.

On s'est demandé qu'elle était la cause de ces phénomènes singuliers. Les mouvements de la pupille, comme les travaux modernes l'ont prouvé, sont influencés par plusieurs nerfs. La troisième paire agit sur les fibres circulaires de l'iris ; sa paralysie entraîne entr'autres symtômes une dilatation des pupilles, son excitation, le resserrement de ces organes. Cette paire est assez fréquemment compromise dans l'ataxie progressive, pour qu'on puisse se demander si elle n'entre pour rien dans les phénomènes pupillaires. Je ne le pense pas, car il faudrait admettre un spasme de ce nerf qui entraînerait le resserrement pupillaire. Ce spasme n'est rien moins que prouvé ; d'ailleurs il concorderait peu avec l'atrophie gélatineuse et la paralysie de la troisième paire.

Mais l'iris reçoit d'autres filets nerveux ; ses fibres radiées sont innervées par le filet cervical du grand sympathique. Pourfour du Petit, dès 1712, a démontré qu'à la suite de la section du filet qui unit entre eux le ganglion supérieur et inférieur du grand sympathique, on observait le resserrement de la pupille, le rapetissement de l'œil, et la rougeur de la conjonctive (1). De nos jours M. Claude-Bernard reprit ces expériences, et il distingua deux ordres de phénomènes ; les uns *oculo-pupillaires* qui apparaissent isolément quand on sectionne les deux premières paires rachidiennes dorsales ; les autres *vasculo-calorifiques* qui suivent la section du filet ascendant du sympathique sur le côté de la colonne vertébrale entre la deuxième et la troisième côte. Quand on coupe le sympathique dans la région moyenne du cou, les deux ordres de phénomènes se combinent, et on voit alors une augmentation de chaleur et de vascularisation du côté correspondant de la tête avec augmentation de la sensibilité des parties ; 2° un rétrécissement de la pupille ;

1 Mémoire dans lequel il est démontré que les nerfs intercostaux fournissent des rameaux qui portent les esprits dans les yeux. (Mémoires de l'Académie des Sciences, 1727.)

3° une rétraction du globe oculaire dans le fond de l'orbite ; 4° un aplatissement de la cornée et une diminution consécutive du globe de l'œil (1).

Le résultat de ces expériences rappelle beaucoup les phénomènes oculo-pupillaires de l'ataxie progressive. Il y a des différences néanmoins. Dans cette maladie les phénomènes vasculaires ont été bornés à l'œil, excepté dans le cas que j'ai rappelé de mémoire, et dans celui de M. Donezan, où la congestion occupait tout le côté droit de la face. Dans l'ataxie il n'y a pas non plus aplatissement de la cornée ni rétraction du globe oculaire.

Dans l'ataxie on observe tantôt les phénomènes oculo-pupillaires isolément, tantôt au contraire réunis aux phénomènes vasculo-calorifiques. La distinction établie expérimentalement par M. Cl. Bernard se trouve confirmée par la maladie. Faut-il admettre que dans le premier cas les deux ou trois premières paires rachidiennes dorsales sont seulement malades, et que dans le second cas, c'est le filet cervical sympathique qui est compromis. ? Je dois dire que dans l'état actuel de la science ces questions si intéressantes qu'elles soient, ne peuvent pas être tranchées. Ce qu'on peut conclure cependant dès aujourd'hui, et en attendant que l'anatomie pathologique fasse encore avancer la question, c'est que les racines antérieures des nerfs spinaux n'ont jamais été trouvées altérées dans l'ataxie progressive.

On a vu au contraire le filet cervical du sympathique atrophié, et on peut légitimement dans le fait suivant considérer l'altération de ce filet comme la cause des phénomènes oculo-pupillaires.

1 Comptes rendus de l'Académie des Sciences, séance du 1er septembre 1862. (*Gazette hebdomadaire*, 12 septembre 1862).

OBSERVATION XLII.

Ataxie musculaire progressive. — Symptômes oculo-pupillaires. — Atrophie des faisceaux postérieurs de la moëlle, et du filet cervical du grand sympathique.

M. M.., 52 ans. Douleurs considérées comme rhumatismales, faiblesse, incertitude dans la marche. Sensation de ceinture autour du tronc, fourmillements dans les membres inférieurs, diminution du tact, persistance de la sensibilité à la douleur, à la température, à la pression musculaire. Ces symptômes qui avaient commencé en 1858, allèrent croissant, et en 1863 les membres supérieurs étaient envahis, mais dans une moindre mesure.

En 1864 il y avait déjà un commencement d'atrophie, des escharres au sacrum, une faiblesse excessive, quand le malade fut pris tout-à-coup le 20 février d'une perte de connaissance, avec agitation convulsive des membres supérieurs, hypéresthésie générale, mouvements réflexes exagérés.

A dater de cette époque, l'affaissement devint extrême, l'intelligence est conservée, mais les idées sont lentement exprimées. L'œil droit est parfois légèrement dévié en dedans, il y a moins de netteté de la vue de ce côté, la conjonctive de l'œil droit a de la tendance à se tuméfier, est violâtre, molle.

Le 18 mars, accès comuteux pendant lequel les mêmes phénomènes oculo-pupillaires se montrent, et depuis affaiblissement de l'intelligence. Le côté droit de la face est rouge excorié, la conjonctive droite est mollasse, boursouflée.

A l'autopsie, le 11 avril, on trouve une conjestion des enveloppes du cerveau, une opacité de l'arachnoïde, des plaques athéromateuses dans les artères cérébrales, et les traces d'un ancien foyer hémorrhagique en dehors du corps genouillé externe de la couche optique.

La moëlle épinière présente l'altération ordinaire de ses faisceaux et de ses racines postérieurs.

Le ganglion cervical du grand sympathique est plus dur, plus résistant qu'à l'état normal, et d'un blanc jaune particulier. Toutefois l'examen microscopique ne montre entre celui-ci et un ganglion sain aucune différence.

Le filet de communication du grand sympathique était comme tendineux, ses fibres nerveuses avaient presque complètement disparu, et étaient remplacées par un tissu laminaire.

(*Paul Donezan*. Gazette hebdomadaire, 6 *mai* 1864).

La destruction atrophique du filet cervical du sympathique est-elle indispensable pour produire les phénomènes oculo-pupillaires ? Je ne le crois pas, et je pense au contraire avec M. Duchenne qu'il suffit le plus souvent d'un trouble fonctionnel apporté dans cette portion nerveuse.

Mais comment expliquer la dilatation momentanée et subite de la pupille pendant les crises douloureuses ? Cette dilatation me paraît complètement impossible si le filet cervical sympathique est entièrement atrophié ; elle ne se comprend que si les tubes nerveux qui le composent sont intacts en partie ou en totalité. Il est indispensable pour bien me suivre de se reporter à quelques expériences physiologiques. On sait que si l'on vient à exciter un nerf sensitif quelconque, depuis ceux des orteils jusqu'à ceux de la tête, il se produit immédiatement un mouvement réflexe sur les deux yeux à la fois, qui se traduit par une dilatation de la pupille. L'excitation sensitive arrive aux nerfs oculo-pupillaires qui naissent des premières paires dorsales. Si on coupe ces racines la dilatation pupillaire n'a plus lieu; il en est de même après la section du filet cervical du sympathique. Il est donc évident que l'atrophie complète de ces deux parties ne peut être accompagnée de la dilatation pupillaire.

Mais d'autres circonstances autres qu'une excitation périphérique peuvent dilater la pupille. Tout mouvement bien prononcé soit d'inspiration soit d'expiration amène ce résultat. La contraction du biceps brachial, du triceps sural, du droit interne s'accompagne du même phénomène (1).

En appliquant ces données à l'ataxie progressive peut-on admettre que les crises douloureuses, en augmentant le pouvoir réflexe, produisent la dilatation de la pupille, ou bien que les contractions instinctives qu'engendrent les douleurs amène ce résultat ? J'admets volontiers cette double explication.

Revenons un instant sur les lésions du grand sympathique. Sont-elles primitives ? M. Duchenne tend à le penser, et il voit là une action *neuro-paralytique* qui entraînerait à sa suite l'atrophie des faisceaux postérieurs.

1 Vigouroux, — *De l'influence des mouvements respiratoires sur ceux de l'iris.* — Académie des Sciences, séance du 28 septembre 1863.

Je ne saurais partager cette manière de voir. Les lésions du sympathique sont loin d'être constantes. Friedreich qui les a cherchées, dans des cas où les faisceaux postérieurs étaient atrophiés, ne les a pas trouvées; de plus les phénomènes oculo-pupillaires ne surviennent que longtemps après l'établissement de la maladie, ce qui me fait admettre que les troubles du sympathique sont consécutifs, et ses lésions aussi. Je n'irai pas jusqu'à rechercher quelle influence la dégénérescence des faisceaux postérieurs peut avoir sur cette atrophie, et à agiter ici le problème de l'indépendance du sympathique ou de sa subordination à la moëlle épinière. Ce que je constaterai seulement, c'est que la moëlle a une action indirecte sur le système nerveux végétatif, et pour me limiter à mon sujet, que certaines portions de l'axe spinal influencent le sympathique cervical, ou du moins les phénomènes oculo-pupillaires. J'ai nommé la région *cilio-spinale.*

Budge et Waller ont désigné sous ce nom une zône de moëlle étendue entre la première vertèbre cervicale et la sixième dorsale inclusivement. L'excitation de toute cette région donne lieu à la dilatation de la pupille. Ce phénomène a son maximum quand on agit au niveau des deuxième et troisième vertèbres dorsales; lorsque la région cilio-spinale est coupée transversalement à différentes hauteurs, toute partie séparée de son centre placée au niveau des deuxième et troisième vertèbres dorsales, a perdu toute son influence sur la pupille, tandis qu'au contraire toute partie en connexion avec ce centre continue d'exercer son action.

Que conclure de ces diverses expériences ? que le siége des mouvements pupillaires réside dans le filet ascendant du sympathique, dans les premières racines dorsales, ou bien au contraire dans la région de la moëlle qui leur donne naissance et qu'on a appelée cilio-spinale ? Nous pensons avec M. le professeur Longet que *cette région influence l'état des pupilles par l'intermédiaire du filet cervical*; et cette explication concorde avec les données fournies par l'anatomie pathologique. Nous verrons en effet plus loin que presque toujours la maladie occupe la région dorsale de la moëlle et très-souvent la brachiale, ou du moins une partie de cette région. Les couches postérieures superficielles sont surtout atrophiées, et c'est sur elle précisément qu'on agit dans l'expérience de Budge et Waller. Je pense donc que si le sympathique vient à s'altérer dans l'ataxie progressive, c'est dans ses régions centrales, dans ses origines médullaires, et que les altérations du sympathique périphérique sont secondaires.

Les phénomènes oculo-pupillaires s'expliqueraient dans cette hypothèse par une altération soit dynamique soit fonctionnelle du centre cilio-spinal; comme d'autres phénomènes qui dépendent de la sphère d'action du sympathique sont produits par d'autres centres médullaires.

Enfin reste une dernière hypothèse possible. Le trijumeau ne serait-il pour rien dans la production des phénomènes oculo-pupillaires? Budge et Waller ont prétendu (1) que les fibres motrices du sympathique passent par le ganglion de Gasser, que si on coupe le filet cervical avant d'arriver à ce ganglion, les phénomènes pupillaires se montrent toujours, mais qu'ils cessent dès que la section a dépassé cette limite. Nous savons d'un autre côté que le trijumeau a une action puissante sur la nutrition de l'œil, et que la section de ce nerf entraîne la rougeur, l'inflammation et enfin la destruction du globe oculaire. En rapprochant le résultat de ces deux expériences, est-il permis de voir dans le trijumeau une cause des phénomèmes oculo-pupillaires. Rien ne le prouve. Les phénomènes présentent des différences et d'ailleurs le trijumeau est rarement compromis. Si j'ai soulevé et discuté cette hypothèse, c'est pour la repousser par anticipation.

Quelle est la valeur des phénomènes oculo-pupillaires? sont-ils propres à l'ataxie? Nous savons déjà qu'il n'en est rien. Ils existent à leur summum dans la maladie de Basedow, et là franchement leur allure, comme ultérieurement l'anatomie pathologique l'a confirmé, indique une lésion du sympathique. Ils peuvent exister dans l'atrophie musculaire. M. Voisin, il n'y a pas longtemps, a rapporté l'observation d'un homme qui était atteint de

1 Comptes-rendus de l'Académie des Sciences de Paris. (Séance du 20 octobre 1851.)

cette maladie, et chez qui survinrent un rétrécissement de la pupille, et un aplatissement de la cornée. Il y a tout lieu de croire que dans ce cas les phénomènes oculo-pupillaires reconnaissaient pour cause une atrophie des racines antérieures cervicales.

Je crois que dans beaucoup de myélites, surtout des parties supérieures du cordon rachidien on trouverait aussi ces phénomènes.

Symptômes divers.

A côté des phénomènes oculaires se placent natnrellement les troubles fonctionnels observés du côté d'autres nerfs crâniens.

Cinquième paire. La paralysie de la cinquième paire a été signalée par M. Trousseau et par MM. Charcot et Vulpian. On la trouve mentionnée quatre ou cinq fois. Elle se manifeste par une insensibilité de la muqueuse qui tapisse l'intérieur de la cavité buccale, de la peau de la face, par le nasonnement, l'insensibilité de la conjonctive, etc.

M. Trousseau a noté l'anesthésie des dents.

La paralysie de la *septième paire* a été observée une fois par M. Duchenne.

La paralysie de l'*hypoglosse* se retrouve six fois dans les observations de Friedreich, ordinairement incomplète, ne s'accompagnant pas de déviation de la langue, mais de tremblement de cet organe ; chez une malade elle fut complète, mais pendant un temps fort court seulement. M. Trousseau a aussi mentionné une paralysie passagère de la langue chez un malade qui avait eu au début des accidents une hémiplégie transitoire. M. Teissier (de Lyon), l'a signalée aussi d'une manière explicite, et nous-même dans l'observation XXIX.

Spermatorrhée. — Les pertes séminales nocturnes ou diurnes précèdent quelquefois l'ataxie progressive, comme elles précèdent les paraplégies du mouvement. Mais souvent elles n'amènent qu'un affaiblissement du système musculaire et des symptômes de nervosisme qui n'ont rien de commun avec l'ataxie progressive. Nous avons essayé de montrer dans le chapitre Ier comment on en était venu à confondre ces deux maladies, et comment peu à peu on les avait séparées. Il est cependant difficile au début de se prononcer et de deviner ce que l'avenir cache derrière lui. Nous donnerons plus tard deux observations empruntées à Lallemand, dans lesquelles les pertes séminales s'accompagnèrent de quelques symptômes remarquables du côté des extrémités inférieures. (1). Quand l'ataxie progressive est confirmée, la spermatorrhée est beaucoup plus rare ; il est impossible dès-lors de se méprendre sur sa signification.

Parmi les symptômes qu'on rencontre fréquemment dans l'ataxie progressive, je citerai *l'incontinence et la rétention d'urine*, *la constipation*, ou bien au contraire, *l'incontinence des matières fécales*. La constipation est fréquente au début. Elle s'explique soit par le défaut de sensibilité de la muqueuse intestinale, et la diminution des mouvements réflexes qui font cheminer le bol fécal, soit par une paralysie véritable des nerfs qui se rendent à l'intestin.

A la fin de la maladie on observe au contraire l'incontinence d'urine et des matières fécales.

On a signalé d'autres troubles intestinaux ; l'embarras gastrique, la dyspepsie, la diarrhée ; les vomissements sont exceptionnels (obs. XXVI, XXXII, XXXIV, LVIII).

La nutrition ne parait pas influencée directement par la maladie. Beaucoup de malades meurent avec des masses musculaires fortement développées. On peut dire cependant que dans la moitié des cas environ ils sont amaigris, circonstance qui s'explique par l'inaction des masses musculaires, et les causes déprimantes qui entourent la maladie. A côté de l'amaigrissement nous signalerons l'*atrophie musculaire*, qui n'a jamais été rencontrée par M. Duchenne (de Boulogne); mais d'autres auteurs, parmi lesquels nous citerons M. Cruveilhier, Duménil, Friedberg, Charcot, Leyden, Friedreich, etc., l'ont observée. Elle diffère par sa marche et ses caractères de l'atrophie musculaire progressive, et suit ordinairement une mar-

1 Au chapitre du diagnostic différentiel.

che ascendante. On l'a rencontrée le plus souvent aux pieds et aux jambes, deux fois dans les muscles du dos, et même à la nuque.

On voit fréquemment dans les derniers temps des *escharres* au sacrum, au grand trochanter, etc.

Suivant Eisemmann par suite de la durée de la maladie l'alimentation *du sang* souffre. Les globules et la fibrine diminuent, et le sang devient pâle et fluide (p. 126.)

Sécrétions. Les sécrétions ont été peu étudiées. La sueur cependant est souvent supprimée, soit comme symptôme primordial (obs. LIII), soit et plus rarement à la fin de la maladie, alors que la peau devient sèche et terreuse.

La diarrhée peut être due dans certains cas à une exagération des sécrétions intestinales. Le vomissement dans l'observation XXVI a été mis sur le compte d'une sécrétion exagérée de l'estomac. Il n'y a rien d'étonnant qu'il en soit ainsi. A l'autopsie on trouve quelquefois le tube intestinal et l'estomac injectés, le foie hypérhémié, ou ayant subi une transformation graisseuse (Charcot), cirrheuse (Oulmont); et ces lésions doivent retentir sur les fonctions de ces organes.

Les mêmes réflexions s'appliquent à la vessie et aux reins. Les urines sont fréquemment troubles et chargées à la fin de la maladie; des mucosités nuageuses surnagent à la surface du liquide, et quelquefois il y a surabondance de phosphate et d'oxalate de chaux, ainsi que l'a constaté Eisenmann, (voir p. 117). Cet auteur a trouvé du sucre chez un jeune homme qui était atteint d'une paraplégie ataxique, puis il a cherché inutilement ce produit chez deux autres malades. M. Duchenne a fait examiner aussi par M. Mialhe les urines d'une ataxique; elles ne contenaient pas de sucre. Chez un malade de Remak la méliturie coïncidait avec l'ataxie.

Eisenmann n'a pas trouvé non plus d'albumine. Dans l'observation LXII on rencontra à la fin de la maladie des traces de ce produit dans les urines.

Ces faits, on le voit, constituent encore des exceptions; et cependant le plancher du quatrième ventricule est fréquemment le siége d'une congestion prononcée. Faut-il penser que ce degré d'altération est insuffisant pour influencer la sécrétion urinaire ?

Dans l'observation XXVI on vit au début du mal une sialorrhée abondante, puis un diabète insipide, et cet état se jugea par des sueurs profuses.

En résumé, les urines sont souvent ammoniacales, comme dans la myélite ; et cette qualité est la cause comme la conséquence de la *cystite*, du *catarrhe vésical*, qui surviennent dans l'ataxie progressive.

La *sécrétion spermatique* n'a pas été étudiée. L'absence ou la rareté des spermatozoaires, en privant les organes génitaux de ces excitations intimes que ces petits êtres peuvent exercer par leurs mouvements dans l'intérieur des réservoirs qui les engendrent et qui les recueillent, ne pourrait-elle pas produire l'inappétence sexuelle ?

Parmi les sécrétions, il en est quelques-unes comme les sécrétions bronchiques, qui sont assez souvent exagérées, mais cela tient à des complications pulmonaires : *catarrhe*, *bronchite*, *tuberculisation*.

A côté des troubles profonds de l'innervation et des mouvements, il est remarquable de voir les grandes fonctions s'accomplir avec régularité. Les *facultés intellectuelles* demeurent intactes jusqu'au dernier moment ; à moins de quelques complications, comme la démence, la folie paralytique, etc., faits dont nous aurons à nous occuper plus tard.

La *respiration* s'exécute aussi en liberté : je ne parle pas de la gêne momentanée qui survient dans les fonctions respiratoires par suite des douleurs en ceinture ou thoraciques. L'ataxie ne s'est jamais propagée aux muscles qui concourent à cette importante fonction, et qui sont d'aileurs plus ou moins complètement soustraits aux ordres de la volonté. Je ne parle pas non plus de ces maladies intercurrentes qui peuvent frapper le poumon, la pneunonie, la pleurésie, et qui interviennent au même titre que le typhus, la variole, qui atteignent dans les hôpitaux les malheureux ataxiques. Mais un fait plus important est la coïncidence de la *phthisie pulmonaire*. Ce fait, sur lequel MM. Charcot et Vulpian ont attiré l'attention, se trouve mentionné dans plus de dix observations.

Je signalerais à côté de ce fait la déviation de la colonne vertébrale cinq fois mentionnée par Friedreich.

La *circulation* n'est nullement influencée; à part les palpitations nerveuses, apanage de quelques femmes hystériques, qui sur la fin de leurs jours deviennent ataxiques, à part quelques lésions valvulaires qui troublent le jeu du cœur et qui sont une des suites de rhumatisme, si fréquent parmi les causes de la maladie, la circulation s'exécute en liberté. Il n'y a jamais de fièvre dans l'ataxie progressive, à moins qu'une maladie intercurrente ou secondaire ne vienne l'allumer.

Suivant Eisenmann la chaleur diminue, c'est une conséquence des troubles de la nutrition. Les ataxiques sont sensibles au froid, ils éprouvent des frissons sans chaleur. La température dans une période avancée est visiblement diminuée. Nous avons fréquemment observé chez nos malades une sensation subjective de froid dans les extrémités inférieures surtout et une tendance au refroidissement (obs. VIII, XXIX, XXX). Nos observations concordent donc avec celles d'Eisenmann, seulement nous ne croyons pas comme lui que la production de la chaleur ait diminué par suite d'un trouble de la nutrition. Cet abaissement de température tient peut-être à un vice de la circulation capillaire, et dépend avant tout de l'inaction des malades, de l'allanguissement général du corps.

Chapitre V.

DE L'ANATOMIE PATHOLOGIQUE.

Nous ne sommes plus à l'époque où l'ataxie progressive n'avait pas reçu la consécration de l'anatomie pathologique, où elle attendait encore des autopsies pour se constituer définitivement en France, comme au moment où M. le professeur Trousseau commentait le fait encore nouveau de M. Bourdon. Depuis lors la question a changé de face : de nombreuses observations ont été trouvées ou retrouvées en France et à l'étranger, et elles ont fait entrer la maladie qui nous occupe dans une phase nouvelle. Ces faits n'ont pas tous la même valeur ni la même signification. Les uns sont des exemples parfaitement concluants d'ataxie progressive, et les lésions y existent à l'état de simplicité : ils sont presque tous postérieurs au mémoire de M. Duchenne (de Boulogne). Les autres en nombre à peu près égal, sont plus anciens; ils ont trait à des maladies dont la physionomie n'est pas toujours bien retracée, où l'ataxie domine cependant dissimulée sous des noms divers; où quelquefois des symptômes de paralysie donnent à la maladie une allure complexe. Dans d'autres cas l'ataxie progressive s'est compliquée de manifestations cérébrales concomitantes, d'atrophie musculaire générale, de paralysie générale, etc. En présence de ces variétés, j'ai cru indispensable d'introduire des divisions dans le sujet, et au lieu de ne chercher que le point de rapprochement de ces diverses observations, de mettre en relief au contraire leurs différences, afin de mieux montrer les aspects nombreux que l'ataxie progressive peut revêtir. Les travaux qui ont paru jusqu'à ce jour ont assez familiarisé les esprits avec la forme ordinaire de la maladie ; signaler les formes complexes, difficiles, me paraît au moins aussi utile. Je n'ai pas la prétention de trancher ici toutes les difficultés, mais seulement le désir de signaler les plus importantes.

Les observations sur lesquelles sont basées mes recherches sont au nombre de soixante. — Je connais trop les obstacles qu'on éprouve en province dans les recherches bibliographiques, pour ne pas avouer que si les circonstances m'avaient mieux servi, j'aurai pu encore en élever le chiffre. Mais tel qu'il est il me paraît suffisant pour en déduire quelques conclusions rigoureuses.

Dans ce chapitre j'étudierai sourtout l'anatomie pathologique dans ses rapports avec les formes de la maladie et les symptômes.

Six observations appartiennent à la forme dorso-lombaire :

Six à la forme commune,

Trois à la forme commune avec atrophie musculaire (non progressive),

Six à la forme cérébrale.

Je rejetterai à la fin du chapitre une huitaine d'observations que je puis appeler incomplètes ; c'est-à-dire qui, avec une symptomatologie incomplète présentent cependant les lésions ordinaires de l'ataxie progressive.

Neuf autres observations seront rapportées au chapitre des complications ; neuf aussi à propos de la physiologie ; enfin quelques autres se trouvent disséminées dans le courant de cet ouvrage soit à propos de la nature de la maladie, soit au sujet de la forme aiguë (1).

Il est bien entendu que je ne parle que des faits qui ont été considérés avant moi comme des exemples d'ataxie progressive, et nullement de ceux qui peuvent intervenir

1 Les observations de Turck ont été données en résumé au commencement de ce livre, voir chap. I.

à un titre quelconque pour les besoins de la démonstration. D'ailleurs, autant que possible, j'ai été sobre de ce moyen de description.

Dès le principe j'ai dû me demander si l'ataxie progressive ne peut pas exister sans lésions anatomiques. Deux faits sembleraient autoriser jusqu'à aujourd'hui une réponse affirmative. Sans empiéter sur ce que j'aurai à dire plus tard sur la forme nerveuse de la maladie, je vais en donner un abrégé :

OBSERVATION XLIII.

Demay (Victor), artiste peintre, 28 ans, présentait en mai 1858 tous les symptômes de l'ataxie locomotrice arrivée au commencement de la troisième période : paralysie double mais incomplète des sixièmes paires, douleurs térébrantes et fulgurantes caractéristiques, revenant surtout la nuit; intégrité de la force musculaire contrastant avec la perte complète des mouvements des membres inférieurs, ce qui rendait la station et la marche impossibles, même quand il s'aidait de la vue; fourmillements et engourdissements des deux derniers doigts de chaque main datant seulement de quelques mois; sensibilité considérablement diminuée à la plante des pieds et aux jambes; contractilité électro-musculaire intacte. L'ataxie locomotrice datait de deux ans, et avait suivi sa marche habituelle. La cause apparente était une affection syphilitique contractée en 1849 et qui avait été traitée par le proto-iodure de mercure et le sublimé.

Le malade succomba en 1858 dans le service de M. Nonat, à une affection intercurrente.

L'encéphale et la moëlle épinière, examinés avec le plus grand soin, n'ont présenté aucune lésion anatomique appréciable.

Duchenne, de Boulogne. Loc. cit. Obs. XVII.

Un fait analogue a été publié par M. Pihan-Dufeuillay dans un journal de médecine de Nantes. La moëlle dans ce cas n'a été examinée que jusqu'au niveau de la première vertèbre dorsale.

(Cité par M. Edwards, p. 45.)

Le premier de ces faits a été produit par M. Duchenne (de Boulogne), à l'époque où ce savant médecin présumait que les lésions anatomiques de la maladie qu'il venait de rajeunir avaient leur siége dans le cervelet. Quoiqu'il ait parfaitement spécifié que la moëlle était saine, il est à craindre que l'examen n'ait pas surtout porté sur elle. D'ailleurs (et ce qui est plus capital), l'examen microscopique de ce dernier organe a été négligé, et nous verrons plus tard combien il est indispensable pour reconnaître les lésions élémentaires de la maladie, et comment, avec une apparence d'intégrité, on découvre souvent par les instruments grossissants des lésions de structure inappréciables à nos sens seuls.

L'autre fait est passible de la même objection. La moëlle a été examinée seulement à l'œil nu, et dans la région cervicale ; et tout le monde sait aujourd'hui que c'est à la région lombaire que la dégénérescence prend naissance, et qu'elle est presque toujours à son apogée.

Je répéterai donc avec tout le monde que ces deux faits ne prouvent pas suffisamment que l'ataxie progressive puisse exister sans lésions anatomiques. D'ailleurs le prouveraient-ils, qu'ils ne pourraient pas aller à l'encontre des faits positifs que nous allons exposer.

DE L'ANATOMIE PATHOLOGIQUE DANS LES DIVERSES FORMES DE LA MALADIE.

1° Dans la Forme dorso-lombaire.

Les six observations qui suivent suffiront pour montrer la nature et l'étendue des lésions anatomiques dans cette forme.

Dans toutes l'incoordination occupait les extrémités inférieures, les symptômes morbides ne dépassaient pas le thorax, et n'occupaient dans aucun cas les membres supérieurs.

Dans deux cas il n'y a pas eu de phénomènes oculaires (obs. XLVI, XLVII) ; dans un seulement une diplopie passagère (obs. XLVIII), dans trois autres des symptômes persistants d'amaurose ou de paralysie des muscles de l'œil (obs. XLIV, XLV, XLIX). Dans ces cas on trouva une atrophie prononcée des nerfs optiques et dans les observations XLIV et XLIX des nerfs moteurs de l'œil.

Quatre fois les lésions anatomiques étaient très-prononcées dans les faisceaux et les racines postérieurs à la région lombaire et se propageaient jusqu'à l'extrémité la plus inférieure de la moëlle, elles diminuaient ensuite d'intensité à la région dorsale, s'arrêtaient là (obs. XLVI), remontaient (obs. XLIV, XLV, XLVIII) en s'effilant à la région cervicale où elles se bornaient aux faisceaux grêles postérieurs. Dans ces trois observations la maladie avait disseminé ses vertiges dans des points plus élevés; sur le bulbe, sur la protubérance et les couches optiques on retrouvait de l'injection, des taches ardoisées et même des taches ulcéreuses (obs. XLIII).

Dans deux observations la substance grise était saine, dans une, altérée (obs. XLIV), dans trois elle n'était pas mentionnée (obs. XLVI, XLVI, XLIX).

Dans l'observation XLVII l'altération des faisceaux occupait la fin de la région dorsale. Il n'est pas fait mention des racines postérieures. L'ataxie se rapproche un peu de la paraplégie, comme d'ailleurs dans les observations XLVIII et XLIX, où la force musculaire était aussi notablement affaiblie. Ces deux observations sont sur la limite qui sépare l'ataxie progressive vraie de la paraplégie.

OBSERVATION XLIV.

Ataxie locomotrice progressive localisée aux membres inférieurs et datant de six ans. — Défaut de coordination des mouvements avec conservation de la force musculaire. — Paralysie de la troisième paire. Impuissance, intégrité de la sensibilité. — Dégénérescence des faisceaux postérieurs de la moëlle épinière (1).

M. W...., âgé de 38 ans, homme de lettres, a mené une vie agitée, il a éprouvé des émotions pénibles et de véritables chagrins, il s'adonnait à l'absinthe. Vers l'âge de 25 ans, il a eu pendant deux ans des attaques d'*épilepsie*.

Depuis six ans la maladie actuelle a débuté. Les premiers phénomènes ont été une incertitude dans les mouvements des jambes, une simple roideur en marchant, puis une certaine difficulté pour monter, mais surtout

1 Bourdon (*Archives générales de médecine*, 9 novembre 1861.)

pour descendre les escaliers, difficulté que n'arrivait pas à maîtriser la volonté la plus énergique.

Il y a 18 mois, il est survenu de l'affaiblissement de la vue et par instants de la diplopie; depuis six mois une légère incontinence d'urine, accompagnée d'une faiblesse notable des fonctions génitales.

Depuis la même époque douleurs à la nuque s'étendant jusqu'aux épaules, s'exaspérant dans la station debout ou assise; cette souffrance a cessé depuis quelque temps.

A son entrée on constate du côté gauche une paralysie de la troisième paire, chûte de la paupière supérieure, diplopie, et de plus un léger degré de myopie.

Les membres supérieurs et le tronc ne sont le siége d'aucun trouble soit de la sensibilité soit de la myotilité.

La marche est excessivement difficile et pénible. Les mouvements des membres pelviens sont roides et très-irréguliers. Ces troubles ataxiques augmentent beaucoup pendant la nuit ou quand le malade ferme les yeux. Mais même en s'aidant de la vue, il n'est pas maître de ses mouvements.

Les muscles ont conservé toute leur force de contractilité et de plus le sentiment de leur contraction et des pressions exercées sur eux.

La sensibilité tactile et la sensibilité à la douleur sont parfaitement conservées aux membres inférieurs, à la plante du pied même.

Depuis un mois impuissance complète. Jamais de douleurs térébrantes et fulgurantes — pas de spermatorrhée antérieure.

Diarrhée intercurrente. Mort.

Autopsie. Le cerveau et ses enveloppes ne présentent rien d'anormal, si ce n'est une légère congestion des couches optiques et des corps striés et une décoloration du noyau jaune.

Le cervelet ne présente qu'un peu de congestion.

Isthme. Vascularisation insolite du tubercule quadrijumeau supérieur du côté gauche, congestion prononcée de la substance grise qui correspond aux prolongements des faisceaux postérieurs de la moëlle, de la substance grise, de la protubérance, du locus niger, de l'olive supérieure, de l'accessoire du locus, du bulbe.

Moëlle épinière. La dure-mère est vascularisée, et comme œdématiée par points, surtout au niveau des faisceaux postérieurs et du tiers inférieur de la moëlle, elle est fortement vascularisée, jaunâtre et adhérente.

Les faisceaux postérieurs sont vitreux, transparents, à coloration jaune ambrée par places, et jaune rougeâtre en d'autres points. Leur consistance est moindre, ils ne sont pas rompus dans leur continuité.

La dégénérescence a son maximum à la région lombaire, mais elle se propage à la région dorsale, n'occupant exactement que l'espace compris entre les cornes postérieures et disparaissant en s'atténuant à la région brachiale.

Les tubes nerveux qui constituent ces faisceaux ont subi une transformation particulière. La plupart ont disparu, ou du moins on ne retrouve plus que leurs gaines vides dont les parois sont adossées les unes contre les autres. Sur d'autres les cylindres d'axe étaient raboteux et d'une nuance jaune ambrée. Les capillaires étaient très-abondants au milieu des éléments nerveux.

Les faisceaux latéraux étaient parfaitement conservés, sauf une coloration jaune superficielle.

Les faisceaux antérieurs à la région lombaire, étaient moins épais et moins fermes que normalement, leur coloration était normale et complètement différente de celle des faisceaux postérieurs.

Substance grise. A la région lombaire et dans le quart inférieur de la moëlle, cette substance avait perdu sa consistance dans sa partie centrale surtout. Les fibres qui la constituent étaient toutes plus ou moins rompues par places;dans certaines portions quelques fibres pouvaient néanmoins être suivies; en ces endroits la forme des cornes antérieures et des cornes postérieures était encore parfaitement reconnaissable. On pouvait constater que dans ces parties dégénérées, les cellules nerveuses n'avaient pas toutes disparu; on en a rencontré encore un certain nombre munies de leurs prolongements, mais la plupart d'entr'elles , soit celles des cornes antérieures , soit celles des cornes postérieures, de la substance gélatineuse de Rolando, soit celles des régions intermédiaires, étaient ratatinées, déchiquetées sur leurs bords : elles étaient en période d'involution.

Les ganglions des racines postérieures de la région lombaire étaient augmentés de volume et fortement vascularisés. Les corpuscules ganglionnaires étaient les uns ratatinés, déchiquetés sur leurs bords, d'autres volumineux, pâles, presque sphériques et rappelant un peu l'aspect des vésicules adipeuses; ils contenaient de nombreuses granulations pigmentaires.

Racines. Les nerfs de la queue de cheval étaient aplatis , comme macérés, grisâtres et transparents. Les tubes nerveux qui les constituent avaient subi la même dégénérescence que les faisceaux postérieurs. Cette lésion des racines occupait surtout la région lombaire et disparaissait presque entièrement à la région dorsale.

Les racines antérieures à la région lombaire étaient moins altérées, moins fermes, transparentes, d'aspect grisâtre. Les tubes nerveux étaient atrophiés.

Les moteurs oculaires communs, les moteurs externes étaient atrophiés. Les parois des tubes étaient revenues sur elles-mêmes; dans quelques-uns, le contenu (cylindre et substance grasse interposée) était complétement résorbé.

OBSERVATION XLV.

Ataxie locomotrice progressive limitée aux membres inférieurs. — Amaurose. — Phthisie. — Atrophie des racines et des faisceaux postérieurs à la région dorso-lombaire, de la papille, des nerfs et des bandelettes optiques.

P... 42 ans, d'un tempérament faible, d'une constitution lymphatique. La mère a succombé à une deuxième attaque d'hémiplégie — Syphilis antérieure; menstruation ordinairement irrégulière.

En 1849, elle contracta dans une habitation humide des douleurs vives, irrégulières, s'irradiant dans le dos et dans le sein gauche. A cette époque, chagrins, fatigues excessives. En même temps affaiblissement de la vue, lequel disparut au bout de deux mois de durée.

En 1851 les troubles de la vision reparurent plus intenses. La malade voyait dans les premiers temps les objets colorés en vert, en jaune. Les deux yeux étaient complètement amaurotiques en 1855.

En 1857, elle éprouva des douleurs intercostales, des accès de cardialgie, et parfois des lipothymies.

En 1860, elle s'aperçut d'une faiblesse et d'une légèreté particulières dans les jambes, en même temps d'un sentiment de froid et d'engourdissement. Peu après la marche devint difficile; ses jambes, surtout la gauche, se projetaient en dedans sans ordre. Après une attaque de rhumatisme qui survint à cette époque, elle sentit dans les jambes des fourmillements qui laissèrent après eux une paralysie complète des extrémités. Mais au bout de deux mois la malade pouvait se traîner de lit en lit.

En janvier 1862, elle était dans l'état suivant amaigrissement extrême des membres inférieurs; strabisme divergent, surtout à gauche. Cécité complète, atrophie papillaire constatée à l'ohpthalmoscope. Phthisie pulmonaire.

Mouvements. — La malade ne peut faire exécuter à ses membres inférieurs aucun mouvement d'ensemble. La force musculaire est en partie conservée. Dans son lit, elle exécute avec force et dans la direction indiquée les mouvements qu'on lui commande, mais d'une manière saccadée, en plusieurs temps, pour ainsi dire, sans précision et sans mesure.

La malade ne peut se tenir debout, essaie-t-elle de marcher soutenue par des aides? Toute coordination même imparfaite est complètement impossible.

Mouvements convulsifs spontanés et crampes dans le lit.

Sensibilité générale, à la douleur, au froid, à la chaleur, augmentée; fourmillements, froid, soubresauts dans les membres inférieurs, et sentiment de fatigue à la suite des moindres mouvements.

Morte de phthisie le 7 avril 1862.

Autopsie. — Foie gras, volumineux; vessie épaisse, injectée; poumons tuberculeux.

Adhérences de la pie-mère rachidienne en arrière; elle contient de petites plaques cartilagineuses. Coloration grise des faisceaux postérieurs. On aperçoit de chaque côté du point d'implantation des racines une bande grise qui disparaît au niveau du bec du calamus scriptorius, et qui se prolonge en bas d'une façon plus ou moins distincte jusqu'à la partie inférieure du renflement lombaire. La teinte grise des faisceaux postérieurs commence au niveau du renflement cervical et occupe toute la partie sous-jacente, elle augmente en étendue à mesure qu'on approche des régions inférieures.

Par des coupes successives on aperçoit que la coloration grise occupe tous les faisceaux postérieurs, pénètre dans toute leur épaisseur, dans certains points jusqu'à la commissure et latéralement jusque dans la profondeur des cornes postérieures. Elle est traversée par des stries blanches qui pénètrent jusqu'à la commissure.

Les faisceaux latéraux, antérieurs, et les racines antérieures ont leur aspect normal.

Les racines postérieures saines à la région cervicale sont grisâtres, altérées dans le reste de la moëlle et principalement à la région dorsale, où elles sont très-grèles; on aperçoit cependant dans leur intérieur quelques filets blancs qui indiquent des parties saines.

L'examen microscopique a vérifié l'intégrité des faisceaux antéro-latéraux. Aucune altération dans la substance grise; il y avait seulement quelques corps amyloïdes dans les préparations des cornes postérieures.

Dans les faisceaux malades on trouve une hyperplasie du tissu conjonctif; des tubes sains en petite quantité; des stries blanches ramifiées qui sont des vaisseaux chargés de graisse; des corps granuleux; et une très-grande quantité de corps amyloïdes.

Les racines postérieures sont peu riches en éléments nerveux.

Au milieu des tubes nerveux variqueux ou accolés, on en trouve un grand nombre ténus (de 4 à 8 mill. de mill.) qui ont la plus grande ressemblance avec les tubes nerveux de nouvelle formation qui se montrent dans les parties périphériques des nerfs que l'on a coupés transversalement. Ce sont des tubes en période de réparation.

Les nerfs et les bandelettes optiques sont atrophiés grisâtres et ne contiennent aucun tube nerveux sain. On ne trouve dans ces parties qu'un tissu fibrillaire parsemé de granulations graisseuses transparentes, et de fines granulations jaunâtres d'origine probablement hématique.

Le cerveau, le cervelet, le bulbe, la protubérance, les pédoncules cérébraux n'ont rien présenté d'anormal.

La papille est atrophiée et altérée histologiquement. La rétine est privés de tubes nerveux.

Charcot et Vulpian, (Gaz. hebdomad. *Loc. cit.*)

Arrêtons-nous un instant pour examiner la concordance

qui existe entre les lésions et les symptômes. Dans ces deux cas l'incoordination n'existait qu'aux extrémités inférieures, et l'altération occupait seulement la région dorso-lombaire de la moëlle, et s'arrêtait graduellement, en suivant une marche ascendante, à la région brachiale. D'un autre côté les symptômes oculaires s'expliquent suffisamment par les changements profonds survenus dans les nerfs de l'œil. Dans l'observation XLV l'amaurose complète se trouve expliquée par l'atrophie de la papille, la disparition des tubes nerveux de la rétine et des nerfs optiques. Ce qui surprend, c'est qu'avec une dégénérescence avancée du pathétique, des moteurs oculaires externes, et surtout des moteurs communs le malade de l'observation XLIV n'ait présenté qu'un peu de myopie et une paralysie de la troisième paire du côté gauche. Evidemment on ne dira pas ici que les troubles fonctionnels ont précédé les lésions. Nous faisons cette remarque en présence de la propagation commençante du mal à la région brachiale dans l'observation LXIV; dans l'autre cas, il existait aussi une coloration grise jusque sur les côtés du calamus scriptorius, coloration superficielle il est vrai, comme l'était tout-à-l'heure l'injection, mais qui n'annonce pas moins une modification commençante, et tout cela sans aucune manifestation des membres thoraciques. De même nous trouvons quelques changements dans les faisceaux antérieurs, dans les cornes grises antérieures, sans autre altération de la motricité que l'incoordination.

Ces remarques prouvent que des lésions appréciables peuvent exister sans modification morbide sensible et répondent dès à présent à ceux qui peuvent soutenir encore que l'ataxie progressive est une névrose. Singulière névrose en effet où les lésions devanceraient les symptômes !

Quelle relation y a-t-il entre les lésions des nerfs de l'œil et celles des faisceaux postérieurs de la moëlle ? On ne peut soutenir dans le cas actuel que le mal se soit propagé par continuité, puisqu'on ne voit aucun trait d'union entre les extrêmes, tout au plus si le microscope démontre dans les régions intermédiaires, dans le bulbe, dans la protubérance, dans les tubercules quadrijumeaux, un peu d'hypérhémie. Ce n'est pas là évidemment une lésion de continuité. Le mal semble se propager au contraire de la périphérie au centre, aussi bien pour les nerfs de l'œil que pour les faisceaux postérieurs.

Les lésions oculaires sont-elles secondaires ? second problème non moins intéressant et non moins ardu que le premier. La physiologie et la clinique nous apprennent que les fonctions, bien qu'indépendantes le plus souvent, ont cependant les unes sur les autres une influence réciproque, et que les lésions d'organes isolés sont réunies quelquefois par les liens d'une inexplicable solidarité. Ainsi les lésions du quatrième ventricule amènent dans les fonctions du foie des troubles bien connus; ainsi certaines altérations des hémisphères cérébraux entraînent d'après Ludwig Turck une atrophie descendante des faisceaux antérieurs de la moëlle épinière. Peut-on présumer d'après ces faits que l'atrophie des faisceaux postérieurs, est suivie d'une atrophie secondaire des nerfs de l'œil ?

Il y a entre ces deux parties extrêmes de tels liens de sympathie qu'ils se suppléent jusqu'à un certain point dans leurs fonctions, les yeux corrigeant dans beaucoup de cas le désordre qui résulte d'une altération des faisceaux postérieurs. Ces liaisons fonctionnelles, qui n'ont échappé à personne, et dont l'ataxie progressive a fait ressortir la fréquence, comme les liaisons anatomiques, me donnent à penser que dans certains cas un mal qui agira sur une des extrémités de ce système, pourra retentir à l'extrémité opposée. Quand les fonctions sont ainsi solidaires les lésions ne doivent-elles pas l'être aussi ?

Si ces lésions oculaires sont secondaires, cette solidarité dont je viens de parler m'explique dans quelle mesure elles le sont. Elles sont contingentes et non pas nécessaires ; il se passe un fait analogue dans les altérations du cervelet. Mais nous ignorons complètement les motifs pour lesquels dans ces lésions comme dans celles des faisceaux postérieurs de la moëlle les troubles oculaires tantôt surviennent, tantôt font défaut.

M. Luys (obs. XLIV) explique l'atrophie des nerfs de l'œil

par la vascularisation insolite des tubercules quadrijumeaux supérieurs où ils prennent naissance. Cette simple hypérhémie peut-elle suffire pour amener une altération aussi étendue ? Quand on voit les symtômes oculaires tantôt précéder, tantôt suivre les phénomènes ataxiques, tantôt marcher parallèlement avec eux, on est tenté de se demander si les lésions ne se développent pas simultanément et de croire que lorsqu'il se fait une congestion des faisceaux postérieurs de la moëlle dans la première période de la maladie, les nerfs oculaires éprouvent aussi une congestion sympathique, soit par l'effet du rôle correcteur et supplémentaire qu'ils exercent, soit sous l'influence d'une cause plus élevée dont l'essence, il faut l'avouer, nous échappe encore. Plus tard, quand le mal a fait des progrès, cette congestion se change en véritable dégénérescence.

Les symptômes observés du côté des organes génito-urinaires et du petit bassin sont-ils plus fréquents dans cette forme de la maladie que dans les autres ? Je ne le pense pas et par la raison que la maladie commence très-souvent dans la partie inférieure de la moëlle. Cependant la région lombaire de cet organe parait avoir une influence directe sur la plupart de ces organes. Budge, il y a quelques années, a décrit dans la portion de la moëlle correspondant à la quatrième vertèbre lombaire un centre d'innervation qu'il a nommé *génito-spinal*, et qui serait la source des mouvements de la partie inférieure du canal intestinal, de ceux de la vessie, des canaux déférents, mouvements transmis à ces organes par le nerf sympathique lombaire. Il semble naturel d'admettre que c'est l'altération de ce centre qui entraîne les phénomènes morbides dont je parle en ce moment, mais le problème est beaucoup plus complexe qu'il le paraît au premier abord. Si les mouvements inconscients de l'intestin, de la vessie, des vésicules séminales, si les phénomènes de nutrition, de sécrétion, dont ces organes sont le siége dépendent du sympathique, il ne faut pas perdre de vue que la vessie a des mouvements volontaires dont le point de départ est plus élevé, et qui peuvent être atteints de paralysie motrice ou sensitive ; que l'érection reconnaît souvent pour cause une lésion de la région cervicale de la moëlle, etc.

Mais ce n'est pas ici le lieu de continuer ces considérations de physiologie. Ce que nous ferons remarquer seulement c'est que ces phénomènes sont tantôt passagers, présentant à ce point de vue quelque analogie avec les phénomènes oculaires, et alors il nous paraissent reconnaître pour cause une simple hypérhémie des organes où ils se produisent, tantôt ils sont persistants et ils sont engendrés par une altération matérielle et durable, soit dans les parties centrales de la moëlle soit dans les nerfs périphériques sensitif, moteurs, sympathiques, dont malheureusements l'étude est à peine ébauchée; mais je suis persuadé qu'une observation attentive découvrira des lésions palpables dans cette portion du système nerveux.

Il me resterait à étudier l'état de la sensibilité dans les faits précédents, et à montrer comment sa persistance peut être expliquée. Je reviendrai sur ce point dans un chapitre spécial.

OBSERVATION XLVI.

Ataxie progressive occupant les membres inférieurs, sensibilité peu altérée. — Pas d'autres troubles oculaires qu'un peu de diplopie.—Atrophie des faisceaux postérieurs prononcée à la région lombaire, altération partielle des racines correspondantes.

L..., 49 ans, entre à l'hospice de la Salpétrière le 18 novembre 1859. En 1848 après un séjour dans une loge humide de concierge pendant dix-huit mois, douleur *sciatique gauche*. En 1853, à la suite de la suppression des règles, il s'établit une diarrhée qui finit par devenir définitive et persiste encore aujourd'hui.

Il y a quatre ans, la malade s'aperçut que ses jambes faiblissaient; elle voyait de temps en temps les objets doubles, depuis il s'est développé une ataxie progressive qui s'accompagna graduellement de douleurs dans les membres inférieurs, de fourmillements et de picotements, de secousses convulsives, de diminution de la sensibilité tactile, d'un affaiblissement de la force musculaire, d'amaigrissement, d'œdème. La malade n'a pas conscience de la position des membres; rien aux extrémités supérieures.

Traitement infructueux par le nitrate d'argent. Elle succombe le 23 octobre 1862.

Autopsie. Tubercules crus au sommet du poumon gauche. Ulcérations dans le colon.

Moëlle épinière. En arrière dans la plus grande partie de la région cervicale et de la région dorsale, le faisceau grêle offre une teinte grise. Le faisceau postérieur proprement dit a conservé sa teinte blanche, mais en dehors sur la ligne d'insertion des racines postérieures est un étroit filet grisâtre, marqué surtout à la région cervicale.

A partir du milieu de la région dorsale de la moëlle, la teinte grise commence à s'élargir et à gagner les faisceaux postérieurs qu'elle envahit bientôt complètement.

La teinte grise se propage en haut sur le bulbe; sur la protubérance on retrouve deux taches grises où les tubes nerveux semblent coupés et détruits.

La substance grise est saine.

Les racines postérieures sont en partie atrophiées.

Altérations microscopiques ordinaires.

Charcot et Vulpian. (Gazette médicale de Paris, n° 14, 1863. obs. I)

La diminution notable de la force musculaire donne à cette observation une signification particulière : et je ne doute pas que, si la malade eut pu résister plus longtemps à la diarrhée et à la cachexie qui la minaient, elle n'eut fini par présenter tous les symptômes d'une véritable paraplégie du mouvement.

Quant aux ulcérations de la protubérance, c'est un fait assez rare pour être remarqué ; MM. Charcot et Vulpian disent l'avoir cependant observé trois fois. Quelle est leur valeur, leur signification, leur relation avec la maladie principale ?

Les deux malades dont l'histoire suit présentaient aussi les symptômes de la forme lombaire. Chez l'un l'altération occupait le siége ordinaire, c'est-à-dire la région lombaire ; chez l'autre elle variait au contraire et présentait une anomalie remarquable (obs. XLVIII), elle s'étendait de la partie inférieure de la région cervicale au milieu de la région dorsale. Leyden, à qui nous la devons (obs XXV), ayant surtout en vue de décrire la dégénérescence grise des faisceaux postérieurs a négligé de nous édifier sur l'état des racines dans ce cas, comme dans beaucoup d'autres d'ailleurs ; de sorte qu'on ne sait comment expliquer la persistance des fonctions dans les membres supérieurs, et que l'on est conduit à admettre l'intégrité du plexus brachial dans un cas où le point d'implantation des racines de ce plexus était profondément altéré.

Ce fait peut-il être regardé à cause du siége des lésions comme un exemple de la forme dorsale que quelques auteurs ont admise à titre distinct ? Nous ne pensons pas qu'il puisse infirmer ce que nous avons dit plus haut sur ce sujet.

Outre les particularités que je viens de signaler, ce fait montre encore la tendance des lésions à l'envahissement. En effet, l'altération avait empiété sur une partie de la substance grise et des faisceaux latéraux, et ce point, joint au ramollissement des faisceaux malades, donne à cette observation une physionomie complexe.

Dans le fait rapporté par Steinthall et qui figure à la fin de ce paragraphe, on voit aussi, outre l'atrophie gélatineuse des faisceaux postérieurs, un ramollissement des faisceaux latéraux ; le malade avait présenté entr'autres symptômes une faiblesse paralytique et des mouvements convulsifs (obs. XLIX.)

OBSERVATION XLVII.

Ataxie progressive bornée aux extrémités inférieures, aucun trouble de la vue. —Phthisie.—Atrophie des racines et des faisceaux postérieurs à la région lombaire. — Dégénérescence granuleuse des tubes nerveux.

Pothel, 55 ans, ancien facteur des postes, entré en avril 1862 dans le service de M. Vigla. Douleurs lancinantes; impuissance. Tuberculisation pulmonaire. Incoordination des mouvements limitée aux membres inférieurs avec conservation de la force musculaire Diminution de la sensibilité dans ces parties, amaigrissement musculaire, aucun trouble de la vue.

Autopsie faite par M. Sappey.

Le cerveau, le cervelet, la protubérance annulaire, le bulbe rachidien sont sains.

La moëlle intacte dans ses régions cervicale et dorsale est atrophiée dans sa portion lombaire. Les faisceaux postérieurs ont une teinte grise manifeste, sans changement de consistance. Les racines correspondantes ont perdu environ les deux tiers de leur volume primitif; elles sont aplaties à la manière de petits rubans déliés; elles ont une coloration gris rougeâtre et sont assez semblables à des faisceaux de capillaires sanguins. Les tubes nerveux ont perdu très-manifestement une forte partie de leur substance médullaire, chez les uns on retrouve le cylindre d'axe, d'autres sont très-irréguliers, rétrécis en certains points, renflés dans d'autres, enfin dans d'autres la moëlle se montre de loin en loin, à l'état de vestige, dans d'autres même elle a complètement disparu.

Aucune notion de la substance grise et des faisceaux antérieurs.

(*Trousseau et Sappey.* — Union médicale, 29 juillet 1862 et Gazette des hôpitaux, 1863.)

OBSERVATION XLVIII.

Myélite ataxique, forme lombaire. Pas de phénomènes oculaires. — Ramollissement des faisceaux postérieurs, d'une partie de la substance grise et des faisceaux latéraux, depuis le milieu de la région brachiale jusqu'au milieu de la région dorsale.

Jean Kutcher, 33 ans, admis le 29 février dans le service du professeur Traube.

Antécédents. — Refroidissement en 1849. En 1854, fièvre intermittente tierce pendant neuf mois. En 1856 gonorrhée et chancre, traitement mercuriel. Iritis spécifique en 1857. Depuis ce temps la pupille gauche est plus petite que la droite. Jusqu'en juin 1859 il prétend n'avoir pas souffert de la toux. En mai 1859, après un sommeil prolongé sur la terre humide, il éprouva de la difficulté pour uriner et aller à la selle. En même temps le patient remarqua dans le gros orteil gauche une diminution progressive de la sensibilité qui s'accompagna de fourmillements douloureux. Peu après ces symptômes se montrèrent dans le gros orteil droit et s'accompagnèrent de faiblesse dans les membres inférieurs.

Juin 1849 : Toux, hémoptysies, sueurs nocturnes. Impuissance. Amaigrissement, surtout des jambes. Température de la peau très-élevée, faiblesse, tremblements et fourmillements douloureux dans les membres inférieurs pendant la station verticale. Dans le lit les mouvements sont plus libres, mais incertains.

Du côté gauche l'anesthésie et la faiblesse musculaire sont plus marquées. La perception du contact et des piqûres d'épingle est obtuse, instantanée, mais n'est pas facilement localisée par le malade qui confond souvent ces impressions. A l'aide de coups d'épingle à la plante des pieds, on provoque des mouvements réflexes peu prononcés et de courte durée.

Rien d'anormal aux extrémités supérieures. Sens intacts, si ce n'est un peu de dureté d'oreille; incontinence et rétention d'urine.

Diarrhée incoërcible à la fin de ses jours.

Autopsie le 15 janvier 1861. Tuberculose avancée des poumons. Reins volumineux, vessie volumineuse, fortement injectée. Dans l'iléum et le cœcum ulcérations tuberculeuses.

Canal vertébral. — Liquide arachnoïdien abondant, clair. Dilatation des veines du rachis. La dure-mère et la pie-mère adhèrent lâchement en arrière et montrent dans la partie supérieure de nombreuses ramifications vasculaires. En avant légères adhérences entre la pie-mère et la dure-mère plus fermes à la région dorsale supérieure.

La consistance de la moëlle est partout notablement diminuée, surtout à la région cervicale et dorsale supérieure. Dans les régions supérieures de la moëlle, jusqu'au milieu de la région dorsale, les cordons postérieurs sont petits, transparents, d'une couleur grise, contenant des points blancs. Dans la région dorsale inférieure et dans la région lombaire rien de bien anormal.

L'altération des faisceaux postérieurs est plus prononcée dans le voisinage de la ligne médiane et à la périphérie que près du centre, où l'on trouve une assez grande quantité de substance blanche. Elle s'étend jusqu'aux cornes postérieures et aux faisceaux latéraux dans une petite mesure. Ces derniers faisceaux sont à peine grisâtres ou gris rougeâtres.

A un grossissement moyen, le microscope permet de constater dans les faisceaux postérieurs de petites masses arrondies sombres (coupes de tubes nerveux), séparées les unes des autres par des interstices clairs, plus larges qu'à l'état normal. Dans les couches périphériques ces points sombres sont rares, disséminés, près du centre ils sont plus nombreux, les interstices sont moins larges, les tubes nerveux plus abondants; on distingue facilement leur cylindre d'axe qui apparait comme un point central plus clair. Les tubes sont variables en diamètre. Quelques-uns sont tellement étroits qu'on a peine à les distinguer.

Le plus souvent ils sont réunis par groupes de six à huit et même davantage. A côté on trouve des tubes isolés, étroits et sombres, d'autres qui n'ont conservé que le cylindre d'axe et la gaîne d'enveloppe, et au milieu de ces éléments une quantité considérable de corps amyloïdes plus nombreux vers la périphérie.

Les vaisseaux sont épaissis, leurs parois sont chargées de nombreuses cellules, les petites ramifications n'en ont pas et présentent un aspect homogène. Le long des parois on rencontre une grande accumulation de granulations graisseuses.

Leyden (*Obs.* 25.)

OBSERVATION XLIX.

Ataxie progressive avec symptômes paralytiques, mouvements convulsifs et flexion des membres inférieurs. — Amaurose. — Atrophie gélatineuse des faisceaux postérieurs, des nerfs optiques; ramollissement des faisceaux latéraux.

Un homme de 52 ans entra au milieu d'avril 1852 à l'hôpital, atteint depuis près de quatorze ans de tabes dorsal. Il avait eu à l'âge de 38 ans des chagrins puissants; il s'était plusieurs fois exposé à des refroidissements en exerçant la médecine de province. Il eut, au début, à diverses reprises, des douleurs rhumatismales dans les extrémités inférieures; puis il survint une amaurose, et une faiblesse paralytique dans les jambes, un ictère en 1835.

A cette époque sa démarche qui ne pouvait s'exécuter sans le secours d'un aide était pesante, inégale. Il ne pouvait diriger ses jambes au gré de sa volonté, principalement la gauche. Il avait des mouvements convulsifs et douloureux qui s'accompagnaient de flexion des membres inférieurs.

La sensibilité était éteinte dans ces parties, intacte aux membres supérieurs.

En janvier 1837, il fut atteint d'ascite et d'anasarque. En 1842 incontinence d'urine. Puis hémorrhagies intestinales, aphtes dans la bouche. Mort.

Autopsie 38 heures après la mort.

La moëlle épinière paraît ramollie dans la région dorsale, surtout dans les faisceaux latéraux. Au niveau des lombes on trouve aussi des traces de ramollissement. Les faisceaux postérieurs de la moëlle sont transparents: l'arachnoïde qui les enveloppe est épaissie par places. Le ligament dentelé contient des deux côtés des plaques cartilagineuses, qu'on aperçoit aussi sur la moëlle. Le volume de cet organe est au moins diminué d'un tiers, il est transparent, d'un gris jaunâtre à sa surface postérieure, plus consistant qu'à l'ordinaire, la substance blanche manque presque totalement ici.

Au niveau des nerfs de la queue de cheval, les enveloppes présentent une congestion veineuse cadavérique, les nerfs sont comme macérés ; les racines postérieures des nerfs dorsaux et de la queue de cheval sont moins fortement atrophiées, les antérieures normales.

Les vertèbres étaient saines.

La dure-mère cérébrale à sa surface interne seulement n'est pas très-unie, mais un peu injectée, il s'en écoule une certaine quantité de liquide.

Le cerveau est normal. Le thalamus droit un peu plus ramolli que le gauche; le pont de varole visiblement atrophié: le chiasma et les nerfs optiques très-altérés, les moteurs oculaires moins.

Anévrysme de la crosse de l'aorte. Le colon et la partie inférieure du gros intestin sont injectés, mamelonnés. Les reins et la vessie sont sains.

Steinthal. (Beitrage zur geschichte und pathologie der tabes dorsalis. — Hufeland's journal juillet et août 1844.

Le malade dont Romberg a rapporté l'observation dans son ouvrage (voir p. 7) est le même que celui dont nous venons de retracer l'histoire, un peu mieux détaillée. Après être sorti des mains de Romberg et de Rust, et après être allé sans succès aux eaux de Marienbad, il entra dans le service de Stanley où il mourut. Froriep fit son autopsie.

Nous donnons ces détails pour qu'on ne soit pas tenté de voir là deux observations distinctes, comme semble le penser Leyden.

Romberg ajoute que Froriep a trouvé dans un autre cas la même disposition de la moëlle.

2° DANS LA FORME GÉNÉRALISÉE.

§ 1er. — Nous venons d'assister aux phases que parcourt le processus dans la forme lombaire. Dans les cas qu'on peut considérer comme types la dégénérescence a détruit les faisceaux postérieurs à la région lombaire, elle se propage en diminuant à la région dorsale, elle s'éteint à la région brachiale. Mais la maladie ne s'arrête pas toujours exactement à ces limites, le siége des lésions n'est pas plus mathématiquement circonscrit ici que dans les autres affections où nous le savons les organes voisins sont souvent envahis par le fait seul de leur position et de la propagation du mal. Dans l'ataxie progressive cette tendance à l'envahissement est plus que partout évidente; aussi voyons-nous dans certains cas la dégénérescence se propager aux faisceaux latéraux, et donner aux symptômes une allure paralytique; d'autres fois c'est dans le sens vertical que marchent les lésions; l'ataxie qui dans le principe était limitée aux membres pelviens, envahit les membres thoraciques; alors surviennent des douleurs, des fourmillements dans les doigts, de l'incoordination portant tantôt sur un membre tantôt sur les deux à la fois, et nous avons sous les yeux la forme généralisée. Mais chose digne de remarque, la maladie quoique très-ancienne paraît toujours plus prononcée aux membres pelviens qu'aux membres thoraciques; les lésions ne dépassent guère ici les faisceaux postérieurs, se différenciant par cela seul des lésions de la myélite cervicale commune.

OBSERVATION L.

Ataxie progressive à forme ascendante beaucoup moins avancée aux membres supérieurs qu'aux inférieurs. — Atrophie des faisceaux et des racines postérieurs, diminuant graduellement de la région lombaire à la région cervicale et limitée, ici, à la partie médiane des faisceaux postérieurs.

Sophie J..., 47 ans. Jusqu'à l'âge de 11 ans rachialgie habituelle. A 37 ans douleurs dans les jambes ; à 40 ans l'ataxie se caractérise aux membres inférieurs. Depuis l'âge de 45 ans elle n'a plus quitté le lit. Affaiblissement musculaire des membres inférieurs, surtout des mouvements de flexion ; sensibilité obtuse au tact et à la douleur ; notion des positions nulle ; fourmillements dans les mains depuis six mois. Elle coud difficilement. Du 1er au 14 mai 1862, deux pilules de nitrate d'argent par jour. Morte de phthisie le 23 mai.

Autopsie. Maigreur extrême ; œdème des membres inférieurs ; escharre au sacrum ; cavernes tuberculeuses ; corps fibreux dans l'utérus.

Injection des franges synoviales des deux genoux. Ramollissement, usure, teinte grisâtre du cartilage articulaire des rotules.

La moëlle épinière présente à sa face postérieure dans toute son étendue, mais principalement à la région lombaire une injection très-intense, qui occupe la pie-mère et l'arachnoïde. Cette dernière présente quelques plaques fibro-cartilagineuses. La moëlle offre en largeur au niveau du renflement brachial 14 mill. ; au milieu de l'intervalle des deux renflements 8 mill.; à la partie la plus large du renflement lombaire 12 millimètres.

Les cordons postérieurs présentent une teinte grise dans toute leur hauteur ; très-intense à la région lombaire où elle occupe toute la largeur des faisceaux, elle diminue à la région dorsale, et à cette région elle est séparée des racines par une bande blanche, d'autant plus large, qu'on s'approche davantage du calamus scriptorius ; à ce niveau les faisceaux postérieurs ont la couleur blanche normale. On ne voit plus là du côté gauche qu'une ligne grise jaunâtre correspondant au point d'insertion des racines postérieures, qui se continue plus bas, et qui disparait quelques millimètres plus haut.

Quelques stries blanches parcourent les faisceaux malades.

Les racines postérieures sont grises et atrophiées à un haut degré à la région lombaire, moins à la région dorsale, à peine à la région cervicale.

Les faisceaux antérieurs et latéraux, les racines antérieures sont sains.

Les ganglions spinaux ont une coloration un peu brunâtre.

Rien dans le cerveau qu'un peu d'injection du quatrième ventricule.

Les nerfs optiques et leur chiasma étaient atrophiés, grisâtres, contenant un noyau blanc, central.

Le sciatique, le petit sciatique et le saphène tibial (nerfs cutanés) étaient sains.

Les faisceaux malades ainsi que les racines présentaient très-peu de tubes nerveux, la plupart irréguliers variqueux ; des corps granuleux, des noyaux elliptiques ou arrondis, des granulations graisseuses, des cristaux d'hématoïdine.

La substance grise était sans changements. Les ganglions spinaux contenaient beaucoup de pigment, les cellules avaient 5, 7, 10 centièmes de millimètre, deux ou trois avaient perdu leurs prolongements, aucune n'a pu être regardée comme réellement atrophiée.

(*Charcot et Vulpian*, Gazette médicale de Paris, 1862. *Obs.* 2.)

Dans le fait que je viens de rapporter deux points sont à noter : d'abord l'absence de troubles oculaires avec une atrophie très-manifeste des nerfs optiques; il est vrai que pour expliquer cette apparente contradiction on peut invoquer la conservation des couches centrales de ces nerfs; en second lieu l'état de la dégénérescence à la région cervicale au niveau du point d'implantation des racines postérieures du côté gauche. Il y avait en cet endroit une bandelette grisâtre qui occupait le lieu d'émergence de ces racines. Il eut été très-instructif de savoir (et l'observation ne le dit pas) si les phénomènes ataxiques étaient plus prononcés de ce côté que de l'autre. Cette idée m'est suggérée par la lecture de l'observation suivante, dans laquelle l'incoordination était plus prononcée d'un côté que de l'autre. Mais si la symptomatologie est plus exacte ici sous ce rapport, l'anatomie pathologique est sobre de détails, et il est impossible de savoir s'il y avait prépondérance à droite des lésions.

OBSERVATION LI.

Ataxie progressive commençant à se généraliser, très-prononcée aux membres inférieurs et dans le bras gauche, beaucoup moins dans le bras droit. — Atrophie complète à la région dorso-lombaire, bornée aux faisceaux grêles à la région cervicale.

B... Paul, 37 ans. Chancre induré à 20 ans. Le début de la maladie remonte à 1856. Elle commença par les extrémités inférieures; actuellement les quatre membres sont pris, mais tandis que le désordre ataxique est porté à son comble dans les deux jambes et dans le bras gauche, le membre supérieur droit peut exécuter encore quelques mouvements combinés. De même la sensibitité est moins altérée dans cette partie. La force musculaire est en grande partie conservée, mais le malade ne peut se tenir debout les yeux fermés, il supporte facilement quelqu'un sur les épaules quand il a un point d'appui. Mais après ces exercices comme après la marche, il éprouve une telle fatigue qu'il reste trois jours à se remettre.

Intelligence et sens normaux excepté la vue qui est faible à droite. La papille de ce côté est en voie d'atrophie. Anaphrodisie, pas de spermatorrhee. Mort de pthisie pulmonaire le 8 octobre.

Autopsie. Injection de la pie-mère très-prononcée surtout à la région lombaire. Coloration grisâtre des cordons posterieurs dans toute leur étendue, et diminuant progressivement à la région cervicale où elle occupe seulement les faisceaux grêles postérieurs. Caractères ordinaires de l'atrophie. Dégénérescence avancée des racines postérieures. Rien à la substance grise (1).

OBSERVATION LII.

Ataxie généralisée. — Atrophie des faisceaux postérieurs et des nerfs optiques.

Roux (Marie), 44 ans, a été traitée il y a six ans pour une paraplégie. L'ataxie occupe les quatre membres, mais elle est beaucoup moins avancée aux extremités supérieures. Morte le 29 décembre 1863 à la suite d'un cancer de l'utérus.

1 Cette observation que nous trouvons dans l'ouvragede M. Topinard sous le no 102, est la même, croyons-nous, que celle que nous ne connaissions jusqu'alors que par une note très-succincte de la *Gazette des Hôpitaux* (n° 122, 1863), et que nous avions ainsi reproduite dans notre mémoire à l'Académie.

On trouve, à l'autopsie, la pie-mère rachidienne opaque, épaissie et adhérente dans sa partie postérieure. Les racines postérieures sont atrophiées, ainsi que les cordons postérieurs. Le diamètre antéro-postérieur est diminué d'un tiers dans ces faisceaux. Les tubes nerveux qu'ils contiennent sont diminués en nombre, et présentent une dégénération graisseuse de leur substance médullaire. La substance grise, les ganglions, les nerfs olfactifs, acoustiques sont sains, les nerfs optiques sont gris, mous, semi-transparents et atrophiés.

Cornil. (Comptes rendus de la Société de Biologie, 1863. T. V, p. 215, et *Gazette des Hôpitaux*, 14 mai 1864.)

OBSERVATION LIII.

Ataxie locomotrice généralisée, sans troubles oculaires. — Dégénérescence grise des faisceaux postérieurs et des racines dans toute l'étendue de la moëlle. — Examen microscopique.

F W..., tailleur, 43 ans; début en 1846. Entré à la Charité, (service du professeur Traube), le 2 juin 1861.

Suppression de la sueur aux pieds à la suite d'un refroidissement; bientôt après sensation de faiblesse et de pesanteur dans les jambes, fourmillements, douleurs. Un an après la sensibilité devient obscure aux pieds, Analgésie croissante et remontant jusqu'à la partie supérieure des cuisses trois ans après le début. A la même époque envahissement des extrémités supérieures. Dans l'obscurité la marche est impossible; sensation de froid dans les pieds. Emission de l'urine difficile; pareil trouble dans la défécation. Amélioration par les bains chauds. Mort à la suite d'une chûte qui amena la rupture de la fémorale à sa partie supérieure.

Autopsie le 18 juin 1862.

Moëlle épinière. Dégénérescence des faisceaux postérieurs dans toute leur étendue jusqu'au calamus scriptorius. Ils sont gris transparents, comme gélatineux, parsemés en certains points, surtout près du centre de petits îlôts blanchâtres. La moëlle est aplatie, élargie transversalement. Les racines sont grises, atrophiées.

Examen microscopique. Sur une coupe fraîche on aperçoit un tissu fondamental, hyalin, presque homogène, se gonflant sous l'influence de l'acide acétique et montrant de nombreux noyaux. Au milieu de ce tissu sont répandus quelques tubes nerveux à double contour, les uns très-étroits, les autres d'une largeur anormale; çà et là des cylindres d'axe et des fragments de cellules nerveuses. Les tubes nerveux sont groupés ensemble et séparés par des interstices plus ou moins larges, au milieu desquels sont des noyaux de diverses grosseurs ronds ou ovales, disséminés d'ordinaire; plus loin des corps amyloïdes très-nombreux. Ils sont abondamment répandus autour des vaisseaux et dans les couches périphériques où les tubes nerveux deviennent de plus en plus rares.

Les petits vaisseaux ont un aspect homogène, fibrillaire, les plus grands ont une adventice épaisse onduleuse, garnie de nombreux noyaux et de granulations jaunâtres (graisseuses).

A un grossissement de 90 diamètres, les tubes nerveux paraissent comme des points sombres et il est plus facile d'apercevoir leur disposition. Si on met sur la préparation quelques gouttes d'une solution de carmin, le tissu connectif se teint en rouge, les tubes nerveux deviennent plus distincts, et dans le centre le cylindre d'axe se montre comme un point rouge.

A 500 diamètres, si on examine une préparation traitée par l'alcool et l'essence de thérébentine, on découvre des tubes nerveux atrophiés, dépouillés de leur gaine et réduits au cylindre d'axe, d'autres très-étroits, mais encore garnis de moëlle. Le tissu connectif, imbibé en rouge, laisse apercevoir de nombreux noyaux allongés, assez gros, granuleux, toujours isolés, et plus nombreux dans les parties centrales et près de la commissure. Le sillon postérieur n'existe plus. Les tubes nerveux sont réunis en groupes de six à huit, leur diamètre varie de 15 à 18 et 25 millièmes de millimètre ; d'autres sont à peine visibles.

Les racines nerveuses présentent les mêmes dispositions. Les cornes postérieures sont fortement imbibées en rouge ; le tissu connectif y est abondant, les éléments nerveux un peu éclaircis, néanmoins on reconnait parfaitement (à un grossissement de 600 diam.), les cellules et leurs prolongements ; elles sont fortement garnies de pigment, mais on retrouve leurs noyaux et leurs nucléoles.

La substance grise des cornes antérieures présente à peine quelque anomalie. Les grosses cellules sont garnies de pigment, les vaisseaux de la substance grise montrent un épaississement de l'adventice.

La commissure antérieure, comme les faisceaux antérieurs et latéraux, et les racines antérieures ne présentent ni à l'œil nu ni au microscope rien d'anormal.

Leyden. (Ouvr. cité. Obs. XXVI.)

Lorsque au lieu d'avoir une marche ascendante, comme dans les observations qui précèdent et surtout dans la dernière où les faisceaux postérieurs étaient malades dans toute leur hauteur jusqu'au calamus scriptorius, les lésions se propagent d'avant en arrière, alors on peut dire que l'ataxie progressive est une étape de la paraplégie. Qu'on suive en effet les ataxiques, et l'on verra que ces malheureux qui au début n'avaient que de l'incoordination, s'affaiblissent peu à peu dans la suite. Plus tard, si vous les avez perdus de vue pendant quelques années, vous les retrouverez cloués dans leur lit, paralytique. Au lit des malades on saisit toutes les nuances, on voit les degrés que franchit la maladie, on suit les aspects nouveaux qu'elle revêt. Dans une description il est difficile de retracer ces nuances souvent délicates, de dépeindre ces mille aspects qui viennent accidenter la maladie. Il importe avant tout de mettre en saillie les traits principaux.

L'observation LIV montre un exemple d'ataxie progressive s'acheminant vers la paralysie. La maladie commença par des douleurs, puis la force musculaire diminua, et finalement le malade fut obligé de rester cloué dans son lit. A l'autopsie on trouva, outre l'altération ordinaire des faisceaux postérieurs, une désorganisation déjà bien accentuée des faisceaux latéraux.—Je ferai remarquer que dans ce cas la moëlle était ramollie dans toute son étendue, et je me demande si la nature de l'altération n'a pas contribué à donner à la maladie une allure paralytique.

OBSERVATION LIV.

Ataxie progressive avec tendance à la paralysie. — Atrophie des faisceaux postérieurs ; envahissement partiel des faisceaux latéraux ; ramollissement de la moëlle.

Charles N..., professeur de musique, 40 ans. Antécédents : fièvre scarlatine et fièvre intermittente, refroidissements fréquents. Excès vénériens. Douleurs rhumatismales, d'abord dans le pied gauche qui augmentèrent à la suite de travaux pénibles et se propagèrent à l'épaule gauche. Ces douleurs augmentèrent avec une grande intensité et se présentaient sous forme d'attaques ; diminution de la force musculaire d'abord dans la jambe gauche. Depuis deux ans le malade est cloué dans son lit. Amaigrissement considérable surtout des extrémités : les pieds sont dans une flexion anormale, principalement les orteils. La marche est impossible, les mouvements dans le lit sont incertains, saccadés. Cette incoordination qui existe moins aux membres supérieurs qu'aux inférieurs, augmente quand le patient ferme les yeux. La station est difficile, mouvements de la tête incertains, vacillants. Diminution considérable de la sensibilité.

Depuis deux ans incontinence d'urine et catarrhe vésical. Troubles de la défécation. Aucun désordre de la vue.

Mort le 26 mars 1852, à la suite de phthisie pulmonaire et de son catarrhe de vessie.

Autopsie. Amaigrissement extrême surtout du système musculaire. Cœur mou, d'un rouge sombre, valvules saines, poumons remplis de tubercules à divers degrés d'évolution. Rate petite, reins congestionnés, coloration grise de la muqueuse stomacale. Vessie dilatée, injectée.

Moëlle épinière. Liquide arachnoïdien abondant. A la région dorsale et cervicale inférieure la dure-mère et la pie-mère sont unies par des membranes blanches, déliées, fermes.

La moëlle est un peu ramollie dans toute son étendue, mais principalement dans sa moitié postérieure. Les faisceaux postérieurs présentent un aspect transparent, comme gélatineux, surtout dans les parties supérieures. L'altération s'étend depuis la partie inférieure de la région cervicale jusqu'à la partie supérieure de la région lombaire; elle est bornée par les cornes postérieures, et elle est beaucoup plus marquée dans les couches périphériques.

Les parties antérieures de la moëlle sont partout d'un bon aspect; seulement dans les parties inférieures la substance grise est légèrement injectée.

Les racines postérieures se distinguent des autres par un aspect transparent, et par une atrophie considérable, surtout en haut.

Examen microscopique. Les faisceaux gélatineux ont tellement diminué de volume, que l'épaisseur de la moitié postérieure de la moëlle est beaucoup plus petite que celle de la moitié antérieure. L'altération s'étend jusqu'au voisinage du centre et dans les faisceaux latéraux. Elle n'est pas uniforme, mais parcourue par des traînées blanches où l'on trouve des tubes nerveux, disséminés, variqueux, à double contour, de volumes très-variables. Autour de ces tubes est une substance hyaline, réticulée, disposée en forme d'ilots, contenant des noyaux. Les uns petits, ronds ou ovalaires appartiennent au tissu conjonctif jeune, les autres plus gros, ovales, granuleux, ont en général l'aspect des gros noyaux allongés des gaines nerveuses. Les tubes nerveux sont plus nombreux près du centre, et le tissu connectif plus rare.

La tunique adventice des vaisseaux est épaissie, onduleuse, fibrillaire, et contient un assez grand nombre de noyaux. Sur leurs parois on voit beaucoup de granulations graisseuses; dans le tissu connectif des corps amyloïdes.

Les faisceaux latéraux présentent quelques corps amyloïdes, et une dégénérescence graisseuse évidente, quoique peu prononcée de la tunique adventice des vaisseaux. Dans les autres points principalement dans les faisceaux antérieurs, il n'y a rien d'anormal.

Les racines postérieures sont altérées.

Les nerfs cruraux contiennent aussi des tubes remplis de myéline, un tissu fibrillaire, et des noyaux ovales.

Leyden. (*Loc. cit. Obs.* XXVII.)

La paralysie existait aussi évidemment, en même temps que des symptômes d'ataxie, dans l'observation suivante. Dans ce cas encore la consistance de la moëlle était diminuée. L'altération occupait principalement la région lombaire, et je dois noter qu'il n'existait dans les membres supérieurs qu'un peu de faiblesse.

Mais le point capital de cette observation, le point vraiment remarquable, c'est le siége de l'altération. Il existait dans les faisceaux latéraux une zône étroite très-transparente qui s'élargissait en haut, et se propageait jusqu'à la périphérie des faisceaux antérieurs. Les faisceaux postérieurs présentaient une altération moins avancée, ils étaient blanchâtres et légèrement transparents. Mais en haut la dégénérescence grise envahissait les faisceaux antérieurs et les faisceaux postérieurs.

Le processus dans ce cas n'a pas eu une marche régulière comme dans les autres observations ; il s'est disséminé dans la moëlle sans ordre, frappant ici les faisceaux latéraux, là les faisceaux antérieurs, plus loin tout un côté de la moëlle , plus loin les faisceaux postérieurs. En fin de compte une grande étendue de la moëlle a été prise soit par l'atrophie soit par le ramollissement : De là dans es symptômes un développement obscur, diffus, comme les lésions.

OBSERVATION LV.

Ataxie progressive. — Symptômes paralytiques. — Dégénérescence grise diffuse.

Ch. W..., ouvrier maçon , 42 ans , entra le 9 février 1851 dans le service du professeur Traube.

En 1845 il fut traité pour un rhumatisme musculaire dorsal , qu'il disait avoir contracté à la suite d'un refroidissement , et qui avait augmenté à la suite d'efforts pour lever un fardeau trop lourd.

Dès 1848 (11 février) on reconnut une maladie de la moëlle. A la suite d'une chûte sur la cuisse droite , il ne put depuis cette époque fléchir facilement la jambe qu'il traine en marchant. Du côté droit il dit n'avoir conservé aucune sensibilité. Au commencement de la maladie incontinence d'urine , actuellement rétention.

8 mars. Douleurs fulgurantes , ces symptômes et la paralysie s'amendèrent promptement sous l'influence des bains de vapeur , à tel point que le malade pouvait faire à la fin de juillet quelques pas avec un soutien.

En 1859 il vint à la Charité pour une fracture de cuisse. La maladie paralytique avait marché d'une manière croissante. En 1861 , la sensibilité était tellement émoussée, qu'il se brûla le scrotum et le pénis dans un bain trop chaud.

Le malade ne sent nulle part les coups d'épingle, si ce n'est aux environs du genou. Perte complète des mouvements spontanés ; par de fortes irritations (coups d'épingles profonds), des mouvements réflexes se produisent ; néanmoins ce ne sont que de petites contractions de quelques muscles avec tremblement des cuisses. Rien d'anormal aux extrémités supérieures ; le patient se plaint de faiblesse dans le bras droit.

L'intelligence est libre.

Autopsie le 18 mars 1861. Liquide arachnoïdien abondant, adhérences de la dure-mère et de la pie-mère surtout en arrière. La moëlle est atrophiée. Sa consistance est diminuée surtout à la région lombaire. Ici on trouve dans les faisceaux latéraux une zône étroite, grise, très-transparente qui s'élargit en haut et se propage jusqu'à la périphérie du faisceau antérieur droit, les faisceaux postérieurs sont blanchâtres, légérement transparents, assez fermes. La substance grise est en plusieurs points envahie par des traînées transparentes.

Au niveau de la sixième vertèbre cervicale les coupes transversales des faisceaux antérieurs ont un aspect gris, comme gélatineux, traversé par des strie-blanches. Les faisceaux postérieurs montrent dans le voisinage du sillon postérieur une zône gélatineuse. Partout les couches périphériques paraissent profondément gélatineuses. Dans la région dorsale presque toute la partie droite présente ces caractères, tandis que la gauche montre une assez large couche de substance blanche.

Au microscope la pie-mère paraît épaissie surtout à la partie postérieure, mais pauvre en noyaux. Les vaisseaux du sillon longitudinal antérieur sont épaissis. L'adventice est riche en noyaux et offre aussi des granulations graisseuses. Ces modifications sont plus prononcées dans les vaisseaux de la moitié postérieure de la moëlle. L'altération de la substance nerveuse occupe de préférence les faisceaux postérieurs et latéraux. Les faisceaux antérieurs, aussi loin qu'on les a examinés, n'ont rien montré d'anormal; au contraire dans les faisceaux postérieurs, principalement dans le voisinage du sillon postérieur ou à la périphérie les tubes nerveux sont très-rares, et séparés les uns des autres par de grands interstices de tissu conjonctif à noyaux. Dans les faisceaux latéraux, les tubes sont encore écartés, mais moins.

La substance grise ne présente rien d'anormal, les racines n'ont pas été examinées.

Leyden. (*Loc. cit. Obs.* XXXI.)

La paralysie était complète chez la petite gibbeuse dont Leyden a rapporté l'histoire (obs. XXXII.) Si l'ataxie a existé chez elle (et je suis tenté de le croire en voyant les faisceaux postérieurs manifestement dégénérés dans leur partie supérieure), c'est au début de la maladie, alors que la dégénérescence occupait seulement la partie postérieure de la moëlle, mais dès que les faisceaux latéraux et antérieurs ont été envahis, une paralysie complète s'est manifestée. On pourrait se demander quelle a été l'influence de l'affection osseuse du rachis et si l'inflammation morbide développée dans cette partie n'a pas été le point de départ de tous les accidents. Voici ce fait :

OBSERVATION LVI.

Cyphose à la région dorsale chez une fille de 3 ans et 1/2. Paralysie graduelle de la motilité, diminution de la sensibilité avec hypéralgésie, mouvements réflexes exagérés, incontinence d'urine et de matières fécales. Ramollissement et atrophie de la moëlle épinière au niveau des vertèbres malades, la dégénérescence grise des faisceaux postérieurs s'élève jusqu'au calamus scriptorius ; en bas l'altération occupe les faisceaux antérieurs et latéraux. L'examen microscopique montre l'altération ordinaire des tubes nerveux. Ils sont en partie hypertrophiés, d'autres étroits, atrophiés ; le tissu cellulaire qui les réunit forme une trâme délicate, contenant de nombreux noyaux.. Pas de trace de corps amylacés ; aucune altération des vaisseaux. Au voisinage de la nuque, nombreuses granulations graisseuses, et débris de nerfs.

Leyden (*Loc. cit. Obs.* XXXII.)

§ 2. – Nous avons réuni dans ce paragraphe quelques observations dans lesquelles l'ataxie progressive s'est accompagnée d'atrophie musculaire. Dans l'une (obs. LVI) les muscles vertébraux et ceux de la cuisse avaient subi la dégénérescence graisseuse. Dans les autres les muscles avaient éprouvé une dégénérescence fibreuse, et étaient convertis en un tissu mollasse, d'un blanc sale et infiltré de sérosité. Ce dernier genre de transformation musculaire est le plus fréquent ; il paraît être la conséquence de l'inaction prolongée des membres, l'autre variété au contraire dépend d'un vice de nutrition analogue à celui de l'atrophie musculaire progressive (voir obs. LXXXIX). Dans l'observation LVII elle était accompagnée de petites hémorrhagies interstitielles.

OBSERVATION LVII.

Ataxie progressive accompagnée d'atrophie musculaire. — Altération ordinaire des faisceaux postérieurs.

Le 2 février on porta à l'amphithéâtre le cadavre d'un homme âgé de 45 ans. Il avait de son vivant présenté les symptômes du tabes dorsal à un tel degré que la marche était impossible. Il était mort à la suite d'une cystite. Le cadavre présentait un amaigrissement prononcé des extrémités. Les pieds étaient très-déformés. Les genoux présentaient à un haut degré la forme des genoux-valgus. Les pieds sont dans une flexion prononcée. Les orteils principalement les gros orteils sont fortement fléchis.

Autopsie pratiquée par le docteur Recklingausen. L'intérieur de la dure-mère spinale contient beaucoup de liquide trouble. A la région cervicale la pie-mère et la dure-mère sont unies entr'elles ; en avant l'adhérence est plus faible. La pie-mère est comme pigmenteuse, et dans les régions inférieures elle contient de nombreuses plaques cartilagineuses. La moëlle est aplatie.

Les faisceaux postérieurs sont gris, transparents ; l'altération s'élargit à la périphérie, sur une coupe transversale elle a une forme triangulaire. A la région dorsale elle empiéte en partie sur les cornes grises. Les parties dégénérées contiennent des points blancs, ramifiés, correspondants au sillon longitudinal postérieur. La dégénérescence s'étend jusqu'au sommet du calamus scriptorius. Les faisceaux grêles sont légèrement transparents.

Les racines postérieures sont atrophiées, transparentes, principalement à la région dorsale. Les nerfs de la queue de cheval sont en partie dégénérés.

Les faisceaux latéraux et antérieurs sont sains. L'examen microscopique montre les caractères ordinaires de la dégénérescence : une très-grande altération des vaisseaux. La tunique adventice est gorgée de goutelettes graisseuses, rondes ou ovales et la circonférence des vaisseaux en est entourée D'autres goutelettes sont librement répandues dans le tissu connectif. Les gros vaisseaux sont plus altérés. Les petits sont plus homogènes, pauvres en noyaux, et de points en points leur calibre est oblitéré.

Altération musculaire. Une grande étendue du dos, notamment à la région lombaire, présente de petits points hémorrhagiques accompagnés d'une dilatation des vaisseaux. Les muscles du mollet sont très atrophiés, œdémateux, d'un brun pâle. Ceux de la partie supérieure de la cuisse sont pâles, moins transparents, œdématiés ; néanmoins ils ne présentent aucune trace de transformation graisseuse.

Les muscles vertébraux ont subi un commencement de transformation graisseuse.

. Cette altération est bien plus prononcée aux muscles des cuisses; elle correspond à la description que Wirchow a donnée de l'atrophie graisseuse. Les faisceaux musculaires sont en grande partie détruits par la graisse; d'autres encore reconnaissables ont des dimensions très-petites (à peine 3 mill. de mill.). Les vaisseaux ne sont pas altérés.

Leyden. (*Obs.* XXX.)

OBSERVATION LVIII.

Ataxie progressive ; symptômes céphaliques ; atrophie musculaire. — Altération grise des faisceaux et des racines, de la substance grise ; dégénérescence fibreuse des muscles atrophiés.

Dureau, camionneur, âgé de 38 ans, fut admis à l'hospice de Rouen en 1857.

En 1848 faiblesse et incertitude dans la marche, puis éblouissements. En 1856 la vue s'affaiblit, puis se perdit complètement; douleurs de tête, pendant sept mois, qui arrachaient des cris au malade et procuraient comme des espèces de crises nerveuses.

En 1858, hémorrhagies intestinales, maigreur considérable, vomissements depuis deux mois. En 1858, il ne peut plus se traîner qu'en se tenant aux lits. Il a conservé cependant en grande partie la force musculaire, et cette faiblesse dépend de l'ataxie.

Les muscles des jambes et des cuisses sont atrophiés, les membres supérieurs ont aussi maigri.

La contractilité électrique est diminuée dans ces parties, en proportion de l'atrophie.

Incontinence d'urine.

Altération de la sensibilité au contact, à la température, à la douleur, électrique.

Diarrhée, toux, hémorrhagies intestinales, escharres au sacrum. Mort dans le marasme le 30 novembre 1859.

Autopsie : Poumons tuberculeux : ulcérations intestinales; ganglions mésentériques engorgés. Les reins sont d'un gris jaunâtre, d'aspect graisseux.

Les muscles des jambes et des pieds ont presque complètement disparu, et sont représentés par un tissu mollasse d'un blanc sale, infiltré de sérosité, ceux des cuisses du tronc et des membres inférieurs sont grêles, mais sans trace de transformation, les nerfs périphériques paraissent sains.

Les centres cérébraux ne présentent rien d'anormal qu'une dépression des os de la voûte du crâne formant saillie à droite du sinus longitudinal supérieur, et laissant une empreinte sur le cerveau.

Les deux nerfs optiques, leurs bandelettes et leur chiasma, sont d'un gris brunâtre, aplatis, réduits au moins de moitié. Les autres nerfs crâniens sont sans altération.

La moëlle a une forme aplatie à la région cervicale. Dans toute sa face postérieure, entre les points d'insertion des racines postérieures, existe une bande grisâtre dont la couleur est très-prononcée à la région dorsale et s'affaiblit à la région cervicale et lombaire. La consistance de la moëlle paraît augmentée en ces points.

Les racines et les cordons antérieurs sont normaux. A partir de la quatrième paire, les racines postérieures deviennent transparentes, grisâtres, s'aplatissent, et sont d'autant plus atrophiées qu'on les examine à la région dorsale et lombaire.

Les cordons postérieurs sont d'un gris sale et sont remplacés par une substance demi-transparente comme cornée qui se confond entièrement avec les prolongements postérieurs de la substance grise, tandis que les cornes antérieures et la commissure restent distinctes. Les cornes postérieures sont distantes l'une de l'autre, à la région cervicale de 4 mill.; à la région dorsale de 2 millimètres 1/2; à la région lombaire de 4 mill.

Duménil. (Union Médicale, 11 février 1862).

OBSERVATION LIX.

Ataxie progressive généralisée. — Affaiblissement des sens, de l'intelligence, de la puissance musculaire. — Atrophie musculaire. — Altération avancée des faisceaux et des racines postérieurs dans toute leur hauteur, de la substance grise. — Altération commençante des parties antérieures de la moëlle, des nerfs faciaux, hypoglosses, etc.

Hervé, menuisier, 47 ans. Il y a 15 ans la maladie a débuté par des douleurs vives dans les membres inférieurs d'abord, puis dans tout le corps. L'incertitude des mouvements survint ensuite et se généralisa graduellement.

Emaciation générale, atrophie musculaire; décubitus dorsal; sensibilité intacte; affaiblissement général du système musculaire, sans paralysie réelle; mouvements ataxiques dans les quatre membres, mais surtout dans les membres inférieurs. Les membres sont pris d'agitations involontaires quand le malade veut les tenir élevés et immobiles. Douleurs fulgurantes s'accompagnant de secousses comme électriques.

Affaissement physique, intellectuel et moral. La parole est faible et languissante.

Affaiblissement de la vue, de l'ouïe et de l'odorat; troubles dans la miction et la defécation.

Autopsie vingt-quatre heures après la mort, le 25 mars 1862.

Moëlle épinière. L'arachnoïde opaline par plaques, dans la partie postérieure de son étendue, et surtout en bas, contient des vaisseaux nombreux et dilatés, et çà et là quelques cristaux d'origine hématique. Toute la partie postérieure de la moëlle paraît atrophiée et présente un aspect gélatineux surtout dans les régions inférieures. Les racines postérieures sont affaissées, diffluentes, grisâtres, hypérhémiées. Les tubes nerveux étaient plus ou moins dégénérés, granuleux, quelques-uns cependant paraissaient intacts, l'altération était bien plus prononcée aux régions inférieures de la moëlle qu'à la région brachiale ou cervicale où les racines étaient cependant grisâtres et molles.

Les racines antérieures étaient grisâtres aussi, plus résistantes, moins hypérhémiées. Les tubes nerveux y étaient infiniment moins modifiés.

Les faisceaux postérieurs, d'une coloration jaune ambrée et d'une consistance gélatineuse, étaient altérés dans l'espace compris entre les cornes grises postérieures mais beaucoup moins dans les régions supérieures de l'axe.

Les faisceaux antérieurs et latéraux n'étaient pas sensiblement envahis par la dégénérescence ; ils étaient parcourus par de nombreuses ramifications vasculaires.

La substance grise dans toute son étendue était vascularisée et remplie de corps amyloïdes. Les cellules de la substance gélatineuse à la région lombaire avaient disparu. Celles des cornes antérieures et des régions centrales de l'axe étaient recouvertes d'une multitude de granulations pigmentaires qui en masquaient les contours.

Les ganglions spinaux n'ont pas été examinés. Les nerfs hypoglosses et faciaux étaient pâles. Les fibrilles des pathétiques et des moteurs externes n'ont pu être retrouvées.

Le nerf sciatique à la région poplitée a été trouvé intact.

Les fibres musculaires du jumeau étaient la plupart intactes, quelques-unes étaient en voie de transformation fibreuse.

Les parois du quatrième ventricule, la substance grise, les tubercules, quadrijumeaux étaient hypérhémiées, les corps genouillés sans changements. Les fibres blanches de la bandelette optique, les fibres grises du nerf optique n'avaient pas évidemment leur consistance normale.

Les artères de l'encéphale présentaient des dépôts athéromateux. Les capillaires de la moëlle présentaient aussi une multitude de granulations jaunâtres incrustées dans leurs parois, aux points envahis par la dégénérescence.

Marotte. (Union médicale, 11 juin 1862.)

§ 3. — Les faits suivants se rapportent à la forme cérébrale. L'observation LX correspond à la variété que j'ai appelée *cérébrale primitive.* On n'a rien noté dans le cerveau ; ce qui vient à l'appui de l'opinion que j'ai émise plus haut que les symptômes céphaliques tels que : vertiges, maux de tête, tournoiements, etc., qu'on observe au début du mal ne tiennent qu'à une hypérhémie des masses cérébrales. (v. page 57 et suiv.)

OBSERVATION LX.

Ataxie progressive ayant débuté par des maux de tête, des vertiges. — Altération ordinaire des faisceaux postérieurs. — Rien dans le cerveau.

L. F..., 35 ans. Dès le mois de juin 1857, la malade était à l'hôpital de la Charité pour une parésis des extrémités inférieures. Pour la première fois en 1856, à la suite de troubles menstruels, elle éprouva des douleurs de tête, des vertiges, des étincelles devant les yeux. En même temps la marche se troubla et progressivement elle devint très-difficile.

Depuis longtemps elle avait de la toux, et depuis trois semaines des hémoptysies. Jamais de syphilis. Amaigrissement; incertitude dans la marche; perturbations de la sensibilité.

En octobre 1857, elle eut à plusieurs reprises des mouvements convulsifs dans tout le corps, en 1858 elle eut çà et là des douleurs rapides dans les parties atteintes de parésis.

En janvier 1863, elle entre dans le service chirurgical de la Charité pour un abcès autour du bassin ; on fit l'extraction d'un séquestre nécrosé.

Elle a de la toux, de la dyspnée. Elle ne marche que difficilement et avec un soutien, d'une manière incertaine. Les troubles s'étendent jusqu'aux mains. La malade peut se servir d'une grosse aiguille à tricoter. Douleurs principalement dans les jambes. Elle mourut de bronchite.

Autopsie faite le 2 février 1863 par le docteur Recklingausen.

Amaigrissement prononcé surtout des extrémités inférieures.

Moëlle épinière. Injection de ses enveloppes ; la pie-mère adhère intimement aux faisceaux postérieurs. A la région dorsale elle est filamenteuse.

La consistance de la moëlle est augmentée, dans les régions dorsale et lombaire ; les faisceaux postérieurs sont gris transparents dans toute leur étendue. Dans quelques points la dégénérescence a atteint les cornes postérieures et pénétré jusqu'au canal central. Dans la région dorsale on aperçoit quelques traces de substance blanche derrière ce canal. Faisceaux antérieurs et latéraux sains.

La substance grise est rougeâtre : la dégénérescence pénètre jusqu'à elle; nulle part d'hémorrhagie.

Les racines postérieures sont grises, transparentes, atrophiées.

En haut la dégénérescence pénètre jusqu'au quatrième ventricule ; elle est superficielle à la moëlle allongée. Aucun changement dans le pont de varole et dans le cerveau.

Les muscles sont pâles, mais ne présentent rien de bien anormal. Le nerf sciatique est grêle, mais sans altération notable.

Les altérations microscopiques sont les mêmes qu'à l'ordinaire. Tissu conjonctif abondant pourvu de noyaux ; tubes nerveux au contraire rares, à diverses périodes de transformation, depuis l'état variqueux jusqu'à l'atrophie complète. Corps amyloïdes ; altération graisseuse des vaisseaux. L'altération est encore plus prononcée dans les couches périphériques.

Leyden. (*Obs.* XXIX.

§ 4. — Nous avons vu plus haut à quels symptômes se caractérisait la *force cérébrale consécutive.* L'observation LXI nous montre que dans les cas de ce genre les troubles de la parole, qui surviennent à la suite de l'établissement de l'ataxie progressive, doivent être mis sur le compte d'une altération matérielle des nerfs moteurs de la langue. (Revoir page 64 et suiv.)

OBSERVATION LXI.

Ataxie progressive, forme cérébrale consécutive. — Dégénérescence grise des faisceaux postérieurs de la moëlle. — Atrophie de l'hypoglosse.

André Lotsch, 33 ans, boulanger. La maladie a débuté à l'âge de 18 ans sans cause par un affaiblissement progressif des extrémités inférieures; la démarche devint chancelante, hésitante. A 26 ans un affaiblissement analogue se fit sentir dans l'extrémité supérieure droite, puis dans la gauche. Un an après la parole devint embarrassée indistincte et ce symptôme aussi bien que la faiblesse des extrémités ne cessa pas de s'aggraver insensiblement.

Etat le 2 août 1858 : Constitution athlétique. Paralysie motrice incomplète des extrémités inférieures, qui permet au malade d'exécuter tous les mouvements simples, mais avec beaucoup d'efforts. Les adducteurs de la cuisse sont complètement paralysés. Les mouvements sont plus faciles aux extrémités supérieures ; la force est en grande partie conservée. Mais ici comme aux jambes les mouvements combinés s'exécutent avec la plus grande irrégularité.

Les troubles de la motilité sont plus prononcés à droite qu'à gauche.

Il est impossible au malade de se tenir assis droit. Il est accroupi dans son lit. La tête, lorsqu'il la dresse, oscille et balance de côté et d'autre sur le cou, comme si elle manquait de fixité.

La parole est embarrassée, bégayante. La langue n'est pas déviée; le malade la tire dans toutes les directions; mais elle est agitée par un tremblement et des secousses involontaires.

La sensibilité cutanée et musculaire est intacte partout. La sensibilité électro-musculaire est très-diminuée.

L'ouïe, l'olfaction, le goût, la vision, les facultés intellectuelles ne présentent rien d'anormal.

Développement exagéré du corps thyroïde. Mort le 8 janvier 1860 à la suite d'une fièvre typhoïde.

Nous passons sous silence les altérations de la fièvre typhoïde.

Moëlle épinière. La dure-mère est distendue par une grande quantité de sérosité limpide. La pie-mère dans toute la surface postérieure de la moëlle présente un aspect laiteux. Elle est épaisse, unie à la dure-mère par des adhérences filamenteuses, faciles à séparer.

Les cordons postérieurs dans toute leur étendue sont grisâtres, transparents, plus consistants. La dégénérescence est au maximum au niveau du renflement lombaire où la moëlle parait évidemment atrophiée et affaissée. Elle diminue en haut et en bas, il semble donc que la dégénérescence ait débuté par la région lombaire, et que de là elle se soit propagée en haut et en bas.

En haut l'altération se prolongeait jusqu'à la moëlle allongée; elle s'étendait aux corps restiformes, jusqu'aux limites du calamus scriptorius, mais elle était diminuée de moitié. Dans la région lombaire la moëlle était un peu ramollie, et macérée dans toute son épaisseur.

La substance grise de la moëlle, le cervelet, la protubérance, les pédoncules cérébraux ne paraissent pas altérés.

Le microscope démontre une atrophie des tubes nerveux, un tissu fibrillaire fin formé par les gaines nerveuses affaissées, une substance granuleuse, contenant des noyaux ronds et ovalaires, des corps amyloïdes.

Les capillaires présentent çà et là de petits amas de graisse et des granulations pigmentaires

Les racines postérieures présentent les mêmes altéra tions.

Les antérieures, comme les faisceaux antéro-latéraux, ne sont nullement atteints.

Dans le *nerf sciatique* amaigrissement et atrophie des tubes nerveux, sans transformation graisseuse. Le tissu conjonctif est abondant et semé de noyaux.

Ces changements se retrouvent, mais à un degré moins avancé dans le *nerf crural* et *brachial*. Ils sont extrêmement prononcés dans le nerf *hypoglosse* où le tissu connectif contient un grand nombre de corps amyloïdes.

Les autres nerfs crâniens, de même que le *sympathique*, étaient exempts de toute altération.

Friedreich. Loc. cit. Obs. I.)

OBSERVATION LXII.

Ataxie progressive, forme cérébrale consécutive. — Altération ordinaire des faisceaux postérieurs.

Salome Süss, née le 22 juin 1831. A 14, ans elle s'aperçut d'une déviation vertébrale, et à 16 ou 17 ans affaiblissement progressif des extrémites inférieures des deux cotés, accompagné de douleurs rapides A 20 ans, les extrémités supérieures furent envahies. A 26 ans parole un peu gênée et balbutiante. Depuis quatre ou cinq ans, toux sèche, fréquente, dyspnée et oppression.

Au 1er juillet 1863. Mouvements combinés des doigts difficiles, mouvements généraux maladroits et incertains. Aux jambes les mouvements d'ensemble sont possibles, mais difficiles, et ne s'exécutent qu'avec des efforts. La station et la marche sont impossibles sans appui. Le malade ne peut se tenir assise, elle s'affaisse et s'accroupit sur elle-même La sensibilité électro-musculaire est affaiblie aux extrémités inférieures, les autres modes de sensibilité intacts partout.

Léger nystagmus. — Pas de déviation de la langue ; leucorrhée Légères traces d'albumine dans les urines pendant les derniers temps. Morte de fièvre typhoïde.

Autopsie. — Dégénérescence graisseuse des muscles du dos surtout à gauche.

Hypertrophie du cœur. — Induration de la valvule aortique. Adhérences anciennes de la plèvre droite. Congestion pulmonaire des deux côtés.

Centres nerveux. Injection légère du cerveau, principalement du quatrième ventricule, dont l'épendyme est épaissi et induré dans sa moitié inférieure.

La dure-mère rachidienne contient une assez grande quantité de liquide. Elle adhère à la pie-mère par des bandelettes filiformes d'origine assez ancienne. La pie-mère comme le ligament dentelé est trouble, épaissie. Cette membrane adhère à la moëlle dans sa partie postérieure. A la région cervicale et à la moëlle allongée, elle a une coloration brune due à une pigmentation intense.

Les cordons postérieurs dans toute leur hauteur présentent la dégénérescence grise beaucoup plus prononcée à la région dorsale. Là la moëlle est aplatie, les faisceaux postérieurs sont visiblement atrophiés. Le sillon postérieur a presque partout disparu. L'altération comme l'aplatissement diminue à la région lombaire, et s'étend cependant jusqu'à l'extrémité inférieure de la moëlle.

Les cornes postérieures se distinguent à peine des faisceaux malades.

Les faisceaux antérieurs et latéraux paraissent intacts. Dans la moitié inférieure de la région cervicale, la moëlle était creusée de deux canaux longitudinaux parallèles, ayant environ une ligne de diamètre, situés en grande partie dans l'épaisseur de la substance grise autant du coté des cornes antérieures que des postérieures et empiétant un peu sur les faisceaux latéraux. Ils contenaient une faible quantité de sérosité; leur face interne était lisse et présentait une assez grande consistance. La direction de ces canaux était prolongée supérieurement des deux côtés par une série de foyers arrondis de même diamètre qu'eux. Dans ces foyers le tissu médullaire présente un aspect gélatineux, grisâtre, et une imbibition œdémateuse très-prononcée; une partie du liquide infiltré s'échappe après la section de la moëlle, et il reste un tissu réticulaire, lâche, fort délicat, qui s'affaisse en produisant une fossette arrondie légèrement déprimée. C'était évidemment une phase peu avancée de la formation des canaux. Ces foyers rappelaient d'ailleurs beaucoup le ramollissement celluleux du cerveau. On n'en trouvait que des traces peu distinctes dans le renflement lombaire.

Le microscope montre les mêmes altérations que dans le cas précédent. Dans le faisceaux latéral gauche on trouva une prolifération du tissu conjonctif, une atrophie et un état variqueux des tubes nerveux. Sur une préparation de la surface interne du canal, on trouva un stroma finement granuleux, un tissu fibrillaire clair, et des tubes nerveux très-ténus, mais intacts.

Les racines postérieures surtout celles de la queue de cheval étaient atrophiées, les antérieures normales.

Friedreich. (*Loc. cit. Obs.* IV.)

OBSERVATION LXIII.

Ataxie progressive, forme cérébrale consécutive. — Altération ordinaire des faisceaux postérieurs de la moëlle épinière.

Justine Süss, née le 17 juin 1828. Pas de maladie jusqu'à l'âge de 16 ans, où elle ressentit dans la jambe gauche d'abord et plus tard dans le côté droit une lassitude peu prononcée. Au début, douleurs lancinantes mobiles. A 20 ans, elle ressentit de la faiblesse dans le bras droit, puis dans la gauche; pendant ce temps la faiblesse des extrémités inférieures augmentait de plus en plus. En 1857 et 1858, la malade ressentit des douleurs déchirantes à l'extrémité des doigts plus violentes à droite qu'à gauche. Dans le lit fréquents mouvements involontaires de flexion des jambes sur le ventre. En 1858, crampes dans la jambe surtout à gauche. A 21 ans, faiblesse paralytique dans le bras. Vertiges fréquents au début de la maladie, menstruation régulière, constipation.

Etat le 26 juin 1859 : Le corps est bien nourri. Appétit bon, miction normale. Double nystagmus lorsqu'elle fixe un objet. La tête et le cou s'agitent à droite et à gauche dans la position verticale. Cyphose et scoliose à droite depuis les premières années de la vie. Bégaiement très-prononcé souvent inintelligible.

La malade peut à peine changer de place et en prenant un point d'appui.

Mouvements impossibles quand elle est debout, faciles, mais irréguliers dans le lit. Ataxie des membres supérieurs.

Contractilité électrique musculaire normale. La sensibilité électrique cutanée aussi intacte. Mouvements réflexes énergiques. La sensibilité cutanée interrogée par le contact, les piqûres d'épingles, le compas de Weber, est normale aux extrémités supérieures, au thorax, au visage; obtuse au ventre le long du dos et aux extrémités inférieures. Mort le 3 octobre à la suite d'une fièvre typhoïde.

Les muscles du cœur sont graisseux.

La pie-mère cérébrale est congestionnée. Près de la naissance de l'hypoglosse, kyste de la grosseur d'une noisette. La substance cérébrale est piquetée. La dure-mère rachidienne est fluctuante et contient une ou deux onces de sérosité limpide. Aplatissement de la moëlle. Adhérences et opacité de la pie-mère.

La dégénérescence grise occupe toute l'épaisseur des cordons postérieurs et une partie des faisceaux latéraux dans toute la région dorsale, et n'occupe que les couches superficielles des faisceaux postérieurs à la région cervicale. La scissure médiane postérieure était complètement oblitérée, l'antérieure était conservée. Au renflement lombaire la dégénérescence est exactement limitée aux faisceaux postérieurs.

La moëlle paraît aplatie et un peu ramollie. L'altération s'étend jusqu'à la pointe du cône médullaire. Elle se prolonge un peu en haut dans les cordons postérieurs de la moëlle allongée; les autres parties du bulbe et de l'encéphale n'en présentaient pas de traces.

Caractères ordinaires de la dégénérescence dans les faisceaux postérieurs. Dans les faisceaux latéraux on rencontrait des corps amyloïdes, le tissu fibrillaire n'était pas prédominant, les fibres nerveuses étaient réduites en détritus. Les racines postérieures étaient atrophiées. La dégénérescence était moins prononcée dans les régions supérieures qu'en bas.

On trouvait une grande quantité de tissu connectif interstitiel dans les gros troncs nerveux des extrémités.

Friedreich (*loc. cit. obs.* III.)

L'observation LXIV se rapproche par les symptômes des précédentes. Elle est remarquable par l'ataxie qui avait envahi le larynx.

OBSERVATION LXIV.

La nommée Grayer, âgée de 54 ans, entrée à la Salpêtrière en 1825. Au début, en 1818, engourdissement dans les pieds et dans les jambes, éclairs de douleurs très-vives séparés par de longs intervalles. La malade pouvait encore marcher, mais sa marche était incertaine; elle s'en allait de çà et de là, tombait souvent dans la rue. Dans le principe, elle avait le libre exercice des membres supérieurs; ils s'engourdirent à leur tour.

Examen à l'entrée. Les membres inférieurs sont complétement atrophiés; lorsqu'ils ne sont pas contenus par les couvertures, ils présentent les mouvements les plus irréguliers et les plus violents; les mêmes contractions spasmodiques involontaires se manifestent lorsqu'on dit à la malade de remuer volontairement les jambes. Les membres supérieurs obéissent mieux à l'empire de la volonté que les inférieurs; cependant, depuis longtemps, on est obligé d'introduire dans la bouche de la malade son potage et ses boissons. La conversation fatigue beaucoup, la parole étant promptement entrecoupée, affaiblie, accompagnée de grimaces d'autant plus prononcées que la malade fait plus d'efforts pour maîtriser ses mouvements. Les muscles de la déglutition et de la respiration sont entrepris comme ceux de la face et du larynx. Les mouvements respiratoires sont faibles, entrecoupés, saccadés.

La sensibilité est très-obtuse; la malade a une sensation faible des corps volumineux, elle ne sent nullement les corps ténus, et, pour les saisir ou les maintenir entre les doigts, elle est obligée d'avoir recours à la vue. La veille de la mort, elle est tombée dans l'assoupissement; jusque-là l'intelligence était restée parfaite.

Autopsie. La moëlle était atrophiée et présentait à peu près les deux tiers de son volume ordinaire. Les cordons médians postérieurs étaient transformés en une bande d'un gris jaunâtre et indurée, qui occupe toute la longueur de la moëlle ; supérieurement les cordons transformés s'enfoncent dans l'épaisseur des corps restiformes, se prolongent et cessent au niveau du cervelet. Les cordons antérieurs et latéraux sont parfaitement sains. Les racines postérieures sont tout à fait atrophiées; elles sont transparentes, filiformes, et contrastent avec les racines antérieures, qui ont conservé leur volume et leur aspect naturels.

(*Cruveilhier, ouvr. cité* 32me *liv. p.* 19.)

§ 5. — Dans le paragraphe suivant sont réunies quelques observations qui ont été considérées pendant longtemps comme des exemples de paraplégie, mais qui malgré leur symptomatologie souvent incomplète, méritent, à cause de leurs lésions anatomiques, de prendre place dans l'histoire de l'ataxie progressive. Les observations LXV et LXX surtout nous paraissent des exemples concluants de cette maladie.

OBSERVATION LXV.

Legard, 36 ans, fabricant de papiers, entre à Bicêtre en 1823, ayant une faiblesse extrême dans les jambes qui ne supportaient que difficilement le poids du corps. En 1825, on remarqua que ses membres véritablement atrophiés, étant abandonnés à eux-mêmes, se livraient à des mouvements automatiques fort irréguliers dont le malade ne pouvait se rendre maître. La face était la seule partie du corps qui conservât sa sensibilité, toutes les autres l'avaient absolument perdue. Les corps les plus froids ne produisaient sur lui aucun effet. Les évacuations alvine et urinaire restaient néanmoins soumises à la volonté.

Les mouvements des bras étaient incertains, la sensibilité des mains obtuse.

Tous les sens avaient conservé leur intégrité.

Autopsie. Toute la partie de l'axe cérébro-spinal comprise dans le crâne n'a offert aucune altération. Depuis le trou occipital jusqu'à son extrémité inférieure, toute la partie postérieure de la moëlle, y compris la substance grise jusqu'à la commissure centrale, se trouvait convertie en une matière jaunâtre, transparente et brillante comme une forte solution de gomme. Cette matière faisait une forte saillie sur toute la face postérieure du cordon rachidien ; lorsqu'on y pratiquait une section transversale, elle se renversait de tout côté en forme de champignon ; du reste cette matière n'offrait plus de trace d'organisation. La partie antérieure était un peu indurée, sans être autrement altérée. Les racines postérieures participaient à la dégénérescence; elles avaient une teinte d'un jaune grisâtre. Intégrité des racines antérieures. Les enveloppes ne présentaient rien d'anormal.

Hutin (Nouvelle Bibliothèque médicale, 1828.)

OBSERVATIONS LXVI ET LXVII.

Sandras aurait observé au dire de Duchenne (de Boulogne), dès 1829, deux cas de ramollissement des faisceaux postérieurs de la moëlle épinière. Dans l'un il y avait abolition du sentiment, dans l'autre du mouvement.

Sandras. (Journal général de médecine, 1829. T. CXI, p. 360.)

OBSERVATION LXVIII.

Il s'agit d'un homme de 35 ans chez lequel les mouvements du bras droit étaient plus faciles que ceux du bras gauche, et qui avait perdu tout mouvement volontaire des jambes et des pieds ; il avait en outre une sensation de brûlure des genoux aux pieds, et une perte complète des mouvements volontaires des muscles du cou. Il mourut d'une bronchite aiguë et à l'autopsie on constata : une turgescence considérable des veines de la moëlle épinière, quelques traces d'hémorrhagie entre la sixième et la huitième vertèbre dorsale. Les membranes de la moëlle épinière étaient saines dans toute leur étendue excepté à ce niveau. A la région dorsale les cordons postérieurs étaient ramollis dans une grande étendue, les antérieurs étaient sains. Au niveau de la première vertèbre lombaire, il existait une légère coloration hémorrhagique apparemment de vieille date. La portion cervicale de la moëlle était saine, les parties malades examinées au microscope montrèrent que les cordons postérieurs de la région dorsale avaient perdu toute trace de substance nerveuse : ils consistaient en une masse de matière molléculaire granuleuse, mélangée de petits globules d'huile et de quelques cellules granuleuses de nature complexe ; les cordons antérieurs présentaient peu de changement, et les racines antérieures étaient saines.

(*Topham*, *Lancet*, mars 1852.)

OBSERVATION LXIX.

Sur un sujet de 41 ans qui, malade depuis deux ans, souffrit dans les derniers mois d'une paralysie des mouvements très-accentuée, sans paralysie de la vessie ou du rectum, et dont la sensibilité diminua dans les derniers mois de la vie seulement, on trouva à l'autopsie une atrophie gélatineuse des faisceaux postérieurs depuis la région cervicale jusqu'à la queue de cheval. La moëlle et le cerveau étaient anémiés, les ventricules de ce dernier étaient ramollis, et étaient remplis de liquide.

Thungel. (*Klinische Mittheilungen von der medic. Abtheilung des allegem. Krankenhauser in Hamburg aus den Janre* 1858. *Hamburg* 1860, *s.* 76.)

OBSERVATION LXX.

Une femme, âgée de 44 ans, entre à la Salpêtrière le 11 juillet 1855. Elle raconte qu'il y a trois ans, après une violente émotion, elle éprouva une sensation de pesanteur et d'engourdissement dans les membres supérieurs, surtout du côté gauche, et plus tard dans les extrémités inférieures. Il survint graduellement de la faiblesse dans tout le côté gauche, et au bout de huit mois elle ne pouvait rien porter au bras gauche sans le regarder, tandis que le droit était seulement faible. Elle éprouvait en même temps, dans la colonne vertébrale, de violentes douleurs accompagnées d'un sentiment de brûlure. La sensibilité de la peau etait si grande qu'elle ne pouvait supporter le moindre contact.... En touchant le côté gauche du corps, on arrache des cris à la malade. La sensibilité morbide est moindre dans le bras droit. Quoique si sensible aux impressions douloureuses, ces parties, principalement le bras gauche, et un peu moins les doigts, ont perdu leur sensibilité tactile. L'hypéresthésie est aussi prononcée dans les membres inférieurs que dans les supérieurs, surtout à gauche ; les pieds cependant sont engourdis. La peau de la face est le siége de fourmillements.

Les mouvements du bras gauche sont aisés ; mais si la malade ne regarde pas, elle laisse tomber ce qu'elle tient dans les mains. Les mouvements du bras droit sont parfaitement libres. Du côté des membres inférieurs, on constate que leurs mouvements sont faciles dans le lit ; mais la marche est impossible sans le secours d'un aide, car il y a de la faiblesse et de l'hésitation dans la marche.

Autopsie. Les faisceaux postérieurs étaient altérés dans toute leur étendue, depuis un pouce au-dessous du renflement cervico-brachial, jusqu'à l'extrémité inférieure de l'organe ; ils étaient infiltrés de sérosité. Une coupe transversale montra que toute l'épaisseur des colonnes postérieures était altérée.

Examen microscopique. 1° Amas considérable de granulations grises, sphériques, mêlées à des fibres nerveuses, rompues, et à d'autres plus longues ; 2° matière amorphe, contenant quelques granulations, dont quelques-unes étaient graisseuses. La substance grise ne présentait d'autre altération qu'une quantité de graisse plus grande qu'à l'état normal dans les cellules et dans la matière amorphe.

Luys. (Comptes rendus de la Société de biologie, 1856.)

OBSERVATION LXXI.

G..., 63 ans, atteint d'une paraplégie incomplète, mort d'une érysipèle avant qu'on ait pu l'examiner avec soin. Les muscles des membres inférieurs fonctionnaient mal dans le décubitus dorsal, et la sensibilité était affaiblie.

Autopsie. Teinte jaunâtre ambrée et ramollissement léger limités aux cordons postérieurs dans toute leur hauteur, ganglions des racines spinales très-vascularisés, 200 à 300 corpuscules amyloïdes par préparation, jaunâtres, discoïdes. Quelques fibres nerveuses laissent écouler leur contenu.

Hillairet et Luys. (Gazette médicale de Paris, 1859.)

Appendice.

Considérations sur la sclérose des faisceaux latéraux et sur la sclérose de la moëlle épinière en général.

Dans quelques unes des nécropsies qui figurent dans ce chapitre les lésions anatomiques ne se sont pas limitées aux faisceaux postérieurs de manière à représenter l'altération type de l'ataxie progressive. Par exemple dans les observations LIV, LV, LVI la dégénérescence grise s'était propagée aux faisceaux latéraux. Cette propagation, quand elle existe, imprime immédiatement à la maladie une allure nouvelle et le premier symptôme qui apparaît est la paralysie. Le degré et l'étendue du mal influent d'ailleurs sur les manifestations symptomatologiques. Quand il n'y a que de l'hypérhémie, rien de nouveau n'apparaît. Quand la partie postérieure des faisceaux latéraux est dégénérée il y a une faiblesse vraiment paralytique. Si les faisceaux latéraux sont entièrement sclérosés, la contracture s'ajoute à la paralysie, c'est du moins ce qui résulte de l'observation LXXII. Si ce fait n'est pas exceptionnel (et nous avons de bonnes raisons de croire le contraire), on aurait à côté de l'ataxie progressive une variété de myélite chronique caractérisée par la contracture et la paralysie; et quand on verrait ces deux symptômes se réunir à ceux de l'ataxie progressive, on aurait à penser que les lésions ont empiété sur les faisceaux latéraux.

OBSERVATION LXXII.

Sclérose des faisceaux latéraux, symptômes de paralysie et contractures.

Une femme présentait depuis l'âge de quatorze ans les symptômes de l'hystérie convulsive la mieux caractérisée; plus tard les accès convulsifs devenus plus rares avaient fait place à des troubles permanents de la motilité. A 34 ans elle resta à la suite d'une attaque, dans un état de contracture des deux membres gauches, qui dura quinze jours et cessa brusquement. Un an plus tard une nouvelle contracture se déclare d'abord d'un seul côté, le côté gauche, puis s'étend bientôt au côté droit. La malade resta pendant près de deux ans dans une immobilité presque absolue, à peine interrompue par quelques moments de répit. Une amélioration notable survint spontanément : la malade put marcher et s'occuper de son ménage. Enfin en 1855 une nouvelle attaque violente ramène la contracture des quatre membres et des muscles du tronc qui persiste cette fois d'une manière difinitive, jusqu'à la fin de l'année 1864 où la malade est emportée par une maladie intercurrente. Ainsi cette femme est restée pendant neuf ans, de 1855 à la fin de 1864, au lit, privée de tout mouvement, sauf de ceux de la tête et du cou. L'intelligence est restée jusqu'à la fin dans une intégrité parfaite.

L'autopsie faite avec le plus grand soin par M. Ch. Bouchard, interne des hôpitaux, a fait connaître les particularités suivantes.

Les cordons postérieurs et antérieurs de la moëlle étaient sains. Les cordons latéraux au contraire, à droite et à gauche, étaient atteints de sclérose dans une bonne partie de leur épaisseur et dans toute leur longueur, depuis le bulbe jusqu'au renflement lombaire. Plusieurs des racines antérieures étaient aussi atrophiées tandis que les racines postérieures étaient à l'état normal. Il n'y avait aucune trace de méningite spinale.

Les caractères de la sclérose étaient très-nets, aspect gris, demi-transparent, gélatineux, consistance plus ferme, infiltration de la substance nerveuse par une matière amorphe ou fibrillaire transparente, et parsemée de noyaux de tissu conjonctif et de corpuscules amyloïdes; enfin atrophie des tubes nerveux, qui présentaient une série de dilatations et d'étranglements. La substance grise était intacte.

(*Gazette des Hôpitaux*, 25 février 1865.)

M. Bouchard, dans un mémoire très-bien fait (1) qui nous est arrivé assez tard pour nous laisser le regret de n'avoir pu lui donner la place qu'il mérite dans le chapitre consacré à l'historique, a étudié d'une manière générale la sclérose de la moëlle. Il admet trois variétés de cette dégénérescence.

La première, ou *sclérose en plaques*, dans laquelle la lésion est peu étendue et bien délimitée, pénétrant à une profondeur très-variable, pouvant même atteindre jusqu'aux limites de la substance grise, mais comprenant en général dans son épaisseur une portion de faisceaux de substance blanche de différents ordres.

La seconde, ou *sclérose rubanée*, dans laquelle la dégénérescence gagne dans le sens longitudinal n'occupant en général qu'un seul ordre de faisceaux mais d'une manière symétrique. La sclérose rubanée occupe les faisceaux postérieurs dans l'ataxie progressive; elle peut occuper les deux faisceaux latéraux, comme dans deux cas mentionnés par Turck et dans deux autres observés par M. Bouchard, enfin elle peut siéger dans les faisceaux antérieurs.

La troisième variété est la *sclérose diffuse*, qui participe des caractères des deux variétés précédentes. La moëlle est atteinte en général dans toute sa longueur, mais elle est altérée irrégulièrement suivant son épaisseur.

Ces variétés présentent les mêmes caractères histologiques. Elles diffèrent au point de vue symptômatologique. Nous avons vu les phénomènes qui appartiennent à la sclérose rubanée des faisceaux postérieurs. L'observation précédente nous a montré par quelles manifestations se traduit la sclérose rubanée des faisceaux latéraux. La sclérose rubanée des faisceaux antérieurs se reconnaît à la présence de phénomènes purement paralytiques. Suivant M. Bouchard les faisceaux antérieurs n'ont jamais été

(1) Ch. Bouchard. — *Des lésions anatomiques de l'ataxie locomotrice progressive. Mémoire lu au congrès médical de Lyon.* Lyon. Brochure 1865.

vus seuls sclérosés. Cependant Turck au dire d'Eisenmann a observé sur un total de quatorze cas pris au hasard de maladies chroniques de la moëlle épinière une fois la sclérose limitée aux faisceaux antérieurs. Nous ajouterons que M. Velpeau a rassemblé plusieurs cas empruntés à Serres, Calmeil, Royer-Collard, etc, qui démontrent que la myélite peut dans certains cas se limiter aux faisceaux antérieurs (1).

La sclérose en plaques et la sclérose diffuse donnent lieu à des symptômes variés dont le caractère dépend surtout du siége principal de la lésion. Ainsi si le summum de la dégénérescence porte sur les faisceaux postérieurs, il y aura prédominance de l'ataxie, si c'est sur les faisceaux antérieurs ou latéraux, de la paralysie.

Il résulte de ces faits qu'à l'exemple du cerveau où l'on voit la sclérose se limiter à certaines régions circonscrites (couches optiques, corps striés., etc), la moëlle épinière présente des atrophies isolées des faisceaux antérieurs, postérieurs, latéraux, de ses racines antérieures et postérieures. Ces altérations chroniques qui souvent se fusionnent entr'elles pour produire des types mixtes pendant trop longtemps réunis sous le nom de myélites chroniques ou de paraplégies donnent naissance à l'état d'isolement à des symptômes définis qui peuvent utilement éclairer le diagnostic et contrôler les résultats de l'expérimentation physiologique.

Nous mentionnons pour mémoire seulement l'atrophie limitée à la substance grise, variété de myélite chronique qui, d'après Brown-Séquard, se traduit par l'anesthésie.

Consultez : Brown-Séquard. — *Lectures sur la physiologie et la pathologie du système nerveux. Philadelphie.*

Reinfleich. — *Hislologiq. détail zu den grauen dé génération von Gehirn und Ruckenmark.* — Virchov's archiv. Bd. 26, 1863.

Turck. — *Die degeneration einzelner Ruckenmarksstrange.* — Sitzunberichte des akad des Wissench. — Vienne 1856.

Rokitansky. — Ueber das ausvachen des Bindegewebsubstanzen. — *même recueil* 1854, p. 122.

Luys. — *Comptes rendus de la Société de Biologie*, 1856.

Duguet. — *Sclérose du cervelet.* Gazette hebdomadaire, 1862, n° 46, etc.

(1) *Archives générales de médecine*. T. VII, p. 68.

DEUXIÈME PARTIE.

—

CARACTÈRES DE LA DÉGÉNÉRESCENCE.

§ 1er.

La dégénérescence grise des faisceaux postérieurs qu'on observe dans l'ataxie locomotrice progressive a des caractères physiques qui permettent de la reconnaître au premier abord. Les membranes rachidiennes présentent de très-fréquentes altérations, sur la valeur desquelles on n'a pas suffisamment insisté jusqu'ici. Quoique échappant souvent à l'influence morbide, la dure-mère a été trouvée dans plusieurs observations dues à Bourdon, Marotte, Leyden, Eisenmann, etc., épaisse, œdématiée, et beaucoup plus vasculaire qu'à l'état normal. Des adhérences filamenteuses, délicates, lâches, de formation ordinairement ancienne, la réunissent aux autres enveloppes de la moëlle. Quelquefois ces moyens d'union sont beaucoup plus intimes, et oblitèrent en certains points l'espace arachnoïdien.

Le liquide céphalo-rachidien est souvent plus abondant qu'à l'état normal. Il est clair, limpide, rarement purulent, comme nous l'avons observé une fois. Il donne, en s'accumulant dans le voisinage du renflement lombaire, naissance à une fluctuation qui est perceptible dès qu'on a ouvert l'enveloppe osseuse du rachis. (1) L'arachnoïde

(1) La colonne vertébrale ne présente généralement aucune altération. Cependant Friedreich a signalé, cinq fois dans les six observations qu'il a rapportées une déviation de la colonne vertébrale, consistant dans une scoliose de la région dorsale ; trois fois cette déformation était accompagnée d'une cyphose de la même région ; les renseignements n'indiquent pas si cette déviation a été primitive ou consécutive aux phénomènes locomoteurs.

Friedreich. — Ueber dégénérative atrophie der spinalen hinterstrange. — Virchow's archiv. fur patholog. anat. und physiolog. Bd. 26 et 27, 1863, et Archives générales de médecine 1863.

Leyden a signalé aussi une cyphose de la région dorsale sur une fille de 3 ans 1/2.

offre des lésions nettement accusées. Tantôt les changements morbides se bornent à une congestion plus ou moins intense. Les vaisseaux dilatés forment un riche lacis qui rappelle assez bien une injection artificielle des capillaires. Elle conserve encore sa transparence et on peut apercevoir à travers ses mailles la couleur anormale des faisceaux malades. Quand l'altération a fait des progrès plus grands, l'arachnoïde spinale devient blanchâtre, opaque dans une certaine étendue, ou par plaques plus ou moins considérables. Chez un malade de Marotte une de ces plaques mesurait 4 ou 5 centimètres de long et avait l'aspect d'une fausse membrane, disposition qu'on retrouve dans une observation de Cruveilhier. Le plus souvent ces plaques sont analogues aux productions cartilagineuses, qu'on trouve chez les vieillards. Elles sont constituées par de petits sphéroïdes fibreux à couches concentriques dont quelques-uns sont passés à l'état osseux (Charcot et Vulpian). Il n'est pas rare de voir l'arachnoïde teinte en gris ou en brun par suite de petits dépôts pigmentaires qui se font dans son épaisseur (1).

La pie-mère est intimément soudée aux faisceaux postérieurs et on ne peut l'en détacher sans entraîner des fragments de substance nerveuse. On a vu cette membrane présenter des étranglements successifs et rétrécir ainsi en forme de chapelet la moëlle épinière (Rokitansky).

Ces altérations des enveloppes dépassent rarement les faisceaux postérieurs ; on les trouve exceptionnellement au niveau des faisceaux latéraux, et plus rarement encore dans les régions antérieures de la moëlle.

Quand on a dépouillé cet organe de ses enveloppes. les faisceaux postérieurs apparaissent avec une coloration particulière le plus souvent d'un gris ardoisé. D'autrefois c'est une teinte grisâtre, tirant sur le jaune ou sur le rouge, ou bien encore approchant de la couleur chocolat.

(1) L'état de l'arachnoïde ne se trouve mentionné que dans les observations françaises, les auteurs allemands n'admettent pas l'existence de cette membrane; mais il est facile de mettre les observateurs d'accord en reportant les altérations de l'arachnoïde sur le feuillet postérieur de la pie-mère et la face interne de la dure-mère.

La teinte n'est pas toujours uniforme, mais très-souvent interrompue par des stries blanches. Les faisceaux malades sont transparents, comme gélatineux, quelquefois ils présentent par places de petits foyers de ramollissement ou quelques points hémorrhagiques.

Ils sont visiblement atrophiés : la moëlle est aplatie dans le sens antéro-postérieur comme on le trouve mentionné dans les observations de Friedreich, Leyden, Ollivier d'Angers, etc., et elle paraît élargie dans le sens transversal. Ceci nous explique comment certains auteurs ont signalé l'augmentation de volume de la moëlle.

Sur des moëlles durcies il est facile de mesurer avec un compas les diamètres de cet organe. On voit alors que le diamètre normal étant en moyenne de 11 millimètres (Sappey), le diamètre antéro-postérieur est au plus de 8 millimètres (obs. Duménil), et qu'au contraire le diamètre transversal atteint 12, 13 et même 14 millimètres suivant les régions. (Obs. Charcot et Vulpian). Voir aussi Ollivier d'Angers, p. 405. *Loc. cit.*

Il résulte de ces faits et de ces mesures que l'atrophie semble marcher dans le sens antéro-postérieur.

La consistance des parties malades est généralement plus grande qu'à l'état sain, elle se rapproche de celle d'un cerveau durci dans l'alcool. En passant légèrement la pulpe du doigt sur la surface postérieure de la moëlle on perçoit dans certains cas une sensation d'inégalités successives, indiquant les points dans lesquels le tissu nerveux varie de densité. L'induration de la moëlle coïncidant avec son atrophie n'est donc pas toujours uniforme, elle n'est pas constante non plus. Car dans plus d'un cas la consistance était normale, et dans plusieurs diminuée. Ce ramollissement des faisceaux postérieurs est un fait d'autant plus important que sur un relevé de cinquante-six cas, je l'ai trouvé noté seize fois. Il est généralement circonscrit, et les parties voisines ont souvent une consistance exagérée (1).

(1) Turck a rencontré ce ramolissement une seule fois sur onze; Romberg ne le considère pas comme rare dans le tabes dorsal; le professeur Albers (de Bonn) l'a

Le sillon médian postérieur est presque toujours oblitéré en totalité ou en partie. Dans les observations d'Ollivier (d'Angers), il n'en restait plus de trace. C'est probablement cette circonstance qui l'a conduit à voir dans ces faits une hypertrophie de la substance grise ayant écarté les faisceaux postérieurs.

Comme résultat de l'atrophie, on a signalé le rapprochement et la disposition des cornes postérieures, qui, au lieu de diverger, sont devenues parallèles entr'elles.

L'altération varie d'intensité suivant les régions. En règle, elle est au maximum à la région lombaire, et elle diminue progressivement à mesure qu'on examine des points de plus en plus élevés de la moëlle. En haut il n'est pas rare de la voir limitée aux faisceaux grêles postérieurs. D'autres fois elle a envahi le bulbe, certains points de la protubérance annulaire; elle pénètre sur les côtés du calamus scriptorius. C'est là sa dernière limite en général. On a bien signalé quelques changements du côté des tubercules quadrijumeaux, des couches optiques, des corps striés. Mais tout se borne, dans ces cas, à une injection plus ou moins intense. Les centres cérébraux sont sains de coutume. Dans une observation qui nous est personnelle, nous avons rencontré des désordres très-avancés : à droite le pédoncule cérébral, la couche optique et les tubercules quadrijumeaux avaient complètement disparu; à gauche le pédoncule cérébral et la plus grande portion de la couche optique étaient détruits (1). Turck a rencontré deux fois des tumeurs cancéreuses dans le cervoau, une fois dans l'hémisphère gauche, une autre fois à la base de l'organe.

En bas la dégénérescence peut atteindre jusqu'aux limites les plus inférieures du cordon rachidien, du filum terminale.

fréquemment observé dans cette maladie ; Eisenmann regarde le ramollissement comme le résultat d'une hypérhémie secondaire , Laboulbène au contraire comme primitif.

Voir Albers : 28e livraison de son anat. pathologique. — Laboulbène et Rayer : *Gazette médicale de Paris*, 1856.

(1) Voir Carre thèse p. 56.

Latéralement elle est bornée par le point d'émergence des racines; souvent même elle en est séparée par une ou plusieurs bandelettes blanches qui représentent des parties non altérées des faisceaux postérieurs. La présence de ces bandelettes enlève aux parties malades la teinte uniforme qu'elles ont d'habitude, quand la dégénérescence est avancée et qu'elle se prolonge aux faisceaux latéraux. Cette propagation n'est pas rare dans les parties inférieures. Les faisceaux latéraux peuvent être complètement envahis et même une partie des cordons antérieurs.

Il est fréquent de voir cette altération occuper en bas une grande partie des faisceaux latéraux, tandis qu'en haut elle se restreint à la partie médiane des faisceaux postérieurs.

Cette diminution ascendante de l'intensité des lésions souffre quelques exceptions. Dans certains cas de Friedreich, elles avaient leur maximum à la région lombaire, et décroissaient ensuite progressivement en haut et en bas. Dans les observations de Turck, le plus souvent le maximum de l'altération était au niveau de la région lombaire ou dorsale, mais dans quelques cas la dégénérescence était à son apogée dans la portion cervicale de la moëlle. Cette particularité se retrouve dans plusieurs observations de Leyden, où le mal était très-avancé à la région du cou, diminuait à la région dorsale, tandis que toute la partie inférieure de la moëlle était saine. La propagation dans le sens antérieur varie aussi. On s'en rend bien compte par des coupes transversales successives. On voit alors que la dégénérescence est beaucoup plus prononcée dans les couches périphériques et dans le voisinage du sillon médian que dans les parties latérales et centrales. Elle se propage souvent cependant jusqu'aux cornes grises postérieures qui paraissent alors se confondre avec les faisceaux postérieurs. Quand l'altération est peu avancée les couches extérieures de la substance grise sont d'un gris sombre, les centrales d'un gris rosé. Cette coloration est tantôt uniforme, tantôt interrompue par des stries blanches qui pénètrent jusqu'aux cornes, et qui correspondent à ces traînées blanches que j'ai signalées à l'extérieur. Certaines de ces trainées ont un aspect tuméfié; ce sont des vaisseaux qui ont subi un degré avancé de transformation graisseuse. Il est rare que la teinte morbide aille jusqu'à la commissure postérieure.

La substance grise de la moëlle participe au processus dans plus de la moitié des cas. Ainsi sur quarante-huit observations où j'ai cherché à être édifié sur son état, vingt-une fois elle était altérée, onze fois non mentionnée, et seize (en comptant les onze cas de Turck) elle était saine. Son intégrité est donc loin d'être aussi constante que certains auteurs l'ont pensé. Leyden de son côté considère son altération comme constante.

Dans certains cas, comme dans celui de Hutin, la substance grise était compromise dans toute son étendue, réduite en détritus; sa coloration, d'un gris foncé, était très-différente de celle de l'état normal. Mais il est bien rare qu'elle ait subi un degré aussi avancé d'altération. Je ne connais guères que le cas de Oulmont et de Bourdon où l'on ait trouvé encore des changements appréciables dans les éléments des cornes antérieures. Il ne suffit pas, pour juger de l'état de la substance grise, de s'en tenir aux indications fournies par la vue ; le contrôle du microscope est indispensable, car souvent il fait découvrir des lésions là où on ne les soupçonnait pas.

Une disposition curieuse a été signalée par Friedreich. C'est l'existence d'un double canal occupant les parties latérales de la moëlle, à la région dorsale ; canal pouvant admettre une petite sonde, et dont les parois indurées étaient formées par des tubes nerveux minces, tassés.

Ce fait est unique jusqu'à présent dans l'ataxie locomotrice progressive. Calmeil (1). Gall (2) , John Wagner (3), ont signalé l'existence de pareils canaux dans d'autres maladies (4).

(1) Calmeil. — *Journal des progrès des sciences et institutions médicales*, t. XI, p. 77, 1828.

(2) Gall. — *Anatomie et physiologie du système nerveux*. p. 51.

(3) John Wagner. — *Archiv. f. anat. und physiolog*. 1861, s. 735.

(4) Consultez surtout : Nonat. — *Recherches sur le développement d'un canal rempli de sérosité dans le centre de la moëlle épinière.* (*Archiv. génér. de médecine*, 1838, *p*. 287.) On trouvera dans ce travail un très-bon résumé de ce point de pathologie.

Les racines postérieures, sauf quelques exceptions, sont atrophiées, d'un aspect grisâtre, comme gélatineux, transparent. L'altération suit ordinairement celle des faisceaux postérieurs, augmentant et diminuant comme elle. Les nerfs de la queue de cheval sont presque constamment aplatis, réduits pour ainsi dire à un simple ruban, dans lequel on ne retrouve plus les caractères physiques des nerfs, qui sont comme macérés dans l'eau et souvent hypérhémiés. Leur teinte morbide suffit, à un simple examen, pour faire distinguer ceux qui naissent des faisceaux postérieurs de ceux qui émanent des faisceaux antérieurs. Les racines de la région cervicale participent beaucoup plus rarement au processus morbide.

Les ganglions intervertébraux ont été peu examinés. Bourdon les a trouvés plus volumineux, hypérhémiés; ils présentaient de légères modifications de structure.

Les racines et les faisceaux antérieurs demeurent sains. Leur couleur blanche, leur consistance normale, leur volume, les font contraster d'une manière frappante avec les parties malades.

§. 2.

La dégénérescence, dont nous venons de retracer les principaux caractères physiques, est essentiellement caractérisée par une atrophie graduelle et progressive des éléments nerveux, et par un développement graduel et progressif du tissu connectif qui les sépare. Ces deux phénomènes marchent parallèlement: plus l'atrophie des éléments nerveux est prononcée, plus l'hyperplasie du tissu cellulaire est évidente. Les tubes nerveux passent donc par toutes les phases de dégradation, depuis la simple irrégularité des formes jusqu'à leur disparition complète, et sur une même préparation, on peut rencontrer des degrés très-divers de dégénérescence. Au début de la maladie, on ne constate qu'un écartement des tubes, qui, au lieu d'être juxtaposés, sont séparés par des intervalles plus ou moins larges, mais groupés encore par petits faisceaux de six à huit. Ils sont inégaux, raboteux sur leurs bords, mais ils conservent leur double contour. Plus tard, et à mesure que le tissu conjonctif exerce sur eux une pression excentrique, ils deviennent irréguliers, variqueux, la myéline au lieu de former une couche uniforme autour du cylindre d'axe, se fragmente et prend une couleur grisâtre qui devient très-évidente sous l'influence de certains réactifs; le cylindre d'axe lui-même perd sa rectitude et sa régularité.

Le diamètre des tubes se modifie. Au lieu de 10 à 15 millièmes de millimètre (Sappey), ils n'ont plus que 7 ou 8 millièmes de millimètre, et même 5 seulement. Il ne faut pas les confondre avec d'autres tubes d'un très-petit volume (4 à 5 millièmes de millimètre) et qui n'ont pas cependant subi de modification morbide. Ces éléments, qui ont une grande analogie avec les tubes nerveux du cerveau, et qui ont été signalés par Charcot et Vulpian, sont des tubes nerveux de nouvelle formation (1). Comment concilier ce fait avec les observations de Leyden, qui a trouvé dans certains cas des tubes nerveux de 25 à 28 millimètres ? On trouve souvent des tubes sains, au milieu des parties le plus profondément altérées. Ils correspondent aux traînées blanchâtres, que nous avons signalées à l'extérieur, et sont les derniers conducteurs de la sensibilité qui peut persister, même dans une période avancée du mal.

Jusqu'ici les trois parties constitutives du tube nerveux (gaine, myéline, cylindre d'axe) quoique altérées, ont conservé leurs rapports normaux. Il arrive un moment où la gaîne nerveuse éclate, où son contenu s'épanche à l'extérieur, et où ses deux parois finissent par s'accoler. Dans d'autres points la gaîne nerveuse se sépare du cylindre d'axe, et se répand dans le tissu fondamental, où elle apparait sous forme de fibrilles très-délicates. Dans tous les cas l'élément nerveux se trouve privé de sa partie principale, de celle qui lui donne ses propriétés et qui les entretient. Les parties élémentaires du tube nerveux sont alors séparées, disséminées pêle et mêle, en voie de

(1) Leur présence dans les parties malades est d'une haute importance : elle nous montre que la moëlle peut se régénérer, en même temps qu'elle nous laisse entrevoir la voie que suit la nature pour arriver à ce but et à la guérison.

dégénération. La myéline se résorbe, les gaînes nerveuses s'infiltrent de graisse, et donnent naissance à des noyaux ovales, volumineux, le cylindre d'axe est mis en liberté (1).

Les tubes nerveux ne se rompent qu'à un degré avancé de la transformation morbide ; puis ils se rendent en un détritus informe, où il est difficile de retrouver l'élément primitif. Il est digne de remarque que pendant longtemps, le tube nerveux persiste dans sa continuité, quoique privé de son contenu. Sous l'influence de certaines circonstances physiologiques ou thérapeutiques, il peut encore reprendre ses fonctions; mais lorsqu'il est rompu, réduit en débris, qu'il a subi la transformation graisseuse, alors il faut désespérer de lui voir reprendre ses usages.

Les tubes nerveux sont répandus au milieu d'une gangue qui au premier aspect paraît homogène et finement grenue. Elle est formée par le tissu connectif, qui a subi un accroissement souvent très-considérable, et qui est d'autant plus abondant qu'on examine des points où les tubes nerveux sont moins nombreux, et vice versâ. Il suffit pour étudier cette disposition dans son ensemble d'un grossissement de soixante à cent diamètres. On peut se servir d'une moëlle fraîche. A ce grossissement, sur une coupe mince, on aperçoit une surface tachetée, formée par des points sombres, ronds, séparés les uns des autres par des intervalles clairs plus ou moins larges. Les points sombres correspondent aux coupes des faisceaux nerveux, les interstices clairs au tissu connectif interposé. En général plus on se rapproche de la commissure postérieure,

(1) Pour examiner les tubes nerveux on traitera par l'alcool et la thérébentine une coupe de moëlle préalablement durcie dans l'acide chromique. Alors la myéline devient très-apparente, elle acquiert une couleur légérement jaune ou grisâtre qui tranche fortement sur les parties voisines qui ont conservé leur clarté, et permet ainsi de suivre la disparition graduelle de cette partie.

M. Sappey, pour coaguler la moelle emploie une solution d'acide azotique au quart, dans laquelle il fait bouillir pendant quelques instants la moëlle, il traite ensuite la préparation par l'acide acétique ou l'alcool. Le névrilème est complètement détruit et l'on a une idée exacte de la quantité de moëlle qui reste et de la forme qu'elle revêt.

plus les points sombres, et par conséquent les éléments nerveux, vont en augmentant, plus on avance de la périphérie, plus les interstices clairs se prononcent davantage. Enfin sur les limites les plus externes de la préparation, les interstices clairs ne sont souvent interrompus par aucun point sombre.

A de plus forts grossissements , le tissu connectif perd son aspect homogène, il paraît alors constitué par des fibrilles délicates, réunies entr'elles, circonscrivant des aréoles de forme et de dimensions variables et présentant un aspect feutré. Pour mieux apprécier sa disposition on ajoute à la préparation, préalablement traitée par l'alcool ou la thérébentine, quelques gouttes d'une solution de carmin. Le tissu connectif se colore immédiatement en rouge, et il est facile à l'œil nu de reconnaître les parties malades de celles qui sont saines; car celles-ci conservent leur couleur normale. Ce procédé, à cause de sa simplicité, doit devenir d'un usage commun; il permet de reconnaître la sclérose de la moëlle, et de préciser son étendue. Examinés au microscope les tubes nerveux perdent leur aspect sombre, on les distingue comme de petits cercles clairs, au milieu desquels le cylindre d'axe apparaît comme un point noirâtre ou pour mieux dire rouge.

Voici quelles sont les préparations préalables qu'on doit faire subir à la moëlle quand on veut l'examiner à de plus forts grossissements (1) pour apprécier les modifications intimes qu'elle a subies dans sa structure.

On la fait macérer pendant vingt-quatre ou quarante-huit heures dans l'alcool, ou dans une solution de sublimé, ou d'acide nitrique. Mais à tous ces moyens, je préfère l'acide chronique étendu. La moëlle y séjournera pendant un ou deux jours, et au bout de ce temps, on peut faire avec un rasoir ou des appareils spéciaux des coupes très-minces. On peut conserver pendant très-longtemps la préparation dans la glycérine.

Sous l'influence de l'acide acétique étendu, le tissu fi-

(1) 3 à 600 diamètres.

brillaire perd son aspect homogène, il paraît se gonfler, et on voit les éléments qu'il renferme.

A. Cellules et noyaux. — Les cellules de forme généralement ovoïde, mesurent de 0,004 millim. à 0,006 millim. en longueur sur 0,003 à 0,005 millim. en largeur; elles contiennent ordinairement un noyau ovalaire ou arrondi.

Les noyaux sont tantôt régulièrement distribués dans les préparations, à l'état isolé, tantôt réunis ensemble en groupes de deux ou quatre, rarement plus. Ils sont arrondis ou ovalaires. Les premiers appartiennent au tissu connectif, les noyaux ovalaires aux gaînes nerveuses (Leyden ; Charcot).

Ils sont généralement munis de deux à quatre nucléoles.

B. Corps granuleux. Ils siégent de préférence dans le voisinage des vaisseaux aux parois desquels ils semblent accolés, d'autres fois au milieu de la gangue fibrillaire. Très-nombreux, fortement réfringents, généralement volumineux et de forme elliptique, ils sont rarement pourvus d'un noyau.

C. Granulations molléculaires. MM. Charcot et Vulpian sont les seuls, je crois, à avoir signalé ces granulations molléculaires, très-fines, qui résistent à l'action de la potasse, et dont la nature n'a pu être déterminée.

D. Granulations graisseuses. Elles sont reconnaissables à leur éclat brillant, à leur forme arrondie, réfractant fortement la lumière. Généralement très-nombreuses, il est rare que leur présence fasse défaut. Elles affectent diverses positions. Tantôt elles sont réunies autour des vaisseaux, et donnent naissance par leur réunion aux corps granuleux, tantôt dans l'épaisseur des vaisseaux, ou dans l'intérieur des gaînes nerveuses, tantôt enfin elles sont réunies en amas libres et isolés.

Elles pâlissent et disparaissent sous l'action de l'éther sulfurique.

E. Corps amyloïdes. Presque constants, on les retrouve dans tous les points malades, dans les faisceaux, dans les racines, dans les ganglions, dans la substance grise. Ce sont des corpuscules ovales, formés de couches concentriques. Pour constater leur présence, on n'a qu'à ajouter à la préparation quelques gouttes d'une solution d'iode et d'acide sulfurique. Ils bleuissent immédiatement, d'autrefois ils brunissent seulement. Rokitansky s'est basé sur cette différence pour admettre deux variétés de ces corpuscules. Il donne le nom de corpuscules colloïdes aux derniers.

Ajoutons que Friedreich (*L. cit. obs.* 1) a rencontré dans les faisceaux postérieurs des *Corpuscules de Hassal* qui font partie des corpuscules amyloïdes faux (Virchow) par opposition aux précédents (corpuscules amyloïdes vrais.) (1)

On est loin de s'entendre sur la signification qu'il faut donner à ces corps. Beaucoup d'anatomistes les considèrent comme un produit normal, et en effet on les retrouve à l'état physiologique dans les centres nerveux et dans plusieurs viscères. D'autres les regardent comme une production pathologique.

Rokitansky voit dans ces corpuscules une métamorphose régressive des éléments de la moëlle.

Leyden fait observer qu'il les a trouvés souvent autour des vaisseaux, si abondamment et si exactement réunis qu'il est impossible qu'ils proviennent des nerfs eux-mêmes.

F. Granulations pigmentaires. — On trouve très-souvent des granulations pigmentaires, reconnaissables à leur forme arrondie, à leur couleur brun-jaunâtre, et à leur résistance aux réactifs.

G. Hématoïdine. — Ce principe du sang se présente sous deux formes ; l'hématoïdine *amorphe*, caractérisée par des granulations d'un rouge brun; l'hématoïdine *cristallisée* qu'on reconnaîtra à la présence de petits cristaux de forme prismatique.

Etat des vaisseaux. — Abondants et dilatés comme nous l'avons dit, c'est à leur rupture, aux petites hémorrhagies

(1) Voici à quels signes on reconnaîtra généralement les corps amyloïdes: l'iode les colore en bleu, l'iode et l'acide sulfurique en violet, l'eau bouillante les dissout, l'éther au contraire n'exerce aucune action sur eux (Kolliker.)

qui la suivent qu'est due la coloration grise des parties malades, comme l'aspect gélatineux transparent reconnaît pour cause la présence des corps amyloïdes. Mais les capillaires de la moëlle subissent d'autres modifications plus importantes. Leurs parois s'épaississent ce qui est facilement visible sur les gros capillaires. Des granulations graisseuses, des corps granuleux se déposent le long de leur parois, tantôt par groupes irréguliers et espacés, tantôt ils forment une couche uniforme qui enveloppe la circonférence du vaisseau dans sa totalité. En d'autres points la graisse s'est infiltrée entre la tunique adventice et la tunique propre ; elle envahit les noyaux que renferment ces membranes, elle pénètre jusqu'à l'intérieur du vaisseau qui se déforme. Celui-ci reste néanmoins longtemps perméable, le microscope y reconnaît des corpuscules sanguins; mais bientôt la circulation s'interrompt, le vaisseau s'oblitère. Cette transformation se reconnaît à des traînées d'un blanc mat crayeux, ramifiées.

Les plus fins capillaires ont un aspect homogène, scléreux, brillant, et ne présentent plus de granulations.

M. Ordonez, qui a scrupuleusement étudié ces altérations vasculaires, décrit aussi les procédés dont il s'est servi pour distinguer cette infiltration athéromateuse de l'infiltration calcaire qu'on observe souvent chez les vieillards.

L'éther sulfurique, azotique, acétique ne les attaquaient nullement.

Une solution de soude caustique au cinquième pâlissait immédiatement les parois des capillaires et ensuite faisait disparaître les granulations molléculaires probablement en se combinant avec elles, car on voyait apparaître des cristaux en aiguilles, semblables à ceux de certains margarates. L'alcool ajouté après l'emploi de la soude dissolvait plus facilement les granulations (1).

(1) *Note sur les altérations athéromateuses du cerveau et de la moëlle épinière*, par Ordonez. —(Gazette médicale de Paris, 7 mars 1863. — *Comptes rendus de la Société de Biologie de novembre* 1862.)

C'est en se fondant sur ces divers caractères, qu'on pourra différencier ces deux variétés d'altérations vasculaires. On doit cependant se demander si l'altération calcaire des capillaires ne se rencontre jamais dans l'ataxie locomotrice progressive.

Tels sont les principaux changements que subissent les éléments des faisceaux postérieurs dans l'ataxie locomotrice progressive. Ce que nous venons de dire pour ces parties s'applique également aux faisceaux latéraux dont l'altération est toujours moins avancée, et se borne le plus souvent à une dégradation des tubes et des vaisseaux. Les produits pathologiques, noyaux, cellules, corps amyloïdes, gouttelettes graisseuses, etc., se présentent encore ici, mais toujours en moins grand nombre.

Quant aux faisceaux antérieurs qui conservent d'ordinaire leurs propriétés normales, sauf quelques cas rares où l'altération s'est propagée faiblement jusqu'à eux, ils tranchent par leurs caractères histologiques (intégrité et abondance des tubes nerveux, intégrité des vaisseaux, etc.) comme par leurs caractères physiques, sur les parties malades.

Enfin ce serait nous exposer à des redites inutiles que d'ajouter que dans les racines malades comme dans les nerfs crâniens, et même dans certaines parties des masses cérébrales où la dégénérescence grise s'est propagée, les éléments nerveux subissent à des degrés variables les métamorphoses morbides que nous avons retracées.

Nous nous arrêterons seulement un instant sur l'état de la substance grise.

Substance grise. — Ses altérations sont fréquentes (voir page 188). Elles présentent les caractères physiques décrits plus haut, et plusieurs degrés. Dans la plupart des observations on a signalé l'hypérhémie de cette substance. On la retrouve souvent dans toute la hauteur de l'axe rachidien, dans les nerfs crâniens et dans certains points des masses cérébrales. Dans la substance grise de moëlle il est exceptionnel de retrouver des traces de cette hypérhémie dans d'autres parties que les cornes postérieures.

Plus tard les vaisseaux subissent les mêmes transformations que dans les faisceaux postérieurs. Ces changements coïncident avec des changements non moins prononcés dans le tissu connectif; nous n'y reviendrons pas. Nous nous arrêterons seulement à l'état des éléments propres à la substance grise : les *cellules* et les *tubes nerveux*.

Les cellules des cornes postérieures et principalement celles de la substance gélatineuse de Rolando, sont le siége que l'altération choisit de préférence. Les cellules sympathiques sont aussi fréquemment altérées, et on reconnaîtra aux caractères spéciaux de ces groupes de cellules le point où en est arrivé la dégénérescence. Quant aux cellules antérieures, elles conservent d'ordinaire leurs dimensions, leur forme et leur structure normales.

Les cellules malades se reconnaissent à la diminution de leur diamètre, l'irrégularité de leurs contours. Elles sont déchiquetées, ratatinées. Très-souvent elles sont remplies de pigment alors même que leur forme est conservée intacte.

Leurs appendices persistent dans certains cas, dans d'autres ils ont disparu, et on ne peut plus suivre leur continuation avec les tubes des racines correspondantes.

Les tubes nerveux de la substance grise qui sont habituellement très-tenus (0.008 millimètres de diamètre) seront facilement étudiés à l'aide de l'acide chromique et de l'alcool; on pourra les distinguer alors qu'ils seront rompus, réduits même à des gouttelettes informes, mêlés à des gouttelettes graisseuses et à des corps amyloïdes.

Ils faut employer pour cette étude de forts grossissements, de même que pour étudier les ganglions et apprécier les altérations très-peu connues jusqu'à ce jour de leurs corpuscules et des filaments nerveux qui les entourent.

Degrés de la dégénérescence. — En examinant dans son ensemble le travail morbide dont nous venons de retracer les caractères, on voit qu'il ne se présente pas partout avec la même intensité, mais qu'au contraire il se montre à des degrés divers qui correspondent à autant de phases de son évolution.

Nous admettons au point de vue anatomique trois périodes que nous appelons :

1° Période de congestion;

2° Période de transformation ou de régression.

3° Période d'atrophie ou de destruction des éléments.

1re *période*. L'hypérhémie se retrouve constamment dans la maladie qui nous occupe. Elle frappe l'œil quand on examine les parties malades par de nombreuses arborisations vasculaires qui sillonnent la trâme des enveloppes de la moëlle, qui suivent les racines et pénètrent dans les faisceaux ; le microscope les retrouve dans les ganglions, dans la substance grise, autour des éléments nerveux; les vaisseaux augmentent de longueur et de calibre, d'autant plus facilement que la circulation de cet organe est lente, difficile, circonstance qui favorise la stagnation des liquides (1). Bientôt les vaisseaux se replient sur eux-mêmes, ils deviennent sinueux et variqueux. Mais en même temps leurs parois s'épaississent; les cellules et les noyaux contenus dans l'adventice, rares et isolés à l'état normal, augmentent beaucoup en nombre, ils se rapprochent, ils se superposent même plusieurs fois les uns sur les autres. Dans les gros capillaires Rindfleich a plus d'une fois constaté que les fibres musculaires n'étaient plus dans leurs rapports normaux. Le sang circule encore librement dans l'intérieur des vaisseaux.

En même temps le tissu conjonctif augmente de volume; ce qui se traduit par un écartement des éléments nerveux, et ses cellules se multiplient; il se fait un travail de prolifération.

(1) Quelle est la cause de ces changements ? Réside-t-elle dans le système vasculaire lui-même, ou bien en dehors de lui. Nous savons que M. Duchenne admettrait volontiers une influence neuro-paralytique du grand sympathique, comme cause de cette hypérhémie. Nous ne chercherons pas à pénétrer dans la nature intime de ces phénomènes, où nous risquerions de nous égarer à la recherche de l'inconnu, sans autre avantage que d'entraver la science d'une hypothèse de plus. Nous serions tenté de voir là cependant un phénomène actif, et cette opinion nous paraît plus conforme à la nature de la maladie et aux données étiologiques

2° *Période de transformation.* — Tant que la maladie n'a pas dépassé cette période, elle est facilement curable. Mais cette dilatation des vaisseaux sanguins est une cause incessante d'irritation pour les éléments nerveux, ou du moins une cause d'irritation qui manifeste ses fâcheux effets toutes les fois qu'il se fait une poussée sanguine du côté de la moëlle épinière. Plus tard des lésions persistantes se produisent La stase du sang est suivie d'exsudations qui subissent diverses métamorphoses régressives. On voit apparaître tout autour des vaisseaux, dans leur parois, et même dans leur cavité, des granulations graisseuses; ces granulations se réunissent quelquefois en tas isolés. Quand les parois vasculaires se perforent, il s'en échappe des principes du sang, des cristaux ou des granulations d'hématoïdine, des granulations pigmentaires.., etc.

Le tissu conjonctif subit en même temps des changements importants; il perd son aspect hyalin; il devient grisâtre et opaque. On voit apparaître dans l'intérieur de ses mailles de nombreux noyaux, des granulations graisseuses, des corps amyloïdes.

La conséquence de ces changements est la déformation des tubes nerveux qui de rectilignes qu'ils étaient deviennent variqueux; la myéline se segmente et prend une couleur jaunâtre, puis la gaîne éclate, et ce principe gras s'échappe et se répand à l'extérieur : la gaîne s'accole au cylindre d'axe, dans d'autres elle s'en sépare et ces cylindres sont mis en liberté. Dans un degré plus avancé, ces gaînes nerveuses subissent la transformation graisseuse, et se détruisent peu à peu.

3° *Période de destruction.* — Dans le 3e degré les éléments nerveux, d'abord rendus en débris, ont totalement disparu. Les gaînes, le cylindre d'axe sont réduits en détritus informe , constitué par des noyaux , des granulations graisseuses , des corps amyloïdes.

Ce processus morbide aboutit généralement à l'induration de la moëlle; dans quelques cas il se termine par le ramolissement, par la suppuration.

§ III.

Altérations des nerfs crâniens, et de diverses parties du cerveau.

Nerf optique. — Dans tout son parcours, depuis son origine profondément cachée, jusqu'à son épanouissement dans le fond de l'œil, le nerf optique présente des altérations qui méritent d'être étudiées dans chacune de ses parties.

Rétine. — L'état de la rétine ne se trouve mentionné que dans une seule autopsie de MM. Charcot et Vulpian. Les tubes nerveux qui entrent dans sa constitution faisaient défaut.

Papille du nerf optique. — La papille dans l'observation XLV était atrophiée, brunâtre, sans tubes nerveux sains, et contenait au contraire de nombreuses granulations graisseuses transparentes, et de fines granulations jaunâtres.

Nous avons vu plus haut les caractéres ophthalmoscopiques de cette atrophie. (Voir page 20).

Nerf optique, Chiasma, bandelettes optiques. Huit fois seulement l'état de ces parties a été mentionné ; constamment elles étaient altérées, et d'une manière prononcée. Ce n'était pas une simple injection comme nous le retrouverons plus tard, quand nous étudierons des parties plus profondes du système nerveux, mais un état pathologique avancé, rappelant par son aspect, par ses caractères histologiques, la dégénérescence des faisceaux postérieurs et des racines adjacentes de la moëlle; même coloration grisâtre dans la plupart des cas, même injection concomitante, même aplatissement et atrophie dans ces parties. Enfin les éléments présentent le même aspect au microscope. Des tubes disparus, remplacés par un tissu fibrillaire, des noyaux, des granulations graisseuses, des corpuscules amyloïdes, des exsudats hématiques; tels sont en deux mots les lésions élémentaires de ces altérations. Ils est à regretter qu'un si grand nombre d'observateurs aient gardé le silence sur l'état des nerfs optiques; il nous est impossible en l'absence de renseignements suffisants de savoir si les altérations manquaient ou si on a négligé de les mentionner.

Quoiqu'il en soit les altérations ont présenté quelques caractères communs que nous allons retracer.

En général elles sont d'autant plus prononcées qu'on s'approche davantage de la papille. Elles peuvent se limiter au niveau du chiasma, d'autres fois elles se propagent le long des bandelettes optiques et ne finissent qu'au niveau des corps genouillés externes, (Charcot, E. Horn, Duménil). Enfin dans une observation de M. Cruveilhier les corps genouillés externes avaient la même coloration grisâtre que les nerfs qui en partaient.

Ces parties malades ont tantôt un aspect uniforme, transparent, tantôt entrecoupé par des stries blanches, tantôt cet aspect est limité à une partie de leur trajet, ou bien à la substance blanche ou à la substance grise des nerfs et des bandelettes optiques. Dans une observation de M. Charcot (obs. L) les deux nerfs optiques étaient formés d'un noyau blanc, environné d'une couche régulière gris jaunâtre. L'altération n'occupait que les couches extérieures.

Les nerfs optiques sont ordinairement aplatis, rubanés. Leur consistance, rarement mentionnée, étaient diminuée par places dans l'observation de M. Marotte.

Couches optiques et Corps genouillés. Tubercules quadrijumeaux.- On devait s'attendre à ce que ces diverses parties, origines plus ou moins directes des nerfs optiques, présentassent de graves désordres. Il n'en est rien cependant. Dans un seul cas seulement (obs. LXXIX) les couches optiques et les tubercules quadrijumeaux du côté droit avaient totalement disparu ; à gauche la plus grande partie de la couche optique était détruite, les tubercules existaient encore. Mais ce cas est une complication, comme nous l'avons dit, et dans toute les autres observations où la maladie est demeurée à l'état de simplicité, on n'a jamais rien vu de pareil. Dans la moitié des cas à peu près on n'a pas trouvé la moindre altération: dans les autres une hypérhémie occupant d'une manière presque constante la substance grise de ces régions, et le plus souvent des tubercules quadrijumeaux. Dans certains cas même l'hypérhémie était bornée à ces tubercules.

Nerfs moteurs de l'œil ; moteur oculaire commun ; moteur externe ; pathétique. — Nous sommes forcé de signaler une nouvelle lacune dans cette partie de l'anatomie pathologique. Avec des lésions si fréquentes des mouvements oculaires, les détails manquent pour tracer une description des lésions anatomiques des nerfs qui produisent ces mouvements. Le silence des observateurs n'est pas une raison pour croire que ces nerfs soient sains. Dans l'observation de M. Marotte les nerfs pathétiques n'ont pas été retrouvés, ainsi que le moteur oculaire commun du côté droit. Dans celle de M. Marotte, le pathétique, les moteurs oculaires externes et communs étaient diminué de consistance et de volume, grisâtres, fortement vascularisés jusqu'à leur origine cérébrale où l'on voyait un riche lacis de vaisseaux comprimant les tubes nerveux originels. Au microscope les tubes nerveux étaient altérés. Dans quelques-uns le contenu avait complètement été résorbé.

Les moteurs oculaires communs étaient moyennement altérés dans le cas rapporté par Steinthall.

Autres nerfs crâniens. Quoiqu'on ait plusieurs fois signalé des troubles fonctionnels qui pouvaient faire croire à un envahissement morbide du *trijumeau, du facial*, etc., il est remarquable qu'on n'ait nulle part noté de modifications de structure dans ces nerfs. Friedreich a mentionné une fois l'atrophie de l'hypoglosse. Dans l'observation LXXXI les nerfs *olfactifs* et *acoustiques* contenaient quelques corps amyloïdes.

Centres cérébraux. L'altération morbide envahit quelquefois les prolongements cérébraux de la moëlle épinière : bulbe, pédoncules cérébelleux, mais elle s'arrête d'ordinaire au quatrième ventricule. On a signalé des altérations superficielles de la protubérance annulaire, des ulcérations de cette région (Charcot et Vulpian) et plus souvent une teinte ardoisée. Les lésions profondes des couches optiques, ou des circonvolutions cérébrales doivent être considérées comme des complications que nous étudierons plus loin. (Voir les observations LXXVI, LXXVII, LXXVIII, LXXIX, LXXX, LXXXV).

Le cervelet, contrairement à certaines prévisions, n'a jamais été trouvé altéré.

Nerfs périphériques. Sur ce point encore les faits sont trop peu nombreux pour qu'il soit possible de se créer, d'après leur examen, une opinion définitive. Ainsi tandis que dans trois autopsies françaises, (Duménil, Marotte, Charcot, *Gazette médicale*, obs. I), l'état des nerfs périphériques soigneusement examiné a toujours été trouvé normal, Friedreich a, de son côté dans une observation (obs. I, *mém. cité*) signalé des lésions du sciatique, des nerfs crural et brachial, consistant en un amaigrissement de ces nerfs, et une atrophie très-marquée de la plupart des tubes nerveux, sans trace de transformation graisseuse; les cylindres d'axe étaient conservés et faciles à distinguer. Dans un autre cas il a trouvé une hyperplasie du tissu connectif dans les gros troncs nerveux des extrémités (obs. III, *Eod. Loc.*). Leyden a trouvé une atrophie très-prononcée du sciatique, avec augmentation de consistance, et atrophie avancée des éléments nerveux, (*Loc cit.*, obs. XXX); le nerf sciatique très-pâle, mais sans rien d'anormal (Obs. XXIX, *Eod. Loc.*), enfin une dégénérescence commençante des nerfs cruraux avec quelques noyaux (*Ibid*, obs. XXVII.)

Les nerfs cutanés qu'on a examinés étaient parfaitement normaux (Charcot).

Il résulte de l'examen attentif et comparé de ces faits que l'atrophie des nerfs était d'autant plus marquée qu'on les examinait dans un point plus rapproché de leur origine médullaire, et que l'altération diminuait de plus en plus à mesure qu'on s'en éloignait.

Nerf grand sympathique. Dans un cas de Friedreich, le sympathique était exempt de toute altération (obs. LXI). Dans l'observation XLII, M. Donezan a rencontré un changement d'aspect dans le ganglion cervical et une atrophie du filet acendant du grand sympathique qui était remplacée par un tissu laminaire contenant à peine quelques tubes nerveux.

§ 4

Altérations musculaires. Pour M. Duchenne les muscles ne seraient pas altérés dans l'ataxie progressive. Cette opinion fondée sur les observations nombreuses de cet auteur, dans lesquelles le volume de ces organes paraissait normal est loin d'être rigoureuse. Tout en montrant que l'atrophie musculaire manque souvent, les faits ultérieurs ont prouvé que son existence n'était pas exceptionnelle. M. Duménil dit l'avoir observée quatre fois. D'après lui Friedberg et Cruveilhier auraient signalé chacun de leur côté l'amaigrissement musculaire, j'ajouterai que Hutin, MM. Oulmont, Trousseau, Marotte, Charcot et Vulpian, Leyden, Friedreich, ont rapporté des faits analogues ; mais il faut distinguer de l'atrophie l'amaigrissement due à la résorption de la graisse et qui dépend dans la maladie actuelle de l'inaction fonctionnelle.

Dans l'observation de M. Duménil les muscles des jambes et des pieds avaient presque entièrement disparu : les fibres musculaires n'étaient plus représentées que par un tissu mollasse, infiltré de sérosité. Aux cuisses les muscles étaient petits mais d'aspect normal ; au tronc, aux membres supérieurs et à la tête ils étaient pâles et sans trace de transformation.

L'atrophie musculaire était avancée dans l'observation de M. Marotte ; les muscles de la cuisse examinés au microscope étaient sains, le jumeau offrait une coloration légèrement jaunâtre et présentait quelques fibres atrophiées, granuleuses, offrant au niveau du sarcolemne de nombreux noyaux allongés, en voie de transformation fibreuse.

Dans une observation de Friedreich elle était bornée à quelques muscles du pied, dans une de Leyden (obs. XXV) aux jambes, dans d'autres aux membres inférieurs (obs. XXX, Leyden, Duménil.)

Les muscles du dos avaient subi la dégénérescence

graisseuse dans deux observations (Leyden, obs. XXX ; Friédreich, obs. IV, *loc. cit.*).

Enfin dans un cas de Leyden les muscles de la nuque paraissaient avoir éprouvé la même altération.

Ce qui me frappe dans ces différentes observations c'est la marche des altérations musculaires se calquant, pour ainsi dire, sur celle des altérations nerveuses. L'atrophie a une marche ascendante et on peut dire progressive. Les muscles du pied sont ceux dont les lésions sont les plus avancées ; on a retrouvé l'altération à la jambe dans les jumeaux. Il faut noter cependant que dans l'observation de M. Oulmont l'amaigrissement portait sur les membres supérieurs. Le volume des membres inférieurs était normal.

Il est important d'établir que les muscles de l'éminence thénar ne sont pas atrophiés, à moins qu'il n'y ait complication d'atrophie musculaire progressive, dont nous verrons plus loin quelques exemples. Le siége de l'atrophie a donc une importance capitale pour le diagnostic.

§ 5.

Etat du sang, du système vasculaire, des organes internes.

Le *sang* d'après Eisenmann se modifie par le fait de la longue durée de la maladie. Les globules et la fibrine diminuent (v. p. 134).

Les lésions du système vasculaire sont très contingentes. Le *cœur* est presque toujours sain. Dans l'observation de Duménil, cet organe était flasque, à parois peu épaisses, de couleur de feuilles mortes.

Friedreich a noté deux fois l'altération graisseuse des parois musculaires de cet organe. Une fois il a trouvé une insuffisance mitrale.

Les grosses artères présentent aussi de très-rares altérations; Leyden a observé un anévrysme de la fémorale.

Marotte a trouvé des dépôts athéromateux dans les artères de l'encéphale et des caillots dans les artères cérébelleuses.

Mais si les troncs artériels sont souvent indemnes, les capillaires de la moëlle sont rarement épargnés. La dilatation de ces vaisseaux, leur rupture, les hémorrhagies interstitielles qui les accompagnent, leur altération graisseuse, leur obstruction sont des faits sur lesquels nous n'avons pas à revenir.

Tube digestif. La partie supérieure des voies digestives jusqu'au dessous de l'estomac n'a jamais rien présenté qui méritât d'être signalé.

C'est au niveau du foie que commencent les altérations. L'hypertrophie de cet organe a été signalée deux fois par MM. Charcot et Vulpian. Dans un cas il pesait 1920 grammes.

L'état gras du foie si fréquent dans beaucoup d'états diathésiques, et principalement dans le tuberculose a été aussi mentionné (Duménil, Charcot et Vulpian).

Enfin dans l'observation de M. Oulmont le foie offrait les caractères d'une cirrhose au deuxième degré.

Intestin grêle. On a signalé dans cette région la présence d'ulcérations tuberculeuses (Charcot et Vulpian) de ganglions durs et volumineux dans la partie inférieure du mésentère (Duménil), des ulcérations et des traces d'une vive inflammation dans le colon (Charcot et Vulpian).

Organes génito-urinaires. Les reins ont été trouvés congestionnés; volumineux; la substance corticale était d'un gris jaunâtre, d'un aspect graisseux (Duménil). Ils étaient sains le plus souvent. Les bassinets et les uretères étaient injectés dans une seule observation. La vessie est souvent enflammée, sa muqueuse est boursoufflée, épaissie, injectée, et contient quelques fois dans ses plis des dépôts calcaires.

Les *poumons* sont attaqués le plus souvent sans doute de tous les organes internes. Le plus fréquemment on a trouvé des tubercules à divers états, tantôt sous forme d'infiltration, tantôt sous forme de cavernes, M. Duménil a trouvé à l'autopsie une véritable gangrène du poumon. On a souvent rencontré des adhérences pleurales tuberculeuses. D'autres fois il y a seulement de l'emphysème, de la congestion, de la pleurésie, de la bronchite.

Je ne parle pas des maladies intercurrentes, variole,

typhus, etc., qui laissent après elles l'empreinte particulière de leur passage. Je terminerai en rappelant que MM. Charcot et Vulpian ont mentionné une fois l'état des articulations fémoro-tibiales. Les franges synoviales étaient allongées et injectées. Le cartilage articulaire des rotules était usé dans une petite étendue, il était mollasse et d'une teinte grisâtre (obs. XLIX).

Chapitre VI.

DES COMPLICATIONS.

La myélophthisie ataxique est sujette à diverses complications. Plus rarement elle se surajoute à d'autres affections, ou se développe à leur terminaison. La connaissance de ces faits est très-importante; elle permettra de distinguer la maladie, alors qu'un examen insuffisant l'aurait confondue avec d'autres états morbides, et fait plus important encore, elle expliquera souvent pourquoi certaines maladies ressemblent tellement à l'ataxie qu'on les a confondues ensemble, et qu'on s'est refusé quelquefois à la considérer comme une maladie à part. C'est que dans ces cas auxquels je fais allusion, l'ataxie progressive s'était développée à côté de la maladie première.

Les principales complications que j'ai à examiner portent sur le système nerveux, le système musculaire et les organes internes.

1° *Complications du côté du système nerveux.* Moëlle épinière.

Avant d'étudier les complications qui surviennent du côté de cet organe, j'examinerai un phénomène qui souvent me paraît avoir pour cause une altération soit dynamique soit matérielle de cet organe : *la paralysie du sens d'activité musculaire.* Mais d'abord est-il juste de dire que c'est une complication ? En tenant ce langage je suis à mon insu l'exemple donné par beaucoup d'auteurs, mais pour moi cette paralysie n'est qu'une manière d'être de la sensibilité, et dire que c'est une complication, c'est reconnaître aussi que tout autre altération de la sensibilité est une complication. La paralysie du sens d'activité musculaire est un symptôme, symptôme très-fréquent même, mais qui comme tous les autres troubles de la sensibilité peut faire défaut.

On est loin d'être encore fixé sur son siége, car elle est de date récente ; mais quand on la voit survenir dans des états morbides si différents, dans des névroses, comme l'hystérie par exemple, et dans des maladies chroniques, comme l'ataxie progressive, on est fondé à penser que son siége est multiple, et qu'un obstacle quelconque apporté à la transmission des impressions sensibles volontaires pourra la produire. Voilà pourquoi cette paralysie ne constitue pas un état morbide à part, ce n'est qu'un symptôme ; et il n'y a rien d'étonnant à ce qu'il se montre dans une maladie où le trajet médullaire des impressions sensibles est si profondément interrompu.

Les observations suivantes montrent quels sont les symptômes produits par la perte du sens d'activité musculaire dans l'ataxie progressive. Je n'insisterai pas, car il suffit de feuilleter quelques-unes des observations que nous avons déjà citées pour l'y retrouver (voir page 103 et chap. IX).

OBSERVATION LXXII.

Ataxie locomotrice compliquée de la perte du sens d'activité musculaire.

M. de B..., 45 ans, d'un tempérament sanguin nerveux a eu une vie très-agitée, la syphilis et de violents chagrins.

En 1856 la maladie débuta brusquement par une sensation de roideur et de douleur dans les membres inférieurs; le lendemain la démarche était incertaine. Depuis les mouvements sont mal coordonnés, le malade est constamment entraîné du côté droit. Incontinence d'urine.

Depuis quelques mois seulement difficulté pour écrire, impossibilité de faire quelque chose avec les doigts si le malade ne voit pas, à tel point que la nuit si sa bougie s'éteint M. de B... ne peut seulement chercher ses allumettes sur la table.

Il ne peut faire un pas sans regarder ses pieds. La vue ne rétablit pas cependant l'équilibre complet et ne fait pas cesser l'ataxie locomotrice. Le malade ne pourrait marcher s'il ne regardait le bout de ses pieds; mais même en les regardant, il ne peut donner aux mouvements leur harmonie parfaite; ceux-ci restent difficiles et désordonnés.

Lorsque le malade ferme les yeux, s'il soulève les jambes, il ne sait à quelle hauteur il les élève, et dans les mêmes conditions, il n'a pas la conscience des mouvements imprimés à ses membres.

La contractilité et la force musculaires sont intactes.

Teissier (de Lyon) (*Mémoire cité obs.* II.)

Les observations suivantes de M. O. Landry sont des exemples d'ataxie progressive compliquée de perte du sens d'activité musculaire. M. Landry a parfaitement décrit ce symptôme, et l'incoordination locomotrice, seulement il a expliqué celle-ci par celui-là ; loin de lui était alors l'idée que ces deux manifestations étaient simultanément régies par une cause plus élevée et unique, et loin de voir dans ces faits une maladie très-grave, il pensait alors que la marche ascensionnelle des accidents était une raison péremptoire d'émettre un pronostic favorable et d'éloigner la pensée d'une lésion organique. M. Landry a dû changer sans doute de manière de juger, le jour où il revendiquait le mérite d'avoir créé l'ataxie progressive. Nous avons déjà dit que pour nous cette marche ascensionnelle des symptômes était un signe important de l'ataxie progressive.

Nous verrons dans un autre chapitre les symptômes produits par la perte isolée du sens d'activité musculaire.

OBSERVATION LXXIII.

X... 44 ans, excès vénériens, privations, chagrins, travail intellectuel opiniâtre; insommies forcées.

Engourdissement et faiblesse dans les articulations tibio-tarsiennes dès 1850 ; en 1851, la faiblesse se propagea à la vessie ; puis les doigts s'engourdirent.

La marche et la station debout sont également impossibles, il ne fléchit pas, mais il vacille. Quand il ne voit pas ses pieds, il ne sait où il les pose, et ne peut mesurer leurs mouvements. Au contraire quand il les regarde, il les pose assez facilement où il veut. La force musculaire est conservée.

Les yeux fermés, on peut soulever l'un de ces membres inférieurs, l'incliner en divers sens, sans qu'il ait concience de ses mouvements passifs. Il n'a pas conscience non plus d'un poids considérable. Constipation et lenteur dans l'émission des urines.

Les sensations de douleur sont seules abolies. Le contact est obtus. Le malade apprécie très-bien les températures. Plus tard ces deux modes de sensibilité disparurent.

Rien du côté des sens et de l'intelligence.

Landry. (Gazette des Hôpitaux, nº 66, 1865. *obs*. I.)

OBSERVATION LXXIV.

M. X..., 55 ans, tempérament très-nerveux, gastralgie, hypochondrie, palpitations, chagrins, fatigues. En 1852, fourmillements et engourdissement dans les membres inférieurs, difficulté à maintenir l'équilibre, titubation dans la marche analogue à celle des ivrognes, légèreté et rapidité inaccoutumée dans la marche. Les membres supérieurs furent envahis à leur tour. Dès le début, difficulté et fréquence dans l'émission des urines et des matières fécales.

Les mouvements actifs et passifs ne sont pas appréciés dès qu'il cesse de les surveiller par la vue, mais alors il n'est pas un mouvement des membres inférieurs de la cuisse, de la jambe, des pieds et des orteils qu'il n'exécute avec facilité. Il apprécie les poids, la position des membres, la résistance, la consistance des objets, toutes choses qui lui sont impossibles quand les yeux sont fermés.

Les mêmes désordres existent aux membres supérieurs.

Le tact est obtus. Sensations de températures intactes, sensations de douleur très-exagérées.

Le malade éprouve très fréquemment un ténesme anal et vésical très-pénible, avec sensation de gonflement et de tension au voisinage de l'anus.

L'intelligence et les sens sont intacts, sauf la vue, qui s'affaiblit puis s'éteignit complètement. La pupille est très-resserrée et punctiforme.

Depuis que M. X... est aveugle, il ne peut plus faire servir ses membres à aucun usage : il s'affaisse, quand on veut le faire marcher, comme les paralytiques ordinaires.

Landry (*Eodem loc. obs*. III.)

Congestion de la moëlle. La congestion de la moëlle est un état morbide très-réel, mais dont il est difficile de prouver l'existence autrement que par l'étude des symptômes, car elle laisse après elle peu de traces matérielles. Cependant je suis de ceux qui pensent qu'Ollivier (d'Angers) a écrit sur ce sujet un chapitre aussi remarquable que vrai.

La congestion est le premier degré de l'ataxie progressive. Les engourdissements, les fourmillements, les pesanteurs, et même cette faiblesse singulière que les malades éprouvent dans les jambes an début de la maladie, ne sont-ils pas les indices du travail congestif de la moëlle épinière? Dans les autopsies on retrouve à chaque instant les traces de ce travail : des vaisseaux sinueux et dilatés, des extravasations sanguines dans les mailles du tissu conjonctif, des amas d'hématoïdine ; une vascularisation insolite non-seulement des enveloppes, mais encore du parenchyme de la moëlle, tout enfin jusqu'à la coloration morbide de cet organe, dénote les poussées congestives dont il est le siége.

Mais à part cette hypérhémie que je puis appeler normale dans la maladie, on voit survenir quelquefois des accidents qui dénotent un afflux sanguin violent et anormal. Les malades sont pris soudainement d'une aggravation marquée dans leurs symptômes ; une douleur sourde impatiente la colonne vertébrale et l'organe qu'elle contient, l'hypéresthésie augmente, les mouvements réflexes s'exagèrent, et même quelquefois des convulsions éclatent. C'est ainsi que dans l'observation XLII nous expliquons en parties les phénomènes anormaux qui survinrent à un moment inattendu du côté des membres.

Quand cette congestion est très-étendue, la motricité de la moëllé peut être atteinte, comme dans l'observation LXV où une paralysie complète survint brusquement et disparut au bout de deux mois. En général en effet ces accidents durent peu de temps, ils n'acquièrent pas un caractère de permanence. Je me demande si ce n'est pas à cette cause que sont dues souvent les aggravations de la maladie et je vois dans la congestion de la moëlle une des principales causes des rémissions.

La congestion est ordinairement apyrétique ; mais de là à l'*inflammation* il n'y a qu'un pas. Alors la fièvre éclate, une douleur rachialgique se montre, et des accidents graves se développent comme dans l'observation suivante où la congestion nous paraît avoir coïncidé avec une inflammation légère de la moëlle ou de ses enveloppes.

OBSERVATION LXXV.

Ataxie progressive (forme lombaire). — Accidents congestifs et inflammatoires du côté de la moëlle épinière.

La nommée Roth, 57 ans, huit enfants. Chagrins, habitation humide pendant quatre mois. Début en 1860, par des douleurs dans le dos et les membres inférieurs avec anorexie et probablement de la fièvre. Marche difficile et bizarre, troubles de la vision. Fréquemment la nuit, il y a des secousses, des convulsions douloureuses dans les membres inférieurs où les désordres sont localisés.

La maladie suivit une marche progressive, les membres inférieurs devinrent remarquablement atrophiés. Tact émoussé; hypéralgésie. L'application du froid provoque des mouvements réflexes convulsifs qui persistaient pendant quelque temps. Conservation de la force musculaire. Rachialgie, douleurs; de temps en temps dans la nuit soubresauts des membres inférieurs.

Au mois de février, à la suite d'un frisson violent, il survint dans les membres inférieurs des convulsions, revenant par accès cinq à six fois par jour, et accompagnées de douleurs violentes, de somnolence, de sécheresse de la langue et des narines, et d'un état des plus graves. Cette complication dura jusqu'au 15 mars.

Du 19 avril au 20 mai on administra le nitrate d'argent qui produisit une amélioration notable.

Charcot et Vulpian, (Bulletin de Thérapeutique, T. 62, année 1862 p. 529. *Obs*. III.)

Le *ramollissement* est souvent la conséquence de l'inflammation. Il peut être partiel, c'est-à-dire n'occuper qu'une partie limitée des faisceaux postérieurs, d'autres fois une grande partie de ces faisceaux. Nous l'avons vu empiéter sur les faisceaux latéraux, et même sur les faisceaux anterieurs. Cette complication se traduit en général par des contractures, des convulsions, et plus souvent par une paralysie, symptômes qui ne sont pas dus à l'inflammation elle-même, mais plutôt aux parties de la moëlle qu'elle envahit. Nous la verrons dans certains cas liée à des ramollissements cérébraux.

Je ne parlerai pas des *paralysies* parmi les complications; ce que j'ai dit à la page 82 m'en dispense. Elles dépendent, comme on le voit dans les observations que j'ai citées à ce sujet, de l'envahissement des faisceaux antérieurs, quelquefois aussi, comme le disent les lignes suivantes, elles sont tenues sous la dépendance d'un état morbide du cerveau.

Complications cérébrales. L'ataxie progressive est sujette à des accidents cérébraux dont les uns, comme les vertiges, les étourdissements, les éblouissements, survenant au début de la malade, annoncent un malaise de la vue, de l'ouïe ou de la circulation capillaire du cerveau et caractérisent la forme que nous avons appelée *cérébrale primitive*. Les autres paraissent alors que la maladie existe déjà depuis longtemps, ce sont des symptômes du côté de la langue principalement, qui nous ont permis d'établir la forme *cérébrale consécutive*. Ce ne sont pas là des complications, ce sont des symptômes qui apparaissent comme les symptômes oculaires, comme ceux qui frappent la vessie et le rectum.

Mais à côté de cette double variété de symptômes cérébraux, il existe une autre catégorie d'ataxiques qui présentent, à un moment donné, des phénomènes qui dénoncent une altération réelle et matérielle du cerveau.

Ces phénomènes sont quelquefois aigüs, comme l'état comateux et convulsif de l'observation XLII, qui semble annoncer soit une inflammation modérée, soit une congestion très-intense du cerveau, et qui coïncidait avec un état pareil de la moëlle. D'autres fois ce sont des vertiges, des maux de tête qui surviennent aussi inopinément. et qui disparaissent de même, enfin des attaques d'apoploxie comme dans l'observation de M. Oulmont.

Le plus souvent la marche est subaiguë. Les symptômes cérébraux marchent en alternant avec ceux de la moëlle, comme dans l'observation LXXVI, ou bien parallèlement (obs. LXXVIII,) ou bien encore ce qui est plus fréquent, à la suite de ceux-ci (obs. LXXVII, LXXIX.)

Les symptômes cérébraux sont la céphalalgie (observation LXXVI), le coma (obs. XLII), l'affaiblissement de la mémoire, (obs. LXXVII), l'embarras de la parole (observations LXXVI, LXXIX), l'hémiplégie (obs. LXXVI, LXXIX) et une diminution réelle de la force musculaire dans toutes les observations.

Les lésions anatomiques correspondent aux symptômes. Quand les symptômes cérébraux remontent à une date ancienne, on trouve d'anciens foyers hémorrhagiques dans le cerveau (obs. LXXVI), une anémie et une atrophie des circonvolutions cérébrales (obs. LXXVII) ; quand ils sont aigus (obs. XLII) une injection des enveloppes et des couches superficielles du cerveau. Le plus souvent on trouve le ramollissement cérébral (observations LXXVIII, LXXIX).

Quelquefois les symptômes ne paraissent pas en relation complète avec les lésions anatomiques, ainsi dans l'observation LXXX, la protubérance annulaire, les prédoncules cérébraux et cérébelleux étaient ramollis, et comme symptômes cérébraux, je ne trouve mentionné qu'un affaiblissement notable de la force musculaire. Au contraire dans l'observation LXXXI, il y eut quelques troubles des facultés intellectuelles, de l'embarras de la parole, la marche et la station étaient absolument impossibles, et il n'y avait rien dans le cerveau ni dans ses enveloppes ; les nerfs hypoglosses qui paraissaient atrophiés à l'œil nu étaient sains au microscope.

OBSERVATION LXXVI.

Crises nerveuses convulsives, céphalée, embarras de la parole, puis symptômes d'ataxie locomotrice, enfin plusieurs attaques d'hémiplégie. — Injection des méninges, de la substance grise et des lobes du cerveau ; ancien foyer hémorrhagique dans la couche optique droite. — Altération ordinaire des faisceaux postérieurs et des racines postérieures.

Louis M... 46 ans, tabletier. A 17 ans crises nerveuses convulsives. A 40 ans, chancre syphilitique Vers la même époque, céphalée, dysurie et rétrécissement de l'urèthre. Il y a 4 ans faiblesse dans les jambes, diminution des érections, engourdissements dans les extrémités inférieures. Il y a deux ans vomissements faciles et abondants pendant six mois; puis céphalalgie, faiblesse, incontinence des matières fécales; obscurcissement de la vue; diplopie. Il y a cinq mois, parole très-embarrassée, balbutiante.

Conservation de la force musculaire aux quatre membres, mais tremblements. Sensibilité intacte sauf des engourdissements aux membres inférieurs. La marche est assez satisfaisante, on remarque un peu de lenteur dans ces mouvements, et un écartement exagéré des pieds. Défaut d'équilibre. Lorsqu'il s'agit de changer de direction, le malade se retourne sans difficulté. Jamais de rachialgie, ni de douleur en ceinture. Traitement anti-syphilitique.

Le 12 juin il fut pris subitement d'une paralysie incomplète de la jambe droite, qui fut suivie d'une diminution de la force musculaire et de la sensibilité dans cette partie. Le 23 il eut une nouvelle attaque qui fut suivie le 25 d'une hémiplégie de tout le côté droit, et de perte de connaissance qui disparut comme par enchantement au bout d'un quart d'heure.

Le 26 il succomba à une nouvelle attaque plus forte que les précédentes, caractérisée par des vomissements, la perte de la parole et une hémiplégie gauche, sans céphalalgie et sans troubles de l'intelligence.

Autopsie. Injection des méninges, de la substance grise et des lobes cérébraux. Ancien foyer hémorrhagique dans la couche optique droite.

La pie-mère rachidienne est épaisse et adhérente à la partie postérieure de la moëlle. Les faisceaux postérieurs sont gris et dégénérés dans toute leur épaisseur; les faisceaux latéraux seulement à leur périphérie. Dégénérescence graisseuse des vaisseaux; atrophie des tubes; nombreuses cellules et noyaux infiltrés de graisse.

Les faisceaux antérieurs étaient sains. Les racines postérieures présentaient une atrophie simple.

P. Topinard. (Loc. cit. Obs. CLXXVI.)

OBSERVATION LXXVII.

Ataxie locomotrice compliquée d'hypochondrie, d'affaiblissement de la mémoire, de paralysie incomplète, d'atrophie musculaire. — Altérations de la moëlle et du cerveau.

D. Eugène, 42 ans, passementier. A 20 ans, chancre; en 1854 douleurs dans les membres, hypéresthésie. L'ataxie débuta réellement en 1857. En 1863, 8 janvier: Amaigrissement, tempérament très-nerveux, hypochondrie, mémoire affaiblie. La parole est embarrassée, la langue vacille parfois quand elle est tirée hors de la bouche. Spermatorrhée. Miction difficile. Rachialgie. Douleurs lancinantes. Troubles de la sensibilité plus marqués aux membres inférieurs qu'au supérieur gauche, nuls au droit. La force musculaire est affaiblie dans tout l'organisme. Contractures passagères des orteils.

Plus tard la mémoire diminua encore, tous les muscles du bras gauche, notamment les interosseux des doigts, les éminences thénar et hypothénar, l'avant-bras, les biceps ont diminué de volume; plus tard l'atrophie se montra à droite. La main gauche serre des deux tiers moins que la droite. — L'incoordination semble être plutôt le fait de la faiblesse que du défaut de direction.

Autopsie. Le cerveau et le cervelet offraient une pâleur considérable. La substance grise des circonvolutions, diminuée d'épaisseur, mesurait deux millimètres de moins qu'à l'état normal.

La moëlle offrait un point ramolli au niveau de la cinquième vertèbre dorsale. La portion située au-dessus était normale. La portion inférieure était très-anémiée, et paraissait atrophiée, les tubes nerveux étaient entourés de granulations amorphes, et on y voyait une quantité énorme de corpuscules amyloïdes.

Les racines des nerfs crâniens étaient saines à l'œil nu et au microscope. Leur bout périphérique n'a pas été examiné.

La mort semble être survenue par infection purulente à la suite d'une néphrite. Il y avait de petits abcès dans les deux reins.

P. Topinard. (N° 230, autopsie faite par le docteur Charvet.)

On peut regretter dans cette observation, si intéressante d'ailleurs, l'absence de détails sur la disposition des membranes cérébrales et sur l'état microscopique de la substance grise des circonvolutions. Je ne doute pas, à voir cette anémie profondeur et l'atrophie dont cette partie était le siége, qu'on eut trouvé les tubes nerveux dégénérés de la même manière que ceux des faisceaux postérieurs.

Ce fait nous montre une même altération organique frappant à la fois deux points isolés du système nerveux, et donnant lieu à deux ordres de manifestations qui coïncident ensemble : les unes *cérébrales*, qui se sont traduites à diverses reprises par des troubles de la parole, la diminution de la mémoire, une paralysie musculaire réelle, expliquées à l'autopsie par l'atrophie et l'anémie des circonvolutions cérébrales ; les autres *spinales*, qui ont consisté en une ataxie locomotrice, accompagnée de rachialgie, de spermatorrhée, de conservation de la force musculaire qui a diminué plus tard. Ces deux ordres de symptômes se sont développés parallèlement : au début on a pu distinguer leur ligne de démarcation ; plus tard quand le mal a eu fait des progrès, les symptômes cérébraux ont dominé les autres, les ont effacés, et à ce moment là, si on n'eut pas assisté aux premières phases de l'affection, on aurait diagnostiqué une ataxie d'origine cérébrale pure. Et que de fois il en est ainsi, que de fois dans ces maladies à marche lente, si on ouvrait le rachis, on trouverait l'explication de certains symptômes, que des lésions cérébrales demeurent souvent impuissantes à faire interprêter.

Je ferai une dernière remarque sur cette observation, c'est la prédominance d'abord de l'ataxie, ensuite de la faiblesse dans le membre supérieur gauche ; le mal ne remontait qu'au niveau de la cinquième vertèbre dorsale et laissait par conséquent indemnes les racines du plexus brachial. A quoi tiennent donc l'affaiblissement musculaire, l'ataxie, et l'atrophie ? L'examen des nerfs des membres aurait peut être révélé quelque lésion, car la portion de moëlle, située au-dessus de la cinquième vertèbre dorsale était, dit-on, saine.

Les observations suivantes sont des exemples de la coexistence de l'ataxie progressive et d'un ramollissement cérébral.

OBSERVATION LXXVIII.

Ataxie locomotrice progressive, tremblement, faiblesse hémiplégique dans le côté droit du corps. — Conservation de la force musculaire. — Embarras de la parole, symptômes cérébraux plus prononcés à la fin de la maladie. — Atrophie gélatineuse des faisceaux postérieurs; foyer de ramollissement au-dessous du renflement brachial. — Ramollissement du pédoncule cérébral, de la couche optique du côté gauche et du trigone cérébral.

Salle Sainte-Marie, n° 60, service de MM. Bondet et Chavanne. C...., 49 ans, journalier, né à Poule (Saône-et-Loire).

La maladie a débuté, il y a cinq ans, par des douleurs dans les pieds, dans les jambes, puis dans les cuisses; bientôt le malade s'aperçut que ses membres inférieurs tremblaient quand il marchait.

Ces symptômes allèrent en s'aggravant. Actuellement la marche est impossible; la station debout provoque un tremblement excessivement violent des membres inférieurs; ce tremblement cesse dans la position horizontale. La sensibilité et la contratilité sont conservées. On ne peut résister au mouvement d'extension des membres inférieurs; celui du côté droit est plus faible que le gauche: le malade attribue cette faiblesse à une chûte qu'il fit sur ce côté il y a quatre ans. Rien du côté des membres supérieurs; parole difficile et embarrassée; ouïe intacte; léger strabisme à droite. Le malade éprouve des éblouissements. Inertie des organes génitaux. Appétit conservé, digestions faciles. Selles régulières; pouls normal.

31 janvier. Embarras plus grand de la parole; paralysie incomplète du mouvement et de la sensibilité du côté droit.

5 février. Fixité du regard; vue diminuée. On constate que la paralysie du côté droit porte davantage sur le membre inférieur.

Le 10, plus de paralysie, mais les mouvements du côté droit sont moins précis; picotements du même côté.

3 mars. Affaiblissement considérable.

Le 24, mort.

Autopsie, vingt-quatre heures après la mort.

Moëlle épinière. Les deux feuillets de l'arachnoïde paraissent avoir disparu; la face externe de la moëlle et la face interne de la dure-mère sont granuleuses; il y a sur ces deux surfaces une couche de liquide brunâtre, épais, dans lequel le microscope fait reconnaître un grand nombre de corpuscules purulents.

Au-dessous du bulbe brachial, dans une longueur de 8 centimètres environ, l'organe a perdu de sa consistance; partout ailleurs la consistance est normale.

On fait une série de coupes transversales, depuis l'origine jusqu'à la terminaison du cordon, en vue d'étudier les altérations profondes qu'il peut présenter. Ces coupes permettent de constater que le cordon antéro-latéral gauche et les cornes grises sont intacts, ou à peu près, dans toute la longueur de l'organe; mais les cordons postérieurs et le cordon antéro-latéral droit présentent des altérations très-manifestes, qui consistent dans un changement de coloration et de transparence, et dans une modification remarquable des éléments anatomiques.

Dans les points où ces altérations existent, les faisceaux de la moëlle, au lieu d'être blancs et opaques, se montrent grisâtres et semi-transparents. L'examen microscopique démontre qu'en ces points, les tubes nerveux ont été remplacés plus ou moins complétement par des cellules ovoïdes fusiformes, qui ont tout à fait l'aspect des éléments fibro-plastiques de petites dimensions.

Ces altérations, dans la région cervicale, n'occupent qu'une petite partie des cordons postérieurs, la partie la plus rapprochée de la ligne médiane. Plus bas, on les retrouve tantôt dans toute l'épaisseur de ces mêmes cordons, tantôt dans le gauche seulement, tantôt dans le cordon latéral du même côté, tantôt dans ces deux points à la fois. Ce n'est qu'en un point très-circonscrit du renflement lombaire que la lésion intéresse le cordon antérieur gauche, en même temps que le cordon latéral. Sur le plus grand nombre des points malades, le microscope retrouve intactes les cellules de la substance grise; ce n'est que par exception que ces cellules manquent.

On constate ce fait notamment pour la substance grise de la corne postérieure droite, au niveau de la dixième paire dorsale.

Nulle part je n'ai rencontré d'altérations réelles des racines spinales : toutes celles que j'ai examinées m'ont offert, soit à l'œil nu, soit à l'examen microscopique, les caractères normaux.

Encéphale. Circonvolutions cérébrales et cérébelleuses parfaitement intactes; mais des lésions extrêmement graves siégent sur le prolongement de la moëlle. Le bulbe rachidien et la protubérance présentent, en beaucoup de points disséminés çà et là, la transformation grise décrite plus haut; mais ces organes ont, du reste, de même que les pédoncules cérébelleux, leur consistance normale.

Du côté droit, le pédoncule cérébral, la couche optique et les *tubercules quadrijumeaux*, ont complétement disparu.

Du côté gauche, destruction complète également du *pédoncule cérébral* et de la plus grande partie de la *couche optique*, mais les *tubercules nates* et *testes* existent encore. C'est par eux seulement, et par une portion persistante de la couche optique, que l'hémisphère se rattache à la moëlle allongée. De l'autre côté l'hémisphère est tout à fait détaché. Plus de *trigone*, mais le *corps calleux* est intact. La vaste cavité formée par la destruction des parties signalées contient une petite quantité de sanie verdâtre qui, en s'infiltrant dans les parties avoisinantes, leur a donné une teinte plombée. En s'introduisant par l'*aqueduc de Sylvius*, dans le quatrième ventricule, elle a également donné cette teinte aux deux *éminences vermiformes* du cervelet.

Nous ajouterons que la cavité de l'arachnoïde spinale contenait une quantité considérable de pus, d'autant plus abondante qu'on se rapprochait davantage de la partie inférieure de la moëlle, diminuant au contraire supérieurement, mais se prolongeant, en s'effilant jusqu'à la région cervicale. Ce pus occupait exactement la partie postérieure de la moëlle, et baignait les faisceaux postérieurs.

La pie-mère et l'arachnoïde étaient comme œdémateuses, infiltrées, mais ne présentaient pas de trace d'inflammation. Il y avait au sacrum une large escharre qui avait mis à découvert les parties osseuses, et d'où le pus avait fusé dans le canal rachidien.

La moëlle présentait en arrière, dans toute la région cervicale, des plaques ardoisées ; ces plaques étaient limitées aux faisceaux postérieurs et se prolongeaient jusqu'à la protubérance. Au-dessous du renflement brachial, il y avait un point d'un centimètre de hauteur environ, de couleur chocolat, ramolli, et occupant exactement toute la largeur des faisceaux postérieurs, et se prolongeant jusqu'au centre de la moëlle. Dans ce point, examiné au microscope par M. Perrond, médecin de l'hôtel-Dieu de Lyon, tous les tubes nerveux avaient disparu, la substance grise était altérée, les vaisseaux, très nombreux, étaient remplis de corpuscules inflammatoires.

Dans l'observation suivante nous trouvons le ramollissement de la protubérance annulaire, des pédoncules cérébraux et cérébelleux. Le seul symptôme qui pendant la vie aurait pu traduire cette complication, fut un affaiblissement notable de la force musculaire.

La durée de la maladie fut très-différente que dans les cas précédents. La mort survint au bout de trois mois et demi. Ce fait, à cause de cette circonstance, me paraît appartenir à la *forme aiguë* de la maladie, sur laquelle nous aurons à revenir.

OBSERVATION LXXIX.

Ataxie locomotrice compliquée de ramollissement cérébral.

Homme, âgé de 45 ans environ, entré à l'hôpital Necker pour une paralysie incomplète avec ataxie locomotrice très-caractérisée. Il est pris d'accidents cérébraux et succombe, et à l'autopsie on découvre : 1° ramollissement cérébral; 2° ramollissement ordinaire de la moëlle de deux pouces de hauteur, siégeant à la région dorsale et occupant toute l'épaisseur de la moëlle.

Dujardin-Baumetz. (Société médicale d'observation, 1863. Cité par M. Topinard.)

OBSERVATION LXXX.

Ataxie locomotrice à forme aiguë. — Altération des racines et des faisceaux postérieurs. — Ramollissement de la protubérance annulaire, des pédoncules cérébraux et cérébelleux.

Un homme de 49 ans, après un refroidissement, éprouve des fourmillements dans les jambes, et peu à peu les mouvements de celles-ci deviennent irréguliers, ce qui finit par rendre la marche impossible, quoique la force musculaire fut conservée et que la sensibilité cutanée fut restée intacte. Lorsque le malade s'aide de la vue, il coordonne ses mouvements et peut alors marcher facilement.

Plus tard, à la suite de douleurs lancinantes dans les jambes, survinrent du côté de celles-ci un affaiblissement notable de la force musculaire, une anesthésie et une analgésie complètes, avec rétention d'urine. Le malade meurt après trois mois et demi de maladie.

A l'autopsie on constate un ramollissement de la protubérance annulaire et des pédoncules cérébraux et cérébelleux; la moëlle est légèrement ramollie au niveau de la région dorsale; les racines postérieures paraissent saines à l'œil nu. Cependant les tubes nerveux sont diminués de nombre et de volume, déformés, variqueux et fragiles. La même altération se retrouve dans les cordons postérieurs dont la teinte est moins blanche que celle des faisceaux antérieurs. Entre les tubes malades, il existe un grand nombre de corpuscules sphéroïdaux et de goutelettes graisseuses.

Schutzemberger. Cité par Sellier et Sizarct. (Thèses de Strasbourg, 1860.)

Le fait suivant, où la maladie se complique de troubles intellectuels : accès de fureur et de méchanceté, illusions, parole défectueuse, se place naturellement sur la limite du paragraphe qui suit. On n'a rien trouvé dans le cerveau qui put expliquer cette complication.

OBSERVATION LXXXI.

Ataxie locomotrice compliquée d'accès de fureur et de méchanceté, d'illusions, de troubles de la parole. — Atrophie des faisceaux postérieurs et de plusieurs nerfs crâniens.

T. A. J. 59 ans. Ataxie généralisée dont le premier début remonte à l'âge de 39 ans : à cette époque troubles de la parole, chûte de la paupière supérieure gauche, amblyopie. Douleurs, altérations diverses de la sensibilité. En 1863 troubles des facultés intellectuelles, accès de fureur et de méchanceté, illusions, parole défectueuse ; goût obscur ; déglutition difficile ; diminution de l'ouïe ; marche et station absolument impossibles. Traitement infructueux par le nitrate d'argent.

Mort par suite d'une vaste escharre au sacrum. Autopsie le 12 septembre, Altération grise ordinaire des cordons postérieurs depuis leur extrémité inférieure jusqu'au calamus, empiétant un peu sur les cordons latéraux, et ayant envahi les racines postérieures.

Les cellules des cornes antérieures et postérieures, de la substance grise, celles des ganglions spinaux et du grand sympathique sont normales.

Un nerf cutané du doigt a été trouvé sain. Rien au cerveau ni dans les enveloppes. Les nerfs et les bandelettes optiques sont atteints de dégénérescence grise demi-transparente. Les moteurs oculaires communs, les hypoglosses, les pneumo-gastriques paraissent à l'œil nu plus petits, plus transparents et un peu grisâtres, mais sont sains au microscope, ainsi que les pathétiques et le facial. Les nerfs olfactifs et acoustiques contiennent une multitude de corps amyloïdes sans atrophie des tubes. Les éléments des nerfs trijumeaux sont plus petits que d'ordinaire.

Topinard. (Obs. 203.)

PARALYSIE GÉNÉRALE DES ALIÉNÉS.

Les rapports de la paralysie générale des aliénés et de l'ataxie locomotrice progressive ont été signalés depuis plusieurs années par M. Baillarger (1). Ce sujet d'études intéresse vivement les aliénistes, car il ne s'agit de rien moins que de savoir, si dans certains cas, comme je le crois, l'aliénation mentale n'est pas cachée derrière l'ataxie progressive.

Il faut bien se garder de confondre la coïncidence de ces deux maladies avec la faiblesse ataxiforme qui se manifeste souvent dans la première période de la paralysie générale. Cette confusion est d'autant plus facile que le début de ces deux maladies se ressemble par plus d'un côté. Ainsi la diplopie, la paralysie de la troisième et de la cinquième paire, l'inégalité des pupilles, l'impuissance ont été observées aussi bien au début de la paralysie générale (Esquirol, Lélut, Parchappe, Calmeil, Pierre de Boismont, Baillarger) que dans l'ataxie locomotrice progressive. Nous verrons plus loin à quels signes ces deux maladies peuvent être distinguées.

M. Baillarger a publié cinq observations qui prouvent l'association de la paralysie générale et de l'ataxie progressive. Tantôt et le plus souvent, d'après ce savant académicien, les symptômes de la paralysie générale semblent apparaître dans la première période de l'ataxie, et l'influence réciproque de ces deux maladies n'est soumise à aucune loi constante; tantôt la paralysie générale continue sa marche, mais elle semble arrêter celle de l'ataxie. Dans d'autres cas la paralysie générale guérit, mais l'ataxie s'aggrave, enfin les deux maladies peuvent suivre parallèlement leur marche mutuelle.

Voici deux observations empruntées à M. Baillarger (1). Dans la première la paralysie générale associée à l'ataxie locomotrice s'efface à un moment donné, tandis que cette

(1) Voir : *Gazette des hôpitaux* 1861. — *Annales médico-phychologiques*, janvier 1862. — *Archives cliniques des maladies mentales*, 1862.

(2) *Gazette des hôpitaux*, 1861.

dernière maladie s'aggrave (obs. LXXXII); dans la seconde la symptômes de paralysie générale continuent, mais l'ataxie progressive semble arrêtée dans sa marche.

OBSERVATION LXXXII.

Un homme âgé de 40 ans avait commencé à éprouver de l'embarras dans la marche à 35 ans; les mouvements étaient incertains, saccadés et avaient quelque chose de convulsif. Ces symptômes avaient été précédés d'une diplopie qui avaient persisté une semaine. A 36 ans 1[2, congestion cérébrale, sueurs, embarras de la prononciation. Quelques désordres légers avaient déjà été remarqués du côté de l'intelligence lorsque le délire ambitieux éclata à 37 ans.

Aprés une période d'agitation de six semaines, le malade devint plus calme, mais l'intelligence paraissait affaiblie; l'embarras de la parole etait très-prononcé; miction et défécation involontaires, station impossible. Cependant, sous l'influence d'un traitement actif, on vit peu à peu une partie des symptômes disparaître, les fonctions de la vessie et du rectum revinrent à l'état normal; l'hésitation de la parole cessa, l'intelligenee se raffermit; les mouvements des jambes seuls restent si désordonnés que la marche est toujours impossible.

Tels avaient été les antécédents du malade lorsque M. Baillarger fut appelé à le voir

Si je n'avais pas su, dit-il, que ce malade avait eu deux ans auparavant de l'embarras de la parole, du délire ambitieux, de la paralysie des sphincters, je n'aurais pu soupçonner de si graves accidents. Il paraissait raisonner, la parole était libre; cependant bien qu'on ne put constater aucun désordre mental apparent, il n'avait pas recouvré toute l'activité de son intelligence.

Quant à l'ataxie locomotrice elle était facile à constater; la marche était impossible, à cause des mouvements désordonnés et comme convulsifs des membres inférieurs, mais le malade assis contractait très-fortement les muscles des jambes qu'on pouvait difficilement faire fléchir quand elles étaient étendues.

On avait noté chez le malade, et on observait encore chez lui des douleurs névralgiques et rhumatismales dans les membres, douleurs qui revenaient par accès et qui étaient quelquefois remplacées par des oppressions, par des migraines.

Baillarger (Gazette des hôpitaux, 1861.)

OBSERVATION LXXXII.

Homme d'environ 50 ans, qui avait été atteint quatre à cinq ans auparavant de diplopie, de strabisme, d'un commencement d'amaurose de l'un des yeux; on vit apparaître chez ce ce malade des douleurs très-aiguës dans les jambes, se manifestant par accès et consistant en des élancements rapides. Le désordre dans la marche était peu appréciable, cependant quand le malade se retournait un peu brusquement, il vacillait sur ses jambes. M. Duchenne de Boulogne qui le vit à cette époque diagnostiqua une ataxie locomotrice à sa première période.

Il y a treize mois environ la parole commença à s'embarrasser et la mémoire à s'affaiblir. Ces symptômes augmentèrent graduellement ; le malade est arrivé aujourd'hui à un degré avancé de paralysie générale.

La démence survint et fit de grands progrès ; cependant l'incoordination des mouvements n'est pas appréciable, et l'on ne constate rien dans la marche que l'on ne voit chez les malades simplement paralytiques.

Baillarger. (*Eodem. Loc. Obs. II.*)

J'admets pour mon compte deux modes d'association principaux. Dans le premier la paralysie générale est primitive, dans le second elle est consécutive. Dans le premier cas les symptômes paralytiques et cérébraux masquent et dominent à un moment donné ceux de l'ataxie progressive qui reste inaperçue. Aussi je suis persuadé que chez beaucoup de paralytiques généraux on trouverait à l'autopsie, dans les cas anciens, une atrophie des faisceaux postérieurs de la moëlle épinière.

Dans le second cas la paralysie générale survient à une période avancée de l'ataxie locomotrice. C'est ainsi que les choses se sont passées dans les faits de Horn, Westphall, Hoffmann, Steinthall, Turck, etc.. Nous admettons cette opinion qui est conforme à la nature de la maladie, à sa marche naturellement ascendante ; mais c'est à l'anatomie pathologique qu'il est réservé de décider quel est de ces deux modes d'association le plus fréquent.

OBSERVATION LXXXIV.

Ataxie locomotrice progressive, compliquée de manie aiguë. — Atrophie gélatineuse des faisceaux postérieurs de la moëlle ; le cerveau n'est pas mentionné.

L..., 45 ans, surveillant ; entré le 7 janvier 1858 à l'hôpital. Depuis plusieurs années fourmillements dans les membres inférieurs. Il y a quatre ans et demi strabisme qui disparut spontanément. Depuis deux ans faiblesse de la vue, maux de tête, incertitude dans la marche, incontinence d'urine. Depuis quatre semaines aliénation mentale (manie aiguë).

Le patient est grand , maigre. Pupille droite plus dilatée que la gauche. Tremblement des extrémités inférieures dans la station verticale. Quand les yeux sont fermés , le malade vacille fortement et finit par tomber. Il parle lentement; néanmoins il n'y a pas d'hésitation dans la parole.

Autopsie faite par le docteur Westphall à la fin d'août 1859. Dégénérescence grise des faisceaux postérieurs de la moëlle épinière dans toute leur hauteur jusqu'à la moëlle allongée. Elle est exactement limitée par les cornes postérieures et plus prononcée à la périphérie. Les racines postérieures présentent également un aspect grisâtre.

A l'examen microscopique on constate, avec les lésions ordinaires de l'atrophie ; que la dégénérescence a un peu empiété sur les faisceaux latéraux et même sur les couches excentriques des cornes postérieures qui ont un aspect rayonné et sont très-pauvres en éléments nerveux.

Rien dans le reste de la moëlle. Le cerveau n'est pas mentionné.

C. Westphall. — Tabes dorsalis, graue degeneration der hinterstrange und paralysis universalis progressiva (Zeitschrifft fur psychiatrie. 1863.)

Ainsi voilà un malade qui pendant plusieurs années a des douleurs dans les membres, des troubles de la vue , de l'incertitude dans la marche, de l'incontinence d'urine. Ces symptômes persistent pendant quatre ans et demi au moins , puis tout-à-coup cet homme , atteint de manie aigüe , est transporté dans le service des aliénés du docteur Westphall , et on trouve après un an et demi de symptômes cérébraux une dégénérescence atrophique des faisceaux postérieurs de la moëlle épinière. On ne peut pas plus nier dans ce cas la coexistence de la maladie médullaire et de la maladie cérébrale que leur succession. Il est à regretter que l'état du cerveau n'ait pas été mentionné. Dans l'observation suivante due au même auteur la démence paralytique survint quatre ans après le début de l'ataxie locomotrice. On voit le mal se propager des extrémités inférieures aux supérieures , puis finalement gagner le cerveau. Cet organe , à l'autopsie, est pâle , un peu ramolli , et si les adhérences des enveloppes ne sont pas signalées , c'est peut-être parce que cette complication était trop récente, pour que l'altération ait eu le temps de s'organiser.

OBSERVATION LXXXV.

Ataxie progressive. — Puis démence paralytique. — Atrophie des faisceaux postérieurs de la moëlle, pâleur et diminution de consistance du cerveau.

L. K..., peintre, 38 ans. Le malade n'a eu d'autre maladie qu'une attaque de colique de plomb. Au mois de juillet 1858, il éprouvait depuis neuf semaines une diminution de la sensibilité, qui, du pied gauche où elle avait commencé, avait gagné le pied droit, de l'incertitude dans la marche, de la difficulté dans la miction et la défécation, une sensation de constriction au niveau de l'épigastre. Pendant quinze jours le malade éprouve à cette époque des fourmillements constants dans le petit doigt et l'annulaire de la main gauche.

En 1862 amaigrissement prononcé. Pupille gauche plus dilatée que la droite. Le malade est très-agité. Tremblement et incoordination dans les mouvements des jambes et des bras. Rétention d'urine. Démence paralytique.

Autopsie le 16 août 1862. La dure-mère et la pie-mère sont injectées et adhérentes entre elles. Toute la moëlle est ramollie. Les faisceaux postérieurs dans toute leur hauteur sont gris, gélatineux, principalement dans les régions supérieures où la coloration morbide est uniforme, tandis qu'à la région dorsale elle est interrompue par des stries blanches. Dans les régions inférieures la coloration devient blanchâtre.

La dégénérescence s'étend à la moëlle allongée, mais surtout à la périphérie. Dans le plancher du quatrième ventricule, dans le voisinage des corps restiformes, on peut reconnaitre encore une coloration grise, superficielle.

Dans le cerveau il n'y a rien de bien anormal. La consistance a diminué. La substance est très-pâle. Sixième et quatrième ventricules dilatés.

Nous passerons sous silence l'examen microscopique qui révèle les mêmes altérations que dans les cas précédents.

C. Westphall. (*Tabes dorsalis. Graue degeneration der hinterstrange und paralysis universalis progressiva.*) *Zeitschrift fur psychiâtrie. XX*, 1863.

Des faits analogues ont été recueillis par d'autres auteurs allemands. Eisenmann nous apprend que Turck a observé deux fois la dégénérescence grise des faisceaux postérieurs de la moëlle sur des individus qui avaient présenté pendant leur vie, outre les symptômes du tabes dorsal, une altération mentale très-prononcée (démence paralytique) et on trouva à la mort une adhérence des membranes cérébrales avec la face supérieure du cerveau, comme on le voit dans la paralysie progressive des aliénés (1). Hoffmann avait, en 1856, rapporté un fait analogue (2).

Steinthall considère la naïveté, et la faiblesse d'esprit (Geitesschwache) comme des symptômes constants du tabes dorsal.

E. Horn a aussi rapporté dans ses archives en 1833 une observation où huit ans après le début de l'affection de la moëlle, on vit survenir des troubles de la parole, de l'imbécillité et du délire. La moëlle était ramollie et atrophiée, le cerveau et ses enveloppes étaient injectés. Voici ce fait qui semble prouver que certaines myélites à forme ascendante peuvent comme l'ataxie progressive entraîner à leur suite l'aliénation mentale.

OBSERVATION LXXXVI.

Ataxie progressive, délire paralytique, démence. — Ramollissement et atrophie de la moëlle. Injection du cerveau et de ses enveloppes.

40 ans, officier d'état-major, a souffert beaucoup de la fatigue des camps; il a eu la syphilis.

En août 1819 violentes douleurs rhumatismales dans les jambes avec angine, photophobie. Peu de temps après picotements dans les doigts, diminution du sens du toucher. En 1820 photophobie; toux convulsive, constriction thoracique, faiblesse quasi paralytique dans le bras et le pied gauches. En 1821 augmentation de ces symptômes, faiblesse dans les genoux, perte d'équilibre, selles difficiles, sensation de constriction à l'anus. En 1822 cette sensation est plus violente et s'est étendue à la vessie; diminution plus prononcée du sens du toucher. Le malade ne peut plus écrire et va difficilement à la selle. Amblyopie. En 1826 le malade est aveugle, paralysé, à moitié sourd. En 1827 faiblesse paralytique de la langue, irritabilité excessive. A la fin délire, paralysie des sphincters; après une amélioration de peu de durée, son état s'aggrava, démence et imbécillité alternatives. Enfin les membres devinrent tout-à-fait paralysés et en 1831, après une durée de treize ans, la mort survint.

1 Eisenmann. — *Die bevegungs ataxie*, p. 144.

2 Hoffmann. — (*Einen fall von Ruckenmarks leiden und Blodsinn. Allg. zeitsch. f. psychiat. XIII*. p. 209.)

Autopsie. Membranes du cerveau richement vascularisées; le cerveau est lui-même injecté. Les racines, l'entrecroisement et la partie antérieure des nerfs optiques sont atrophiés. Les couches optiques, les tubercules quadrijumeaux sont très-normaux.

La moëlle épinière est atrophiée, principalement vers la queue de cheval. La partie supérieure, jusqu'à la sixième vertèbre cervicale, aussi bien que le renflement lombaire étaient d'un volume normal, les parties situées entre ces limites, dans une étendue de trois pouces, présentaient un changement morbide. Les membranes étaient rouges, épaisses, difficiles à séparer. La substance médullaire était ramollie, ainsi que la substance grise et présentait une coloration foncée tranchant fortement sur la substance blanche.

E. Horn. (*In seinen archiv. Janv.* 1833.)

Il résulte de ces faits que la paralysie générale et les diverses formes d'aliénation mentale peuvent s'associer à l'ataxie locomotrice progressive. Quand l'affection cérébrale débute ou que ces deux maladies se développent parallèlement, les symptômes s'obscurcissent réciproquement et il est difficile de démêler ce qui appartient en propre à l'une ou à l'autre. Mais quand l'ataxie progressive est la première à se manifester, on voit la paralysie générale survenir graduellement jusqu'au moment où elle domine et semble régner seule. Dans ce cas elle paraît être la continuation, la seconde étape de l'ataxie locomotrice progressive. Ce fait ne doit pas être perdu pour le pronostic.

La comparaison des lésions anatomiques explique cette solidarité. « En présence de ces lésions, ai-je dit ailleurs (1), n'est-on pas involontairement conduit à rapprocher l'ataxie locomotrice progressive de la paralysie générale des aliénés ? Dans cette dernière maladie en effet on trouve des altérations des enveloppes cérébrales amenant à leur suite une atrophie des éléments nerveux des couches corticales du cerveau. Les lésions se développent comme dans l'ataxie progressive avec lenteur, subissant de temps en temps des arrêts qui se traduisent par des rémissions dans les symptômes. Les deux maladies sont

1 *De la dégénérescence grise des faisceaux postérieurs de la moëlle épinière dans l'ataxie locomotrice progressive. Deuxième article. Gazette médicale de Lyon*, 16 octobre 1864.

également progressives. L'une se traduit par l'ataxie de l'intelligence, l'autre par l'ataxie des mouvements. Enfin ces deux maladies aboutissent également à un terme fatal. Un dernier point de rapprochement entre la méningo-encéphalite chronique des aliénés et la méningo-myélite chronique de l'ataxie, c'est la coïncidence de ces deux maladies. »

Un mot en terminant. Suivant M. Joire, médecin en chef de l'asile des aliénés de Lommelet (Loire), la lésion de la paralysie générale des aliénés a pour siége la surface interne du quatrième ventricule et consiste dans la présence d'une couche comme gélatineuse, transparente, d'une épaisseur variable ; la surface de cette couche est couverte surtout au niveau de la paroi antérieure et inférieure du ventricule d'un nombre considérable de saillies mamelonées ou granulations (1).

Ce n'est pas ici le lieu de nous prononcer sur la valeur des diverses théories qui ont été émises relativement au siége anatomique de la paralysie générale des aliénés, mais en présence de l'assertion de M. Joire qui affirme que depuis qu'il a observé la lésion du quatrième ventricule que je viens de signaler, il ne l'a pas vu manquer une seule fois, j'ai dû me demander si ces complications de paralysie générale qu'on rencontre dans l'ataxie progressive ne sont pas dues à la propagation de la dégénérescence au quatrième ventricule, propagation assez fréquente, comme nous le savons. C'est une question dont je livre la solution aux observateurs à venir (2).

2° *Du côté du système musculaire. — Atrophie musculaire. — Atrophie musculaire progressive.*

Dans l'ataxie locomotrice progressive l'amaigrissement est fréquent, l'atrophie limitée à quelques groupes de muscles plus fréquent que ne le pensait M. Duchenne ; quant à l'atrophie musculaire progressive je n'en connais que trois exemples.

1 *Gazette des hôpitaux* (1861. p. 91.)

2 Dans l'observation LXXXV le quatrième et le sixième ventricules étaient dilatés.

OBSERVATION LXXXVII

Ataxie locomotrice progressive compliquée d'atrophie musculaire progressive.

Potard, 39 ans, sergent de ville. Pas de cause antérieure si ce n'est un coup sur la nuque à une époque éloignée.

Il y a vingt mois environ diplopie, strabisme externe de l'œil droit avec chûte de la paupière supérieure, accidents qui ne disparurent que pour envahir dans le même ordre l'œil du côté opposé. Il guérit au bout de quatre semaines.

Peu après sensation de froid et d'engourdissement dans les jambes et dans les pieds. Les petits orteils et les doigts auriculaires de chaque main commencèrent à maigrir. A la face dorsale de la main gauche un creux s'était formé entre les deux premiers métacarpiens...

A quelques jours de là rétention d'urine et grande faiblesse dans les jambes.

Etat le 27 septembre 1858. — Amaigrissement général. L'atrophie porte surtout sur les muscles suivants : sterno-mastoïdien, dentelé, deltoïde gauche, les sous-épineux et pectoraux, intercostaux, cubital postérieur des deux côtés. Dans l'éminence thénar à gauche, il ne reste plus que le court fléchisseur.

Les mouvements sont encore possibles grâce aux fibres qui ont été conservées ; seulement les mouvements manquent de coordination. Les doigts vont à l'aventure, et obéissent maladroitement à la volonté. La marche se fait encore, mais comme celle d'un homme ivre.

Les muscles sont le siége de contractions fibrillaires.

Aux membres inférieurs les muscles ne sont pas atrophiés. L'incoordination y est cependant très-prononcée. La station est impossible, la démarche des plus désordonnées

Il y a des crampes, des soubresauts des tendons, et des douleurs fulgurantes.

Foucart. (France médicale et pharmaceutique, 9 octobre 1858.)

Le deuxième fait de ce genre a été rapport par Leyden; en voici un résumé.

OBSERVATION LXXXVIII.

L. A. M., 50 ans, n'avait eu jusqu'en 1859 qu'une diplopie et un strabisme. A cette époque dysenterie pendant quatorze jours. Depuis lors le travail devint de plus en plus pénible.

Depuis quatre ans douleurs névralgiques violentes, d'abord dans les jambes, et qui survinrent à la suite de refroidissements. Depuis un an tiraillement dans les bras. Troubles légers dans les fonctions de la vessie et de l'intestin, diplopie passagère. Amaigrissement de peu d'importance. Creux au niveau des espaces interosseux de la main droite. Les muscles des bras comme des pieds sont un peu amaigris, mais les espaces interosseux n'ont pas disparu La démarche est incertaine et chancelante surtout dans l'obscurité. Les usages des mains sont aussi troublés. Le malade a de la difficulté à écrire, à boutonner les boutons de ses chemises... etc.

La sensibilité des pieds, principalement à la plante est obtuse; elle est également émoussée aux mains, aux bras et aux cuisses. La localisation des impressions et surtout du contact est incertaine.

Leyden (*Loc. cit. Obs*.III, *Anhang*, *p*. 254.)

La troisième observation, la plus ancienne en date, est due à Virchow.

OBSERVATION LXXXIX.

Dégénérescence grise des faisceaux postérieurs de la moëlle. — Atrophie musculaire progressive.

Le 27 mai 1854 on apporta à l'amphithéâtre le cadavre d'un pensionnaire de l'hôpital Julius, il avait succombé à la phthisie pulmonaire. Le 27 août 1847 époque de son admission à l'hôpital, il présentait les symptômes d'une paralysie avancée des extrémités inférieures que l'on crut être de nature arthritique. Des recherches ultérieures montrèrent que la maladie dépendait d'influences héréditaires : le père était mort de la même maladie. A 21 ans le fils ressentit dans les extrémités inférieures les indices d'une paralysie qui gagna peu à peu les membres supérieurs, à tel point que dans les derniers temps il ne pouvait s'en servir qu'en faisant un mouvement de fronde, et par saccades réitérées. La vessie et le rectum restèrent libres jusqu'à la fin; une fois, six ans après le début du mal, son état s'améliora visiblement; mais il empira bientôt après et à l'hôpital tous les traitements institués demeurèrent inutiles.

Autopsie. Amaigrissement très-prononcé. Les muscles des extrémités sont en général très-amaigris, d'un aspect pâle, d'un rouge jaunâtre. Quelques-uns étaient visiblement dégénérés. Au microscope on trouva des cellules graisseuses, quelques stries granuleuses, correspondant en partie à de vieilles fibres musculaires. D'autres étaient pâles, montrant quelques petites cellules qui contenaient dans une fine membrane de toutes petites granulations graisseuses. Il était évident qu'il y avait ici production de nouvelles cellules graisseuses dans les cellules du tissu connectif. Les vaisseaux avaient aussi subi la dégénérescence graisseuse. Les nerfs étaient moins riches en tubes, ceux-ci étaient séparés par de grands intervalles, contenant des noyaux ovales, allongés, étroits, quelquefois effilés. Du reste tous les nerfs examinés, ceux de la cuisse et du pied, contenaient une assez grande quantité de tubes nerveux remplis de moëlle. A l'œil nu aucun n'était visiblement atrophié. Le nerf tibial était épaissi, comme bleuâtre. La moëlle paraissait normale. Mais sur des coupes transversales on pouvait déjà apercevoir des altérations commençant au niveau des vertèbres cervicales et se prononçant de plus en plus en bas, et surtout au niveau de la région lombaire. Dans toutes ces régions les faisceaux postérieurs étaient remplacés par une masse grisâtre, semi-transparente qui dans certains points se propageait jusqu'aux cornes grises postérieures, tellement qu'il était souvent difficile de les distinguer. En général la dégénérescence commençait dans le sillon postérieur, se poursuivait dans les faisceaux postérieurs, avait son maximum d'intensité à leur périphérie, et de là se propageait aux cornes grises au point d'implantation des racines postérieures.

L'examen microscopique montra que les faisceaux postérieurs étaient seuls altérés et non les cornes postérieures. L'altération consistait en une atrophie, semblable à celle des nerfs périphériques : tubes nerveux groupés ensemble et volumineux, mais séparés par une substance finement granuleuse, contenant des corps amyloïdes nombreux, et des noyaux le plus souvent ovales, çà et là visiblement enfermés dans une membrane-cellule ronde, et allongée ; et enfin sur des préparations traitées par l'acide chromique, on vit une substance comme feutrée et fibrillaire. — Nulle part il n'y avait de graisse. Les vaisseaux remplis de sang étaient normaux.

Virchow. (Un cas d'atrophie musculaire progressive. *Virchow's Archiv*. 1855. *Band* 8, *helft*. 4.)

Ce fait soulève une question très-importante. Plusieurs opinions ont été émises sur la nature de l'atrophie musculaire progressive. Je ne ferai que mentionner celle qui considère cette maladie comme une altération primitive des muscles ; pour le plus grand nombre l'atrophie musculaire serait la conséquence d'une lésion matérielle du système nerveux. Et ici les théories divergent encore. L'une la plus ancienne, qui a pour elle le plus de partisans et de faits place, avec M. le professeur Cruveilhier, le siége anatomique de cette maladie dans les racines antérieures de la moëlle épinière qui seraient atrophiées.

L'autre considère l'atrophie du grand sympathique comme la cause de cette maladie (1). Elle a été émise par Schnevogt et récemment M. Jaccoud a produit deux faits qui confirment cette manière de voir du professeur de clinique de la Haye.

1 Jacoud. — *Gazette des hôpitaux*, nº 6. 1865.

Enfin le fait de Virchow que je viens de rapporter nous montre cette maladie coïncidant avec l'atrophie des faisceaux postérieurs. Cette atrophie est elle la cause de la dégénérescence musculaire dans l'ataxie progressive et peut-on expliquer par cette lésion les faits qui précédent ? Il est difficile dans l'ataxie progressive de s'arrêter à l'idée d'une atrophie des racines antérieures; tout au plus pourrait-on admettre une dégénérescence secondaire du sympathique dont nous avons vu plus haut un exemple.

Chapitre VII.

MARCHE, DURÉE, TERMINAISON DE LA MALADIE,

PRONOSTIC.

L'ataxie locomotrice progressive suit une marche chronique.

Elle débute presque toujours d'une manière insidieuse. Limitée dans le principe aux muscles du pied, on la voit peu à peu envahir ceux de la jambe, puis de la cuisse, d'abord d'un seul côté (et de préférence le côté gauche), pour se développer au bout d'un temps variable, et en suivant le même ordre, dans le côté opposé. Ce n'est que plus tard qu'elle se propage aux membres supérieurs, fidèle à une progression analogue et plus tard encore qu'elle s'étend quelquefois aux muscles de la nuque, de la langue, du pharynx, du voile du palais, etc. L'ataxie tend à gagner de proche en proche, d'une manière assez régulière, en interrompant de temps en temps son cours. Elle ne fait pas explosion, à moins d'avoir affaire à la *forme aiguë* dont je ne connais que de rares exemples.

Telle est la marche ordinaire de la maladie ; elle n'est pas constante cependant. Il existe en effet des observations où des symptômes cérébraux : étourdissements, céphalalgie, vertiges, etc., ont ouvert la marche des accidents. Dans d'autres cas rares le désordre des mouvements commence par les membres supérieurs, (forme cervicale) plus rarement encore la maladie a une forme hémiplégique. Quelle que soit la valeur de ces différences, l'ataxie progressive présente dans son développement les quatre caractères suivants : *elle est lente*, *progressive*, *rémittente*, *et généralement ascendante*.

Insistons sur quelques points.

Des rémissions. Dans beaucoup de cas l'ataxie suit uniformément une marche progressive, elle affecte alors un *type continu*. Mais fréquemment aussi elle est sujette à des rémissions. Après avoir crû pendant un temps variable, des mois, des années, la maladie s'arrête, une amélioration considérable survient dans tous les symptômes ou dans quelques-uns, la guérison même peut sembler assurée. Ces rémissions surviennent quelquefois s ans cause connue, elles durent plus ou moins longtemps; elles coïncident fréquemment avec les mois d'été ; de là vient que l'on attribue aux médications thermales une amélioration et même des guérison qui sont le fait de la marche naturelle de la maladie. Avant donc de se prononcer sur l'efficacité de certains agents thérapeutiques, il ne faut pas perdre de vue, ainsi que M. Trousseau l'a déjà fait observer à propos du nitrate d'argent, les arrêts spontanés de la maladie. Il ne faut pas non plus qu'ils soient le sujet d'espérances précipitées ou d'un pronostic trop favorable. Car la maladie peut se réveiller tout-à-coup sous l'influence du froid et de l'humidité, et s'aggraver ensuite d'une manière définitive.

Ces rémissions peuvent porter sur les symptômes oculaires, sur la sensibilité, sur l'incoordination, sur les phénomènes génitaux. Dans l'observation LXXXX on voit reparaître à quatre reprises différentes une paralysie de la troisième paire liée constamment au retour de phénomènes gastriques, et se compliquant finalement d'une cécité complète et d'une paralysie de la sixième paire. Dans l'observation LXXXXI les rémissions coïncidèrent deux fois avec un séjour aux eaux de Lamalou et furent mises sur le compte de ce moyen thérapeutique. Mais une troisième saison passée à cet établissement resta sans effet.

OBSERVATION XC.

M. X... rentier, 40 ans. Gonorrhée antérieure. Rien autre dans les antécédents.

En 1840 *Gastro-entérite* légère à la suite d'écarts de régime. Peu de temps après, pendant la convalescence de cette maladie, paralysie de la troisième paire gauche. Après trois mois cette paralysie guérit bien qu'il n'ait pris qu'un peu de calomel à petites doses et de temps à autre.

En 1845 et 1847, la paralysie de la troisième paire gauche revient et disparaît de la même manière après trois ou quatre mois de durée. Affaiblissement de la vue dès le début.

C'est à cette époque que parurent aux membres inférieurs des douleurs caractéristiques.

En 1848 nouvelle paralysie de la troisième paire gauche avec troubles gastriques. Erections nocturnes fréquentes sans pertes.

En 1852 après une notable amélioration, sans cause connue nouvelle paralysie de la troisième paire gauche, affaiblissement de la vue des deux côtés. A ces phénomènes s'ajoutent des tournoiements de tête, la perte de l'équilibre pendant la station et la marche. La sensibilité n'était pas altérée alors aux membres inférieurs. Quelques mois après fourmillements dans les doigts; maladresse des mains.

En 1854, nouveaux troubles gastriques et perte complète de la vue. Paralysie incomplète de la troisième paire gauche, paralysie de la sixième paire droite. Dilatation considérable des pupilles. Anesthésie incomplète des membres. Le sentiment d'activité musculaire était affaibli, mais non éteint. La sensibilité tactile était complètement émoussée.

(*Duchenne. Obs.* VII. *L. cit.*)

OBSERVATION XCI.

M. de V..., âgé de 40 ans. Début il y a 11 ans, en 1850, sous l'influence de vives préoccupations morales. Au début il accusa une grande faiblesse dans les jambes; au bout de quelques mois, la marche devint impossible, douleurs fulgurantes, diminution de la sensibilité tactile. Cette faiblesse s'étendit bientôt aux muscles du tronc et aux membres supérieurs, si bien que M. de V... ne pouvait se tenir assis. En même temps incontinence d'urine, abolition du sens génital, affaiblissement considérable de la vue et de la voix.

L'état du malade est amélioré notablement par un séjour à Montpellier et une saison aux eaux de Lamalou.

En 1853, à propos de fréquents voyages nécessités par un procès long et pénible, le mieux cesse et il survient un amaigrissement considérable.

En 1855 vives douleurs dans les deux coudes qui laissèrent dans les doigts de la roideur et de l'insensibilité.

En 1859 une nouvelle saison à Lamalou rendit la marche un peu plus assurée. Les eaux restèrent sans résultat en 1860.

(*Teissier. Loc. cit. Obs.* 5)

A côté de ce type rémittent se place une troisième variété dans laquelle la maladie, tout en suivant une marche progressive et régulière, est de temps en temps aggravée par des maladies intercurrentes ou par d'autres influences. Ainsi la menstruation et la grossesse ont une action non équivoque sur l'ataxie progressive. D'autrefois c'est une diarrhée, une entérite, ou bien une affection cutanée (variole, typhus) ou bien encore une complication cérébrale, etc., qui viennent se greffer sur la maladie principale, et lui communiquent une allure toute différente de l'état normal.

Au point de vue descriptif telle est la marche de la maladie, et les variétés précédentes ont leur raison d'être et trouvent leur application. Mais si je me place au double point de vue clinique et anatomo — pathologique, je reconnais encore aujourd'hui (comme je l'indiquais déjà dans ma thèse) qu'il y a deux périodes distinctes : l'*une d'hypérhémie*, coïncidant avec l'exaltation des fonctions du cordon rachidien : exagération des mouvements réflexes, mouvements convulsifs, spasmodiques, incoordination poussée à l'excès, hypéresthésie, etc., la deuxième période de torpeur, de *dégénérescence*, dans laquelle les éléments de la moëlle sont détruits et où les fonctions de cet organe sont déprimées : perte des mouvements réflexes, paralysie des sphincters, anesthésie prononcée, commencement de paralysie motrice.

L'observation suivante montre les lésions de la première période: l'hypérhémie de la moëlle parfaitement en rapport avec la date de l'ataxie qui ne remontait qu'à six mois, tandis que la paralysie de la troisième paire et l'amblyopie qui existaient depuis trois ans s'expliquaient par la dégénérescence gélatiniforme des nerfs optiques qui étaient ramollis depuis la papille jusqu'aux corps génouillés, et l'aplatissement, la dégénérescence d'un des nerfs oculaires communs.

OBSERVATION XCII.

Ataxie locomotrice à la première période. — Hypérhémie générale de la moëlle.

Un homme mort dans le service de M. Gubler le 16 octobre 1863 était atteint de douleurs depuis treize ans, d'une paralysie de la troisième paire gauche, d'une amblyopie double progressive depuis trois ans environ, et d'incertitude dans la marche depuis six mois. A l'ophthalmoscope on trouva les deux papilles en voie d'atrophie. La sensibilité cutanée était altérée, le sens musculaire conservé. L'ataxie était bien caractérisée aux mains et aux jambes. L'expression choréique a été même employée pour les membres supérieurs. Vers les derniers jours, dans le cours de la maladie aiguë à laquelle il a succombé (variole), il fut pris de phénomènes de paralysie musculaire véritable. (1)

A l'autopsie on ne trouva rien à l'œil nu dans l'encéphale, le cervelet, les racines et les cordons de la moëlle. Toute la moëlle était très-injectée. Les nerfs optiques étaient gris, semi-transparents, ramollis depuis la papille jusqu'aux corps genouillés exclusivement. L'un des nerfs moteurs oculaires communs était aplati, diminué de volume, mais n'était pas gris. L'examen microscopique pratiqué par MM. Gubler et Luys, trouva les cordons et les racines postérieurs sains, et l'altération habituelle des nerfs optiques. Cependant, en regardant de près il a semblé que le bord postérieur de la commissure grise, au lieu de s'arrêter brusquement, était diffus et se confondait insensiblement avec le centre des cordons postérieurs.

(*Topinard. L. cit. Obs. XXV.*)

La *durée* de la maladie est fort longue, M. Duchenne (de Boulogne) a vu ce qu'il appelle la première période durer douze ans; il a observé des malades atteints d'ataxie pro gressive depuis plus de vingt ans et paraissant devoir vivre encore longtemps. Dans l'observation LXXXI la maladie durait depuis vingt-quatre ans quand est arrivé le terme fatal.

Par contre M. Trousseau a vu la maladie se généraliser dans l'espace de six mois. Dans l'observation LXXX la

1 M. Duchenne (de Boulogne) a dans la relation qu'il a faite de cette autopsie, (*Gazette hebdomadaire* nº 10, 1864) ajouté quelques détails qui donnent à cette autopsie une signification particulière. « *J'ai constaté, dit-il, sur des coupes transversales des racines antérieures cervicales et lombaires, l'atrophie d'un tiers environ de leurs tubes nerveux.* « Cette atrophie, qui se distinguait d'ailleurs à l'œil nu, explique cette paralysie réelle qui survint à un moment donné.

mort arriva après trois mois et demi de maladie. Ces faits, qui se séparent si nettement des autres, semblent autoriser l'admission d'une *forme aiguë* de la maladie. Cette forme a été reconnue par M. Trousseau. L'observation suivante doit en être considérée comme un exemple, mais il ne faut pas perdre de vue qu'entre cette forme et la forme ordinaire il y a une abime. Ainsi l'observation LXXX est une exemple de myélite aiguë des faisceaux postérieurs qui s'est compliquée de ramollissement de la protubérance annulaire ; l'observation XCIII est un exemple de méningite spinale localisée probablement dans la moitié postérieure de la moëlle, et ayant donné lieu aux symtômes de la maladie de Duchenne. Il est fréquent du reste de voir au début des myélites et dans les congestions de la moëlle des symptômes d'ataxie locomotrice passagers et qui s'évanouissent, quand la maladie suivant son cours, la paralysie occupe le premier rang.

Le tableau suivant résume la durée de la maladie.

De 1 à 5 ans, quatorze observations.

De 5 à 10 ans, dix observations.

De 10 à 15 et au-delà, treize observations.

Il ressort de ces chiffres que l'âge de la maladie ne peut pas servir à fixer la gravité du pronostic et que l'ataxie progressive enlève les malades aussi bien quand elle existe depuis quatre ou cinq ans que lorsqu'elle a miné l'organisme depuis quinze ans et plus. Et cela résulte de ce fait que les malades succombent rarement au marasme et à l'épuisement produit par la maladie elle-même, mais bien plus souvent à une affection intercurrente, soit que l'affection ait une relation directe avec la maladie de la moëlle, catarrhe vésical, cystite, congestion cérébrale, ramollissement cérébral, etc., soit qu'elle n'ait aucun rapport avoué avec la maladie principale, tubercules pulmonaires, bronchite, diarrhée, fièvre typhoïde, hémorrhagie intestinale, rupture d'un anévrysme, etc.

Voici en effet comment se répartissent les causes de mort sur trente cas où elles ont été notées ;

Marasme, épuisement,	2 fois.
Congestion cérébrale,	3 fois.
Ramollissement cérébral,	3 fois.

Cystite,	2 fois.
Eschare au sacrum,	1 fois.
Phthisie pulmonaire,	9 fois.
Fièvre hectique,	1 fois.
Bronchite,	2 fois.
Diarrhée,	2 fois.
Hémorrhagie intestinale,	1 fois.
Perforation intestinale,	1 fois.
Fièvre typhoïde,	3 fois.
Variole,	1 fois.
Rupture anévrysmale,	1 fois.
Cancer utérin,	1 fois.
Érysipèle,	1 fois.
Néphrite et infection purulente,	1 fois.
Maladie intercurrente,	1 fois.

OBSERVATION XCIII.

Ataxie locomotrice aiguë. — Emploi des émissions sanguines et de larges vésicatoires volants; guérison rapide et persistante.

O... marchand de chevaux, 37 ans, vigoureux et sanguin. Le 24 mars il séjourna longtemps dans les cours d'Alfort et prit froid. Huit jours après, frissons dans le dos, faiblesse et engourdissements dans les membres inférieurs ; marche possible mais chancelante, accompagnée d'étourdissements légers. Quelque temps après il survint des tremblements dans les membres inférieurs et supérieurs. Il y a de la fièvre, de la céphalalgie, de la diplopie sans strabisme. La force musculaire est en grande partie conservée. A certains moments les quatre membres sont parcourus par des douleurs semblables à des commotions électriques.

Du 10 au 18 avril, ventouses sèches et scarifiées alternatives La céphalalgie et la diplopie disparurent, les douleurs diminuèrent ainsi que l'exaltation de la sensibilité générale.

Les engourdissements se localisèrent aux pieds; l'amélioration était progressive et manifeste, lorsque le 7 mai se déclara une fièvre typhoïde. Le 22 juin le malade était complètement guéri.

Le 15 décembre il avait repris ses occupations. Sa maladie première n'avait pas reparu.

Matice. (*Gazette des Hopitaux* n° 11, 1864.)

PRONOSTIC.

Les nombreuses autopsies rapportées dans ce travail nous ont déjà annoncé combien est grave l'ataxie progressive. Faut-il cependant prendre au pied de la lettre les paroles suivantes de Romberg : « Il n'y a aucun espoir de guérison ; tous les malades sont inévitablement condamnés à mourir.... Si jamais le zèle inconsidéré du médecin augmente les maux d'un malade, c'est bien dans le tabes dorsalis. A peine rencontre-t-on un des malheureux atteints de cette maladie qui n'ait le dos couvert de cicatrices, et qui n'ait été soumis à une foule de prescriptions auxquelles il a eu en vain recours. L'humanité oblige de déclarer que par l'emploi des moyens thérapeutiques on ne fait que nuire, et que c'est seulement par l'institution d'une hygiène appropriée qu'on peut espérer de retarder la terminaison fatale ? »

Heureusement pour les médecins et pour les malades, cet arrêt de mort inexorable prononcé par le médecin de Berlin ne doit pas être accepté sans recours. Ce serait se livrer à un découragement inexplicable que de ne pas essayer les ressources de la thérapeutique dans une maladie qui la brave presque toujours, et qui doit être combattue en raison même de sa gravité. D'ailleurs le médecin fidèle à son rôle peut toujours soulager, et n'est-ce pas déjà un grand service rendu que de calmer les douleurs atroces dont se plaignent les ataxiques ? En second lieu il faut surveiller les complications nombreuses auxquelles est sujette la maladie, et qui comme nous venons de le voir sont presque toujours cause de la mort. C'est précisément dans ces complications qu'on trouvera les principaux éléments du pronostic. En face de la cystite, des eschares, de la pneumonie hypostatique, des tubercules, des complications cérébrales, etc., on devra formuler un jugement en rapport avec la gravité de ces maladies. Aussi l'état général du malade doit dominer le pronostic; son tempérament au contraire ne fournit que des renseignements insuffisants. L'âge lui-même de la maladie présente peu de données certaines ; quant aux formes, nous savons déjà que le danger est aussi grand dans la forme lombaire que dans la forme généralisée.

Chapitre VIII.

ÉTIOLOGIE.

On voit survenir l'ataxie progressive après tant de causes qu'on éprouve un véritable embarras à choisir au milieu de cette richesse étiologique. Faut-il admettre comme causes toutes les circonstances après lesquelles ou au milieu desquelles s'est développée la maladie ? Nous serions conduit par ce procédé à suivre l'exemple d'Eisenmann qui n'adopte pas moins de quinze espèces d'ataxie :

L'ataxie rhumatismale ;
L'ataxie goutteuse ;
L'ataxie maremmateuse ;
L'ataxie diphtéritique ;
L'ataxie rachitique ;
L'ataxie lépreuse ;
L'ataxie cancéreuse ;
L'ataxie syphilitique ;
L'ataxie saturnine ;
L'ataxie atropique ;
L'ataxie hystérique ;
L'ataxie par suppression d'une sécrétion habituelle ;
L'ataxie leucorrhéique.

Nous ne saurions imiter cet exemple ; car il suffirait qu'une circonstance étiologique nouvelle vint se jeter en travers de la maladie pour faire admettre une nouvelle variété et reculer indéfiniment les barrières du cadre étiologique. Cette manière de faire est un abus, et il ne suffit pas qu'une influence morbide précède l'ataxie pour qu'on lui applique l'aphorisme vieilli : *Post hoc ergo prop-*

ter hoc. Qu'on attribue une valeur réelle à des circonstances, qui par leur fréquence, par la trace qu'elles impriment à la maladie, paraissent la tenir réellement sous leur dépendance, voilà ce que la logique scientifique permet seulement. Ainsi parmi les causes, il en est quelques-unes comme le rhumatisme, la syphilis, la scrofule, qui, pour les raisons précédentes, justifieraient peut-être dès-aujourd'hui l'existence d'une *ataxie syphilitique, rhumatismale*, *scrofuleuse*. Ces divisions peuvent être très-utiles pour le traitement, et nous en tiendrons compte dans le chapitre consacrée à ce sujet Mais pour jeter les bases de l'étiologie, nous croyons préférable, en l'état de la question ; de suivre la méthode numérique, et d'étudier successivement les causes auxquelles on peut rattacher le développement de la maladie.

Les recherches étiologiques qui suivent reposent sur un relevé de soixante observations.

Sexe. L'ataxie progressive s'observe beaucoup plus souvent chez l'homme que chez la femme. Le sexe est ainsi réparti :

42 hommes. — 18 femmes.

Ce résultat est conforme aux opinions de M. Trousseau et de M. Duchenne. Ce dernier auteur, dans son premier mémoire, n'avait observé cette maladie que sur trois femmes. A quoi tient cette différence ? Faut-il admettre une immunité réelle pour le sexe féminin ? Je ne le pense pas et je crois au contraire que si l'homme devient plus souvent ataxique, c'est qu'il s'expose aussi plus souvent aux principales causes qui l'engendrent, comme les fatigues, les refroidissements, les excès vénériens, etc.

Age. C'est ordinairement entre 30 et 60 ans qu'éclate la maladie. Elle est exceptionnelle dans l'enfance. Je ne connais que trois observations dans lesquelles elle, s'est développée de 1 à 10 ans. De 10 à 30 ans la maladie est très-rare. De 30 à 50 elle est très-commune et frappe à peu près également tous les âges. Puis elle décroît rapidement. A 70 ans elle redevient exceptionnelle ; à 80 ans je ne connais qu'un exemple cité par M. Trousseau.

Le tableau suivant résume l'influence de l'age :

De 1 à 10 ans,	4 fois.
De 10 à 20 ans,	4 fois.
De 20 à 30 ans,	6 fois.
De 30 à 40 ans,	19 fois.
De 40 à 50 ans,	20 fois.
De 50 à 60 ans,	9 fois.
De 60 à 70 ans,	2 fois.
A 80 ans,	1 fois.

Le *tempérament* ne fournit que de vagues indications. Cependant on remarquera qu'on a observé dans plus de dix observations l'affection tuberculeuse; que Friedreich a rencontré sur six individus de la même famille une déviation de la colonne vertébrale. Le tempérament nerveux prédomine chez les femmes Il est juste néanmoins de ne pas perdre de vue que les tempéraments sanguin et bilieux n'exemptent pas de l'ataxie progressive.

Quant à la *constitution*, si le plus souvent elle est faible, anémique, c'est que dans beaucoup de cas elle a été minée par une diathèse antérieure : la syphilis, le rhumatisme, l'herpétisme, la chlorose, etc. De plus il ne faut pas confondre la faiblesse de la constitution avec la débilitation générale, qui n'est que la conséquence de la maladie. Au demeurant il est parfaitement reconnu que les constitutions les plus vigoureuses peuvent donner prise à la maladie qui nous occupe.

Professions. On a rencontré les professions les plus diverses; de telle façon que cette cause est complètement négative pour moi. Ainsi les malades étaient : homme de lettre, charretier (3 fois), mécanicien, machiniste, sellier, garçon de ferme, voyageur de commerce, menuisier (3 fois), relieur, tisseur, ancien facteur, surveillant d'hôpital, tailleur, professeur de musique, peintre, ouvrier maçon, fabricant de papiers, jardinier (2 fois), rentier, confiseur, cordonnier, émailleur sur métaux.

Habitations. On a remarqué depuis longtemps l'influence des habitations humides ; cette cause est mentionnée neuf fois. Nous la retrouverons d'ailleurs en parlant du rhumatisme. Les autres genres d'habitations n'ont pas été remarqués.

Habitudes. On a signalé l'abus du café, des alcooliques, de l'absinthe, du tabac ; bien entendu que je n'ai nullement l'intention de parler ici des désordres locomoteurs de l'alcoolisme, de l'absinthisme, états bien distincts de celui que j'étudie en ce moment. Mais les maladies nerveuses ont de tels liens de parenté qu'on est peu étonné de voir les mêmes causes revenir pour ainsi dire toujours quand on cherche les origines de ces affections chroniques.

Il est superflu de rappeler l'influence fâcheuse des *excès vénériens* et de l'*onanisme*. Ils ne sont pas plus fréquents ici que pour la myélite ordinaire.

Maladies antérieures. Les ataxiques ont eu souvent à une époque antérieure les maladies les plus diverses. Si l'on voulait trouver dans les antécédents la cause de la maladie de la moëlle, ce serait souvent une erreur. Mais au milieu de ces affections passées, il en est quelques-unes qui me paraissent avoir avec l'ataxie progressive des connexions intimes. Ainsi quelques malades ont été précédemment névrosiques ou hypochondriaques, ils étaient sujets aux migraines, avaient des cardialgies, des douleurs intercostales. Evidemment ces diverses manifestations, avec lesquelles on compte peu d'ordinaire, ne sont souvent que le prélude de l'ataxie progressive. Il en est de même de l'*épilepsie* que je trouve au moins dans cinq ou six observations, soit au début soit dans le cours de la maladie. L'*hystérie* est encore plus fréquente ; et je n'insisterai pas tant si l'on ne voyait pour ainsi dire ces maladies se transformer sous ses yeux ; de bénignes qu'elles étaient devenir incurables. Quand il s'agit d'une hystérique, on prononce volontiers le nom de névrose et cependant plus d'une fois cette névrose aboutira à l'ataxie progressive. Quelques observations de MM. Charcot et Vulpian nous ont montré cette transformation. D'autrefois l'hystérie aboutit à la sclérose des faisceaux latéraux (obs. LXXII). Il y a là un sujet d'études intéressant qui doit restreindre dans certains cas le sens qu'on attribue à ces états nerveux qui sont faits pour inspirer de la réserve. Quand il s'agit de prononcer un pronostic définitif, ne perdons pas de vue que ces névroses aboutissent quelquefois à des maladies incurables.

Hérédité. L'hérédité figure parmi les causes de beaucoup de maladies nerveuses ; on n'ignore pas les métamorphoses qu'elles subissent, on sait combien elles changent de physionomie en passant d'une génération à l'autre. L'ataxie progressive n'échappe pas à cette loi. Ainsi on voit chez les ascendants l'asthme, l'hypochondrie, le nervosisme, l'hystérie, l'épilepsie ; d'autres fois l'apoplexie, des affections de la moëlle, etc., l'aliénation mentale. « Une des sœurs du malade, dit M. Vidal, dans une observation dont il a retracé l'histoire (1) est morte aliénée, une de ses filles a succombé à des convulsions à l'époque de la dentition ; une autre âgée de douze ans est affectée depuis huit ans d'incontinence nocturne d'urine. Dès l'âge de trois ans le malade a été atteint d'un nystagmus latéral qu'il conserve encore à un degré fort intense.»

Les malades eux-mêmes ont été souvent névropathiques comme nous l'avons dit il n'y a qu'un instant. Voici quelques faits dans lesquels l'influence de l'hérédité et des plus évidentes. Le premier appartient à M. Trousseau, le second m'est personnel.

Obs.- Le chef de la famille est un vieillard de 89 ans qui jouit d'une santé parfaite; il a encore une vigueur intellectuelle très-grande; à l'âge de 65 ans, il a été monomane pendant plusieurs mois. Sa sœur puînée aurait 88 ans; elle est morte folle. Cette femme, atteinte de folie, eut deux enfants : l'un fut héméralope; il fut affecté de pertes séminales, il est mort épileptique; l'autre enfant avait de l'amblyopie et était maniaque.

Le chef de la famille, le vieillard de 89 ans, eut trois enfants : une fille qui est très-faible d'esprit; elle a eu deux fils : l'un mort avec une paralysie générale, l'autre vivant encore, mais très-peu intelligent. De ses deux fils, l'un jouit d'une excellente santé, à cela près d'un peu d'hypochondrie; l'autre est mort d'une ataxie locomotrice progressive.

1 *Gazette des hôpitaux* 1862. p. 205

--Sophie C. . est atteinte d'ataxie locomotrice généralisée; sa grand'mère, sa mère et tous les parents de celle-ci, au nombre de huit, ont présenté le même ensemble de symptômes que celui que nous observons actuellement chez Sophie. Elle fait partie d'une famille de 12 enfants, dont 7 ont été atteints. Parmi ces derniers, 3 ont succombé, 2 garçons et une fille. Une sœur est à Montpellier, ataxique; deux frères à Aubenas. L'un se conduit encore avec un bâton; l'autre se traîne accroupi sur ses quatre membres, il est sourd. Sophie a encore un cousin qui a contracté la maladie à l'âge de 31 ans; il n'y voit pas du tout; il a conservé la force musculaire.

M. Bourillon d'Aubusson (obs. CXIV) a insisté aussi sur l'influence de l'hérédité. On retrouve dans ce cas chez les ascendants du malade l'asthme et la chorée.

M. Isnard (de Gémenos) a rapporté l'histoire d'une dame atteinte d'ataxie locomotrice dont les parents étaient névropathiques, qui avait une sœur asthmatique depuis longtemps, et qui, elle-même, avant sa maladie de la moëlle, était sujette à de fréquents accès de migraine; son fils âgé de 40 ans était atteint depuis plusieurs années de gastralgie et d'hépatalgie.

Accouchement, troubles menstruels, affections intestinales. Dans trois observations la maladie s'est aggravée après une couche (obs. XI, XII, XXVI); dans une autre pendant la grossesse, dans une autre à la suite de troubles menstruels (obs. XLVI) (1).

Dans quelques cas l'ataxie s'est développée à la suite d'une diarrhée (obs. XIV) ou d'une gastro-extérite. M. Wunderlich a rapporté deux cas de ce genre. L'observation XC nous montre la diarrhée alternant avec les recrudescences de l'ataxie progressive.

Affections vénériennes. Les affections vénériennes figurent 19 fois ; elles se répartissent ainsi :

Chancre mou,	6 fois;
Blennorrhagie,	7 fois;
Chancre induré;	6 fois.

1 Revoir ce que nous avons dit page 46 de l'influence de la grossesse sur l'ataxie.

On voit par là, que la syphilis n'est pas plus fréquente que les autres affections vénériennes locales ; on peut se demander par conséquent si elle n'est pas aussi étrangère à la maladie que le chancre simple et la blennorrhagie ; si ce n'est pas, en un mot une coïncidence accidentelle.

Cependant nous savons que la diathèse syphilitique a une affection marquée pour les centres nerveux, que les productions tertiaires se déposent facilement dans le cerveau ou dans la moëlle. Les exemples de ce genre abondent dans les ouvrages de MM. Yvaren, Gros et Lancereaux. L'histoire de l'ataxie locomotrice a montré qu'une maladie de plus devait être inscrite au martyrologe de la syphilis. L'ataxie progressive syphilitique est encore rare, mais nous avons vu dans certains cas la maladie s'arrêter et guérir sous l'influence d'un traitement spécifique, dans d'autres succéder manifestement à la vérole. Cette variété de syphilis que nous indiquions déjà dans notre thèse nous paraît confirmée aujourd'hui.

Rhumastisme. (1) Il est difficile de fixer où commence et où finit le rhumatisme. Entre ces douleurs vagues et mobiles auxquelles on a donné le nom de rhumatoïdes et la fièvre rhumatismale, il existe divers états morbides qu'on attribue au séjour dans une habitation humide, à un refroidissement, à un arrêt de la transpiration, etc., et qui font partie du rhumatisme. Toutes ces nuances ont été observées dans l'ataxie progressive. Ainsi, dans les observations de MM. Charcot et Vulpian il en est plusieurs dans lesquelles la maladie s'est développée après un séjour dans un logement humide ; cette circonstance se retrouve dans plusieurs faits de Wunderlich. Chez d'autres malades c'est à la suite d'un sommeil prolongé sur la terre humide, à la suite d'une exposition à la pluie, ou d'une immersion dans l'eau, ou bien encore de la suppression de la transpiration de la peau ou des pieds, qu'ont paru les premières manifestations de l'ataxie progressive, manifestations d'abord obscures, mal inter-

1 *Frigidum inimicum ossibus, dentibus, nervis, cerebro, spinali medullæ, calidum vero utile.* — *Hippocrates.* — *Aphor.* section 5. – 18.

prêtées, et qu'on a confondues avec des douleurs musculaires ou névralgiques. C'est ainsi qu'agissent le plus souvent les causes rhumatismales.

Sur soixante observations en effet,

9 fois on a accusé le séjour dans une habitation humide;

8 fois un refroidissement;

2 fois la suppression de la sueur;

2 fois le rhumatisme articulaire.

Il est difficile de se rendre un compte exact de la manière dont se comportent ces causes par rapport au système nerveux. Faut-il voir là comme dans les paralysies *a frigore* si bien décrites par Graves une modification morbide primitive des extrémités nerveuses périphériques? Mais la marche de la maladie, la gravité de son pronostic nous empêchent de rapprocher l'ataxie progressive des paralysies périphériques, d'ordinaire si bénignes. Et même, soit dit en passant, nous voyons dans les données fournies par la maladie que nous étudions des raisons pour nous élever un peu contre la fréquence de ces paralysies, et pour faire remarquer que lorsque une paralysie se développera sous l'influence du froid, il ne faudra pas se hâter de conclure que c'est une paralysie limitée aux extrémités terminales des nerfs, une paralysie bénigne.

A côté de ces divers états réunis d'une manière élastique sous la dénomination générique d'affections rhumatismales, il existe une diathèse, une diathèse parfaitement caractérisée qui après les manifestations cutanées ou articulaires sous lesquelles elle se manifeste dans le principe porte plus tard ses ravages sur différentes parties de l'économie, cette diathèse aussi rebelle que perfide qui renait toujours alors qu'on la croit le mieux éteinte, cet ennemi toujours en somnolence et en éveil à la fois, qui se transporte au gré de causes incidentes sur les viscères, sur le système musculaire, sur le système nerveux. Tout le monde a vu ces métamorphoses aussi multiples que celles de la syphilis. C'est cette diathèse qui est quelquefois la cause réelle de l'ataxie progressive en portant sur la moëlle épinière les produits plastiques qu'elle engendre. Dans quelques observations le rhumatisme tel que je le comprends à présent a figuré parmi les antécédents, il agit alors comme cause prédisposante. Mais dans d'autres cas c'est immédiatement après la fièvre rhumatismale, comme dans l'observation suivante que l'ataxie progressive se développe. Dans une observation de M. Charcot nous avons vu la maladie s'aggraver à la suite d'une attaque de rhumatisme.

OBSERVATION XCIV.

Ataxie progressive développée à la suite d'une fièvre rhumatismale.

M. M..., âgé de 37 ans. Grand-mère asthmatique, père rhumatisant. Plusieurs asthmatiques dans la famille. Une sœur choréique, deux enfants asthmatiques. Le malade a eu de 1848 à 1852 des symptômes de phthisie pulmonaire.

En 1855 il resta mouillé toute une journée, et aussitôt après il fut pris de fièvre qui dura deux jours avec des douleurs vives dans toutes les articulations, sans gonflement. La convalescence ne fut pas franche. Aux douleurs articulaires succédèrent des fourmillements, suivis bientôt de gène des mouvements plus prononcée dans les membres inférieurs; il marchait dit-il, comme un homme ivre. La marche devint bientôt impossible sans soutien

Puis survinrent des douleurs, des altérations de la sensibilité, un affaiblissement notable du sens génital qui progressèrent ainsi que l'incoordination jusqu'au milieu de l'été 1861, la maladie cessa alors de faire des progrès sous l'influence de la faradisation et des affusions froides.

Les troubles de la vue ont consisté en un peu d'amblyopie avec myodésopie ; la vue s'affaiblit dans l'œil gauche, mais d'une manière passagère. Aucune déviation des yeux, jamais de diplopie.

L'intelligence est conservée Les muscles sont grêles, mais non atrophiés. Alternatives de diarrhée et de constipation. Parfois incontinence de matières fécales, et rétention d'urine. Conservation de la force musculaire. Le traitement a été très-varié: révulsifs de toute espèce, électricité, strychnine, fer, etc. Les affusions froides ont seules paru être utiles et enrayer la marche de la maladie. Le rhus radicans, le phosphore restèrent infructueux. Le nitrate d'argent améliora notablement la position. Le malade a eu à la suite un enfant à terme qui est mort dans les convulsions.

Il est à noter que le refroidissement de la température faisait reparaitre les crises douloureuses.

Bourillon. (*Gazette des Hopitaux* 1863, n° 139.)

Dans ce cas comment agit le rhumatisme ? Nous croyons qu'il se comporte par rapport à la moëlle comme il se comporte souvent par rapport aux enveloppes du cœur ou du cerveau. Le rhumatisme a une prédilection marquée pour les séreuses et pour le système fibreux. Quand on voit toutes les articulations, le péricarde et l'endocarde, les plèvres, le péritoine, l'arachnoïde cérébrale sujets à ses altérations, pourquoi les tuniques séreuse et fibreuse de la moëlle feraient-elles exception à cette règle ? Je ne crois pas le rhumatisme sujet à se contredire ainsi, et je pense au contraire qu'il peut engendrer directement l'ataxie en enflammant les enveloppes de la moëlle comme il enflamme celles du cœur. Cette opinion nous l'avons depuis longtemps et un récent travail vient de la confirmer à nos yeux.

M. Auguste Voisin dans un mémoire inséré dans la *Gazette des Hôpitaux* (1) a réuni plusieurs observations de paralysies *a frigore* empruntées à Walford, Oppolzer, Frerichs, Duchenne (de Boulogne) Romberg, Bouillaud, etc. et en rapprochant ces faits de deux observations recueillies dans l'hôpital de la Charité et suivies d'autopsie, il en a conclu que dans certains cas ces paralysies *a frigore* étaient de véritables méningo-myélites, caractérisées par le ramollissement de la moëlle, l'inflammation de ses enveloppes ou des exsudats (2).

1. Numéros 26, 28, 30. 1865.

2 Ainsi jusqu'à présent deux opinions sont en présence pour expliquer ces paralysies *a frigore*

1° Suivant Stokes et Graves, les phénomènes paralytiques sont dus à une altération des nerfs périphériques le plus souvent fonctionnelle, ce qui explique la bénignité de ces affections. Les centres nerveux ne sont jamais primitivement affectés.

2° Dans la seconde opinion la paralysie serait produite par une lésion matérielle de la moëlle Dans certains cas dûs à Larrey et Ollivier (d'Angers) la maladie présenta tous les caractères d'une congestion médullaire. Dans beaucoup d'autres cas la paralysie était liée à une altération de structure de la moelle : ramollissement, inflammation, exsudats, hémorrhagies Les théories ont varié pour expliquer ces lésions. Suivant Eisenmann et Jones l'impression centripète *a frigore* déterminerait dans les centres nerveux un choc qui abolirait la force nerveuse. Suivant Jaccoud la paralysie *a frigore* reconnaîtrait pour cause un épuisement de l'irritabilité de la moëlle ; suivant M. Voisin elle s'expliquerait par un reflux du sang vers la moëlle amenant à la suite le ramollissement, l'hémorrhagie, les exsudats.

Pellagre. Cette maladie qui dans ces dernières années a si vivement agité les savants présente à côté des phénomènes cutanés et digestifs, des phénomènes nerveux qui portent tantôt sur les facultés intellectuelles, tantôt sur le système locomoteur qui peut être frappé de paralysie ou bien présenter des symptômes qui ressemblent à ceux de l'ataxie progressive. Hameau dès 1829 avait fait remarquer que dans ces cas les mouvements simples conservaient toute leur énergie, mais qu'ils n'avaient pas de coordination. M. Ch. Bouchard, auteur d'un traité très justement estimé sur la pellagre, fit le premier ressortir ce point de rapprochement de ces symptômes avec ceux de l'ataxie progressive en reproduisant le passage suivant du médecin de la Teste : (1) « Un symptôme très-remarquable, c'est un défaut d'équilibre dans les muscles locomoteurs, de telle sorte que pendant que le malade a réellement assez de force pour marcher d'aplomb, il éprouve tout-à-coup en marchant des tremblements des membres, et il tombe. Il peut se relever lui-même et parcourir ainsi, s'il veut, un certain espace ; puis il tombe de nouveau. »

Depuis cette époque M. Billod (2) a constaté d'une façon précise l'existence de l'ataxie progressive dans la pellagre. « Cette même paralysie pellagreuse, dit M. Billod, s'accompagne dans quelques cas d'un sentiment de traction en arrière et dans quelques autres d'un défaut de coordination qui tend à l'assimiler à l'ataxie locomotrice de M. Duchenne (de Boulogne). »

Mais jusque là on n'avait pas expliqué cette coïncidence ; on trouvait bien des lésions presque toujours multiples dans la pellagre, entr'autres le ramollissement, l'induration ou l'atrophie de la moëlle, qui pouvaient jusqu'à un certain point rendre compte de la faiblesse et des symptômes de paralysie, qu'on observe dans cette maladie. Mais il était réservé à M. Bouchard de compléter son œuvre, et de montrer qu'on rencontre dans la pellagre

1 Ch. Bouchard. — *Nouvelles recherches sur la pellagre*. Paris 1862 p. 64 et suivant.

2 Séances de l'Académie des Sciences, 29 octobre 1863.

des altérations des faisceaux postérieurs comme dans l'ataxie progressive. Dans l'observation unique jusqu'à ce jour, dans laquelle M. Bouchard a signalé le fait nouveau que je viens de rappeler, les altérations occupaient aussi les faisceaux latéraux : mais nous savons cette coïncidence fréquente dans l'ataxie.

« On pourrait objecter, dit-il, que la paralysie pellagreuse n'est souvent ni la paralysie proprement dite, ni l'ataxie pure, bien qu'elle emprunte des caractères à l'une et à l'autre de ces maladies.

Si le fait que nous avons observé n'est pas une exception, si réellement la pellagre dispose la moëlle à devenir le siége d'un processus morbide qui a certaine analogie avec l'inflammation ; si la sclérose de la moëlle est l'une des causes qui produisent les troubles des mouvement chez les pellagreux, l'objection que je viens de supposer n'aura pas une grande portée. En effet le malade qui a été l'occasion de cette note n'aurait été ni paraplégique, ni ataxique, mais les troubles des mouvements auraient procédé chez elle de la paraplégie et de l'ataxie; puisque la lésion de la moëlle portait à la fois sur les cordons postérieurs et sur les cordons latéraux. » (1).

OBSERVATION XCV.

Une femme de 35 ans avait été amenée comme aliénée dans le service de M. Baillarger. Elle portait un érythème pellagreux type sur la nuque, sur le front, sur les paupières, le nez et le dos des mains; sur cette dernière région l'erythème était bulleux et sur toute l'étendue l'épiderme était soulevé, comme par l'ampoule d'un vésicatoire. Les lèvres étaient couvertes de squammes noirâtres et de gerçures aphtheuses, la langue était lisse, sans papilles et sillonnée de dépressions qui lui donnaient une apparence fendillée. Le délire était général, avec prédominance d'idées ambitieuses.

On n'avait rien noté du coté de la locomotion.

Autopsie. On a vainement cherché dans le cerveau à l'œil nu et au microscope les lésions de la paralysie générale.

La moëlle paraissait saine, mais en pratiquant des sections perpendiculai-

1 Etude d'atanatomie pathologique sur un cas de pellagre. Lésion de la moëlle épinière du foie et du cœur. — *Gazette médicale de Paris*, 24 septembre 1864. Comptes rendus de la Société de biologie.

res à son axe, on découvrait des lésions appréciables à l'œil et au toucher. Ces lésions siégeaient dans la substance blanche et suivaient la direction des faisceaux, sans une grande régularité toutefois; mais la partie interne et postérieure des faisceaux postérieurs et la partie externe des cordons latéraux a paru être le siége de l'altération la plus marquée et la plus étendue

Cette altération présentait les caractères de la sclérose de la moëlle arrivée à un degré peu avancé : dilatation considérable des capillaires, écartement moyen des tubes nerveux, noyaux abondants de tissu conjonctif; corps amyloïdes nombreux.

C. Bouchard. (*Gazette médicale de Paris*, n° 39, 1864)

Comment agit la pellagre ? La moëlle épinière est elle directement influencée en vertu de la cachexie particulière dont M. Bouchard a si bien fait ressortir l'existence chez les pellagreux ? Ou bien au contraire les extrémités nerveuses périphériques seraient-elles primitivement altérés par suite de la modification survenue dans la peau. Dans cette dernière hypothèse la lésion médullaire serait secondaire comme dans la *Spedalsked*. Dans cette maladie on voit quelquefois survenir des altérations de la sensibilité et une ataxie locomotrice. On trouve à l'autopsie une véritable sclérose méningo-spinale, une atrophie des éléments qui succède à une lésion primitive des nerfs centripètes (1).

Fatigues physiques. Cette cause a été signalée depuis longtemps pour la myélite (2) Voici comment s'exprime à ce sujet M. Bouillaud : « La myélite reconnaît aussi pour cause l'exercice immodéré et longtemps prolongé des

1 Voir : Jaccoud. — *Sur l'ataxie musculaire* (Gazette hebdomadaire, 1862.)

Danielsen et Boek. — *Traité de la Spedalsked ou éléphantiasis des grecs*) Paris 1848.

Kierulf. — *Ueber die Norwegische Spedalsked* (Arch. f. patholog anat. 1852.

Hebra — *Shizzen einer Reine in norwegen*. (*Zeitschrift d. h. k. Geselich. der aerzte zu Vien*. 1853.)

Loberg. — *Die Spedalsked in St-Jurgen hospital zu Bergen. (Norsh magazin Schmit'z Jahrb* L. XXX. — cités par Jaccoud.

2 Aran. — *Arch. gén. de méd* 4e série, t. 24. p. 5. Recherches sur une maladie non encore décrite du système musculaire. — Atrophie musculaire progressive.

M. Piorry considère aussi les fatigues comme une cause puissante de myélite.

Joseph Frank s'exprime ainsi :

L'époque de la puberté favorise beaucoup les maladies du système nerveux, ce puissances musculaires, l'abus des plaisirs vénériens. Relativement à l'influence des grandes fatigues musculaires, il est bon de noter que les animaux soumis à ce genre d'influence, les chevaux en particulier, sont très-sujets à la myélite. » Cette cause est de beaucoup la plus fréquente parmi celle de l'atrophie musculaire progressive. L'ataxie, qui est voisine de cette dernière maladie par la nature des altérations anatomiques, retrouve souvent dans son étiologie une vie agitée, des efforts musculaires considérables et répétés ; et parmi les professions, ce sont celles qui entraînent de grandes fatigues, qu'on a mentionnées le plus souvent.

Trouve-t-on dans les enseignements de la physiologie une explication de cette cause ? Voici celle que nous proposons :

Le système vasculaire des muscles périvertébraux communique directement avec celui de l'intérieur du rachis et de la moëlle épinière. Ces muscles jouent un rôle très-actif dans les grands mouvements, la marche, la station verticale, dans les efforts, les travaux fatigants. Pendant le jeu de ces muscles, le sang, chassé par l'effet de la contraction et des changements qu'elle amène, reflue du côté de la cavité rachidienne. Il ne peut distendre la dure-mère qui est inextensible ; c'est donc du côté de la moëlle qu'il affluera, et alors, ou bien il pénètrera entre les tubes nerveux, ou bien il exercera une pression à la surface de la corde rachidienne. Les effets produits seront d'autant plus marqués que la circulation rachidienne se fait très-lentement, que le sang ne pourra s'échapper, par en bas ou par en haut, qu'avec la plus grande difficulté.

Dans l'état physiologique, lorsqu'à une fatigue modé-

que nous croyons devoir être attribué soit à l'accroissement rapide de toutes les parties qui s'y rapportent soit à l'influence des parties génitales surtout sur les plexus nerveux de l'abdomen et de la moëlle épinière.

La même influence est exercée par le mouvement et le repos excédant les limites normales comme beaucoup de faits le prouvent. Willis. Cap. 5. p. 46 ; Tissot opéra med. p. 67. — Percy — *On the nervous diseases*, p. 197.

Struv. — Von *dem schadem der allzu starken freiwilligen bevegung des Leides*, (*prufende gesellschaft in Halle*, 2. B. p. 496

Joseph Frank. — (*Pathologie médicale*, t. 2. p. 444 et 446.)

rée succède un repos convenable, tout rentre bientôt dans l'ordre; le sang revient dans son domaine respectif; mais, dans les efforts prolongés, dans le jeu immodéré des muscles péri-vertébraux, il en résulte une congestion de la moëlle, qui s'annonce d'ailleurs par des fourmillements, des picotements et autres troubles nerveux des extrémités. Ces congestions, au bout d'un temps plus ou moins long, surtout si les causes qui les engendrent persistent, changeront de nom. Le tissu connectif interposé entre les tubes nerveux s'infiltrera des matériaux du sang, il augmentera en quantité ; le conteuu des tubes pourra s'altérer, et il en résultera alors un vrai changement de structure. Si l'on joint à cela, pour dominer la scène, un état diathésique, on suivra facilement les diverses phases de la maladie.

Les excès de coït, surtout dans la position verticale, agiront de la même manière. Dans la position horizontale, au contraire, l'écoulement sanguin est plus facile et les effets moins marqués (1).

Il faut tenir compte aussi de l'ébranlement nerveux, de cette série de mouvements réflexes qui se succèdent dans le coït et dans les fatigues, et qui sont autant de commotions répétées pour la moëlle épinière qui est le centre où elles aboutissent.

Ceci nous explique pourquoi dans la myélite, l'ataxie locomotrice progressive, et l'atrophie musculaire progressive, les fatigues physiques et le coït occupent une si grande place dans l'étiologie.

Quant aux *fatigues morales*, elles agissent plus spécialement sur le cerveau. Cependant on retrouve, dans le cortège étiologique de l'ataxie, les passions déprimantes,

1 Voir sur la pléthore de la cavité vertébrale :

Morgagni. — Opera. Ep. 62.

Gaulthier de Claubry. — *Journal général de la société médicale de Paris.*

Leudet. — *Recherches cliniques sur la congestion de la moëlle épinière à la suite de chûtes ou d'efforts violents.* Arch. gén. mars 1863.

Ollivier d'Angers. — Chap. congestion de la moëlle. L'obs. LVII est relative à une congestion de la moëlle par suite d'excès vénériens auxquels le malade se livrait debout, et après lesquels il éprouvait une douleur dans les lombes et un tremblement dans les membres inférieurs.

les chagrins, les émotions morales, et cette fièvre des affaires qui caractérise notre siècle, et pour l'entretien de laquelle on prodigue largement son influx nerveux.

Traumatisme. Nous signalerons en terminant l'influence du traumatisme. Dans un cas de M. Lecoq, la maladie se développa à la suite d'une chûte sur les reins; dans une observation de Leyden elle s'aggrava après la même cause; enfin dans un autre exemple du même auteur elle survint après de violents efforts pour soulever un fardeau.

Chapitre IX.

DIAGNOSTIC DIFFÉRENTIEL. DE L'ATAXIE LOCOMOTRICE SYMPTOMATIQUE.

A côté des paralysies il est une classe nombreuse de maladies nerveuses dont le symptôme saillant consiste dans des désordres variés du mouvement. Ainsi les spasmes, les convulsions, le tremblement, etc. figurent dans beaucoup d'affections nerveuses et leur impriment un cachet spécial. Ce sont là des ataxies (α ταξισ) si l'on entend par ce mot tout défaut d'harmonie dans les mouvements. C'est en adoptant ce dernier sens que plusieurs auteurs se sont refusés à voir dans l'ataxie locomotrice progressive autre chose qu'un symptôme pouvant se rencontrer dans les maladies les plus diverses, les névroses, les affections cérébrales et cérébelleuses, certaines intoxications, etc. Mais aujourd'hui on est complètement revenu de cette dernière opinion et on reconnait généralement que l'ataxie présente des caractères différents suivant les cas. Dans la myélophthisie ataxique l'ataxie consiste dans une impossibilité de diriger les mouvements au gré de la volonté. C'est seulement lorsque le malade veut faire un mouvement qu'il est ataxique ; hors de là il n'a pas de mouvement désordonné. Ce point qu'il ne faut jamais perdre de vue permet déjà de séparer la maladie qui nous occupe des maladies convulsives.

La *convulsion* est spontanée ; elle s'exécute en dehors de la volonté ; le malade ne dirige pas ses efforts dans le but de régulariser ses mouvements, mais plutôt pour les empêcher. Quelque position qu'il prenne, qu'il soit immobile ou qu'il s'agite, le mouvement convulsif s'exécute sans cause déterminée d'avance, en dépit du malade. Quand l'orage a passé les fonctions locomotrices s'accomplissent normalement.

Bien différente est l'incoordination de l'ataxie progressive. Elle se manifeste toujours comme conséquence de la même cause. On est sûr lorsque le malade va faire un mouvement qu'il y aura incoordination. Quand cette cause n'intervient pas, le calme existe le plus parfait.

Faisons l'application de ces données en comparant à l'ataxie progressive la *chorée et la crampe des écrivains.*

La chorée est une maladie convulsive caractérisée par des mouvements désordonnés qui se manifestent aussi en dehors de la volonté. Dans la maladie avancée le patient a beau faire effort rien ne peut conjurer l'ataxie étrange de ses mouvements quelque position qu'il prenne, quelque subterfuge qu'il emploie Quand la maladie est peu avancée, locale, l'incoordination est dans certains cas liée à la volonté du mouvement, à son exécution, et peut être corrigée par la volonté. On ne saurait donc méconnaitre les liens de parenté qui unissent l'ataxie locomotrice et la chorée. On doit convenir qu'il y a des symptômes ataxiques dans la chorée; mais d'un autre côté les mouvements convulsifs sont exceptionnels dans l'ataxie progressive.

Pour résumer notre pensée nous dirons que la chorée est une maladie convulsive compliquée d'ataxie, et que ces deux éléments se combinent suivant les cas en proportions diverses ; comme l'ataxie peut se combiner avec d'autres éléments : le spasme, le tremblement, l'anesthésie, la paralysie.

Dans l'éclampsie, dans l'épilepsie, dans l'hystérie nous retrouvons comme phénomènes distinctifs des mouvements involontaires. Cette dernière maladie présente quelquefois des symptômes oculaires, de l'anesthésie, de la paralysie, en un mot des signes qui pourraient en imposer pour l'ataxie progressive, comme on le voit dans l'observation suivante qui m'a été communiquée par mon ami le docteur Corporandy (de Nice) alors interne des hôpitaux de Lyon.

OBSERVATION XCVI.

Émilie T...., 19 ans, tisseuse, entre le 26 avril 1862 à l'hôpital de la Croix-Rousse.

Depuis quelques mois, gastralgie, constriction à la gorge et à l'épigastre, troubles de la vision; elle distinguait à peine les barreaux qui entouraient son lit; par moments, il y avait une cécité complète, ou bien les objets étaient diversement colorés.

Après une légère amélioration, les jambes devinrent faibles, et il survint des douleurs dans les articulations.

A son entrée, elle marche bien, elle sent le sol sous ses pieds; la vue est parfaite. Elle a coup sur coup quatre crises d'hystérie parfaitement caractérisées. Les troubles de la vue reparaissent subitement; les objets sont diversement colorés; diplopie.

Émilie s'aperçoit, après la troisième crise, et pour la première fois, que ses jambes sont moins sensibles, plus froides, et plus faibles en même temps; la marche est très-difficile et ne peut s'exécuter sans soutien; elle est très-irrégulière.

Quinze jours environ après, à la suite de nouvelles crises, il y a paralysie presque complète des membres inférieurs. La malade ne peut marcher ni se tenir debout toute seule; les jambes s'affaissent sous elle en même temps que des douleurs assez vives se font sentir dans les genoux et les chevilles. Elle peut à peine soulever les jambes de son lit, et ne peut repousser la main qui les tient fléchies Il n'y a aucun mouvement désordonné dans la marche, bien que les pieds ne sentent pas le sol sur lequel ils reposent.

Les bras et les mains ont conservé tous leurs mouvements. Anesthésie et analgésie complètes des membres inférieurs et du bassin.

28 juin. La vue est claire, l'anesthésie a presque complétement disparu; les mouvements sont faciles.

Le *spasme* est bien voisin des convulsions par ses caractères C'est un mouvement convulsif exagéré pour ainsi dire. Quoi de plus fréquent que de voir dans la chorée, dans l'hystérie surtout des spasmes durant quelques secondes, différant de la convulsion en ce qu'ils n'ont pas le caractère d'irrégularité, d'inconstance, de folie de la première, qu'ils ont au contraire une période d'augment et de décroissance, mais s'en rapprochant pourtant quelquefois tellement qu'on les confond.

A côté de ces convulsions spasmodiques il est une autre classe de spasmes qui en diffèrent beaucoup et qui ont au contraire quelque d'analogie avec la contracture,

Je veux parler de ces spasmes fonctionnels dont le plus commun est la *crampe des écrivains.* Cette ataxie étrange, cette insubordination musculaire se produit aussi, comme dans l'ataxie progressive, quand la volonté intervient pour l'exécution d'un mouvement. Mais elle ne se produit que dans certaines circonstances données ; c'est lorsque l'écrivain veut écrire, le pianiste embrasser un octave, lorsque le violoniste veut faire glisser ses doigts le long de son instrument, qu'ils sont pris soudain d'une contraction indomptable des muscles fléchisseurs qui les oblige à quitter la plume, le piano, le violon. Aussitôt alors le désordre cesse, et cette main si inhabile peut exécuter tout autre mouvement avec la plus grande exactitude, la plus entière liberté.

Malgré ces différences le diagnostic dans certains cas peut être assez difficile pour qu'un observateur des plus autorisés ait pu être induit un instant en erreur.

OBSERVATION XCVII.

Ataxie locomotrice ayant simulé la crampe des écrivains.

M. X...., employé d'une maison de commerce, éprouvait depuis plusieurs années une difficulté pour écrire, qui avait augmenté graduellement, au point qu'il en était arrivé à ne pouvoir faire que sa signature et d'une manière illisible. Il plaçait assez difficilement la plume entre ses doigts, et s'il voulait écrire, ses doigts se roidissaient et se refusaient absolument à sa volonté ou laissaient tomber la plume et exécutaient des mouvements singuliers; il éprouvait souvent des douleurs dans les membres supérieurs. Je ne poussai pas plus loin mon examen, que je crus suffisant et qui, je l'avoue, fut fait je ne sais sous quelles préoccupations; je diagnostiquai alors l'affection dite crampe des écrivains A quelques jours de là, lorsqu'il vint me revoir, je fus frappé d'une différence légère dans l'élévation de ses paupières. Il m'apprit alors, pour la première fois, que six à huit mois avant déprouver de la gêne en écrivant, il avait été atteint d'une maladie qu'on avait appelée paralysie de la troisième paire, qu'il avait vu double et qu'il en avait été guéri Il n'était plus, en effet, diplopique depuis longtemps et il ne restait qu'un peu de faiblesse dans l'élévation de la paupière supérieure et du droit supérieur du globe oculaire. Ce renseignement un peu tardif fut pour moi comme un trait de lumière, et après un examen plus attentif, je constatai que ce strabisme avait été accompagné de douleurs siégeant dans la partie postérieure de la tête et d'éblouissements; que des douleurs fulgurantes, caractéristiques, décrites précédemment, s'étaient fait sentir peu après dans les membres supérieurs. Puis, étaient survenus des fourmillements avec engourdissement dans les quatre premiers doigts, surtout à droite; la sensibilité était obtuse et les mouvements des doigts étaient extrêmement gênés non-seulement pour écrire, mais aussi pour tous les usages manuels. Alors, analysant chacun des mouvements du membre supérieur, je constatai l'existence de troubles fonctionnels, dus uniquement à la perte de la coordination des mouvements. Enfin je vis que la maladie était entrée dans sa troisième période depuis un an à peu près (le malade ne pouvait préciser exactement). *Bien que la sensibilité des membres inférieurs et de la plante des pieds fût normale*, il ne pouvait, pendant la marche un peu rapide, modérer ses mouvements (il existait une désharmonie des antagonistes); il n'osait plus courir, ni même marcher un peu vite, parce qu'il était comme poussé par une force invisible et qu'il se sentait bondir. Il craignait alors de tomber en avant, surtout quand il pressait son pas; enfin je dois noter ici un phénomène curieux et important, au point de vue du siége physiologique de la lésion centrale, phénomène que plusieurs malades m'ont spontanément révélé, et que j'aurais observé peut-être plus souvent chez les autres si je les avais interrogés dans cette direction : il arrivait souvent à ce malade de ne pouvoir marcher droit devant lui.

Duchenne. (de Boulogne) *loc. cit. Obs.* XV.

Le *tremblement* musculaire qui se montre comme symptôme dans de nombreux états pathologiques (tremblement alcoolique, mercuriel, sénile, *paralysis agitans*, *tremulans*, etc.), diffère essentiellement des désordres locomoteurs de l'ataxie progressive. C'est d'après Blasius une névrose de la stabilité ou rupture de l'influence régulatrice que le système nerveux exerce normalement sur la fibre musculaire ; elle est caractérisée par des oscillations involontaires qui se manifestent dans le repos et surtout dans la position verticale, alors que le malade ne veut faire aucun mouvement. Ces contractions n'augmentent pas comme l'incoordination de l'ataxie progressive sous l'influence de la volonté ; loin de là elles diminuent en partie quand le malade dirige son attention pour corriger ce désordre.

De plus les malades n'ont pas perdu la science des combinaisons musculaires. Malgré le tremblement ils marchent en ligne droite, ils dirigent facilement les objets vers le but qu'ils se proposent d'atteindre.

Nous avons vu cependant plus haut que dans l'ataxie

progressive les malades étaient quelquefois pris de tremblements. Ces mouvements résultent des efforts qu'ils font pour se maintenir en équilibre, M. Duchenne les compare aux mouvements d'un individu qui veut se maintenir sur une corde tendue sans balancier. Nous avons vu d'autres tremblements du cou, des lèvres, des globes oculaires.

Dans l'observation suivante l'ataxie locomotrice a compliqué un délirium tremens.

OBSERVATION XCVIII.

Un malade qui s'était livré à des excès alcooliques, entra à la maison municipale de santé pour un délirium tremens. A la suite de cette affection il présenta d'abord de la fièvre, des vomissements, du strabisme avec chûte de la paupière, peu de temps après de l'anesthésie et de l'analgésie cutanée des deux membres inférieurs; de plus impossibilité de diriger les mouvements de ces membres, bien que leur force musculaire parut conservée; en même temps des douleurs extrêmement aigües, qui faisaient pousser des cris au malade, se montrèrent par intervalles dans les jambes; les selles et les urines furent rendues involontairement.

A ces symptômes se joignit bientôt une paralysie des mouvements et une pneumonie grave qui ne tarda pas à emporter le malade. Malheureusement l'autopsie ne put être pratiquée.

Bourdon (*Loc. cit. p.* 393.)

Anesthésie musculaire. — Perte du sens d'activité musculaire.

L'état morbide qui peut être le plus facilement confondu avec l'ataxie locomotrice progressive est cette paralysie qu'on a décrite sous le nom de perte du sens d'activité musculaire, anesthésie musculaire. Cette confusion était si naturelle qu'elle a été commise. Cependant, M. Duchenne avait très-clairement retracé le diagnostic différentiel de ces deux états morbides, et je dois dire que la plupart des auteurs les ont considérées comme distinctes. La facilité de l'erreur tient à ce que la perte du sens d'activité musculaire coïncide dans près des deux tiers des cas avec les symptômes de l'ataxie progressive.

Ces deux affections sont distinctes parce que : 1° Les

symptômes varient dans les deux cas, 2° parce que l'ataxie peut exister sans anesthésie musculaire.

Je ne reviendrai pas sur la seconde proposition que j'ai déjà établie (v. p. 101 et suiv.). Pour se convaincre que la première est vraie, il suffit de comparer entr'elles une observation d'anesthésie musculaire (et on la rencontre fréquemment à l'état d'isolement dans l'hystérie) avec une observation d'ataxie sans perte du sens d'activité musculaire.

La paralysie du sens d'activité musculaire se développe souvent tout-à-coup ; elle présente des variations nombreuses et rapides , guérit sous l'influence de divers moyens et quelquefois naturellement, s'accompagne toujours d'anesthésie. Aussi les mouvements imprimés aux articulations dont les muscles moteurs sont insensibles ne sont pas perçus. Le malade n'a pas le sentiment de ses muscles en mouvement, il ne sait apprécier par conséquent la position qu'ils occupent, il ne peut les diriger s'il ne s'aide de la vue ; mais chose caractéristique la vue corrige le désordre des mouvements.

Ce désordre porte aussi bien sur les mouvements simples que sur les mouvements composés. Dans l'ataxie au contraire les mouvements simples sont possibles et énergiques ; l'altération porte seulement sur la coordination qui de ces mouvements simples fait des mouvements composés (Teissier.)

La perte du sens d'activité musculaire est un symptôme dont la gravité varie suivant les cas. On l'a rencontré dans les névroses et surtout l'hystérie , dans certaines affections rhumatismales , consécutivement à la diphthérie , aux fièvres graves , etc.

Voici une observation qui montrera en quoi consiste l'incoordination due à l'anesthésie musculaire.

OBSERVATION XCIX.

Mme D..... 50 ans, à la suite d'un émotion violente est prise de suffocation et tombe dans une véritable attaque de nerfs. A partir de ce moment survient une chloro-anémie et des engourdissements dans les pieds et dans les mains. Elle marchait difficilement, elle laissait tomber les objets quand elle ne les regardait pas,

Les membres inférieurs étaient insensibles aux piqûres et au pincement. Aux membres supérieurs la pulpe des doigts était seulement insensible.

La force des mouvements était conservée. La contractilité électro-musculaire était intacte de chaque côté.

La sensibilité électro-musculaire est perdue aux pieds, aux jambes, aux cuisses, aux mains et aux avant-bras. Il en est de même de la sensibilité cutanée et osseuse.

Quand la malade ne voit pas elle meut ses pieds, ses jambes, ses mains, mais elle ne perçoit pas de contraction musculaire, alors elle ne peut se tenir debout ou marcher. Si au contraire elle s'aide de la vue, elle remplit assez bien ces fonctions sans faire aucun mouvement désordonné.

Lemaire. (Moniteur des hôpitaux, 10 juillet 1856.)

PARALYSIES.

Paraplégie spinale. On ne peut plus confondre aujourd'hui l'ataxie locomotrice progressive avec les paraplégies par lésions de la moëlle. L'absence complète ou partielle de la force musculaire et des mouvements volontaires, la diminution dans le début, la perte consécutive de la contractilité électro-musculaire dans les muscles paralysés, suffiraient pour séparer nettement ces deux états.

Quelquefois cependant la paralysie frappe isolément quelques muscles des membres inférieurs. Il en résulte de l'embarras dans la marche qui n'est pas de l'incoordination mais de la faiblesse. La faradisation d'ailleurs éclairera le diagnostic en dénonçant le défaut de contractilité des muscles paralysés.

Paralysie générale spinale. Dans cette paralysie décrite pour la première fois en 1849 par M. Duchenne (de Boulogne) on retrouve la plupart des symptômes précédents : abolition de la force et de la contractilité musculaires, lésions de nutrition, etc. La marche en diffère et se rapproche de celle qu'on observe dans l'ataxie locomotrice progressive. Débutant par les extrémités inférieures elle se propage graduellement aux supérieures, et dans certains cas même aux muscles de la face et de la langue. Elle ne se complique jamais cependant de phénomènes cérébraux, ce qui, ainsi que l'absence de contractilité électrique, la différencie de la paralysie générale des aliénés.

Il est d'autres paralysies générales spinales, entr'autres celle qui suit *l'intoxication par le sulfure de carbone*, la *paralysie saturnine* qui se distinguent suffisamment de l'ataxie locomotrice, par les symptômes paralytiques, le siége de l'atrophie, et le caractère des troubles cérébraux. Il serait superflu d'insister.

§ 2. *De l'Ataxie symptômatique.*

Certaines intoxications comme *l'alcoolisme*, *l'intoxication par le plomb*, *par le sulfure de carbone*, *etc.*, ont une action fatale sur le système nerveux, quelques faits semblent démontrer qu'à côté des paralysies bien connues que produisent ces états morbides, on doit placer l'ataxie locomotrice. Dans l'observation C l'ataxie musculaire se déclara à la suite d'une intoxication paludéenne et d'abus de l'absinthe. Dans l'obs. CI elle était symptômatique d'une intoxication saturnine.

OBSERVATION C.

J. B. D...., 26 ans, fièvre d'Afrique pendant trois ans. Excès d'absinthe prolongés.

Il y a six semaines (au 9 mai 1861) apparut un clignotement très-incommode des paupières rendant la vision difficile et confuse. Ce tremblement musculaire s'étendit bientôt à tous les muscles des membres, les mouvements perdaient de jour en jour leur précision.

Le malade est très-vigoureux. Les mouvements simples sont faciles et puissants. Les mouvements complexes sont exécutés sans précision avec des tremblements saccadés La parole est entrecoupée, la prononciation difficile; le masque facial est agité de mouvements convulsifs.

Intégrité des fonctions intellectuelles et de toutes les fonctions organiques. Le sens génital n'est pas affaibli.

Aucune lésion de la sensibilité, de la vue, pas de douleurs. Amélioration par les bains thérébentinés et les *antispasmodiques*.

Peissier (*Loc. cit. obs.* III.)

OBSERVATION CI.

Ataxie musculaire symptômatique d'une intoxication saturnine.

Labruyère 24 ans, plombier.

Il y a trois mais il sentit ses forces diminuer dans la jambe gauche, sa vue s'obscurcit peu à peu. La mémoire diminua et la faiblesse s'étendit progressivement au membre inférieur et au membre supérieur du côté droit.

Amaigrissement, affaiblissement de la vue, céphalalgie, vertiges. L'intelligence parait un peu obtuse; le malade est porté à rire sans motif. La parole est difficile.

Altération de la sensibilité tactile aux doigts et aux jambes. Contractilité musculaire conservée.

Les mouvements des jambes et des membres supérieurs sont fort irréguliers.

Amélioration sous l'influence des bains sulfureux, des préparations de strychnine et de quina, des douches froides.

Teissier (Eod. Loc. Ob. IV.)

Dans les faits qui précèdent rien n'indique une localisation du principe morbide sur la moëlle épinière. Dans le premier cas l'interprétation de l'incoordination est assez difficile. On ne peut la mettre ni sur le compte d'une affection du cerveau ou de la moëlle, ni d'une altération de la sensibilité. D'ailleurs je me rappelle cet ancien soldat d'Afrique, et même encore aujourd'hui je n'ai pas oublié le soupçon de supercherie que je laissais tomber sur lui.

Le second fait est beaucoup plus naturel. L'ataxie me parait ici symptomatique d'une affection cérébrale reconnaissant pour cause l'intoxication saturnine.

On comprend que les maladies dont nous venons de parler, comme aussi la syphilis, les diathèses, les maladies aiguës puissent attaquer à un moment donné les faisceaux postérieurs de la moëlle épinière et donner lieu à l'ataxie locomotrice progressive. Mais quand ces maladies, quelles qu'elles soient, attaquent le cerveau ou ses annexes, cet organe en souffrance trahira son atteinte par des symptômes particuliers que nous allons retrouver en parlant de l'ataxie symptômatique des affections cérébrales et cérébelleuses.

DE L'ATAXIE CÉRÉBELLEUSE.

Existe-t-il une ataxie cérébelleuse ?

Il semble au moins étrange de poser cette question quand on se rappelle les expériences de M. Flourens et de M. Bouillaud. Et cependant l'ataxie progressive en mettant en lumière la faculté coordinatrice des faisceaux postérieurs de la moëlle épinière, a complètement détruit l'opinion qui dans le principe plaçait le siége de ses lésions dans le cervelet. D'ailleurs la pathologie et surtout la pathologie anatomique s'est mise de jour en jour en désaccord avec les résultats de la physiologie expérimentale, surtout de celle qui voit dans le cervelet un force particulière de coordination. Dans 93 cas de maladies du cervelet rapportés par M. Andral, l'incoordination ne se trouve notée qu'une seule fois (1). Dans l'ouvrage de M. Cruveilhier, j'ai en vain cherché ce symptôme parmi ceux des maladies cérébelleuses. Cet auteur va même jusqu'à dire, en présence des dénégations de la pathologie, que le cervelet n'est pas plus le régulateur des mouvements que le foyer de toute sensibilité (2) Ce désordre des mouvements n'est pas non plus noté dans un mémoire de M. Hillairet sur les hémorrhagies cérébelleuses (3). La même absence d'incoordination se trouve mentionnée par MM. Leven et Ollivier dans les termes suivants : « Lorsqu'il (le malade) est arrivé à ce degré d'affaiblissement il est encore capable de mouvoir à volonté dans une direction préconçue les membres supérieurs ou inférieurs et par conséquent il n'a pas perdu la faculté de coordination. » (4) On peut dire d'une manière générale que toutes les recherches récentes sont d'accord sur ce point.

Une expérience bien concluante démontre que la coordination persiste après l'ablation du cervelet. En effet l'animal peut alors sauter, ce qui implique la coordination locomotrice. On peut rapprocher de ce fait le cas très-remarquable d'absence congénitale du cervelet dû à Combette (5); le malade ne présenta pendant sa vie

1 Andral. — *Clinique médicale*, 2e édition, T. 5, n° 707. « Il est le seul, dit-il en parlant de ce fait, qui tende à confirmer l'opinion des physiologistes qui font du cervelet l'organe de la coordination des mouvements. »

2 *Dictionnaire de médecine et de chirurgie pratique.*

3 Hillairet. — De l'hémorrhagie cérébelleuse (*Arch. gén de méd.* 1858, T. II.) Dans ce mémoire se trouvent réunis vingt-six cas d'hémorrhagie cérébelleuse.

4 Leven et Ollivier. — Recherches sur la physiologie et la pathologie du cervelet. (*Archives générales*, 1862, et janvier 1863.); 76 observations de maladies diverses du cervelet sont analysées dans ce travail.

5 Combette. — *Revue médicale*, t. II, p. 57. 1837.

aucun trouble des mouvements tant volontaires qu'involontaires.

Que faut-il entendre par ataxie cérébelleuse ?

Les maladies du cervelet peuvent cependant donner lieu à des troubles des mouvements, comme cela résulte des faits pathologiques de M. Bouillaud, de ceux qui figurent dans les ouvrages de Gall, de Lallemand, d'Ollivier d'Angers, de Magendie, etc. (1). Or les symptômes observés dans les cas dont nous venons de parler diffèrent essentiellement de ceux de l'ataxie progressive (2).

D'ailleurs la physionomie morbide change suivant que la lésion frappe le cervelet ou ses pédoncules.

Les symptômes dans le premier cas sont : la céphalalgie, les étourdissements et les vertiges, les poussées congestives du côté de la tête, les vomissements, un affaiblissement locomoteur qui va souvent jusqu'à la paralysie complète, affecte une forme hémiplégique, et présente alors des effets croisés. La marche offre une titubation analogue à celle d'un homme ivre ; les mouvements ne sont pas brusques, saccadés, exagérés comme dans l'ataxie progressive ; ils sont faibles et incertains et ne dépendent pas d'un défaut de coordination des mouvements complexes, mais de la faiblesse de l'impulsion volontaire. L'intelligence est saine cependant ainsi que la sensibilité, les phénomènes oculaires sont fréquents, (3)

1 *Des signes propres à faire distinguer les hémorrhagies cérébelleuses des hémorrhagies cérébrales*, etc. *Union médicale*, 1859. T. II.). Clinique de M. Bouillaud, recueillie par M. Voisin.

2 Les signes spéciaux des hémorrhagies du cervelet, dit M. Bouillaud. (*Loc. cit.* consistent en une diminution ou abolition des actes en vertu desquels l'homme se transporte d'un lieu dans un autre, marche, reste debout et se maintient en équilibre. Or cette impossibité de marcher, de s'équilibrer, de se tenir debout, n'empêche pas que les malades ne puissent remuer, étendre, fléchir, porter en dedans ou en dehors les membres inférieurs comme aussi remuer quelques autres parties du corps qui concourent aux actes dont nous venons de parler. »

3 Voici d'après un travail récent dans quel ordre de fréquence se manifestent les phénomènes oculaires.

Dilatation pupillaire dans le tiers des cas.
Contraction pupillaire dans le dixième.
Strabisme double dans le septième.
Strabisme simple dans le quinzième ;
Amblyopie dans le tiers des cas.
Cécité complète dans le tiers.
Leven et Ollivier — *Loc. citat.* Janvier 8614, p 74.

les phénomènes génitaux beaucoup moins (1).

Dans les cas de lésion des pédoncules cérébelleux on observe un entraînement latéral irrésistible en vertu duquel les malades sont involontairement portés dans telle ou telle direction, alors qu'ils veulent aller dans telle autre, des mouvements circulaires et gyratoires. La lésion d'un des pédoncules cérébelleux inférieurs est d'après Rolando et Magendie suivie d'une attitude singulière en vertu de laquelle le corps se courbe en arc du côté de la blessure. Après la lésion des pédoncules moyens, le mouvement gyratoire se produit, d'après M. Longet et plus récemment M. Luys, du côté opposé à la blessure. Quelques observations pathologiques confirment ces résultats (2).

Dans quelques cas aussi il existe une propulsion irrésistible à reculer ou à tomber en avant.

Voilà ce qu'on appelle l'incoordination cérébellense. Combien diffère-t-elle de l'ataxie telle que nous l'avons décrite dans le chapitre IV. Dans deux observations à peine nous avons trouvé l'entraînement latéral, ou une tendance aux mouvements rotatoires ; ces faits joints à d'autres phénomènes congestifs du côté des centres cérébraux m'ont fait adopter une forme cérébrale dans l'ataxie. Mais je n'affirmerais pas que dans ces cas il n'existât une hypérhémie cérébelleuse qui pût l'expliquer.

Après les désordres locomoteurs, les symptômes qui

1 L'opinion de Gall, (*Fonctions du cerveau*. Paris 1825. T. III p. 245) d'après laquelle le cervelet est l'organe de l'instinct de la propagation, de l'amour physique et de l'érection, est tombée depuis longtemps devant les faits. On observe même quelquefois l'impuissance dans les maladies du cervelet.

2 Serres et Belhomme ont rapporté chacun l'observation de malades qui tournaient de droite à gauche et qui portaient chacun une lésion du pédoncule droit du cervelet.

Voir Belhomme. — *Troisième mémoire sur la localisation des fonctions cérébrales*. Paris 1839.

Lafargue. — *Essai sur la valeur des localisations sensorielles et locomotrices proposées sur l'homme et sur les animaux supérieurs*. Paris, thèse, n° 115, 1838.

Ces mouvements rotatoires et gyratoires, cet entraînement latéral dépendraient d'une véritable paralysie occupant la moitié du corps opposée à la lésion, et à l'action instinctive des muscles du côté sain pour échapper aux désordres résultant de cette faiblesse. Aussi chez les animaux auxquels on a coupé les pédoncules des deux côtés ces mouvements cessent de se produire.

rapprochent le plus les affections cérébelleuses de l'ataxie progressive sont les phénomènes oculaires.

Mais à part cela la marche caractéristique de la maladie, l'absence d'altération de la sensibilité, la rareté et le siége des douleurs, les phénomènes génito-urinaires, etc., mettront sur la voie de la maladie.

Le diagnostic est beaucoup plus difficile à poser quand la maladie cérébelleuse coïncide avec une altération des faisceaux postérieurs de la moëlle.

OBSERVATION CII.

L..., Pierre Léon, âgé de 11 ans et demi, entra à l'hôpital des enfants le 1er juin 1825.

En 1824 *céphalalgies* très intenses qui revenaient par accès tellement violents que le malade se renversait en arrière et poussait des cris aigus, il avait quelquefois des *vomissements*.

La vue s'affaiblissait aussi.

Impossibilité de se tenir assis et cependant les membres sont sensibles et se remuent facilement, mais ils sont douloureux.

Le 2 juin, douleurs vives dans toutes les parties du corps, motilité et sensibilité parfaite, vomissements.

Le malade n'a pas conscience des objets, il remue continuellement les membres quand il est assis.

A 6 heures du soir, mort.

Autopsie. Cervelet. La membrane arachnoïde parait épaisse à la partie supérieure du cervelet. On remarque en cet endroit, en arrière de la protubérance annulaire une tumeur ayant le volume d'un œuf de pigeon, et la consistance du squirrhe.

Moëlle épinière. Les enveloppes sont saines; mais au-dessus de l'arachnoïde, dans toute la largeur de la moëlle, à sa partie postérieure seulement, existait, sous forme de canal demi-cylindrique une couche accidentelle formant une nouvelle enveloppe bornée à la partie postérieure de la moëlle. Elle avait l'épaisseur d'une ligne dans la plupart des points; dans quelques autres elle était un peu plus épaisse. Sa consistance était celle du tissu encéphaloïde non ramolli; elle était assez ferme, résistante, et parcourue par de petits vaisseaux; elle présentait partout une teinte uniformément rosée.

Ollivier d'Angers. (T. 2. p. 490.)

Dans le fait précédent, cette coïncidence dont je parlais tout-à-l'heure existait, et cependant on ne pouvait se méprendre un instant sur l'existence d'une lésion cérébelleuse, tandis que l'affection de la moëlle était moins évidente.

Nous joindrons quelques observations de maladies cérébelleuses.

OBSERVATION CIII.

Bourgoin, 55 ans, abus des alcooliques. Le début a été lent, la marche de la maladie progressive.

Dès 1859, changement complet dans le caractère qui devient violent et emporté. Affaiblissement de la mémoire. Céphalalgie vive et à siége fixe. Quatre ans après le début, B..... accusait une grande faiblesse à se tenir en équilibre sur ses jambes. Sa marche était chancelante et incertaine comme celle d'un homme ivre.

Au mois de septembre, vomissements incessants. Au mois de novembre on constata l'absence complète de paralysie, la conservation de la force musculaire; la céphalalgie se développait et augmentait toujours quand la malade voulait faire un mouvement. Sensibilité parfaitement conservée. Incoordination aux membres supérieurs et inférieurs. Plus de vomissements, constipation, facile émission des urines et des matières fécales, pas de fièvre. Affaiblissement croissant de la mémoire et de l'intelligence. Assoupissement à la fin de novembre, les selles et les urines furent rendues involontairement, les vomissements et la toux reparurent, le coma survint pendant les derniers mois.

L'autopsie démontra l'existence d'un kyste considérable au centre de l'hémisphère droit du cervelet.

Hérard (Union médicale, 4 août 1860.)

OBSERVATION CIV.

Affection cérébelleuse de nature syphilitique. Guérison.

Une femme de 31 ans qui avait eu un chancre induré et des accidents consécutifs se plaignait depuis plusieurs semaines de céphalalgies violentes, de vomissements incoërcibles; elle se sentait s'affaiblir, elle titubait, la marche devenait de plus en plus pénible; elle pouvait dans le lit *coordonner ses mouvements* aux membres supérieurs comme aux inférieurs; affaiblissement musculaire sans paralysie.

Strabisme double, diplopie.

L'intelligence et la sensibilité étaient normales.

La maladie s'améliora, puis guérit complètement, sous l'influence d'un traitement mercuriel et ioduré.

Leven. (Comptes rendus de la Société de Biologie, année 1863, p. 120.)

OBSERVATION CV.

Hémorrhagie cérébelleuse. — Guérison.

Il s'agit d'une femme de 35 ans vigoureusement constituée qui le 14 septembre 1864 s'aperçoit le matin en se levant qu'elle se tient péniblement debout, qu'elle chancelle en marchant, ou plutôt qu'elle titube.

Elle ne peut plus aller en ligne droite, et elle est entrainée malgré elle toujours du côté gauche.

La parole est légèrement embarrassée. L'intelligence est très intacte; il en est de même de la sensibilité.

Strabisme double; le globe de l'œil gauche est dévié en bas et en dedans, celui de l'œil droit en sens inverse. Diplopie.

L'entraînement latéral diminua au bout du premier jour; le strabisme et l'embarras de la parole dès le troisième jour, et au huitième jour le strabisme avait complètement disparu, et il ne resta qu'un seul symptôme durant dix mois environ, de la faiblesse dans la marche, de la titubation.

Absence de vomissements.

OBSERVATION CVI.

M. M...., de Nîmes; âgé de 32 ans, vint me consulter le 26 février 1863 pour une affection nerveuse dont il me donna la relation que je résume.

A 14 mois et à 4 ans fièvre cérébrale, pendant laquelle on observa des convulsions et du strabisme interne. En 1832 cholérine. Pendant les années qui suivirent rougeole, variole, coqueluche, rhumes fréquents, inflammations intestinales, symptômes de phthisie pulmonaire à partir de l'âge de 12 ans.

La puberté arriva à cette époque, et pendant 5 ou 6 ans il fut tourmenté d'érections continuelles dont la durée fut quelquefois de 72 heures sans interruption.

De 12 à 14 ans douleurs rhumatismales contractées dans une habitation humide.

De 13 à 17 ans maux de tête fréquents et affectant la région temporale, la nuque et le front.

A 17 ans il habita un pays marécageux, il fit usage de la pipe et de l'eau-de-vie, dont il but pendant 18 mois deux tiers de litre environ par jour en même temps qu'il consommait un kilogramme de tabac en 7 jours, le tout pour se soustraire à l'influence paludéenne. Sous l'influence de ce régime il devint extrêmement fort et gras, malgré l'obligation où il était de faire chaque jour 30 ou 40 kilomètres à pied.

Au commencement de 1853 chancre sans adénite bi-inguniale. Il vit cependant quelques syphilides qui disparurent après un seul bain de sublimé. Trois mois après en avril céphalalgies intenses. Il était alors à la tête d'une usine où il était soumis pendant 16 heures environ par jour à des vapeurs d'acide chlorydrique et sulfureux, de chlorydrate d'ammoniaque; il manipulait l'oxide de zinc et de plomb. Il maigrit pendant les 7 ou 8 mois suivants, il devint faible de corps et d'esprit. Cet état empirant pervertit les facultés intellectuelles jadis très-développées, ainsi que les sentiments moraux; il devint lâchement méchant envers les femmes.

Il consulta alors à Lyon; les médecins parmi lesquels figurait M. Arthaud éloignèrent l'idée d'une aliénation mentale.

Après une amélioration légère en 1854, il eut au mois de mars de cette année une attaque d'apoplexie qui s'annonça brusquement par un entraînement latéral à gauche. Les membres gauches furent paralysés de la motilité, la sensibilité était intacte. Depuis le mois d'octobre 1859 plus d'érections possibles, cependant pollutions.

La marche devint ensuite fort difficile, le sommeil était très-agité. La jambe gauche était traînante, les doigts de la main du même côté étaient souvent étendus involontairement, les orteils commencèrent aussi à se mouvoir involontairement. Le pouce se contractait comme par une crampe et lui en causait la douleur.

En 1855 proto-iodure de mercure, bains sulfureux, sans amélioration.

Le mal augmentait toujours au contraire, et au mois de septembre il survint un balancement de tout le corps qui semblait apporter quelque soulagement à ses douleurs.

Lorsqu'il souffre le balancement devient plus sensible; il reste suspendu quand l'attention est vivement excitée, et cesse complètement avec la douleur quand le sommeil approche.

Depuis que cette douleur de la main et du bras (qui maintenant s'étend jusqu'à l'épaule) depuis que cette douleur et les contractions qui l'accompagnent se sont manifestées, le désordre moral a graduellement cessé. La mémoire est devenue meilleure.

La marche a subi une infinité de transformations. D'abord la jambe traînait, puis il put la lever, mais elle restait comme suspendue pendant longtemps avant que le pied pût se porter à terre; ensuite la marche devint très-lente. Soudain il semblait qu'un ressort se détendait et le malade partait avec une rapidité telle qu'il était impossible de le suivre. Plus tard le pied gauche passait à chaque instant derrière la jambe droite. Après cela le même pied tourna en dehors, et le faisait paraître bancal. Pendant quelque temps impatient de son impuissance à marcher en avant, il tenta d'aller en arrière et plusieurs fois il put ainsi faire deux ou trois kilomètres avec une vitesse raisonnable.

Les séances d'électricité ne parvinrent en 1858 qu'à lui procurer un plus grand mal à la tête. Les bains froids, les bains de mer aggravèrent son état.

Congestions fréquentes à la tête qu'il combattit fructueusement par des sangsues à l'anus.

Depuis cinq ans le malade pleure dès qu'il lit ou entend lire quelque chose d'attendrissant.

Examen de M. M..., le 26 février 1863.

La démarche est toute particulière. C'est une série de sautillements et de mouvements désordonnés des jambes qui peuvent se résumer ainsi :

Affaiblissement de la jambe gauche, abaissement momentané de cette partie du corps, qui fait croire un instant que le malade est bancal, qu'il a une affection de la hanche ou de la colonne vertébrale. Le malade se redresse bientôt, et la difformité disparait. Pendant ce temps le côté gauche du corps exécute des mouvements d'équilibre désordonnés. La marche s'exécute en ligne droite sans régularité à cause de l'état de la jambe gauche qui semble être de la faiblesse, mais qui n'en est pas. Le malade peut en effet se supporter sur cette jambe aussi bien que sur la droite. Cette irrégularité de la démarche disparait quand le malade monte ou descend les escaliers, qu'il court; il ne peut se mettre en marche quand il veut, souvent alors la jambe gauche est tout à fait rebelle à la volonté, un moment s'écoule, le malade sent que l'obstacle disparait et la jambe s'étend; cet obstacle est constitué par une flexion irrésistible de la jambe sur la cuisse, et du pied sur la jambe, on dirait un pied-bot équin ; tout à coup le ressort se lâche, suivant l'expression du malade et l'ordre reparait.

Pour la main un phénomène analogue se produit. Les premieres phalanges sont dans une extension forcée sur le métacarpe, la deuxième et troisième phalange sont au contraire fortement fléchies du coté de la paume de la main. Cette flexion est très intense, on briserait plutôt les doigts que de la faire cesser de force. Cependant spontanément elle cesse aussi, et le malade peut s'en servir avec coordination.

Le malade s'assied facilement, mais alors apparaissent des douleurs insupportables dans le coté malade, douleurs cent fois plus intolérables que la position verticale qu'il est obligé de garder presque constamment. Il est pris alors d'un balancement incessant, d'un va-et-vient d'avant en arrière avec oscillations de la tête. Pour diminuer ce balancement incessant le malade s'appuie sur le genou droit fléchi et reposant sur un coussin. Il est survenu à la suite de ces frottements dans l'articulation un épanchement séreux qu'il a fallu ouvrir à plusieurs reprises et dont il reste de nombreuses et profondes cicatrices. Le malade a fait construire une table pour appuyer sa main droite. Le pied droit appuie par sa plante sur les barreaux d'une chaise, il est survenu aussi un kyste tendineux à la plante du pied.

Le coté gauche présente une atrophie notable, strabisme interne.

Le malade accuse des vomissements opiniâtres pendant six mois dans le courant de l'année.

Traitements infructueux jusqu'à ce jour; je conseillais l'arsenic qui parut amener quelque amélioration, un séton à la nuque qui n'a pas été je crois appliqué.

En présence de ces symptômes je posais le diagnostic suivant ; affection de l'hémisphère droit du cervelet et du pédoncule cérébelleux moyen droit ; foyer hémorrhagique ayant subi diverses transformations.

DE L'ATAXIE CÉRÉBRALE.

Ce n'est pas ici le lieu de se demander si certaines portions des masses cérébrales tiennent sous leur dépendance la coordination des mouvements (voir chap. II, les opinions de Serres, de Brown-Séquard, etc.). On sait à quels résultats ont conduit jusqu'à ce jour les efforts tentés pour localiser les fonctions du cerveau, et il serait prématuré de chercher dans l'état actuel de la science à démontrer dans cet organe le siége de la coordination des mouvements. Peut-être vaut-il mieux admettre pour le moment que cette coordination cérébrale résulte du consensus de certaines parties du cerveau, et que lorsque ce consensus vient à être troublé par le fait de la maladie, l'impulsion motrice qui précède l'acte locomoteur n'est plus apte à imprimer aux mouvements une direction harmonique.

Quoiqu'il en soit certaines affections du cerveau, comme la congestion, le ramollissement, les tumeurs... peuvent engendrer une certaine incoordination locomotrice. Mais elle diffère par les mêmes caractères de l'ataxie progressive que celle qu'on observe dans les affections cérébelleuses. De plus ce qui permettra de la reconnaitre c'est la marche de la maladie, les troubles intellectuels, les phénomènes de paralysie, en un mot les symptômes propres à chacun des états morbides dont les désordres locomoteurs sont symptômatiques.

Les observations suivantes donneront une idée de l'ataxie cérébrale. La première a simulé une ataxie locomotrice progressive à tel point que le diagnostic a pu être douteux ; la deuxième malade m'était adressée par un médecin des environs d'Avignon pour une ataxie progressive; j'ai penché pour une altération chronique de l'hémisphère droit du cerveau. Les deux autres observations sont des exemples d'ataxie symptômatique de ramollissement cérébral, quoique l'obs. CX ait été donnée comme un exemple d'ataxie progressive.

OBSERVATION CVII.

Françoise D...., 40 ans, ménagère, entre, le 25 février 1862, au n° 5 de la salle Saint-Charles (hôtel-Dieu de Lyon), dans le service de M. Rambaud.

Depuis six ans, cette femme est sujette à des maux de tête, à des bruits dans les oreilles. La vue commença à cette époque à s'affaiblir. Sans cause connue, la malade ressentit un jour une douleur assez vive dans l'œil droit' et l'œil perdit peu à peu sa puissance visuelle. Peu après les mêmes symptômes apparurent dans l'œil gauche; aujourd'hui les deux sont entièrement perdus depuis longues années.

Cette malade est fréquemment sujette à des douleurs qui partent de divers points de la tête, qui de là passent le long des membres et s'irradient jusqu'aux extrémités des orteils, en produisant une sensation de froid douloureuse. La malade n'a jamais cependant éprouvé rien d'anormal du côté de la motilité et de la sensibilité jusqu'au moment de son entrée.

Deux semaines avant cette époque, elle eut des chagrins très-vifs; elle perdit un fils. Elle eut aussi à cette époque ce qu'elle appelle une *révolution*. Alors se développèrent subitement les symptômes de la maladie actuelle. La malade sentit comme un écoulement froid, qui partait de la tête, descendait dans les bras et les jambes, du côté gauche surtout. Les mains devinrent sèches et rudes; et les mouvements perdirent de leur précision. En même temps elle sentit des fourmillements dans le membre inférieur gauche; la démarche devint pénible, mal assurée, irrégulière.

A son entrée, elle n'avait jamais eu de douleurs fulgurantes On constate que la vue est complétement abolie; la malade distingue la nuit du jour; pas de phosphènes, un peu de strabisme interne. Elle dit qu'elle voit du feu ou du sang, depuis quelques jours seulement. Bourdonnements dans les oreilles, faiblesse de l'ouïe du côté gauche; les autres sens et l'intelligence ne sont aucunement altérés.

L'état général est bon.

Les mouvements sont difficiles. La malade éprouve dans les épaules, surtout dans la gauche, une roideur inusitée qui embarrasse ses mouvements; de plus, elle ne peut marcher toute seule, faire quelques pas pour aller à la chaise, sans courir le risque de tomber. Quand elle est soutenue, la démarche est possible, mais très-irrégulière. La force musculaire est conservée, un peu moins à gauche.

La malade sent l'impression des corps, mais les impressions n'arrivent au cerveau que lentement. La sensibilité au froid est conservée; la malade confond les piqûres avec le pincement; la sensibilité de la plante des pieds est obtuse; la malade croit avoir des épingles enfoncées dans cette région; elle ne sent pas le sol où elle repose. Aux mains, la sensibilité est aussi bien affaiblie, la malade confond tous les objets; elle croit toucher des morceaux de charbon.

Depuis son entrée, il y a de la constipation et de la difficulté à uriner.

Une huitaine de jours après son entrée, elle eut des lancées dans les membres, revenant plusieurs fois par jour, et qui duraient encore à l'époque où nous l'avons vue pour la deuxième fois, c'est-à-dire le 6 juillet dernier.

A cette époque, nous avons constaté une amélioration surprenante.

La malade remue facilement l'épaule gauche; elle se sert de ses doigts plus aisément; elle saisit bien les objets qu'on lui présente. A droite, les mouvements sont même complétement normaux. A gauche, la malade ne peut grouper ses doigts. Les jambes sont devenues beaucoup plus fortes. La malade va facilement à la chaise quand on la soutient; elle peut se tenir debout.

La sensibilité a subi aussi de grandes améliorations. Les objets sont parfaitement reconnus par la main droite. Le toucher est encore un peu obtus à gauche; mais la malade se trompe rarement. La sensibilité de la jambe droite est parfaite; à gauche, plus de fourmillements, plus d'épines sous les pieds.

OBSERVATION CVIII.

Mlle R...., de Graveson, bien réglée, 35 ans, ganglions suppurés au cou dans l'enfance. Il y a huit ans chûte sur la tête. Il y a trois ans début de la maladie par des vertiges fréquents. Elle m'est adressée dans le mois de juillet 1863, pour une ataxie progressive. La démarche est chancelante, désordonnée; la malade tombe quand elle est distraite de la marche. Les mouvements des doigts sont en désordre. Elle a renoncé à coudre et à travailler depuis un an. Elle a de la force, moins cependant dans le bras gauche. La sensibilité est obtuse dans tout le côté gauche, même à la face.

Vertiges fréquents, maux de tête à droite; à la nuque douleur sous-occipitale continue. Rien dans le dos, pas de douleurs fulgurantes.

La vue est faible le matin et le soir seulement. Les pupilles sont égales. L'ouïe, l'odorat et le goût sont intacts. La voie est nasonnée, la parole difficile, bégaiement.

Traitement infructueux par les antispasmodiques, le fer et les toniques, un séton à la nuque, et l'emploi méthodique de l'arsenic.

OBSERVATION CIX.

Ataxie locomotrice, suite de ramollissement cérébral.

Reymond François, 63 ans, éprouve depuis 10 mois environ (au 6 mai 1861) des étourdissements et des bourdonnements d'oreilles.

Il y a 7 mois il était occupé aux travaux des champs quand il fut pris de céphalalgie et de vertiges. Le lendemain il était paralysé de ses jambes, et la parole était très manifestement embarrassée.

Douleurs de tête assez vives, l'intelligence est affaiblie, la mémoire notablement diminuée, le malade pleure sans motif; la parole est difficile et traînante, la sensibilité est conservée.

Lorsque le malade est couché, il peut étendre ou fléchir les jambes, et l'on ne peut que très-difficilement l'en empêcher. Les mouvements partiels s'accomplissent avec une énergie surprenante, et cependant quand le malade est levé il ne peut se tenir debout; quand on le soutient et qu'il essaie de marcher, il projette ses jambes à droite et à gauche sans précision et sans ordre et ne peut faire quelques pas qu'avec la plus grande dificulté.

La coordination des mouvements est à peu près intacte dans les membres supérieurs et dans les muscles de la face.

Teissier, de Lyon, (Loc. Cit. Obs.)

OBSERVATION CX.

Ramollissement cérébral, à forme progressive. Symptômes d'ataxie locomotrice. Troubles oculaires, intellectuels, paralytiques. — Ramollissement partiel de l'hémisphère cérébral droit.

Maneur, âgé de 33 ans; sa mère est morte d'une maladie qui présente la plus grande analogie avec la sienne. Depuis l'âge de 14 ans il a travaillé dans les carrières de pierre, toujours exposé au froid et à l'humidité.

En 1851 faiblesse dans les jambes et dans la vue. En 1855 mouches volantes, diplopie, douleurs dans les jambes, pertes séminales. Impuissance depuis trois ans.

Peu à peu il s'établit un tremblement de plus en plus prononcé. Démarche chancelante. Le malade ne peut faire un pas que quand les pieds sont appuyés sur le sol par toute leur surface plantaire, et que les mains sont solidement fixées aux objets environnants.

Les membres supérieurs présentent la même irrégularité dans les mouvements, sensibilité intacte; tremblement général; affaiblissement de l'intelligence. Un peu de faiblesse dans les muscles fléchisseurs des doigts La voix est nasonnée, l'articulation des mots difficile.

Les symptômes qui avaient lentement marché jusqu'à la fin de février, s'aggravent avec rapidité. Le malade est obligé de garder le lit. Sa maigreur est extrême, l'hébétude, la faiblesse la prostration arrivent au suprême degré

Autopsie. Epaississement des méninges; l'arachnoïde est doublée de fausses membranes au dessus de la partie moyenne de l'hémisphère cérébral droit.

A ce niveau, près de la scissure de Rolando, ramollissement cérébral, avec dépression d'un centimètre de profondeur, qui s'étend jusqu'à la partie postérieure de la couche optique droite, sans l'atteindre.

Rien dans le cervelet, la protubérance, la moëlle allongée; la moëlle épinière est complètement intacte, les ganglions intervertébraux sont également sains.

Carboneil, (Thèse de Montpellier, n° 46, 1863, p. 49.)

DE L'ATAXIE DANS LA PARALYSIE GÉNÉRALE DES ALIÉNÉS.

Nous avons vu plus haut quels étaient les phénomènes engendrés par la coïncidence de l'ataxie progressive et de la paralysie générale des aliénés, et nous avons admis 1° que la paralysie générale pouvait survenir comme accident ultime dans l'ataxie progressive, cas dans lequel il était facile de faire la part des deux maladies 2° que ces affections peuvent coïncider ensemble, c'est-à-dire que la méningo-encéphalite diffuse est contemporaine de la méningo-myélite des faisceaux postérieurs; cas dans lequel les symptômes de l'ataxie progressive étaient effacés par ceux de la paralysie générale. (v. pages 223 et suiv.)

Mais en dehors de cette complication la paralysie générale s'accompagne d'une certaine incoordination locomotrice. Au début les mouvements sont brusques, saccadés, convulsifs, désordonnés, et coïncident avec l'exaltation générale des malades. Plus tard il survient une faiblesse paralytique qui oblige les malades à faire des efforts qui ne sont pas proportionnés aux mouvements qu'ils veulent exécuter. De plus l'affaiblissement des facultés intellectuelles les empêche de juger sainement de la force qu'il doivent déployer ; la maladresse est donc cause de l'incoordination. Suivant M. le professeur Bouillaud les paralytiques généraux ont perdu la notion des combinaisons musculaires. Je cite textuellement: » Chez les paralytiques généraux il n'y a donc en vérité paralysie ni du mouvement ni du sentiment, et malgré cela ils ne peuvent mettre à profit leurs contractions musculaires : *il y a désordre, déséquilibration des mouvements, la coordination seule est abolie.*

« Les mouvements, auparavant associés, coordonnés vers un but commun, se trouvent dissociés et pour ainsi dire abandonnés à eux-mêmes; les différents rouages qui en sont le siége, soustraits à l'influence du pendule régulateur, continueront d'agir chacun pour son propre compte, obéissant chacun isolément et indépendamment des autres à la force brute qui les anime. Mais le résultat de leurs mouvements sera nul ou seulement irrégulier et incomplet quant à la production des phénomènes d'ensemble que les mouvements associés et coordonnés étaient appelés à produire.

« Ces malheureux paralytiques cessent de pouvoir en aucune façon se servir de leurs membres pour la station et la progression, lorsque la contraction de tous les muscles de ces membres s'exécute encore avec une vigueur assez grande ; dans leur lit ils les soulèvent, ils les portent en tout sens, ils leur impriment des mouvements multiples, différents et incontestablement volontaires ; que leur manque-t-il donc pour pouvoir s'en servir pour la progression ? Il leur manque l'organe coordinateur de cette classe de mouvements dont l'association aboutit à une marche coordonnée, régulière ; il leur manque le pendule régulateur de cette grande série de rouages. »

Chapitre X.

DE LA NATURE DE LA MALADIE.

Ce problème difficile a donné naissance à plus d'une interprétation.

Les uns se sont refusés à voir une entité morbide dans le groupe de symptômes qui caractérisent l'ataxie progressive, parce que l'ataxie se rencontre comme épiphénomène dans plusieurs maladies différentes. Cette opinion n'a pas fait beaucoup d'adeptes, et nous venons de voir dans le chapitre précédent comment les maladies ataxiformes, objet de ces dissidences et de cette confusion, différaient de la myélophthisie ataxique.

Restent deux autres opinions; dans la première l'ataxie progressive serait une névrose; dans la seconde une inflammation chronique de la moëlle.

1° *L'ataxie locomotrice est-elle une névrose ?*

Ecoutons M. le professeur Trousseau : » C'est une névrose spasmodique caractérisée par un manque d'aptitude de coordination des mouvements volontaires, compliquée souvent de troubles de la sensibilité et de paralysies partielles. ? » Lorsque l'anatomie pathologique eut révélé en France et en Allemagne des lésions constantes et spéciales, M. Trousseau ajoutait ; « Cette névrose a pour conséquence une altération spéciale de la moëlle et des racines postérieures (1). »

Cette opinion a été adoptée implicitement par ceux qui

1 *Union médicale*, 29 juillet 1862

à l'exemple de MM. Landry, Marcé, Becquerel, Monneret regardent l'ataxie locomotrice comme une paralysie du sens d'activité musculaire.

M. Isnard (de Gèmenos) partage aussi cette croyance. Pour lui l'ataxie progressive est une névrose de la sensibilité, une ataxie des sensations, entraînant à sa suite l'ataxie des mouvements.

Cette manière de voir est basée sur trois raisons principales : 1° sur l'analogie qui existe entre la symptômatologie mobile de l'ataxie et celle des névroses ; 2° sur la présence de l'hérédité au milieu des données étiologiques, 3° enfin sur l'anatomie pathologique.

De ces trois motifs aucun n'est concluant. La physionomie de l'ataxie n'est pas aussi bizarre, aussi irrégulière, aussi protéiforme qu'on a pu le penser. Privée de ces caprices qui au moindre prétexte font éclater les crises des névroses, l'ataxie n'existe jamais au contraire que dans une seule circonstance, quand un mouvement va s'accomplir ; que sous un seul excitant, la volonté. Elle se développe en aveugle, suit sa marche irrésistible, fatale ; tandis que les névroses modifiées par les milieux physiques et moraux où elles s'agitent, sont compatibles avec une longue existence.

Si en second lieu l'hérédité figure parmi les causes de l'ataxie, c'est rarement, presque exceptionnellement puisque je ne l'ai trouvé mentionnée que dans sept ou huit observations. De plus c'est une cause qui est loin d'être l'apanage exclusif des névroses, qui est au contraire commune à une foule de maladies, de telle sorte que ce second point de rapprochement me paraît aussi peu fondé que le précédent.

On ne soutient plus aujourd'hui que l'ataxie progressive n'a pas de lésions anatomiques, et l'argument basé sur deux autopsies négatives a du s'évanouir devant des faits nombreux et positifs. Mais si on est d'accord pour admettre ces faits, les opinions divergent quand il s'agit de les expliquer. Pour les partisans de la nature névrosique de l'ataxie, ces altérations cadavériques sont secondaires, elles sont consécutives aux troubles des fonctions, elles n'en sont pas l'origine. Nous devons dire pour le moment que cette opinion révolutionne complètement les idées que nous nous étions faites des névroses, que nous considérons comme des maladies du système nerveux existant sans lésions appréciables. En serait-il autrement? Cette classe de maladies n'aurait qu'à y gagner ; elles seraient un peu moins insaisissables qu'elles ne le sont à présent. Mais en attendant que ce fait soit admis, il faut s'entendre: Ou bien les névroses, ainsi qu'on l'a toujours professé, n'ont pas de lésions anatomiques, et alors l'ataxie n'est pas une névrose; ou bien il y a des névroses qui s'accompagnent d'altérations constantes très-profondes, très-facilement reconnaissables, très-étendues, tandis qu'il en est dans lesquelles on n'a jamais rencontré la moindre altération de structure. Dans ce dernier cas on est conduit à subdiviser les névroses : les unes avec des lésions définies ; les autres sans lésions. Ces réserves faites il ne me répugnerait nullement de placer l'ataxie dans le premier de ces groupes artificiels.— Peut-on regarder comme secondaires des lésions qui précèdent souvent toute modification morbide appréciable ? Tel a été cependant le résultat constaté dans certaines parties de la moëlle, dans la région cervicale par exemple, alors que les membres supérieurs n'étaient le siège d'aucun symptôme apparent (v. p. 146). Peut-on d'un autre côté mettre en parallèle, ces grosses lésions de l'ataxie avec les mesquines altérations secondaires des névroses ? Tout le monde connaît les efforts faits récemment pour placer le siége de l'épilepsie dans la moëlle allongée. Eh bien ! qu'a-t-on trouvé dans ces recherches qui se ressentent peut-être un peu trop des encouragements de la physiologie expérimentale? Des altérations profondes de cette région, une destruction complète des éléments nerveux ? Loin de là, tout s'est borné à un peu de congestion du bulbe, à des traces d'altérations vasculaires, lésions tout-à-fait en désaccord avec l'intensité des symptômes, avec la durée souvent très-longue de la maladie. Voilà ce qu'on trouve dans l'épilepsie type des névroses, et que de fois ne trouve-t-on rien, ou seulement les altérations les plus diverses et les plus imprévues des masses cérébrales.! Peut-on comparer les altérations de ces deux maladies, quand on pense que chez des ataxiques dont la maladie n'a duré que peu d'années, on trouve une désorganisation si profonde ! Et l'hystérie et la chorée, déjà si vieilles dans la science, à quoi se réduit leur anatomie pathologique, tandis que l'ataxie dans l'enfance a déjà la sienne aussi nette et plus nette que beaucoup de maladies qui à moins de titres ont déjà pris rang dans le cadre nosologique.

En admettant pour un instant que les lésions de cette dernière maladie soient secondaires, quel en est le point de départ ? Les uns avec M. Jaccoud leur reconnaissent une origine périphérique. Dans cette hypothèse, (car ce n'est qu'une hypothèse) les extrémités terminales des nerfs sensitifs seraient primitivement affectées, et réagiraient par action réflexe sur les parties sensibles de la moëlle qui s'atrophieraient consécutivement. Cette opinion repose sans doute sur ce que les premiers symptômes se manifestent à la périphérie, à la peau, aux extrémités. Mais ce fait ne doit pas être uniquement expliqué par une souffrance des extrémités nerveuses. Qui ne sait en effet que certaines altérations profondes du cerveau sont précédées de fourmillements et de douleurs dans les parties les plus éloignées de cet organe ? Les phénomènes excentriques de l'ataxie s'expliquent naturellement par une souffrance primitive de la moëlle. D'ailleurs s'il en était autrement, les lésions devraient marcher de la périphérie au centre ; il serait possible de les retrouver dans les extrémités nerveuses, et de les voir se propager vers la moëlle épinière. Loin de là : leur marche est centrifuge. Dans les rares autopsies où les nerfs ont été trouvés malades, la dégénérescence siégeait près de leur origine médullaire, et allait ensuite en s'amoindrissant. Je ferai remarquer aussi que l'ataxie est loin de se comporter comme les paralysies périphériques, celles-ci sont généralement bénignes, et disparaissent rapidement avec la cause qui les a engendrées (voir p. 250.)

M. Duchenne (de Boulogne) a de la tendance à placer dans un trouble fonctionnel primitif du grand sympathi que la cause de l'atrophie de la moëlle. Quelques symptômes vasculo-calorifiques observés du côté du globe oculaire ont été le point de départ de cette théorie. Ces phénomènes sont rares comme nous l'avons dit; et d'ailleurs si cette action *neuro-paralytique* était réelle, le reste du sympathique devrait être aussi troublé dans ses fonctions, et on verrait la température, la circulation, la nutrition se modifier profondément dès le principe dans les extrémités. Or il est reconnu aujourd'hui que ces grandes fonctions sont exceptionnellement troublées dans leur jeu, et ce n'est pas au début, mais à une période avancée du mal, alors que l'atrophie a pu en se propageant envahir la substance grise de la moëlle et les cellules sympathiques. C'est donc dans ses parties centrales que le sympathique est modifié; c'est par une altération du centre cilio-spinal que nous expliquons les phénomènes oculo-pupillaires; c'est par les altérations d'autres centres nerveux qui sont échelonnés le long de la moëlle épinière et dont plusieurs sont reconnus déjà, que nous expliquons ces altérations de la secrétion urinaire, de la secrétion spermatique, ces infiltrations séreuses des extrémités, ces lésions de nutrition qu'on retrouve à une période avancée de la maladie.

Quant aux ganglions sympathiques, rien, ni la filiation des symptômes, ni l'examen cadavérique ne nous permet d'admettre qu'ils soient le point de départ de l'altération des racines et plus tard des faisceaux postérieurs, comme les expériences de Waller nous l'avaient fait soupçonner un instant.

Avant d'aller plus loin il nous reste à répondre à une question; existe-t-il une ataxie *nerveuse*, ainsi que le pense M. Bourdon, ainsi que les deux autopsies négatives de M. Duchenne et de M. Pihan — Dufeuillay (v. p. 139) tendraient à le faire croire, ainsi que le fait suivant de M. Bourguignon peut le faire supposer?

OBSERVATION CXIII.

Un homme de 31 ans, à la suite de plusieurs abcès et de douleurs violentes qui l'avaient considérablement affaibli et après avoir eu trois ou quatre crises nerveuses, comme hystériques, présenta de la diplopie, du strabisme, une semi-paralysie de l'ouïe, de l'olfaction et du goût, avec une insensibilité presque complète de la muqueuse buccale, de la dysphagie et un trouble notable de la phonation; puis des fourmillements qui, commençant au voisinage de la cicatrice des abcès, s'étendirent aux gouttières vertébrales, à la nuque et au cuir chevelu, se montrant quelquefois dans les membres, symptôme morbide qui fut promptement suivi d'anesthésie cutanée et de paralysie du sentiment d'activité musculaire, avec un défaut de coordination des mouvements des jambes et des bras; à ce moment on pouvait très-bien croire à l'existence d'une ataxie locomotrice progressive telle que l'a décrite M. Duchenne (de Boulogne). Rien ne manquait au tableau symptomatique, pas même l'affaiblissement de la contractilité du rectum et de la vessie; seulement les douleurs fulgurantes étaient remplacées par les fourmillements. Jusqu'alors la force musculaire était restée parfaitement intacte, comme dans l'ataxie. Mais bientôt, contrairement à ce qu'on observe habituellement dans cette affection, une véritable paralysie du mouvement survint, transformant le corps du pauvre malade en une masse inerte. Il y avait conservation des facultés intellectuelles, ce qui rendait encore la situation du malade plus pénible. Cependant, grâce aux moyens reconstituants que l'état des organes digestifs permit d'employer, grâce à l'hydrothérapie et à l'électrisation d'abord généralisée, puis localisée, tous ces accidents si graves et si cruels diminuèrent peu à peu, et en quatre mois la guérison fut complète. (*Annales de la Société d'hydrologie médicale de Paris*, t. VIII, p. 171.)

Nous pensons que les faits analogues à celui que je viens de rapporter doivent être considérés comme des *ataxies congestives*, analogues à l'observation XCII dont nous avons donné plus haut la relation. C'est le premier degré du mal, qui est curable comme nous l'avons dit lorsqu'un traitement approprié vient arrêter à temps la marche des accidents.

2° *L'ataxie progressive est une myélite chronique.*

D'après l'opinion la plus généralement reçue l'ataxie progressive est une maladie chronique de la moëlle épinière.

Nous ne nous arrêterons pas à discuter l'opinion d'Ollivier (d'Angers) qui considérait les lésions anatomiques comme une hypertrophie de la substance grise. Tout le monde reconnaît aujourd'hui qu'il y avait bien dans les faits auxquels je fais allusion une dégénérescence grise des faisceaux postérieurs.

Cruveilhier et Virchow ne se sont pas prononcés sur la nature de la lésion.

Luys y a vu les traces d'une hypérhémie congestive ; Charcot et Vulpian d'une hyperplasie du tissu conjonctif.

Gull l'a décrite comme une méningite chronique ; Leyden comme une atrophie spécifique.

L'ataxie locomotrice est-elle une méningite chronique ? Si l'on considère toutes les autopsies que nous avons rapportées, on ne tardera pas à se convaincre que la lésion des enveloppes spinales est très-fréquente pour ne pas dire constante ; que presque toujours il existe entre l'arachnoïde, la pie-mère et la dure-mère des adhérences anciennes, que cette inflammation est limitée à la moitié postérieure de l'organe, et aux racines correspondantes, qu'elle suit en un mot exactement la moëlle dans sa dégénérescence. Mais rien ne prouve que les lésions des membranes soient primitives, nulle part on ne les trouve là où la moëlle est saine ; il est impossible d'apprécier quelles sont les plus anciennes ou celles de la moëlle ou celles des enveloppes. Nous ferons observer seulement qu'elles sont solidaires, que l'altération occupe de préférence les couches périphériques, le sillon médian, là où précisément la substance nerveuse est en contact avec la pie-mère.

Est-ce une myélite chronique ? — Il est nécessaire d'abord de s'entendre sur le mot inflammation, et de ne voir dans ce terme de myélite chronique qu'une inflammation particulière de la moëlle qui diffère autant de l'inflammation aiguë de cet organe que la cirrhose du foie diffère de l'hépatite, que la maladie de Bright diffère de la néphrite aiguë, que la méningo-encéphalite diffuse des aliénés diffère de l'inflammation du cerveau.

En restreignant ainsi les termes nous ne craignons pas de dire que l'ataxie locomotrice progressive est une inflammation chronique. On lui a refusé ce caractère d'inflammation. Il est cependant prouvé par les adhérences des membranes, par les nombreux noyaux trouvés dans les parties malades, qui ne sont autre chose que les traces de la prolifération du tissu conjonctif, résultat elle-même d'une irritation formative, par l'épaississement des artères, par la suppuration qui survient dans quelques cas.

C'est une inflammation chronique, une dégénérescence

analogue à la cirrhose, à la maladie de Bright. C'est une nécrobiose dans le sens qui lui a donné Lebert, une mort des éléments.

C'est une maladie locale dépendant d'un vice de nutrition local, mais qui paraît cependant quelquefois influencée par certaines diathèses : le rhumatisme, la syphilis, la scrofule, la pellagre.

Pourquoi les altérations restent-elles limitées aux faisceaux postérieurs ? C'est se demander pourquoi certains points du cerveau sont altérés isolément ; pourquoi certaines couches des reins sont malades de préférence dans telle ou telle maladie. Sans chercher le pourquoi et le comment des choses, ces localisations ne tiendraient-elles pas aux fonctions distinctes siégeant isolément dans certains points de ces organes. Pour le rein, par exemple, l'altération de certaines couches ne serait-elle pas due à ce que ces régions seraient exclusivement chargées de l'élimination de certains principes, pour le cerveau à ce que les parties isolément malades président à certaines fonctions qui ont été exagérées ou troublées ? Pour la moëlle il ne répugne pas à l'esprit d'admettre que les parties chargées de la sensibilité puissent être malades séparément ; tandis que celles qui règlent les mouvements sont intactes. L'isolement des altérations anatomiques est une conséquence de l'indépendance des fonctions.

Nous concluons que l'ataxie progressive est une méningo-myélite chronique, d'une nature particulière, siégeant dans les parties sensibles de la moëlle, et aboutissant par degrés à la destruction complète de leurs éléments.

Chapitre XI.

PHYSIOLOGIE PATHOLOGIQUE.

PREMIÈRE PARTIE.

—

L'incoordination des mouvements qui domine toute la symptomatologie de l'ataxie locomotrice progressive a vivement préoccupé les physiologistes et les théories n'ont pas tardé à se multiplier pour l'expliquer. Nous devons les exposer dans ce chapitre ; mais auparavant nous croyons indispensable de jeter un coup-d'œil rapide sur les conditions qui président à la régularité des mouvements à l'état normal, et sur le rôle que jouent les diverses puissances qui concourent à ce phénomène.

§ 1er *Des mouvements en général.*

Le mouvement le plus simple en apparence, comme la flexion et l'extension des doigts, résulte de l'action combinée et harmonique d'un grand nombre de muscles. En effet un de ces organes ne se contracte jamais sans que les muscles voisins ne soient sollicités à leur tour, les uns pour modérer le premier, d'autres pour lui imprimer une direction finale : *mouvements antagonistes*, *mouvements associés* ; et c'est de cette somme de mouvements qui nous échappent, que résulte un mouvement unique qui seul frappe nos regards. La faculté d'isoler l'action des muscles peut s'acquérir par l'habitude, certaines personnes font contracter à volonté le frontal ou un des muscles orbiculaires, mais dans l'état physiologique cette faculté n'existe pas ou n'entre pas en jeu. Les muscles se groupent, s'associent, se coordonnent. Dans l'exemple que nous avons choisi, si on fléchit les doigts, plusieurs muscles (fléchisseurs superficiel et profond, ceux du pouce,) entrent simultanément en contraction ; pendant ce temps les extenseurs et les autres muscles de la région postérieure de l'avant-bras et de la main prennent une position appropriée pour modérer, régulariser l'action des premiers (1).

Quelle est la puissance qui donne au muscle cette propriété qu'on pourrait appeler *instinct musculaire* ? C'est la sensibilité. Dès qu'un muscle se contracte par l'intervention de la volonté, il suscite dans le muscle voisin une sensation ; celui-ci en se contractant à son tour propage l'impulsion autour de lui, et ainsi tenus en éveil, tous les muscles qui doivent concourir à un acte commun prennent pour ainsi dire une position respective. On pourrait comparer ces actions réciproques des muscles les uns les autres à ce qui se passe dans les diverses pièces d'une machine. Dès qu'un des rouages a été mis en jeu par une force extérieure, les autres sont poussés au mouvement successivement l'un par l'autre, et il en résulte un acte aveugle et commun.

Pour les muscles l'acte est aussi aveugle. C'est en dehors de la conscience que se passent ces mouvements dont je viens de parler.

Nous pouvons conclure de ce qui précède que dans l'action musculaire la plus simple comme la flexion de la main, il y a deux ordres de mouvements ; les uns *volontaires* tenus sous la dépendance du cerveau, les autres *involontaires* (d'association, d'antagonisme) qui dépendent de la moëlle épinière (mouvements réflexes).

1 Cette action des muscles antagonistes a été clairement exposée par M. Duchenne (de Boulogne) qui a réfuté l'opinion de Galien qui faisait jouer à ces muscles un rôle purement passif. (*Archives générales de médecine*, 1858. *Loc. cit*

Partout nous retrouvons la même distinction.

Marche La marche est un acte essentiellement complexe, qui nécessite je ne crains pas de le dire, le concours de presque tous les muscles du corps. En effet outre les muscles des membres inférieurs dont le rôle dans les divers temps de la marche a eté assez rigoureusement et même mathématiquement étudié (Weber) pour que nous puissions nous contenter de l'indiquer, on voit entrer en contraction d'autres muscles dont l'intervention a été plus ou moins négligée.

Du rôle des muscles péri-vertébraux dans la marche (1). Si l'on examine la double insertion de ces muscles, d'une part cette infinité de petits tendons délicats qui se fixent aux côtes et aux diverses apophyses de la colonne vertébrale, d'un autre côté cette large aponévrose de terminaison qui embrasse le pourtour de la crète iliaque, on voit aussitôt la double destination de ces muscles. En effet quand les extrémités supérieures entrent en contraction, les côtes et la colonne vertébrale sont respectivement fixées ou inclinées dans tel ou tel sens. Quand au contraire l'extrémité inférieure entre en jeu, le bassin est porté en haut, puis il est fixé dans cette position et c'est alors seulement que la jambe du même côté peut dérouler successivement ses divers segments. Tout le monde peut sentir l'intervention active de la masse sacro-lombaire au relief qu'elle fait en ce moment et à la dureté qu'elle acquiert; pendant ce temps les muscles du côté opposé sont en *contraction tonique*. Sitôt que le pied retombe et repose sur le sol, les muscles se relâchent, et ceux du côté opposé se contractent à leur tour, et la même série de phénomènes se reproduit. Comme on le voit, la condition initiale, indispensable de la marche c'est le soulèvement et la fixation du bassin. Sans cela le pied ne pourra se détacher du sol qu'avec la plus grande difficulté. Cette

1 Dans une communication faite à la Société des sciences médicales de Lyon en 1862, nous avons longuement exposé le rôle de ces muscles. A cette époque nous ignorions les travaux de Gerdy sur ce point de physiologie. Nous sommes heureux d'avoir eu connaissance de ces recherches qui donnent un grand appui à notre manière de voir.

action des muscles péri-vertébraux est le résultat de mouvements réflexes (1).

Dans les mouvements du bras les muscles des gouttières vertébrales sont remplacés par un grand nombre de muscles : angulaire, rhomboïde, trapèze , etc. , qui ont pour but de fixer le scapulum, pendant que l'humérus tourne dans la cavité glénoïde. Ici encore dans les mouvements de l'articulation scapulo humérale la contraction de ces divers muscles est soustraite à l'influence de la volonté. c'est par une succession de mouvements réflexes que s'immobilise l'épaule.

Nous ajouterons que dans la *station* ces muscles péri vertébraux ont la plus haute importance; ils se fixent alors sur le bassin immobile, et immobilisent dans des rapports convenables les côtes et la colonne vertébrale. Sans cela le tronc s'inclinerait à droite , à gauche , en avant , en arrière.

Cette action des muscles péri-vertébraux nous rend compte d'un phénomène qu'on rencontre constamment dans l'ataxie. Je veux parler de l'impossibité où se trouvent souvent les malades d'exécuter le moindre mouvement dans la station verticale, et la facilité avec laquelle ils étendent et fléchissent la jambe dans le lit ; cela tient à ce que dans la marche ces muscles sont très-actifs et que dans le décubitus ils sont presque entièrement passifs.

1 Gerdy a appelé l'attention sur cette action des muscles péri-vertébraux. Après avoir décrit le rôle que jouent les mouvements du bras , du tronc et du bassin dans la marche , il ajoute :

Enfin il se passe dans le tronc et particulièrement dans les gouttières vertébrales de constants efforts sensibles à la main chez un homme nu. Mais ils me paraissent de deux sortes. Le premier produit un gonflement ou une augmentation manifeste de consistance dans les muscles vertébraux correspondants au côté dont le pied se détache du sol ; l'autre gonfle mais beaucoup moins les mêmes muscles du côté correspondant au pied immobile. Ces deux effets succèdent immédiatement l'un à l'autre. Je nomme le premier *effort d'élévation*, parce qu'il est dû à la contraction des muscles sacro-spinaux qui font effort pour élever ou fixer le bassin , et par suite pour détacher le membre du sol et le maintenir en l'air. Le second agit pour modérer l'impulsion communiquée au tronc par le pied qui se trouve en arrière et pour prévenir la chûte du corps en avant Je le nomme *effort de station* parce que c'est le même qui dans la station s'oppose au renversement du tronc en avant, *et qu'il est le principal agent de l'équilibre de la marche*.

Gerdy. — *Journal de physiologie de Magendie*.

Du rôle respectif du cerveau et de la moëlle épinière dans les mouvements simples et composés.

Il résulte des développements dans lesquels nous venons d'entrer, que dans les actes musculaires simples, comme dans les actes complexes, il y a deux ordres de mouvements qui se combinent dans des proportions diverses : *mouvements volontaires ou conscients ; mouvements involontaires, inconseients ou réflexes.* Ces deux ordres de mouvements sont sous la dépendance de deux puissances nerveuses distinctes ; les premiers du cerveau, les seconds de la moëlle épinière.

Entrons dans quelques détails.

Quand nous voulons étendre les doigts ou la jambe, par exemple, sous l'influence de la volonté l'influx nerveux chemine dans les nerfs moteurs qui animent les muscles extenseurs des doigts ou de la jambe ; et le mouvement se produit. Mais si les extenseurs agissent seuls, le mouvement sera brusque, saccadé, comme quand on les fait contracter par la pile électrique. Mais les muscles antagonistes vont agir, les fléchisseurs vont brider, modérer cette première action. Dans ces mouvements réflexes l'agent coordinateur est la moëlle épinière.

En effet dès que les extenseurs se contractent les fléchisseurs perçoivent cette contraction. Leurs nerfs sensitifs communiquent cette impression à la moëlle, et celle-ci agit à son tour sur les nerfs moteurs qui vont dans ces mêmes muscles fléchisseurs pour leur permettre de prendre la position nécessaire pour harmoniser le premier mouvement.

Ainsi le cerveau dicte le mouvement du début, la moëlle harmonise les actions musculaires sans lesquelles celui-ci serait exagéré.

Dans les mouvements composés, comme la marche, il est facile d'établir la part qui revient à ces deux agents nerveux.

Considérons un homme qui se met en marche ; la volonté intervient pour le premier changement de position. Mais au bout d'un moment l'homme peut être distrait, absorbé par la méditation, la marche continue instinctivement. La volonté n'intervient plus que dans certaines conditions, quand on veut par exemple presser le pas, changer de direction, etc. Mais hors de ces circonstances, et jusqu'à un certain point dans ces circonstances les mouvements sont automatiques. Dans le cas où nous nous plaçons le pied appuyé sur le sol *sent* la résistance et en transmet la notion au cerveau qui la *perçoit*, celui-ci agit alors sur les nerfs moteurs, comme tout-à l'heure et le pas s'exécute dans la mesure voulue. Mais remarquons que tout-à-l'heure c'était la pensée, la volonté qui était l'excitant, dans le dernier cas c'est la sensibilité qui donne au cerveau la notion de l'étendue des mouvements, et ce mouvement s'accomplit chez l'homme préoccupé en dehors de la volonté. C'est alors un véritable mouvement réflexe dont le cerveau sérait le centre.

Dans les mouvements du bras le cerveau agit aussi au début, ou dans les changements qui surviennent dans les mouvements.

Dans la station le rôle du cerveau est peu apparent. Mais dans ces trois circonstances le rôle de la moëlle est des plus étendus, car elle domine tous les mouvements réflexes dont nous avons fait assez ressortir l'importance en même temps que l'utilité.

En résumé tout mouvement se décompose en deux sortes d'actes locomoteurs ; les uns volontaires, les autres involontaires ou réflexes.

Pour l'intégrité des premiers il faut : 1° que le trajet que suivent les impressions motrices volontaires ne soit pas interrompu ; sinon il y a paralysie du mouvement ; 2° que le trajet de la sensibilité qui donne au sensorium commune la notion de l'effort qu'il faut déployer, de la position, etc., soit conservé, sinon il y a *perte du sens d'activité musculaire* ou pour parler plus exactement de la *sensibilité consciente*.

Pour l'intégrité des seconds il faut 1° la conservation des racines motrices, 2° et que le trajet de la sensibilité réflexe demeure à l'état normal et ne soit interrompu ou modifié en aucun point.

§ 2. *Réflexions physiologiques sur la coordination des mouvements.*

Le siége de la coordination des mouvements a donné lieu à de nombreuses opinions. Suivant Magendie : « Il y a dans le cervelet une force intérieure qui pousse à marcher en avant et dans les corps striés une force qui pousse à reculer ; ces deux forces dans l'état sain sont dirigées par la volonté et se contrebalancent. »

M. Flourens avance en 1822, que dans le cervelet réside une propriété dont rien ne donnait encore l'idée en physiologie, qui consiste à ordonner ou coordonner les mouvements voulus par certaines portions du système nerveux, excités par d'autres ; cette propriété M. Flourens l'appelle *coordination* (1).

Suivant M. Serres c'est dans les tubercules quadrijumeaux qu'il faut voir le siége de la coordination des mouvements « Le lobe médian du cervelet est excitateur des organes de la génération, les hémisphères sont excitateurs des mouvements des membres, et plus spécialement des membres pelviens, le cervelet est excitateur du saut.... Les tubercules quadrijumeaux sont excitateurs de l'association des mouvements volontaires ou de l'équilibration, et de plus les excitateurs du sens de la vue dans les trois classes inférieures des animaux vertébrés (2).

M. le professeur Bouillaud (3) n'admet pas que le cervelet soit le coordinateur de tous les mouvements volontaires. « Jusqu'ici, dit-il, les expériences ne nous autorisent qu'à regarder cet organe comme le centre nerveux qui donne aux animaux vertébrés la faculté de se maintenir en équilibre et d'exercer les divers actes de la locomotion. Je crois d'ailleurs avoir prouvé dans un autre travail que le cerveau coordonnait certains mouvements, ceux de la parole en particulier. »

1 Flourens. — P. 7 et 8 de la préface des *Recherches expérimentales*.

2 *Anatomie comparée du cerveau*, t. 2, p. 717.

3 Bouillaud. — *Archives générales de médecine*, 1re série, t. 15, 1827, p. 64 et suiv.

Rodolphe Wagner pense que le cervelet est un organe exclusivement moteur pour les appareils musculaires de la vie animale et probablement aussi de la vie organique. Il est certain qu'il a une part essentielle dans la coordination des mouvements symétriques du corps et notamment des mouvements de progression (1).

Enfin M. Brown-Séquard place dans la protubérance annulaire le siége de la coordination des mouvements.

En présence de ces contradictions de la physiologie est-il permis de tirer une autre conclusion que celle-ci : le cervelet est l'organe coordinateur de certains mouvements volontaires, et d'ajouter avec M. Bouillaud : On doit admettre dans le cervelet l'existence d'une force qui préside à l'association des mouvements dont se composent les différents actes de la locomotion et de la station, force essentiellement distincte de celle qui régit les mouvements simples du tronc et des membres, bien qu'il existe entr'elles deux les connexions les plus intimes ?

D'autres auteurs, négligeant le cervelet, ont cherché dans la moëlle épinière le siége de la coordination des mouvements. Schroder Van-der-Kolk après avoir établi que les racines sensitives remontent en partie vers l'encéphale, et se jettent en partie dans la substance grise pour produire les actions réflexes, a, dans un remarquable travail sur la structure de la moëlle, étudié le rôle de la substance grise dans la coordination des mouvements. Voici quelques-unes de ses conclusions :

Les cornes postérieures de la substance grise dans laquelle probablement les différents groupes de cellules glanglionnaires sont mutuellement en rapport, semblent servir surtout à la coordination des mouvements produits par action réflexe.

Quant à la source de la coordination des mouvements elle est située dans la moëlle, et non dans le cervelet.

La prétendue substance gélatineuse est composée de fibres longitudinales délicates et translucides, parallèles

1 *Nachrichten von der Universiiat. and der Konigl. Geseleschaft der Wissenchaften zü Gottingen*, 1358-1860.

entr'elles, et beaucoup plus tenaces que les fibres médullaires blanches ascendantes ou sensitives..... Il est plus que probable que ces fibres translucides, longitudinales, sont des fibres de conjonction destinées à unir entr'eux les différents groupes de cellules ganglionnaires dans toute l'étendue de la moëlle, et qu'elles sont ainsi les agents spéciaux de la coordination des mouvements (1).

En résumé pour l'auteur qui précède les cellules de la substance grise et principalement les fibres de conjonction de la substance gélatineuse de Rolando, sont le siége de la coordination des mouvements.

Après la substance grise viennent les faisceaux postérieurs où ce même siége a été placé. Dès 1847 le docteur Todd établit le rôle de ces faisceaux pour la coordination des mouvements. Ils servent, suivant lui, à harmoniser entr'eux les divers segments de la moëlle, et ils sont à la fois solidaires du cervelet pour régulariser et harmoniser les mouvements volontaires de la locomotion.

Gull adopta bientôt ces idées, et elles sont exposées dans les remarques qui suivent les observations dont nous avons parlé, (revoir p. 12 et 13).

Suivant Turck une destruction complète des faisceaux postérieurs dans un espace limité, embrassant à près une étendue d'une à deux vertèbres ne peut se reconnaître chez l'homme par aucun symptôme. La sensibilité en particulier ne paraît en aucun point ni exagéréeni diminuée. Si l'altération occupe une hauteur correspondant à douze vertèbres, cas dans lequel les tubes nerveux provenant des racines qui traversent les cordons sont en même temps détruits, il en résulte une anesthésie étendue, et les muscles correspondants ne répondent plus qu'imparfaitement à la volonté.

D'après Brown-Séquard (lectures) voici quels sont les symptômes qui traduisent la destruction pathologique des faisceaux postérieurs.

1 *Recherches anatomiques et physiologiques sur la structure intime et les fonctions de la moëlle épinière*, par Schroder Van der Kolk.; Amsterdam, 1854. *Extrait dans les archives générales de médecine*, 1857.

Altération profonde des faisceaux postérieurs dans toute leur étendue.

Sensibilité augmentée au tronc et aux membres, (tact, piqûre, pincement, excitations galvaniques, chaud et froid). Perte ou grande diminution des mouvements réflexes ; tous les mouvements volontaires sont possibles et plus ou moins faciles quand le malade est dans le lit. La marche et la station sont très-difficiles.

Altération profonde des faisceaux postérieurs dans l'étendue du renflement cervico-brachial.

La sensibilité pour toute espèce d'impression est augmentée dans les quatre membres et le tronc. Diminution des mouvements réflexes dans les membres supérieurs et augmentation dans les extrémités inférieures. Difficulté dans la direction des mouvements des membres supérieurs sans l'intervention de la vue. La station et la marche s'exécutent sans grande difficulté.

Altération des faisceaux postérieurs dans l'étendue du renflement dorso-lombaire.

Sensibilité augmentée aux membres inférieurs et normale aux supérieurs. Diminution ou perte d'action réflexe dans les membres inférieurs, mouvements possibles et même faciles quand le malade est couché. Marche et station très-difficiles.

Altération des faisceaux postérieurs et des racines postérieures des nerfs spinaux.

Au lieu de l'hypéresthésie comme dans le cas précédent, diminution ou perte de toutes les variétés de sensibilité, action réflexe complètement impossible, marche et station tout-à-fait impossibles. Si les altérations n'existent que dans les parties supérieures de la moëlle, les mouvements volontaires des membres inférieurs sont possibles, souvent faciles, et ces membres ont une augmentation de sensibilité et de mouvements réflexes.

Altération des colonnes postérieures et de la substance grise dans toute leur étendue.

Paralysies des mouvements volontaires, qui est complète quand l'altération est étendue aux cornes grises antérieures. Fourmillements et autres sensations rapportés à la périphérie.

Dans le cas d'altération occupant une grande étendue des colonnes postérieures, dit Brown-Séquard, il y a une grande diminution de la faculté de se tenir debout et de marcher, et lorsque l'affection a duré longtemps, cette faculté peut être tout-à-fait perdue.

Ces troubles apportés dans la locomotion ne dépendent pas d'après lui d'une altération de la sensibilité, comme beaucoup de physiologistes l'ont pensé. Cet auteur a en effet rigoureusement démontré un fait de la plus haute importance signalé déjà par Fodera, Schæps, Van-Deen, Stilling, Turck, et contrairement aux recherches de M. Longet, que la section des faisceaux postérieurs loin d'entraîner l'anesthésie des parties sous-jacentes, était au contraire suivie d'une hypéresthésie persistante; M. Brown-Séquard considère les faisceaux postérieurs comme les principaux conducteurs des excitations qui produisent les mouvements réflexes, de telle sorte qu'il y a une grande diminution de ces mouvements quand ces faisceaux sont altérés, et comme ces mouvements sont indispensables dans la marche et dans la station il est tout naturel que ces actes deviennent difficiles quand ces cordons sont altérés.

D'un autre côté MM. Philippeaux et Vulpian (1) ont cherché à résoudre expérimentalement le problème, et ils ont démontré que lorsqu'on pratique à la région dorsale d'un chien deux sections qui portent exclusivement sur les faisceaux postérieurs de la moëlle et distantes de quelques centimètres l'une de l'autre, il y a sur le champ une

1 Philippeaux et Vulpian. — *Résultat de deux sections des cordons postérieurs, faites sur des chiens, et séparées l'une de l'autre de trois à dix centimètres.*

(Comptes rendus de la Société de Biologie, 1855, p. 93.

diminution très-réelle de la motilité dans les membres postérieurs à tel point que l'animal perd sur le champ la faculté de se tenir dressé sur les deux membres et qu'il se traine en marchant.

Le même fait ne se produit pas dans une simple section. Ce résultat conforme aux idées de Turck et de Brown-Séquard prouve donc qu'une altération limitée des faisceaux postérieurs ne donne lieu à aucun symptôme appréciable.

Plus tard MM. Charcot et Vulpian appliquant le résultat de ces expériences à l'ataxie progressive, reconnaissent que les faisceaux posterieurs ont sur le mécanisme de la marche et de la station une influence indépendante des fibres des racines postérieures qu'ils contiennent, et consistant en un affaiblissement plus ou moins considérable de la motilité, l'impossibilité de la station et de la locomotion.

Leyden dans le but de vérifier l'opinion précédente a repété de concert avec Rosenthal, les expériences de Philippeaux et Vulpian en s'entourant de toutes les précautions indiquées par ces auteurs, et le résultat a été complètement négatif.

La section des racines postérieures entraîne aussi l'incoordination locomotrice. Nous rappellerons dans le paragraphe suivant les expériences de M. Cl. Bernard qui ont si bien fait ressortir l'influence de l'anesthésie cutanée et musculaire sur la régularité des mouvements.

§ 3. *Ce qu'il faut penser de la faculté coordinatrice des faisceaux postérieurs.*

La structure de la moëlle est si complexe, les parties qui la constituent sont si intimément intriquées les unes dans les autres, qu'on peut se demander en présence de ces résultats en apparence contradictoires des expériences physiologiques, si la propriété que possèdent les faisceaux postérieurs de coordonner les mouvements volontaires est propre à eux ou si c'est une propriété d'emprunt. La maladie nous fournit souvent les moyens de contrôler les promesses de la physiologie, et ce contrôle est d'autant plus rigoureux qu'on a à faire à une maladie, comme l'ataxie progressive où le processus marchant avec une lenteur extrême dissèque les parties malades et expérimente, si je puis dire, sur l'homme vivant.

Déjà nous avons vu dans un chapitre précédent comment les symptômes varient suivant que la dégénérescence occupait tel ou tel point de la moëlle, se propageait aux faisceaux latéraux ou antérieurs ; pour les faisceaux postérieurs la même étude analytique va nous servir, et nous allons chercher à reconnaître quelles sont les manifestations qui suivent la désorganisation des faisceaux postérieurs soit isolée soit combinée avec celle des racines postérieures et de la substance grise.

Première catégorie d'observations dans lesquelles l'altération est bornée aux faisceaux postérieurs de la moëlle.

Les faits de cette catégorie sont rares ; en voici quelques exemples :

OBSERVATION CXIV.

Une femme Cherpin, âgée de 52 ans, éprouvait depuis un an, dans les pieds et les jambes, un engourdissement qui se dissipait en général par le mouvement, mais qui donnait à sa démarche quelque chose d'analogue à celle d'un homme ivre. Par suite de cet engourdissement progressif, elle était exposée à des chûtes fréquentes.

En l'examinant, on trouve une paralysie du sentiment dans la moitié inférieure du corps; douleurs continuelles sourdes, avec exacerbati n, rapportées principalement aux articulations du pied, des genoux et de la cuisse; souvent crampes et sautillements analogues à une secousse électrique. Les secousses sont douloureuses, plusieurs arrachent un cri. Au lit, les membres inférieurs exécutent à peu près tous les mouvements de flexion et d'extension; debout, la malade indique plutôt qu'elle n'exécute les mouvements de progression. Aux *membres supérieurs*, engourdissement, fourmillements dans les doigts; la malade peut travailler à l'aiguille, elle dit la sentir; cependant, si on lui ferme les yeux, il lui arrive souvent de la perdre sans s'en apercevoir. Intégrité à peu près parfaite du mouvement; la sensibilité tactile du tronc est engourdie. Les urines et les selles sont involontaires.

Autopsie. Cerveau parfaitement sain. L'altération de la moelle est exactement limitée aux cordons postérieurs et consiste dans leur transformation en une substance gris jaunâtre, demi-transparente. Cette dégénérescence occupe toute la largeur des cordons aux régions lombaire et dorsale; elle se rétrécit et devient en quelque sorte linéaire à la région cervicale.

Les autres faisceaux de la moëlle antérieurs et latéraux étaient parfaitement sains; la substance grise parfaitement saine. (Cruveilhier, *Anatomie pathologique*, 32e livr , p. 23.)

OBSERVATION CXV.

William J..., âgé de 28 ans, sentit ses extrémités inférieures s'affaiblir progressivement. Entré à l'hôpital, il ne pouvait se tenir debout sans soutien; quand il était couché, il pouvait étendre et fléchir les jambes assez librement, mais ses mouvements étaient brusques et manquaient de précision; la faculté de coordonner les mouvements semblait abolie. Les mouvements des doigts étaient également mal dirigés, le malade ne pouvait manier que fort maladroitement de petits objets; en même temps l'*irritabilité électro-musculaire était excessive.* — Engourdissements et démangeaisons aux pieds et aux mains. La sensibilité n'était pas altérée ailleurs; les sphincters n'étaient pas paralysés. Les deux pupilles étaient largement dilatées. La vue était troublée, quelquefois complètement abolie.

Autopsie. Le cœcum était gangrené et s'était rompu dans le péritoine. En faisant des coupes fines sur la moëlle épinière, après l'avoir faite durcir, on vit que les cordons postérieurs étaient atrophiés dans toute leur longueur. Entre leurs éléments étaient disséminées en grand nombre des cellules d'exsudation en voie de dégénérescence graisseuse (corp granuleux). Les racines postérieures et les cordons latéraux n'étaient pas altérés. L'affection s'arrêtait au dessous de la moëlle allongée.

Gull —Guy's hospital reports 1858, 3e série T. IV. p. 169, *et Archives générales* 1859. T. XIII, 5e série p. 483.

Ces deux observations que tout le monde considère aujourd'hui comme appartenant à la maladie désignée sous le nom d'ataxie locomotrice progressive, font naître plusieurs considérations. Il en résulte que l'altération fondamentale de cette maladie c'est l'atrophie des faisceaux postérieurs ; elle peut exister en dehors de toute lésion des racines postérieures, de la substance grise, elle est donc et primitive et constante, puisqu'elle existe indépendante, et qu'elle n'a jamais manqué dans toutes les observations qui ont paru jusqu'à ce jour.

A moins de récuser les faits de notre première catégorie, comme anciens, ou comme n'ayant pas été sanctionnés par le microscope, il faut accepter ces conclusions et les conséquences qui en découlent.

Les faisceaux postérieurs servent à la coordination des mouvements. Cette opinion, soutenue par Todd et par Muller, devient de toute évidence ici.

La doctrine de Flourens et de Bouillaud (1) qui placent dans le cervelet ce pouvoir coordinateur semble en contradiction avec ces faits. Mais je dois le dire dès l'abord, cette théorie est trop bien confirmée par la pathologie et par l'expérience, pour ne pas résister à ces résultats. Et voici comment je crois pouvoir concilier les deux opinions.

Le cervelet forme un système complexe qui a des ramifications périphériques dont M. Luys a récemment décrit une portion importante, qui parcourt le bulbe, s'étend aux faisceaux antérieurs, et de là remonte jusqu'aux corps striés (2). Les faisceaux postérieurs qui se perdent dans le cervelet constituent une portion non moins importante de ce système cérébelleux périphérique. Que ce soit l'organe central collecteur qui soit atteint dans son intégrité ou un de ces rouages excentriques, l'harmonie finale est troublée. Voilà pourquoi l'altération des faisceaux postérieurs, en entravant le transfert des sensations qui cheminent au cervelet, ou qui se combinent dans leur intérieur, amène l'incoordination. Mais le cervelet, de son côté, domine les mouvements d'ensemble de la marche et de la locomotion. C'est le rôle que lui ont assigné MM. Flourens et Bouillaud et qui a été confirmé par la pathologie.

1 Voir plus haut p 297.

2 Luys. — *Etude sur l'anatomie, la physiologie et la pathologie du cervelet.* — *Archives générales*, octobre 1864.

« Les lésions isolées du cervelet. d'après cet auteur *(loc. cit.,* p. 393), sont caractérisées par un état de *faiblesse générale* et de *dépression* des facultés locomotrices.

Les mouvements de locomotion, après des destructions partielles et successives du cervelet, deviennent désordonnés, mal *équilibrés*, par suite de l'inégale distribution de l'innervation cérébelleuse dans chaque moitié du corps.

...La *faiblesse*, l'*hésitation* et l'*asthénie* dans les actes locomoteurs, sont les phénomènes les plus saillants qui apparaissent, lorsqu'on vient à tarir les foyers d'innervation à l'aide dequels ils se manifestent. »

Nous avons cherché ailleurs à établir les différences qui séparent l'ataxie locomotrice cérébelleuse et l'ataxie locomotrice médullaire. p. 268 et suiv.

M. Duchenne a éclairé ce point de pathologie dans un remarquable article. *(Gazette hebdommadaire*, 1864, numéros 29 et 31.*)*

Nous noterons pour mieux faire ressortir l'explication présentée par M. Luys que sur 76 obs. M. Leven et Ollivier n'ont pas noté une seule fois l'incoordination, mais très-souvent l'affaiblissement musculaire ou la paralysie.

Ollivier et Leven — *Archives générales*, 1863. — *Recherches sur la phys. et la dath. du cervelet.*

Les faisceaux postérieurs au contraire coordonnent les mouvements de détail, ces mouvements complexes d'association, d'antagonisme, dont M. Duchenne (de Boulogne) a si bien fait ressortir l'importance dans la maladie qui nous occupe. Ils sont disposés à cet effet comme une chaîne où viennent se réunir les diverses impressions apportées par les racines sensitives et où ces sensations se rapprochent, se combinent pour produire les mouvements inconscients.

La première conclusion à tirer de ces faits est celle-ci : Les faisceaux postérieurs servent à la coordination des mouvements complexes. — Ils forment un système complémentaire du cervelet qui coordonne les mouvements d'ensemble.

Cette propriété coordinatrice est-elle inhérente aux faisceaux postérieurs ? M. Longet soutenait dès 1841, contrairement à l'opinion et aux résistances de Magendie, que ces faisceaux présidaient à la sensibilité, et que l'anesthésie qui suivait leur destruction était la cause du trouble apporté dans les mouvements. « Comment voudrait-on, dit M. Longet (1), qu'un homme ou qu'un animal qui a perdu la sensation des mouvements exécutés par ses membres, qui ne peut plus juger de leur attitude, de leur rapports avec les objets extérieurs, qui ne sait même pas, pour ainsi dire, s'ils existent, qui enfin ne sent plus avec ces membres le sol sur lequel il pose, puisse marcher régulièrement, conserver son équilibre et faire agir ceux-ci avec leur énergie, leur promptitude et leur harmonie première ? Dans ce cas *la volonté* ne peut avoir qu'une action très-incomplète sur les muscles : dès-lors on ne doit plus s'étonner du trouble considérable qu'occasionne dans les fonctions locomotrices, une lésion profonde des faisceaux postérieurs, qui néanmoins président exclusivement à la sensibilité. » M. Longet évidemment ne faisait allusion dans ces lignes qu'à la *sensibilité consciente*, et plusieurs exemples témoignent aujourd'hui

1 *Recherches pathologiques et expérimentales sur les fonctions des faisceaux de la moëlle épinière, etc.*, par Longet. — *In Archives générales*, 1841, p. 129, 2e

que cette variété de sensibilité peut persister dans l'ataxie progressive, alors que le désordre locomoteur est trés-prononcé.

Les observations qui précèdent se résument ainsi :
1° Destruction des faisceaux postérieurs ;
2° Altération de la sensibilité ;
3° Incoordination des mouvements.

Il paraissait très-naturel de conclure que l'incoordination des mouvements était la conséquence du défaut de perception des impressions sensitives, le tout reconnaissant pour cause la destruction des faisceaux postérieurs.

Mais cette doctrine un instant victorieuse reçut un coup profond le jour où Brown-Séquard démontra par des expériences concluantes, et adoptées aujourd'hui comme vraies, que la sensibilité loin de s'éteindre, après la section des faisceaux postérieurs, augmentait au contraire dans les parties situées au-dessous de la section. La pathologie vint bientôt confirmer ces belles expériences, en montrant que la sensibilité persiste dans certains cas de destruction complète des faisceaux postérieurs.— Voici quelques observations qui le démontrent.

OBSERVATION CXVI.

Une jeune fille amaurotique, *paraplégique du mouvement seulement*, mourut de je ne sais quelle maladie. A l'ouverture, atrophie des nerfs optiques avant et après le chiasma; coloration grise de la partie du corps genouillé externe à laquelle ils font suite. La moëlle épinière présentait à sa face postérieure et dans toute sa longueur une grande colonne gris rosée, formée par les cordons médians postérieurs. Cette colonne était traversée par des filaments blancs, faisant suite aux filets des racines postérieures. Tout le reste de l'organe était parfaitement sain. Il en est de même du cerveau, du cervelet et de l'isthme de l'encéphale.

(*Cruveilhier, ouvr. cité* 32me *liv. p.* 61.)

OBSERVATION CXVII.

J. C., âgé de 44 ans, entra à l'hôpital St-Bartholomée pour une paraplégie. Cette maladie qui ne reconnaissait aucune cause traumatique, datait déjà de trois ans. La faiblesse des mouvements, modérée au début et pendant un certain temps, avait augmenté dans la suite d'une manière progressive. Le malade pouvait à peine, étant assis, soulever ses jambes de terre. Plus tard la faiblesse des mouvements envahit les deux cuisses dans toute leur étendue. On ne put reconnaitre aucune diminution de la sensibilité dans ces régions, ni en grattant, ni en pinçant, ni en piquant la peau.

Les extrémités supérieures ne présentaient aucune altération de la sensibilité et des mouvements.

La santé générale était faible. Les derniers symptômes furent un épuisement successivement croissant de la force des reins, l'impuissance, l'incontinence et la rétention alternatives de l'urine et des matières fécales. Trois mois après son admission à l'hôpital, le malade mourut.

Autopsie. La moëlle épinière parut être le siége aussi de la maladie; elle était profondément altérée dans sa moitié postérieure. On trouva dans les enveloppes une once environ de sérosité limpide, les membranes d'ailleurs étaient saines. La moëlle épinière présentait dans toute l'étendue des faisceaux postérieurs un changement de couleur et de consistance. elle était d'un brun sombre, manifestement ramollie et tenace. La moitié antérieure de la moëlle avait à la fois sa couleur blanche et sa consistance normales. Sur des coupes longitudinales, on reconnut entre la substance nerveuse malade et la substance saine, des lignes grises très-accentuées, s'étendan d'une manière non interrompue du pont de Varole à la partie inférieure de la moëlle. Les racines nerveuses étaient sans changement.

Le cerveau était sain.

Stanley. Médico-chirurgical transactions 1840 — T. 23 p. 81.

OBSERVATION CXVIII.

Un homme âgé de 36 ans devint incapable de marcher sans aide, après des accidents variés et des attaques d'épilepsie. Il éprouvait dans les jambes des élancements accompagnés de fortes douleurs. Il avait une paralysie motrice des extrémités et des muscles de la respiration. Il survint plus tard une paralysie de la vessie et de l'intestin. La sensibilité n'était pas diminuée. Il mourut d'épuisement.

L'autopsie montra un ramollissement de la portion cervicale de la moëlle principalement des faisceaux postérieurs. Le docteur Todd, qui en fit l'examen microscopique, trouva les faisceaux antérieurs complètement sains, les postérieurs en grande partie détruits. Les tubes nerveux étaient dans ceux-ci rares, troubles, et d'un aspect fibrillaire. Il y avait au milieu d'eux un grand nombre de corpuscules petits, imbriqués. Le cerveau ne présentait aucune altération notable.

John Webster. — *Médico-chirurgical transactions*, 2e série, vol. 8 London, 1843, p. 1. — *et Friedreich. Archives de Virchow* 1863. *Loc. cit.*

Ces faits prouvent jusqu'à l'évidence que la sensibilité peut persister, quand les faisceaux postérieurs de la moëlle ont été détruits, et comme corollaire que ce n'est pas alors le défaut de perception des impressions sensitives qui amène l'incoordination locomotrice.

Nous voilà ainsi conduit à admettre que les faisceaux postérieurs ont en eux-mêmes la propriété de coordonner les mouvements. Nous verrons plus tard si leur structure nous rend compte de cette propriété.

Mais nous devons nous demander pourquoi dans certaines des observations qui précèdent la sensibilité persiste (obs. CXIV , CXV), et dans d'autres non (obs. CXVI, CXVII , CXVIII). En examinant attentivement ces dernières et principalement les cas de Cruveilhier et de Stanley, nous voyons que dans les unes les filets qui font suite aux racines postérieures étaient conservés, dans les autres les parties malades étaient traversées par des filaments blancs qui pourraient bien être considérés aussi comme une émanation de ces racines. La conservation de ces organes qui président évidemment à la sensibilité explique naturellement la persistance de cette propriété nerveuse.

Deuxième catégorie d'observations dans lesquelles les faisceaux postérieurs et les racines postérieures sont altérés.

Les faits de ce genre sont nombreux, si nombreux que pendant longtemps j'ai cru que la dégénérescence simultanée des faisceaux postérieurs et des racines postérieures était la lésion fondamentale de l'ataxie locomotrice progressive. Me basant sur les expériences de Waller, je m'étais même demandé si l'altération des racines n'était pas primitive , et ne reconnaissait pas pour cause une destruction pathologique des ganglions intervertébraux. Depuis j'ai dû renoncer à cette opinion qui n'était d'ailleurs avancée que sous forme hypothétique, les faits m'ayant appris que les ganglions sont très-rarement altérés dans l'ataxie locomotrice progressive.

Pour appuyer les considérations physiologiques auxquelles donnent lieu les faits de cette deuxième catégorie , je ne produirais ici que deux observations , les conclusions qui en découlent étant généralement adoptées.

OBSERVATION CXIX.

Une nommée Meurice était paralysée depuis deux ans. Au début elle avait été prise dans les membres inférieurs d'engourdissements sans douleur; le membre gauche avait été atteint avant le droit. Plus tard l'engourdissement, la semi-paralysie, s'étendirent aux membres supérieurs. La malade resta dans nos salles, la dernière année de sa vie, dans un état complétement stationnaire. Voici quel était cet état : sensibilité obtuse qui ne se manifeste que quelque temps après l'action de la cause. C'est le défaut de sensibilité et nullement le défaut de myotilité qui empêche la malade de se servir de l'aiguille pour travailler, car elle ne la sent pas entre les doigts et il faut qu'elle ait les yeux constamment fixés sur cette aiguille pour pouvoir l'y maintenir. La myotilité est affaiblie; tous les mouvements sont exécutés; mais ils sont faibles et ne peuvent remplir les fonctions auxquelles ils sont destinés. Les membres inférieurs, mobiles au lit, refusent complétement leur service pour la station verticale. Les urines et les selles sont involontaires.

Autopsie. Moëlle petite; adhérence de l'arachnoïde viscérale à l'arachnoïde pariétale; en arrière, pseudo-membrane blanche sous-arachnoïdienne engaînant la moëlle; dégénérescence grise des cordons postérieurs de l'organe; atrophie des racines postérieures des nerfs spinaux.

Cruveilhier, *ouvr. cit.* 32e liv., p. 21.

OBSERVATION CXX.

Melheim, tailleur, 48 ans, entre à Bicêtre le 2 avril 1827. Malgré des excès de tout genre, il jouit d'une bonne santé jusqu'à l'âge de 35 ans. Alors il se manifesta dans les membres inférieurs des douleurs vagues, bientôt suivies d'attaques convulsives parcourant avec rapidité les deux membres. En même temps il survint une paralysie incomplète du mouvement. Melheim marchait encore, sa démarche était incertaine, il ne pouvait diriger ses jambes qui se heurtaient l'une contre l'autre, et le faisaient trébucher. Quelque temps après elles ne purent plus supporter le poids du corps, quoiqu'elles fussent encore susceptibles de mouvements volontaires lorsque le malade était assis ou couché. La sensibilite de la peau était notablement diminuée. Le tronc et les membres thoraciques furent plus tard affectés d'une manière toute semblable. Il survint quelques symptômes de paralysie du côté de la vessie et du rectum Dès le début de la maladie la vue de l'œil gauche s'affaiblit. A 46 ans l'œil droit commença à se prendre, et deux ans après la cécité était complète. Il succomba le 29 juillet à la suite d'une cystite, à laquelle se joignit une pleuro-pneumonie.

Autopsie. Arachnoïde cérébrale épaisse légèrement opaque sur la convexité des deux hémisphères, pie-mère injectée. Cerveau ferme, fortement piqueté.

L'arachnoïde spinale était un peu épaissie et avait dans quelques points perdu sa transparence. La moëlle aplatie d'avant en arrière, était notablement plus large que dans l'état normal. A la face postérieure règnait dans toute l'étendue de l'organe, une bande d'un gris foncé, qui occupait *la place du sillon médian* ; terminée inférieurement en pointe, elle s'arrêtait supérieurement au dessous du calamus script. Deux petites bandelettes fort étroites bordaient supérieurement le ruban gris. La consistance de la moëlle était celle du cerveau durci dans le sublimé. Voici qu'elle était sa disposition intérieure. Dans sa moitié antérieure la substance blanche n'offrait rien de particulier; en arrière la substance grise formait une masse qui remplissait la gouttière produite par l'écartement des faisceaux de la substance blanche. Les racines antérieures étaient normales; les racines postérieures de la queue de cheval étaient petites, grisâtres, et comme atrophiées.

Ollivier d'Angers. (T. 2., p. 454. *Loc. cit.*)

Un des résultats les plus positifs de la physiologie c'est que la destruction des racines rachidiennes postérieures entraîne la perte de la sensibilité. Rien n'a été ajouté depuis 1811 à cette découverte de Ch. Bell, mais rien non plus n'est venu l'infirmer. Pendant longtemps, tout en constatant ce fait, on ne s'était pas demandé quelle influence la destruction de ces racines pouvait avoir sur l'harmonie des mouvements. C'est à M. Claude Bernard que revient l'honneur d'avoir démontré le premier qu'elle entraîne l'incoordination locomotrice. « Sur un animal, dit cet auteur (1), on a coupé les racines postérieures des quatre membres; dans l'eau l'animal reste immobile et ne se meut pas spontanément. Quand on l'excite en piquant la tête qui est sensible, l'animal fait des mouvements désordonnés de ses quatre membres, mais ces mouvements ne sont pas en harmonie les uns avec les autres, pour déterminer un mouvement commun, celui de natation par exemple. »

Cette désharmonie tient à l'insensibilité des muscles; l'insensibilité cutanée n'entraîne pas ce désordre, car si l'on coupe les rameaux nerveux qui se distribuent à la peau, l'animal marche encore fort bien.

Le résultat de ces expériences est tellement clair, tel-

1 *Leçons sur la physiologie et la pathologie du système nerveux*, t. 1, p. 251.

lement constant, qu'il n'a été contesté par personne. Ainsi lorsque les racines postérieures sont détruites dans l'ataxie locomotrice, on est en droit d'admettre, comme pour les deux observations qui précèdent que c'est l'anesthésie, qui produit la désharmonie des mouvements. Comment expliquer alors le fait suivant dans lequel il y a eu atrophie des racines postérieures, ataxie locomotrice, et conservation de la sensibilité ?

OBSERVATION CXXI.

Un homme âgé de 35 ans mourut, le 19 janvier 1862, à l'hôpital Lariboisière, salle Saint-Charles, n° 34, dans le service de M. Oulmont. Sa maladie, dont la cause est restée inconnue, à moins qu'on ne la considère comme syphilitique, a duré deux ans et demi; elle a débuté par des douleurs revenant par intervalles dans les membres inférieurs, réveillant quelquefois le malade au milieu de son sommeil; il s'y joignait des crampes et des fourmillements. Bientôt il survint, du côté des membres inférieurs, des troubles du mouvement, qu'on expliqua d'abord par de la faiblesse, et qu'on reconnut ensuite pour être ceux de l'ataxie; car il y avait conservation de la force musculaire. Ces désordres augmentaient considérablement dans l'obscurité. Plus tard, des fourmillements et une certaine difficulté dans les actes locomoteurs se montrèrent vers les membres supérieurs; le malade remarqua qu'il avait de la peine à s'habiller. Les facultés génitales s'affaiblirent, mais jamais on ne constata d'anesthésie cutanée ou musculaire, jamais de troubles du côté de la vision. Cet homme, dont l'état s'était notablement amélioré pendant les six derniers mois, sous l'influence des bains sulfureux, mourut après avoir présenté, pendant environ trente-six heures, des symptômes de méningite, ou au moins de congestion méningo-encéphalique.

A l'*autopsie*, on constata du côté des *faisceaux postérieurs* de la moëlle, à la région lombaire, une sorte d'affaissement et une coloration grisâtre, çà et là nuancée de teinte jaune ambrée. La dégénérescence est exactement limitée à l'espace qui sépare les cornes grises. La plupart des *tubes nerveux* sont détruits, et bon nombre de ceux qui restent sont pâles, jaunâtres et granuleux sur leurs bords. Les *racines postérieures*, au niveau de la queue de cheval, sont grisâtres, affaissées sur elles-mêmes; elles sont très-vascularisées; presque tous les *tubes nerveux* qui les constituent sont atrophiés et granuleux. La *substance gélatineuse* qui correspond aux points d'implantation des racines postérieures est considérablement hypérémiée; on n'y constate pas l'existence des petites cellules qui y sont ordinairement si abondantes. Une quantité prodigieuse de corpuscules amyloïdes se remarque entre les tubes des faisceaux postérieurs et dans la substance gélatineuse des cornes correspondantes au niveau des points dégénérés. La substance grise du quatrième ventricule et celle des tubercules quadrijumeaux est parcourue par de nombreuses ramifications vasculaires. Les faisceaux antérieurs et latéraux n'ont pas offert d'altérations notables.

Encéphale. La pie-mère est injectée à la convexité des hémisphères, et les méninges ont une teinte légèrement opaline à la face inférieure du cervelet, toutes les parties de l'encéphale sont parfaitement saines si ce n'est un peu de sablé.

Oulmont (Union médicale 1861, n° 41.)

La première interprétation qui se présente à l'esprit est celle-ci : il existait dans les racines malades quelques tubes nerveux sains qui ont permis à la sensibilité de se transmettre, même à travers les faisceaux profondément altérés. Il résulte en effet du texte même de l'observation que tout ces éléments n'étaient pas atrophiés. C'est par le même mécanisme qu'on peut expliquer la persistance de la sensibilitè dans l'observation CXVI où les *faisceaux postérieurs étaient traversés par des filaments blancs*, *faisant suite aux filets des racines postérieures* ; et dans l'observation CXVII où les mêmes faisceaux étaient aussi parcourus par des lignes blanches.

Cette interprétation est rejetée par M. Duchenne (de Boulogne). Suivant cet auteur la conservation de quelques tubes nerveux sains n'est pas suffisante pour expliquer la persistance de la sensibilité. (1) Il est tenté d'admettre qu'il s'établit une circulation nerveuse collatérale, et que les racines et les faisceaux antérieurs peuvent suppléer les faisceaux et les racines postérieurs détruits, et réciproquement, car il a vu la motricité persister dans un cas où les racines antérieures étaient atrophiées.

Ces idées spéculatives que M. Duchenne avait déjà formulées en 1853 semblent confirmées par les expériences pratiquées par MM. Charcot et Vulpian en 1863. Arrachant l'hypoglosse à sa racine, ces habiles physiologistes ont vu au bout d'un certain temps les fonctions de ce nerf reparaître. Bien plus l'excitation du nerf lingual du côté mutilé produisait des mouvements dans la langue, et ils

1 Duchenne (de Boulogne). — *Gazette hebdomadaire*, 11 septembre 1863.

ont conclu que ce nerf sensitif de sa nature, avait acquis des propriétés motrices qu'il n'avait point auparavant.

M. Cl. Bernard a pratiqué l'arrachement des racines postérieures. La sensibilité reparut progressivement et se conserva ensuite intacte.

Quoiqu'il en soit de ces explications il ne faut pas perdre de vue que la sensibilité est une propriété qu'il est très-difficile d'examiner. On ne doit pas se prononcer sur son intégrité avant d'avoir interrogé successivement la sensibilité cutanée, tactile, musculaire, électrique, réflexe, etc. Il est encore plus difficile de mesurer la sensibilité faute d'instrument suffisant, ensuite parce que les personnes sont plus ou moins sensibles, et qu'il faudrait pouvoir tenir compte de ces différences d'impressionnabilité. Toutes ces raisons font comprendre comment la sensibilité peut être modifiée déjà quand on croira, si on s'en tient aux affirmations des malades, et, si on ne s'entoure pas de toutes les précautions nécessaires, qu'elle est intacte.

Troisième catégorie de faits dans lesquels la substance grise est altérée.

Nous avons vu plus haut que dans un très-grand nombre de cas la substance grise de la moëlle était envahie par la dégénérescence, dans une étendue et dans une proportion variables. Cette propogation est toute naturelle; il serait tout aussi impossible de prétendre que le processus morbide doit le respecter que de vouloir qu'elle respecte les faisceaux latéraux, par exemple; car la maladie est essentiellement envahissante par sa nature.

La substance grise comme l'ont démontré Van Deen, Kurschner, Stilling, Brown-Séquard, Philippeaux et Vulpian, joue un grand rôle dans la transmission de la sensibilité. M. Cl. Bernard a démontré ce fait par l'expérience suivante : coupant circulairement tous les faisceaux blancs de la moëlle, de manière à ne laisser intacte que la substance grise, l'habile expérimentateur du Collége de France a vu la sensibilité se transmettre dans les parties situées au-dessus de la section. Comme corrollaire de ces résultats M. Brown-Séquard introduit un stylet dans la substance grise, et la sensibilité est abolie. Aussi d'après l'auteur que nous venons de citer la destruction de la substance grise dans les maladies de la moëlle est suivie d'anesthésie. Dans le cas de Hutin (obs. LXV.) où cette substance était complètement altérée jusqu'à la commissure centrale, la sensibilité était partout abolie excepté à la face. Dans le cas de M. Bourdon, cette subtance présentait des modifications assez notables, cependant la sensibilité n'était nullement modifiée. Il semble résulter de là qu'il faut une altération complète de la substance grise pour amener l'anesthésie.

Mais jusqu'à présent nons n'avons parlé que de la sensibilité consciente. Quant à la sensibilité réflexe, il est évident qu'elle sera abolie dès que les cellules de la substance grise seront compromises dans les points correspondants.

Il résulte de ces faits :

1° Que dans l'altération des faisceaux postérieurs dans l'ataxie locomotrice progressive, il faudra toujours s'enquérir si la substance grise ou les racines postérieures sont aussi compromises;

2° Que dans ces cas on ne peut attribuer aux faisceaux postérieurs l'incoordination des mouvements;

3° Que lorsque les faisceaux postérieurs seront atteints isolément, ce qui est très-rare, il faudra encore se demander si la portion des racines postérieures qui les traverse n'a pas été détruit par la dégénérescence;

4° Que la propriété coordinatrice des faiceaux postérieurs est liée aux connexions intimes qu'ils affectent avec les racines postérieures et la substance grise.

DEUXIÈME PARTIE.

Application des données physiologiques qui précèdent à l'ataxie locomotrice progressive.

Nous devons conclure des faits contenus dans cette première partie que le siége de la coordination locomotrice est multiple. Nous pouvons admettre jusqu'à présent :

1° Une *ataxie cérébelleuse.*

2° Une *ataxie cérébrale.* (Non pas que nous pensions qu'il existe dans le cerveau un département chargé de coordonner les mouvements, mais nous croyons que lorsque l'harmonie qui règne entre les nombreuses parties de ces masses cérébrales, et en particulier de celles qui commandent le mouvement du début vient à être rompue, le mouvement qui suivra cet ordre imparfait sera incohérent, désordonné. C'est ce qu'on voit dans certaines affections cérébrales où la pulpe nerveuse aura été désorganisée. C'est ainsi que nous expliquons comment quelques auteurs ont placé le siége de la coordination du mouvement dans les tubercules quadrijumeaux, dans la protubérance annulaire, etc. L'incoordination résulte de la rupture d'harmonie qui existe normalement entre les divers centres nerveux d'où émane la volonté. De même lorsque les centres où s'élabore l'intelligence seront privés des liens harmoniques qui les unissent, il y aura ataxie des facultés intellectuelles, aliénation mentale.)

3° Enfin il existe une *incoordination de la moëlle;* de laquelle seule nous avons à nous occuper ici.

Y a-t-il dans la moëlle un centre spécial de coordination. Les faits nous répondent que ce siége est multiple, que les racines postérieures, les faisceaux postérieurs, la substance grise y concourent. Les faisceaux postérieurs jouent surtout un rôle des plus importants. Car souvent la dégénérescence porte seulement sur eux. Mais on peut se demander si cette propriété n'est pas due:

A l'altération des filets radiculaires qui les pénètrent ;

A ce que la transmission des impressions sensitives au cervelet se trouve troublée;

Ou bien à ce que l'harmonie qui existe entre les divers centres nerveux de la moëlle est rompue ?

Ces trois propositions peuvent être soutenues et contenir chacune une portion de vérité. Il y a loin de là à l'opinion qui considère les faisceaux postérieurs comme un centre de coordination.

Dans tous les cas, par suite de la lésion des faisceaux

postérieurs l'harmonie qui unit les diverses parties de la moëlle est rompue, et cette rupture suffit pour expliquer, dans l'état actuel de la science l'incoordination.

En effet par suite de l'altération des filets radiculaires postérieurs, et souvent de ces racines en totalité, les impressions sensitives conscientes sont arrêtées (perte de la sensibilité cutanée, musculaire, profonde).

Par suite de cette altération et de celle de la substance grise quand elle existe, les mouvements inconscients, réflexes dont nous avons fait ressortir l'importance sont troublés. La moëlle peut être à la fois modifiée comme conducteur et comme centre, ce qui est fréquent dans la maladie.

Nous allons examiner en détail les désordres qui résultent des troubles de ces deux variétés de sensibilité. Nous ferons observer que cette distinction est essentiellement importante dans la question qui nous occupe. On conçoit que dans certaines circonstances la sensibilité musculaire consciente persiste, tandis que la sensibilité musculaire inconsciente sera abolie. Le témoignage du cerveau ne suffit pas par conséquent pour fixer l'état de la sensibilité; il faut le contrôler en interrogeant les mouvements réflexes.

De la sensibilité consciente dans l'ataxie.

Sensibilité cutanée. Quels que soient les troubles de la sensibité cutanée, anesthésie, hypéresthésie, perversions de la sensibilité, ils n'entraînent jamais après eux les symptômes caractéristiques de l'ataxie progressive. Il est fréquent de rencontrer les altérations des diverses sensibilités cutanées (contact, température, douleur,) chez les hystériques, et ce n'est pas l'ataxie progressive. Il est incontestable cependant que les troubles de la sensibilité cutanée nuisent à l'intégrité parfaite des mouvements, et entraînent une certaine incoordination dont nous avons fixé plus haut les caractères et les signes différentiels.

Les mêmes remarques s'appliquent à la *sensibilité musculaire*, et quoique certains auteurs aient considéré l'anesthésie des muscles comme synonyme d'ataxie progressive, nous avons eu à établir plus haut les différences de ces deux états morbides.

Aussi M. Axenfeld a-t-il fait intervenir la *sensibilité profonde*. Il est vrai que ses altérations peuvent rendre compte de certains symptômes et de quelques cas où la sensibilité paraissait intacte. Mais nous avons vu aussi qu'elle ne suffisait pas à expliquer tous les désordres des mouvements de l'ataxie progressive. (Revoir page 107).

Nous ferons une seule remarque c'est que ces parties profondes n'ont qu'une sensibilité vague, le plus souvent inconsciente.

Un mot avant d'aller plus loin sur la théorie de M. Isnard (de Gémenos).

Suivant cet auteur, l'incoordination des mouvements est le résultat des perturbations de la sensibilité musculaire. L'ataxie des mouvements provient de l'ataxie des sensations.

La coordination dépend de deux actions synergiques : l'une qui harmonise entr'elles les contractions de chaque muscle, la seconde qui régit le mouvement qui résulte de ces contractions et en proportionne l'intensité aux obstacles à vaincre.

Ces deux actions sont sous la dépendance de la sensibilité.

L'ataxie des sensations partielles entraîne le désordre des contractions, le défaut des contractions locales.

La paralysie complète ou incomplète de la sensation collective entraîne la perte ou l'affaiblissement de la conscience musculaire, c'est-à-dire de la facilité d'apprécier ou de distribuer méthodiquement les mouvements ; d'où défaut de coordination générale.

De la sensibilité inconsciente. Mouvements réflexes.

Nous avons fait ressortir plus haut le rôle important que jouent les mouvements réflexes dans la coordination des mouvements, en présidant à l'association et à l'antagonisme instinctif des groupes musculaires.

Nous n'y reviendrons pas.

Pour que ces mouvements s'accomplissent avec régularité , il faut l'intégrité des trois agents qui y concourent: fibre sensitive , substance grise , fibre motrice. Il doit y avoir : 1° sensation ; 2° transformation de cette sensation en excitation motrice ; 3° mouvement.

Or je soutiens qu'avec les lésions qu'on observe dans la maladie actuelle , ces mouvements sont troublés inévitablement , constamment et plus ou moins profondément.

Le fait n'est pas douteux avec une altération complète des racines postérieures , ou des cornes grises adjacentes; nous avons vu que ces deux parties n'étaient atrophiées que dans la moitié des cas environ. Mais les faisceaux postérieurs sont constamment désorganisés. Je ne saurais admettre qu'avec une désorganisation aussi profonde de ces parties , les impressions sensitives puissent suivre leur marche régulière, car la partie de ces fibres radiculaires qui traverse les faisceaux malades est fatalement compromise. Je ne connais qu'une observation où l'on ait cru pouvoir reconnaître les faisceaux radiculaires.

Nous devons admettre par conséquent dans l'ataxie plusieurs degrés : avec une atrophie complète des racines, des faisceaux et de la substance grise, il y aura perte complète des mouvements réflexes ; avec une atrophie incomplète de ces parties, il y aura perte incomplète, ou perversion de ces mouvements.

N'oublions pas que ces parties nerveuses servent aussi à la transmission des impressions sensitives conscientes. Or arrivées à la moëlle par les mêmes conducteurs , la sensibilité consciente et la sensibilité inconsciente suivent-elles le même chemin ? L'analogie nous porte à croire que non. — La physiologie nous fait admettre que la première chemine par les faisceaux latéraux et la deuxième par la partie médiane des faisceaux postérieurs (Chauveau). Il peut se faire par conséquent que ces deux sensibilités soient lésées isolément. Ceci nous explique les variations de la sensibilité consciente , et comment elle a pu être trouvée intacte , alors que les faisceaux latéraux ont échappé à l'atrophie , ce qui est fréquent. Il n'en est pas de même de la partie des faisceaux postérieurs qui avoisinent le sillon médian. C'est là où débute la dégénérescence , c'est là où elle existe toujours. C'est pour cela que les mouvements réflexes doivent être compromis.

Souvent ces deux sensibilités sont altérées simultanément, ce qui s'explique par le voisinage du siége qu'elles occupent.

Si la théorie que nous soutenons est vraie, comment dira-t-on se fait-il que les mouvements réflexes soient exagérés dans certains cas : nous répondrons que cette hypéresthésie de la sensibilité inconsciente constitue un état morbide aussi, qui doit nécessairement nuire à l'harmonie des mouvements, que cette hypéresthésie est conforme aux expériences de Brown-Séquard, généralement admises aujourd'hui et qu'elle se comprend très-bien à certains moments de la maladie.

Cette théorie conforme aux idées physiologiques et reposant sur les lésions anatomiques, explique tous les faits en apparence contradictoires, qui ne trouvaient pas une solution plausible dans les hypothèses précédentes. Elle nous explique comment en l'absence d'altération de la sensibilité perçue, il existe des troubles de la sensibilité inconsciente qui entravent les mouvements.

CONCLUSIONS.

Les altérations de la sensibilité consciente, qu'elle soit cutanée, musculaire ou profonde ne rendent pas compte de l'incoordination des mouvements dans l'ataxie locomotrice progressive.

On observe les altérations soit isolées, soient combinées, de cette espèce de sensibilité dans les névroses, l'hystérie en particulier, Les symptômes quelles entraînent différent dans tous les cas de ceux de l'ataxie par plusieurs points radicaux et surtout par celui-ci : que l'intervention de la vue régularise les mouvements.

L'incoordination des mouvements volontaires dans l'ataxie locomotrice progressive tient à ce que les mouvements réflexes qui président à l'association et à l'antagonisme des groupes musculaires sont troublés. Elle tient en un mot aux altérations de la sensibilité inconsciente.

Celle-ci peut être abolie ou diminuée, augmentée ou pervertie.

La physiologie expérimentale, comme l'anatomie

démontrent que ces mouvements réflexes doivent être nécessairement troublés dans une maladie où les lésions portent sur les racines, sur les faisceaux postérieurs et les cornes grises postérieures; c'est-à-dire sur le trajet de la sensibilité indispensable pour les produire.

Il suffit que le trajet sensitif soit interrompu dans une de ces trois parties, pour que les mouvements réflexes soient interrompus à leur tour.

Les faisceaux postérieurs, quoique ne servant pas directement à la transmission de ces impressions sensitives inconscientes y jouent un rôle cependant, principalement les parties qui avoisinent le sillon médian postérieur (Chauveau). Ces parties sont précisément celles qui sont les premières et toujours le plus fortement attaquées dans l'ataxie progressive.

Cette dernière sensibilité peut être altérée isolément puisqu'elle a un siége distinct de la sensibilité musculaire consciente (faisceaux latéraux). Mais le voisinage de ces siéges nous explique comment ces deux espèces de sensibilité sont altérées souvent de concert.

Dans le cas contraire la sensibilité consciente étant conservée, on a été conduit à admettre qu'il n'y a pas d'altération de la sensibilité. On ne peut pas adopter cette manière de voir en présence des lésions anatomiques, sans renverser les données physiologiques les mieux assises.

A côté de cette cause principale d'incoordination il en est d'autres qui existent souvent, mais qui peuvent manquer; ce sont :

Les altérations de la sensibilité cutanée ;

De la sensibilité musculaire ;

De la sensibilité profonde;

Les troubles visuels;

Et enfin un certain degré de paralysie, ou des paralysies locales.

Chapitre XII.

TRAITEMENT.

Le traitement des maladies chroniques de la moëlle épinière est presque toujours calqué sur le même modèle. La strychnine, les exutoires, les révulsifs, l'hydrothérapie, l'électricité, quelquefois l'arsenic, l'iode, la belladone, le seigle ergoté, voilà les principaux moyens dont on se sert, et quand on en a épuisé la liste, on s'aperçoit bien vite qu'on est réduit à l'impuissance. Il faut l'avouer, ce traitement sent un peu la routine, et une sage expérimentation est permise en face de tant d'insuccès. Aussi l'emploi interne du nitrate d'argent fut-il accueilli avec une juste faveur, comme un agent capable d'avoir la plus heureuse influence sur les maladies chroniques de la moëlle épinière. Mais après ce moyen qui est resté au-dessous des espérances qu'il avait fait naître, ne peut-on pas essayer d'autres remèdes, comme le curare, la fièvre de Calabar?

Ce sont ces considérations qui nous ont suggéré l'idée d'employer dans le traitement de l'ataxie progressive les injections sous-cutanées de nitrate d'argent, qui avaient réussi dans certaines paraplégies.

Cependant en l'absence de spécifique faut-il désespérer des moyens thérapeutiques que l'expérience a placés dans nos mains? Ne peut-on pas en les combinant, en les appropriant aux périodes du mal, amener de bons résultats? Les faits de chaque jour prouvent le contraire, et c'est déjà un assez joli rôle pour le médecin, que de soulager les souffrances et de prolonger l'existence. *Melius anceps remedium quam nullum.*

Traitement externe.

Emissions sanguines. Les émissions sanguines seront employées avec avantage au commencement de la maladie, dans la période de congestion. On choisira de préférence les émissions locales, sangsues, ventouses scarifiées, révulseurs appliqués le long de la colonne vertébrale, sur le point que l'on soupçonne être le siége principal de la congestion. On pourra les continuer dans une période avancée de la maladie, à la fin des rémissions, alors que l'aggravation des symptômes coïncide avec une nouvelle poussée fluxionnaire du côté de la moëlle.

Exutoires. Il est rare qu'un malade atteint de maladie de la moëlle échappe aux sétons, aux cautères, aux moxas. Ces moyens sont loin de racheter leur cruauté par leur efficacité. On s'est accordé généralement à les proscrire dans l'ataxie progressive.

Les *révulsifs* peuvent être employés dans certains cas. Ils seront utiles pour combattre ces épanchements passifs qui se produisent souvent dans l'intérieur de l'arachnoïde. On emploira de préférence les vésicatoires volants promenés le long du rachis. Cependant quelques malades, et surtout les femmes sont d'une telle impressionnabilité nerveuse qu'on doit se garder de leur en conseiller l'emploi.

Dans une période plus avancée on pourra appliquer ces topiques loin du siége de la maladie, sur les cuisses, dans les points où la sensibilité persiste de manière à agir sur les extrémités nerveuses.

Electricité. On a essayé les courants continus et les courants intermittents. On devra faradiser également la peau, les muscles, et de préférence les parties profondes.

Remak dit avoir éprouvé de très-bons effets des courants continus. Il emploie un appareil très-énergique dont les réophores sont appliqués aux deux extrémités du corps : le courant traverse, pour ainsi dire, tout l'organisme pour se reconstituer. Il cite quatorze cas de tabes dorsal, dans lequel ce moyen thérapeutique a réussi.

D'un autre côté les courants intermittents ont été employés avec avantage en France par MM. Bourguignon, Teissier, Lecoq. M. Duchenne considère la faradisation comme un des plus sûrs moyens employés. En Allemagne au contraire, outre Remak, Schultz et Eisenmann rejettent ce mode d'administration de l'électricité.

En présence de ces contradictions il est impossible de considérer l'électricité comme un moyen bien actif. Il produit souvent au début une amélioration dans les symptômes, et principalement dans les douleurs, mais son action s'épuise bien vite comme celle de la plus part des agents employés. On devra cependant insister dans son usage pour s'opposer aux fâcheux effets de l'inaction prolongée des muscles, surtout si on a à craindre l'atrophie musculaire.

Gymnastique. Le docteur Eisenmann ayant obtenu de bons effets des exercices gymnastiques dans la chorée a pensé qu'on pourrait avec avantage appliquer ce moyen thérapeutique à l'ataxie progressive. Il rapporte quatre cas dont il doit la relation au docteur Eulemburg, de Berlin, et Ulrich de Vienne, directeurs de deux Etablissements de gymnastique. Le premier a trait à un garçon de quatorze ans, atteint d'ataxie consécutive au typhus ; le deuxième à une femme de 25 ans. La cure eut lieu dans les deux cas au bout de six mois de traitement. Le docteur Eulemburg à qui on doit ces deux faits, échoua dans quatre autres cas. La troisième et la quatrième observations se rapportent, la première à une femme de 60 ans, l'autre à un marchand de 30 ans. Ils furent également guéris par le docteur Ulrich.

Eaux minérales. Ont-elles été plus heureuses dans l'ataxie progressive que dans les autres paraplégies organiques où leur usage est pour ainsi dire une habitude ? En Allemagne les eaux de Wilbad, de Carlsbad, Teplitz, Kissingen, Gaxtein, etc., n'ont guère amené de résultats meilleurs que les eaux de Néris, de Bourbon-l'Archambault, Barrèges, Bourbonne, Lamalou, Balaruc en France. Le docteur Steinthall vante les eaux de Marienbad, et le docteur Roth celles de Wiesbaden. C'est un moyen insuffisant.

Hydrothérapie. Conseillée par M. Duchenne elle a produit quelques bons résultats chez des malades de M. Teissier, Dujardin-Baumetz. M. Trousseau lui attribue une valeur réelle. Sans doute, dit-il, je ne pourrais citer un seul exemple d'ataxie locomotrice guéri à ma connaissance par l'hydrothérapie, mais j'ai vu plusieurs sujets atteints de cette affection qui ont éprouvé à la suite de ce traitement une grande amélioration.

J'ai vu à l'établissement hydrothérapique de Longchène, dirigé par M. le docteur Gillebert d'Hercourt, deux malades qui se trouvaient fort bien de ce traitement.

Les *bains sulfureux* ont paru amener du soulagement dans quelques cas. M. Oulmont a rapporté un fait très-remarquable où la maladie s'est arrêtée pendant six mois sous l'influence de ce traitement. A côté nous placerons les *bains de vapeur* simples ou aromatiques, les *douches froides ou de vapeur*, la *massage*, la *flagellation*, les frictions toniques et stimulantes, les bains thérébentinés employés par MM. Chauveau et Teissier (de Lyon).

Traitement interne.

Belladone. C'est un des meilleurs moyens, d'après M. Trousseau, qu'on puisse employer dans cette maladie; donnée à petites doses (ordinairement un centigramme le soir) elle réussit très-bien à calmer les douleurs.

L'opium, la morphine, la jusquiame peuvent être employés dans le même but. Il en est de même de l'*essence de thérébentine* à l'intérieur, qui agit à merveille contre ce symptôme. Nous mentionnerons aussi le stramonium, le chanvre indien.

Mais la belladone a une autre action qui la rend plus précieuse et qui à nos yeux augmente beaucoup sa valeur dans l'ataxie progressive. Loin d'être un excitant du système vasculaire, elle aurait d'après Brown-Séquard la propriété de resserer les petits vaisseaux de la moëlle et de les tenir dans cet état de contraction. On comprend de quelle utilité elle peut être pour prévenir ou modérer les poussées congestives qui se font au moment des recrudescences du côté de la moëlle épinière,

L'*ergot de seigle* agirait de la même manière d'après cet

auteur. Cet agent n'a été employé contre l'ataxie progressive que par MM. Charcot et Vulpian qui n'en ont pas retiré de bons résultats. En voyant le double effet de ces agents sur la congestion et les douleurs on peut se demander si la douleur ne serait pas engendrée souvent par les poussées sanguines qui se font du côté de la moëlle.

L'*arsenic*, dont l'action thérapeutique sur le système nerveux a été récemment mis en lumière, n'a amené aucun bon résultat chez un malade de M. Isnard. Il a produit quelque amélioration chez un ataxique soigné par M. Teissier.

La *strychnine*, vulgairement employée dans les maladies de la moëlle depuis que Bretonneau en a signalé les bons effets, a été souvent administrée contre l'ataxie propressive et toujours sans succés. Chez un malade de M. Vernay, elle produisit des douleurs atroces et des crises tétaniques qui compromirent un instant la vie du malade. La strychnine n'a pas d'effet direct sur les parties sensibles de la moëlle, elle excite les nerfs moteurs, mais à ces excitations artificielles succèdent bientôt l'affaiblissement, l'impuissance des nerfs comme l'ont montré les expériences de M. Martin-Magron. Cependant chez un malade de M. Trousseau les douleurs cessèrent complètement, et la sensibilité revint au bout de dix jours de traitement.

La brucine, la vératine employées par les médecins de l'autre côté du Rhin, agiraient de la même manière.

Iodure de potassium. Ce médicament a réussi plusieurs fois lorsque la maladie avait une origine syphilitique, M. Dujardin-Baumetz cite l'observation d'un malade de M. Barth qui présentait tous les symptômes caractéristiques de l'ataxie progressive syphilitique et qui fut complètement guéri par ce remède. M. Teissier cite un cas où il a eu de bons effets.

Dans beaucoup de cas cependant il a échoué L'iode, le phosphore, le mercure ont été à peine essayés.

Quand les enfants sont affaiblis, qu'on a affaire à un tempérament lympathique, on donnera avec avantage les amers, les reconstituants, kina, fer, et principalement l'*huile de foie de morue*. Ce médicament est surtout indiqué quand il y a complication de tubercules pulmonaires. Il pourra aider beaucoup aussi à la reconstitution des éléments de la moëlle. Brown-Séquard dit en avoir obtenu de bons effets dans certains cas de myélite chronique.

Nous résumerons ainsi qu'il suit les indications thérapeutiques.

Dans la *forme aiguë*, émissions sanguines, évulsifs;

Dans la *forme nerveuse*, belladone, anti-spasmodiques, opiacés, arsénic, thérébentine.

Dans l'*ataxie chronique* :

Rhumathismale : bains et douches de vapeur, bains sulfureux, hydrothérapie surtout.

Syphilitique : iodure de potassium, spécifiques.

Scrofuleuse : huile de foie de morue, toniques, amers, eaux artificielles et principalement eaux sulfureuses.

Et dans les tous cas, comme adjuvant indispensable de tous ces traitements une hygiène bien entendue.

Traitement par le nitrate d'argent.

Déjà employé depuis longtemps et avec un certain succès dans les névroses : la chorée, l'hystérie, l'épilepsie, le nitrate d'argent a été administré récemment par Wunderlich aux malades atteints de tabes dorsalis (1). Cinq ataxiques ainsi traités furent promptement soulagés, un sixième arriva à une guérison complète.

Depuis, ce professeur a fait connaître deux nouveaux cas dans lesquels la maladie s'amenda rapidement sous l'influence de ce remède.

D'après Herschel (2) Wunderlich aurait ainsi traité quatorze ataxiques.

MM. Charcot et Vulpian qui firent connaître les premiers résultats heureux continuèrent ces essais à la Salpétriére.

1 *Archiv. für Heilkund*, 1861.
Ibid. 1863. Premier helft, p. 43

2 *Bulletin de thérapeutique*, 30 octobre 1862.

Cinq malades, chez lesquels la maladie déjà très-ancienne avait résisté jusqu'alors à divers agents thérapeutiques, obtinrent de l'administration de ce sel d'argent une amélioration rapide (1).

Plusieurs médecins français parmi lesquels nous citerons M. Beau (2), Moreau de Tours, M. Vidal (3), M. Bourillon (d'Aubusson) (4), Herschell, continuèrent avec succès ces tentatives.

M. Duchenne, au dire de M. Trousseau, aurait obtenu de bons effets de l'emploi du nitrate d'argent chez plusieurs de ses malades.

D'un autre côté Kuckenmeister aurait essayé, d'après Wunderlich, deux fois sans succès le nitrate d'argent.

M. le professeur Trousseau dans un résumé succinct des divers moyens employés dans l'ataxie locomotrice et appréciant la valeur du nitrate d'argent relate six cas dans lesquels il a employé ce remède Chez deux le mal empira, les douleurs loin de se calmer, devinrent intolérables. Chez le sixième malade le nitrate d'argent fit merveille ; il sauva la vie au malade.

Nous avons nous-même essayé trois fois la médication argyrique. Dans les premiers temps la médication fit toujours merveille. Mais depuis un de nos malades est mort ; chez le deuxième la maladie après s'être amendée d'une manière notable et promptement, a repris sa marche progressive et plus rapide que jamais. Cette aggravation se manifesta après l'administration de 190 pilules d'un centigramme, et fut précédée de troubles gastriques, et d'un sentiment de brûlure dans l'estomac et dans le dos. Chez le troisième la maladie, après une amélioration légère et de courte durée, revint à l'état primitif pour rester stationnaire. Enfin nous citons à la fin de ce travail l'observation d'un ataxique qui avait pris 200 pillules (d'un centigramme), lorsque nous l'avons soumis à un nouveau traitement.

1 *Bulletin de Thérapeutique*, 15 juin et 1er juillet 1862.

2 Ibid. janvier 1863

3 Voir l'observation XI, p. 44

4 L'observation est rapportée p. 251

L'amélioration survient ordinairement au bout de six à quinze jours. Le symptôme qui s'amende le premier est la douleur; puis les diverses variétés de sensibilité reparaissent graduellement, et enfin l'incoordination des mouvements cesse.

En même temps la santé se relève, les fonctions digestives reprennent leur activité, l'appetit augmente, la constipation disparaît, les forces reviennent avec l'embonpoint, l'urine est rendue avec liberté.

Les malades éprouvent souvent après l'ingestion du remède, des tiraillements des fourmillements dans divers points du corps, mais surtout dans les parties affectées, quelquefois des démangeaisons, une teinte rouge de la peau (nous l'avons observée une fois) ou bien un espèce de travail intérieur, phénomènes qui disparaissent ordinairement au moment où l'amélioration commence, pour reparaître quand on augmente les doses.

Le nitrate d'argent s'administre sous forme de pilules d'un centigramme. On commence par en donner deux; au bout de cinq à six jours, on porte la dose à trois, on va jusqu'à quatre. M. Beau a pu en donner dix centigrammes par jour sans inconvénient. Le malade fut guéri dans trois semaines.

On a signalé assez souvent des troubles gastriques, jamais la teinte plombée caractéristique, quelquefois le liséré brunâtre de gencives.

Si nous avons tenu à exposer aussi longuement les opinions des divers auteurs sur le nitrate d'argent dans l'ataxie progressive; c'est pour pouvoir plus facilement apprécier les avantages et les inconvénients de ce médicament. Les uns y voient un moyen héroïque qui réussit dans tous les cas si non à amener une guérison radicale, du moins à améliorer et à soulager l'état des malades. Dans la main des autres au contraire cette arme infidèle a échoué, elle a aggravé les douleurs, amené des souffrances du côté de l'estomac.

Nous nous résumerons en disant :

Le nitrate d'argent ne réussit pas toujours dans l'ataxie progressive.

Il peut aggraver la maladie (ce cas est rare).

Il produit souvent une amélioration passagère qui peut être mise sur le compte d'une de ces rémissions naturelles à la maladie.

La plupart des observations manquent de renseignements assez longtemps suivis, pour qu'on puisse être définitivement basé sur la valeur de ce remède.

Quant à nous, frappé de son insuffisance dans le cas dont nous avons parlé, dans deux autres observés près de nous, nous avons songé à une méthode nouvelle que nous croyons appelée à donner de bons résultats, et qui dans tous les cas est dépourvue de dangers.

Cette méthode consiste à pratiquer des injections sous-cutanées de nitrate d'argent le long de la colonne vertébrale, et mieux encore sur le trajet des nerfs douloureux. On détermine là une inflammation substitutive dans le sens que Luton a parfaitement exposé dans un récent mémoire (1). Le premier effet est de calmer la douleur ; le second de diminuer l'incoordination.

Sans chercher à nous expliquer la manière intime dont agit ce procédé tout empirique, nous croyons qu'il se produit une modification sur les nerfs au voisinage desquels est déposée la solution argentique, que cette modification se propage en suivant le trajet sensitif des nerfs jusqu'aux faisceaux postérieurs pour déterminer dans leur intérieur un ébranlement particulier qui en réveille la vitalité, et favorise la résorption des produits mobides et la réparation des éléments.

Nous avons agi de préférence sur les nerfs intercostaux et sciatiques.

L'idée de cette méthode nous a éte suggérée par une observation de M. le professeur Courty (de Montpellier). Il s'agissait d'une paraplégique qui fut guérie par les injections sous-cutanées de nitrate d'argent (2).

Nous ne nous faisons par illusion sur la valeur d'un fait unique et isolé jusqu'à présent. Mais ce procédé ne produirait-il pas la guérison de l'ataxie progressive, qu'il serait au moins toujours très-efficace contre les douleurs souvent très-rebelles de cette maladie.

1 *Archives générales de médecine*, octobre et décembre 1863.

2 *Comptes rendus de l'Académie de médecine*, 1868.

OBSERVATION CXXII.

M. X., conducteur des ponts et chaussées. Début il y a trois ans et demi.

Antécédents. Chancre il y a vingt ans sans bubon suppuré, unique, dont il fut traité à l'hôpital militaire de Lyon par le mercure, accidents secondaires, puis fiévre intermittente.

Les fatigues excessives sont d'après le malade la cause de l'affection actuelle. Il était exposé par la nature de ses travaux à l'humidité, à coucher en plein air, dans une baraque en planches. Le symptôme initial fut une sensation douloureuse fixée au-dessous du sein gauche. Mais antérieuremen et depuis longtemps le malade avait des douleurs qu'il qualifie de rhumatismales, et dont il ne pouvait préciser exactement l'époque d'apparition. Au début le malade éprouva un phénomène insolite; il avait des sensations étranges dans l'estomac et dans le tube digestif qu'ils lui faisaient concevoir l'idée qu'il avait le tœnia; de plus une constriction à l'anus et à la vessie.

Le malade a une myopie congénitale; il est diplopique aussi par intervalles et depuis sa naissance Les pupilles sont un peu contractées, et difficilement contractiles.

Du côté de l'oreille gauche bourdonnement qui n'empèche pas l'ouïe Le goût est intact. L'intelligence est saine.

Les symptômes d'incoordination locomotrice et les troubles de la sensibilité ont commencé par les extremités inférieures. Il n'y a guère que six mois qu'ils se sont propagés aux extrémités supérieures L'anesthésie a envahi simultanément tous les doigts sans distinction appréciable.

Symptômes actuels. Douleurs fulgurantes dans les pieds et dans les jambes. Sensation de constriction autour des reins et des parois abdominales au niveau de la région lombaire. Les muscles de cette région au dire du malade sont meurtris et mâchés La marche est très-difficile, impossible sans bâton; la vue corrige le désordre des mouvements.

Aux membres supérieurs l'incoordination est moindre, la sensibilité y est intacte, tandis qu'aux membres inférieurs elle présente de notables modifications. Sensation cotonneuse sous les pieds; la sensibilité douloureuse est très-obtuse puisqu'on peut enfoncer des épingles dans le gras du mollet, sans que le malade en ait conscience. Il ne sent pas ses jambes dans son lit et ne peut en préciser la position.

Conservation de la force musculaire. Constipation, impuissance; miction difficile. Divers moyens avaient été employés, les bains de mer, l'électrisation et enfin le nitrate d'argent, (l'administration de 200 pilules d'un centigramme n'a produit qu'une amélioration passagère), lorsque je résolus d'employer les injections sous-cutanées de nitrate d'argent au dixième.

5 décembre 1864. Injection de 10 gouttes en arrière du trochanter et au niveau de la tête du péroné. Au sixième jour deux petits abcès qui s'ouvrirent spontanément ensuite, diminution des douleurs, quelques élancements douloureux dans les membres inférieurs.

Le 20 décembre, injection de quinze gouttes du côté opposé au niveau de l'émergence du sciatique. Il se forma aussi un petit abcès. Le deuxième jour après l'injection la sensibilité avait reparu en grande partie; le dixième jour après cette deuxième injection, la sensibilité avait encore gagné et l'incoordination était moins prononcée.

6 janvier 1865, 12 gouttes au niveau de la crête iliaque des deux côtés, dans le voisinage de l'articulation sacro-iliaque. Deux petits abcès, disparition des douleurs lombaires. Vers le 20 janvier le malade peut marcher seul sans bâton, la démarche avait gagné une grande partie de sa régularité. La sensibilité était bonne. Il restait encore de la faiblesse qui disparaissait graduellement (1er février.)

Nous terminerons en résumant quelques observations dans lesquelles le nitrate d'argent a été employé.

OBSERVATIONS CXXIII à CXXVII (1).

Homme de 32 ans; la maladie a débuté lentement après un refroidissement. La locomotion est devenue de plus en plus difficile, et depuis deux ans le sujet marche avec des béquilles. Traitement par le nitrate d'argent; amélioration puis rechûte.

Homme, 49 ans, début après une suppression de la transpiration des pieds. Progrès rapide, amélioration remarquable après 24 grains, puis état stationnaire.

Homme fort, 27 ans. Début lent à la suite de la transpiration de la sueur des pieds. Amendement remarquable aprés neuf grains de nitrate d'argent.

Homme sain, 35 ans, pollutions ; début après refroidissement; rapide augmentation de la paralysie spinale. Amélioration notable par le nitrate d'argent; encore en traitement.

Homme de 55 ans, début brusque à la suite de fatigue et après avoir été mouillé, maladie datant de trois mois; sensibilité obtuse aux membres inférieurs. Le malade peut au lit remuer ses jambes, mais il ne peut se tenir debout.

Le 22 mai, pilules d'un sixième de grain de nitrate d'argent trois fois par jour. Le 31 mai, il y a un mieux très-sensible, la sensibilité est plus nette et le mouvement des membres inférieurs plus libre. Le 4 juin, cinq pilules chaque jour. Le 9, pour la première fois selle volontaire; le malade commence à se tenir debout soutenu par un aide, et fait quelques pas. Le 24, progrès dans la marche. Le 29, le malade fait quelques pas sans aide. Depuis le 15, il prend six pilules par jour. Le poids du malade augmente rapidement. Le 10, cet homme passe une heure hors de son lit, chancelle en-

1 Résumé de cinq observations de Vunderlich. — Mémoire de MM Charcot et Vulpian, 2 mai 1862.

core lorsqu'il ferme les yeux. Le 17, il peut monter les degrès d'un escalier. quoique très-difficilement; la démarche est assez assuré lorsqu'il a les yeux ouverts. A partir de ce moment, il y a un progrès incessant de l'amélioration. On cesse l'administration du nitrate quand le malade a pris 48 grains. Il sort le 28 août en très-bon état.

OBSERVATION CXXVIII.

Homme de 48 ans, maladie datant de 8 ans. Au 9 mars 1862 il présente: amaigrissement des membres inférieurs; température normale. Incontinence d'urine. Incoordination des mouvements qui paraît surtout marquée aux membres inférieurs

12 mars, 3[20 de grain de nitrate d'argent; à partir du 16, 6[20 de grain.

Le 24 il a pris deux grains du sel d'argent. Le malade retient ses urines, il est plus fort.

Le 1e avril. Urines plus régulières, ainsi que les selles.

Le 4 avril, la marche devient possible d'une manière croissante.

Le 28, disparition des douleurs.

Le 21 juin, tous les mouvements sont faciles, fonctions bonnes. Le malade peut marcher les yeux fermés. On cesse le traitement. Il a pris 42 grains de nitrate d'argent.

OBSERVATION CXXIX.

45 ans, homme. A la suite d'une diarrhée de huit jours au mois de décembre 1861, ataxie des membres inférieurs, incontinence d'urine.

Le 8 mars, 4 mois environ après le début, il fut soumis au traitement par le nitrate d'argent jusqu'au 26 octobre, près de huit mois, il en prit 45 grains. L'amélioration se manifesta pendant la troisième semaine du traitement. L'incoordination des mouvements n'a pas cependant complètement cessé, la sensibilité est revenue, les érections sont plus vigoureuses, l'urine est rendue sans difficulté, la vue s'est améliorée. Le traitement a dû être suspendu à cause de douleurs gastriques. La guérison est incomplète (1).

OBSERVATION CXXX.

Homme de 30 ans, début il y a 6 ou 8 mois. Nystagmus et amblyopie. Ataxie des membres inférieurs; hypéresthésie.

Au bout de cinq ou six jours de traitement par le nitrate d'argent amélioration notable. L'agent médicamenteux fut rapidement porté à dix cen-

1 Résumé de deux observations de Wunderlich. — *Archiv. f. Heilkunde* 1863, 1er effet. p. 63.

tigrammes par jour sans inconvénient. Le traitement dura trois semaines à peine et le malade partit guéri.

Beau (Bulletin gén. de Thérapeutique, janvier 1863.)

OBSERVATION CXXXI.

Début il y a six ans; Douleurs fulgurantes et impuissance, puis incontinence d'urine et de matières fécales. Pas de troubles de la vue.

Ataxie locomotrice localisée aux membres inférieurs; force musculaire conservée. Sensibilité tactile obtuse. Le frottement est douloureux.

Au bout de 15 jours de traitement par le nitrate d'argent (2 à 4 centigr. par jour) l'hypéresthésie a diminué. La sensibilité est moins obtuse en même temps.

On fut obligé d'interrompre le traitement, à cause de symptomes d'intoxication, pendant dix jours. Au bout de ce temps on le reprit pendant deux mois environ. Alors les douleurs n'existent plus, la sensibilité reparait. Les yeux fermés le malade place la jambe dans la direction qu'on lui indique, il peut se baisser et se relever seul, mais une fois debout il chancelle et est forcé de s'appuyer.

Vidal (Bulletin de Thérapeutique, 30 janvier 1863.

OBSERVATION CXXXII.

Marguerite W..., 37 ans, 11 mars 1861, service de M. Vulpian.

Il y a six ans, elle eut une *sciatique* dans la jambe droite, il y a trois ans des *attaques d'hystérie*. Quelque temps après sa vue s'affaiblit à gauche; ce phénomène fut précédé de violentes douleurs dans cet organe, en même temps qu'aux jambes et aux bras, s'accompagnant d'une grande faiblesse.

Depuis deux ans le mal a tellement empiré qu'elle ne marche plus. La malade sent bien ses mains, elle serre assez fortement, mais elle est dans l'impossibilité de coordonner ses mouvements; il lui est impossible de porter un verre à la bouche. Elle peut faire quelques pas, mais très-mal, quoique soutenue par deux aides; elle éprouve une certaine difficulté pour s'asseoir; elle fléchit et étend les jambes sur les cuisses avec une certaine force, les membres inférieurs ne paraissent pas atrophiés d'une manière considérable. La sensibilité cutanée est conservée, mais obtuse; la sensibilité à la douleur, à la température, au chatouillement est intacte; les membres inférieurs sont en somme moins malades que les membres supérieurs. La sensibilité de contact est un peu obtuse dans la paume des mains, celle de la douleur et de la température est intacte dans tout le membre; la sensibilité de la conjonctive est presque abolie, celles des narines et de la langue est obtuse.

L'odorat, le goût et l'ouïe sont conservés; la malade a un peu de strabisme interne de l'œil droit; la pupille est dilatée et insensible à la lumière, elle est amaurotique.

La malade fut traitée par le nitrate d'argent et par les injections hypodermiques de sulfate d'atropine. Le 11 juillet elle put distinguer la figure de l'infirmière. La sensibilité est encore un peu obtuse seulement en haut des doigts; elle a la conscience de la forme, du poids et du volume des objets; elle marche seule, cependant avec un peu d'hésitation. Elle a encore un peu de désordre dans le mouvement des bras.

Charcot et Vulpian, (*Loc. cit.* Bulletin de Thérapeutique.)

INDEX BIBLIOGRAPHIQUE.

HIPPOCRATES. — De morbis, lib. II, cap. XIX.

BONETUS. — Sepulcrhetum. Genève 1679. Liv. I, sect. 13.

SCHELDAMMER. — Dissertatio de tabe dorsali. Jenæ, 1691.

BRENDEL. Opuscula medica. Dissertatio XII, de Tabe dorsali. Gœtting. 1749.

LEWIS. — Essay upon the tabes dorsalis. London, 1758.

SELP. — Dissertatio de phthisi nervosa. Gœtting. 1773.

TISSOT. — Opera medica. T. I.

WICHMANN. — Dissertatio de pollutione diurna frequente sed rarius observata tabescentiæ causa. Gœtting., 1782.

PERCY. — On the lues venerea, Gonorrhea and tabes dorsalis. Diss. London, 1787.

SAUVAGES. — Nosologia anatomica, lib. II, p. 477. — Tabes dorsalis Lomnii.

PLOUQUET. — Dissertatio. Exemplum singularis morbi paralytici. Tubingæ, 1806.

LOEWENHARD. — Dissertatio de Myelophthisi chronica vera et nota. Berol. 1812.

E. HORN. — In seinen arch. 1813.

SCHESMER. — Dissertatio. Tabis dorsalis adumbratio pathologica. Berol. 1819.

BRERA ET HARLESS. — Ueber die Entzundung des Ruckenmarcks. Nurnberg. 1814.

WENZEL. — Ueber die Krankheit am Rückgrate. Bamberg. 1824.

GOSSOW. — Dissertatio de Tabe dorsali. Bérol. 1825.

DE MEYEREN. — De Diagnosi phthiseos nervosæ. Bérol. 1825.

L. SCHAPER. — Diss. de Tabe Nervosa. Bérol. 1825.

HUFELAND. — In seinen Journal, 1826, févr. et juin.

RUST. — In seinen Magazin. Bd. XXII.

Guil. Horn. — Diss. de Tabe dorsuali, Berol. 1827.

W. Horn. — De Tabe dorsali prœclusio. Berlin , 1827.

Hutin. — Nouvelle bibliothèque médicale , 1828 , t. I.

Sandras. — Journal de médecine. 1829 , T. CXI , p. 360.

Monod. — De quelques maladies de la moëlle épinière. Bulletin de la société anatomique, 1832, T. II, p. 56.

Ollivier , d'Angers. — Traité des maladies de la moëlle épinière. Paris , 1837 , T. II.

Meyer. — De tabe dorsuali, Bérolini 1837.

Schœnlein. — Allegemeine und spécielle pathologie und therapie. Würzburg. 1832, bd. I.

Naumann. — Medicinische Clinik, Berlin, 1837, vol. VII.

Grimm. — Idiopathischen Atrophien. Leipzig. 1840.

Brach. — Ueber einen nicht hinlanglich béobacht. Punkt aus d. physiol. d. nerven u. eine eigenthüml. Art. von Lahmung (Med. Zeitschr. d. Vereins f. Heilk. in Preussen 1840 , n° 45.) Le même , Ibid. 1842 n°s 3 et 4.

Cruveilhier. — Anatomie pathologique , livraisons 32 et 38 ; 1830 , 1842.

Stanley. — Médico-chirurgical Transactions , t. 23 , p. 8 et suivantes. 1840.

Jacoby. — Exemplum tabis dorsualis épicrisi ornatum. Berol. 1842.

Canstatt. — Specielle pathologie und Therapie. Erlangen , 1843 , vol. II , chap. I.

Steinthal. — In Hufeland's Journal Juli und August. 1844.

Kuschel. — De tabe dorsuali. Berolini. 1844.

John Webster. — Médico-Chirurgical transactions. London , 1844 , p. 1 et 18.

Henoch. — Die Muskelbewegungen des Menschen und der Hausthiere (Deukskriften des deutschen Vereins für Heilwissenschaft) Berlin , 1845.

Neiss. — De morborum medullæ spinalis symptomatibus. Bérolini , 1848.

Oertel. — De Myelophthisi siccâ. Berolini. 1846.

Schulte de Cranvinkel. — De Tabe dorsuali. Bérolini , 1846.

Spiess. — Art. Krankafte Storungen in der Thatigkeit der

Nervensystem in Vagner's Handworterbuch der physiologie. Braunschweig , 1846.

ALBERS. — Pathologisch Anatomicher Atlas. Lieferung, 25 und 26. 1846.

TODD. — Art. Physiology of the nervous system (Cyclopedia of anatomy and physiology). London 1847.

ROMBERG — Handbuch der Nervenkrankheiten. vol. II, Berlin, 1851. (1re édition 1840.)

TOPHAM. — Lancet. Marsh. 1852.

O. LANDRY. — Recherches physiologiques et pathol. sur les sensations tactiles. (Archives gén. de médecine, 1852.)

— Mémoire sur la paralysie du sentiment d'activité musculaire (Gazette des hôpitaux , 1855) ;

— Voir aussi: Traité complet des paralysies. Paris 1859.

BICKENBACH. — De Tabe dorsuali. Berolini , 1853.

HENLE. — Handbuch der rationnellen Pathologie , II. Braunschweig, 1853.

WUNDERLICH. — Handbuch der Pathologie und Thérapie, vol. III, p. 52 et suiv. 1854. STUTTGARD.

— Erfold der Behandlung der progressiver Spinal. — Paralyse durch Silber Salpeter. — Archiv. der Heilkunde , 1861 , helft 3.

— Id. Archiv. fur Heilkunde , 1863.

ROKITANSKY. — Ueber das Auswachen des Bindegewebsubstanzen Sitzum bericht dei Akadem, des Wissench, vol. XIII , p. 122 , 1854.

— Ueber Bindegewebs-Wucherung in Nervensystem. Mai 1857. Vien. Carl Gerold Sohn.

TURCK. — Ueber die Dégénération einzelner Rückenmarksstrange, même recueil, 1856.

LUYS. — Comptes rendus de la Société de Biologie, 1856.

ALBERT AMBERG. — De Tabe dorsuali, Berolini. 1855.

MICHEL. — Du microscope et de ses applications. Mémoire couronné par l'Académie des sciences, t. XXI. Paris, 1857.

FOUCART. — France médicale et pharmaceutique , novembre 1858.

GULL. — Guy's Hospital reports, 1858, T. IV , p. 169 , 3me série.

Duchenne (de Boulogne). — De l'Ataxie locomotrice progressive. Archives générales, 1858 et 1859.

— Traité de l'Electrisation localisée, 2me édit. 1861.

— Mémoire sur le diagnostic des affections cérébelleuses et de l'ataxie locomotrice progressive (Gaz. hebd. n° 19 et 31, 1864).

— Recherches cliniques sur l'état pathologique du grand sympathique dans l'ataxie locomotrice progressive (Gazet. hebd., n° 8 et 10, 1864).

E. Koehler. — Sechs Falle von Ruckenmarks-Erkrankungen mit sections — Berichten. Deutsche klinik, 1859, nos 9-16.

Oppolzer. — Die Krankheiten des Ruckenmarks und seiner Hullen (Klinischer Vortrag) spitalzeituug, 1859, n° 21.

Bouillaud. — Des signes propres à faire distinguer les hémorrhagies cérébrales des hémorrhagies cérébelleuses. Leçons recueillies par M. le docteur Voisin (Union médicale, nouvelle série, 1859, t. II, p. 535).

— Traité de Nosographie médicale (Art. Ataxie, t. v, p. 317, in-8°. Paris, 1846.)

— Gazette des Hôpitaux, 1845, p. 410.

— Recherches expérimentales et cliniques tendant à réfuter l'opinion de Gall sur les fonctions du cervelet (Archives générales de médecine, 1826, t. 15. p. 64.)

E. Sellier. — De la nature et du siége de certaines paralysies isolées de la sensibilité, Strasbourg, 1860, n° 514.

Ch. Sizaret. — De l'Anesthésie musculaire. Strasbourg, 1860.

Marcé. — De la sensibilité. Thèse d'agrégation, 1860.

Brown-Séquard. — Course of lectures on the physiology of the nervous central system. Philadelphia, 1860.

Remak. Galvanothérapie, 1840. Traduction de Morpaïn. Paris.

Wirchow. — Pathologie cellullaire, traduction du docteur Picard, in-8°, p. 235. Paris 1861.

Trousseau. — De l'ataxie locomotrice progressive. — Union médicale, 1861, nos 12, 14, 20).

— Comptes rendus de la Société médicale des Hôpitaux, Gazette hebdomadaire, n° 41.

— Clinique médicale de l'hôtel-Dieu de Paris t. 2 p. 181. — Union médicale, 1862, 26 et 29 juillet.

— Gazette des Hôpitaux, 4 avril 1863. De la valeur des différentes méthodes de traitement de l'ataxie locomotrice progressive.

BOURDON (HIP). — Etude clinique et histologique sur l'ataxie locomotrice progressive (Archives générales, novembre, 1861).

— Nouvelles recherches cliniques et histologiques sur l'ataxie locomotrice progressive. (Archiv. générales avril 1862.)

Voir aussi : Comptes-rendus de la société médicale des hôpitaux. Gaz. hebd. n° 41, 1861 et n°s 2 et 5, 1862.

TEISSIER (DE LYON). — De l'Ataxie musculaire. — Gazette médicale, de Lyon, 1861 et 1862.

— Broch. in-8°. Paris, 1862.

LECOQ (JULES). — Deux observations d'ataxie locomotrice progressive. (Archives générales de médecine), juin 1861.

VERNAY. — Observation d'ataxie musculaire compliquée d'anesthésie. (Union médicale, 1862, n° 4).

BAILLARGER. — Gazette des Hôpitaux, 1861.

— Annales médico-psychologiques, janvier 1862.

— Archives cliniques des maladies mentales et nerveuses, 1862.

JACCOUD. — Sur l'ataxie musculaire, (Gazette hebdomadaire, 1862, n° 8).

OULMONT. — Observation d'ataxie locomotrice progressive, etc... (Union médicale, 1861, n° 41).

DUMESNIL (DE ROUEN). — Note sur la dégénérescence avec atrophie des cordons postérieurs de la moëlle épinière et de ses rapports avec l'ataxie locomotrice progressive. (Union médicale, 1862, n° 17).

DUJARDIN-BEAUMETZ. — Thèses de Paris, 19 février 1862.

CHARCOT ET VULPIAN. — Sur un cas d'atrophie des cordons postérieurs de la moëlle épinière et de ses racines postérieures. (Gazette hebdomadaire, 1862, n°s 6 et 18).

— Deux nouvelles observations d'ataxie locomotrice avec autopsie, (Gazette médicale de Paris), 1863.

— Sur l'emploi du nitrate d'argent dans l'ataxie locomotrice progressive , (Bulletin de thérapeutique, 15 juin et 1er juillet 1862).

Marotte. — Observation d'ataxie locomotrice progressive, suivie d'autopsie , (Union médicale , 7 juillet 1862).

Carre. — De l'ataxie locomotrice progressive; thèse. Paris, 13 août 1862.

— De la Dégénérescence grise des faisceaux postérieurs de la moëlle épinière dans l'ataxie locomotrice progressive (Gazette médicale de Lyon) 1864, août et octobre.

— Des rapports de l'ataxie locomotrice progressive et de la paralysie générale des aliénés. (Gazette des hôpitaux, 15 avril 1865).

Ortet. — De l'Ataxie locomotrice progressive, 29 décembre 1862. — Thèses de Paris.

Duguet. — Observation d'ataxie locomotrice progressive à forme hémiplégique , compliquée d'accès épileptiformes (Union médicale , 16 octobre 1862.)

Herschell. — Bulletin de Thérapeutique, 30 octobre 1862.

Isnard. — Observation d'ataxie locomotrice progressive (maladie de Duchenne); considérations sur la maladie, sont raitement, sa nature. (Union médicale , 6, 13, 20 et 29 novembre 1862.)

Pidoux. — Bulletin de Thérapeutique, 30 janvier 1863.

Sappey. — Ataxie locomotrice progressive. — Lésions anatomiques qui l'accompagnent (Gazette des hôpitaux, 1863).

Rindfleich. — Histolog. détail zu der grauen degeneration von Gehirn und Ruckenmark (Virchow's. Arch. Bd. 26. 1863.)

C. Westphall. — Tabes dorsalis, Graüe degeneration der hintersstrange und paralysis universalis progressiva (Zeitschrift für psychiâtrie), XX , 1863).

Friedreich. — Ueber degenerative atrophie der spinalen hintersstrange. (Virchow's. Archiv. fur pathologie anat. und physiol. Bd. 26 et 27. 1863).

— Gazette médicale de Paris, 9 novembre 1861 , p. 703.

Edwards. — De l'Anatomie pathologique et du traitement de l'ataxie locomotrice progressive, etc. Thèse. Paris, 24 juillet 1863.

Carboneil. — Quelques considérations sur l'ataxie locomotrice. Thèse. Montpellier, 1863, n° 46.

Ordonnez. — Sur une altération des capillaires de la moëlle (Gazette médicale de Paris, 1863) — Comptes rendus de la société de Biologie.

Axenfeld. — Pathologie médicale de Requin, T. IV, et Des Lésions atrophiques de la moëlle épinière. — (Tabes dorsalis, ataxie locomotrice progressive, etc.) — Archives générales, août et octobre 1863.

Cornil. — Bulletin de la Société de Biologie, t. v. de la troisième année. J. B. Baillière, 1864. — De la Mensuration et de l'examen microscopique de la moëlle dans l'ataxie.

Bourillon. — Gazette des Hôpitaux, 26 novembre 1863.

Debout. — Gazette des Hôpitaux, 4 juin 1863.

Matteus. — Traitement de l'ataxie locomotrice progressive (Thèse de Paris, 1862).

Lanoix. — Thèse de Paris, 1863.

Ruhle. — Klinische Mitheilungen : 1° Rückenmarksverrenkungen. Greifswalde, 1863.

Goltz. — Centralblatt f. d. med. Wissensch., n° 18, 1863.

Pihan-Dufeillay. — Journal de médecine, Nantes, 1863.

Eisenmann. — Die Bewegungs-ataxie. Wien, 1863.

Leyden. — Die graue Degeneration der hinteren Rückenmarksstrange. Berlin, 1863.

Donezan. — Observation d'ataxie musculaire progressive (Gaz. hebd., n° 19, 1864).

Bouchard. — Observation de pellagre (Compte rendu des séances d'août de la Société de Biologie, 1864).

Salomonsen (L. W — On progressive Motor Ataxy from Bibliothek for Lœger, trad. dans Dublin quaterly Journ. of med. sc., november 1864.

Jaccoud. — Les paraplégies et l'ataxie du mouvement. Paris, 1864.

Grisolle. — Traité de pathologie interne, 9e édition, t. 2.

Voillez. — Dictionnaire de Diagnostic médical, p. 99.

Monneret. — Traité de pathologie générale, t. 3. 1861.

Becquerel. — Traité d'électricité appliquée à la thérapeutique.

Topinard. — De l'ataxie locomotrice et en particulier de l'ataxie locomotrice progressive. J.B. Baillière 1864.

Comptes-rendus du Congrès médical de Lyon, in-8°. Baillière 1865.

On trouve dans ce volume les mémoires suivants :

Teissier. — De l'ataxie locomotrice.

Bouchard. — Des lésions anatomiques de l'ataxie progressive.

Carre (d'Avignon). — De l'ataxie locomotrice progressive envisagée comme entité morbide distincte.

Chabrier. — Etude sur les paralysies.

Corne. — Sur les rapports qui existent entre la paralysie réflexe, la paralysie agitante, et l'ataxie locomotrice progressive.

EXPLICATION DES PLANCHES.

Planche I.

1. Moëlle épinière ataxique, vue par derrière.
2. Tronçon dorso-lombaire de la même moëlle, vue latéralement. Les parties malades ont une couleur ardoisée. Les racines postérieures sont visiblement atrophiées sur la fig. 2.
3. Sclérose des faisceaux postérieurs sur une coupe transversale ,
4. Sclérose des faisceaux postérieurs et latéraux.
5. Sclérose généralisée.
6. Sclérose diffuse.
7. Sclérose des faisceaux antérieurs et latéral droit. Les parties malades seules sont colorées par le carmin.

Planche II.

Vue d'ensemble des lésions anatomiques. — Coupe transversale de la moëlle. — Grossissement , 25 *diamètres.*

S.A. Sillon antérieur.
S.P. Sillon postérieur en partie oblitéré.
F.A. Faisceaux antérieurs sains.
F.P. Faisceaux postérieurs malades. On voit les tubes nerveux représentés par des points arrondis diminuer de plus en plus à mesure qu'on approche de la circonférence.
F.H. Faisceaux latéraux.
C.A. Cornes antérieures de la substance grise.
C.P. Cornes postérieures.

Planche III.

1. Coupe transversale d'une racine postérieure saine.
2. Coupe transversale d'une racine postérieure malade. Les tubes nerveux représentés par les points ronds sont très-rares.
3. Cellules antérieures de la substance grise d'une moëlle épinière normale.
4. Cellules médianes.
5. Cellules postérieures.

3'. Cellules antérieures de la substance grise d'une moëlle épinière malade.
4'. Cellules médianes atrophiées.
5'. Cellules postérieures atrophiées.

6. Coupe longitudinale des faisceaux postérieurs. Tubes normaux à 250 diamètres.

7. Tubes malades. Le cylindre d'axe est irrégulier ; la myéline se segmente.
8. Degré plus avancé de la dégénérescence ; le cylindre a disparu. On aperçoit dans l'intervalle des tubes segmentés des noyaux de tissu connectif en voie de prolifération.
9. Dégénérescence granuleuse des gaines nerveuses.
10. Tubes nerveux grêles de nouvelle formation.
11. Corpuscules ganglionnaires normaux, 150 diamètres.
11'. Corpuscules ganglionnaires malades.
12. Corpuscules amyloïdes.
13. Cristaux d'hématoïdine.

Planche IV.

Coupe transversale des faisceaux postérieurs, 300 diamètres.

FIG. 1.

S.P. Sillon postérieur.
T.T.T. Coupe transversale des tubes nerveux.
N.N.N. Noyaux de tissu conjonctif.
A.A. Corps amyloïdes.
G.G.G. Corps granuleux.
V. Vaisseau coupé transversalement. V'. Vaisseau en voie de dégénérescence graisseuse.

On voit dans le fond de la préparation des fibrilles déliées de tissu connectif, et des granulations d'hématoïdine et de graisse.

FIG. 2.

Dégénérescence athéromateuse des vaisseaux. La graisse est déposée le long des parois et pénètre quelquefois dans la lumière des vaisseaux On voit dans le fond de la préparation des corps granuleux GG, des corpuscules amyloïdes AA, des tubes variqueux TT , ou réunis en goutelettes T' , des noyaux de tissu connectif.

FIG. 3.

Dégénérescence amyloïde des vaisseaux pris dans le voisinage des cornes postérieures.

TABLE DES MATIÈRES.

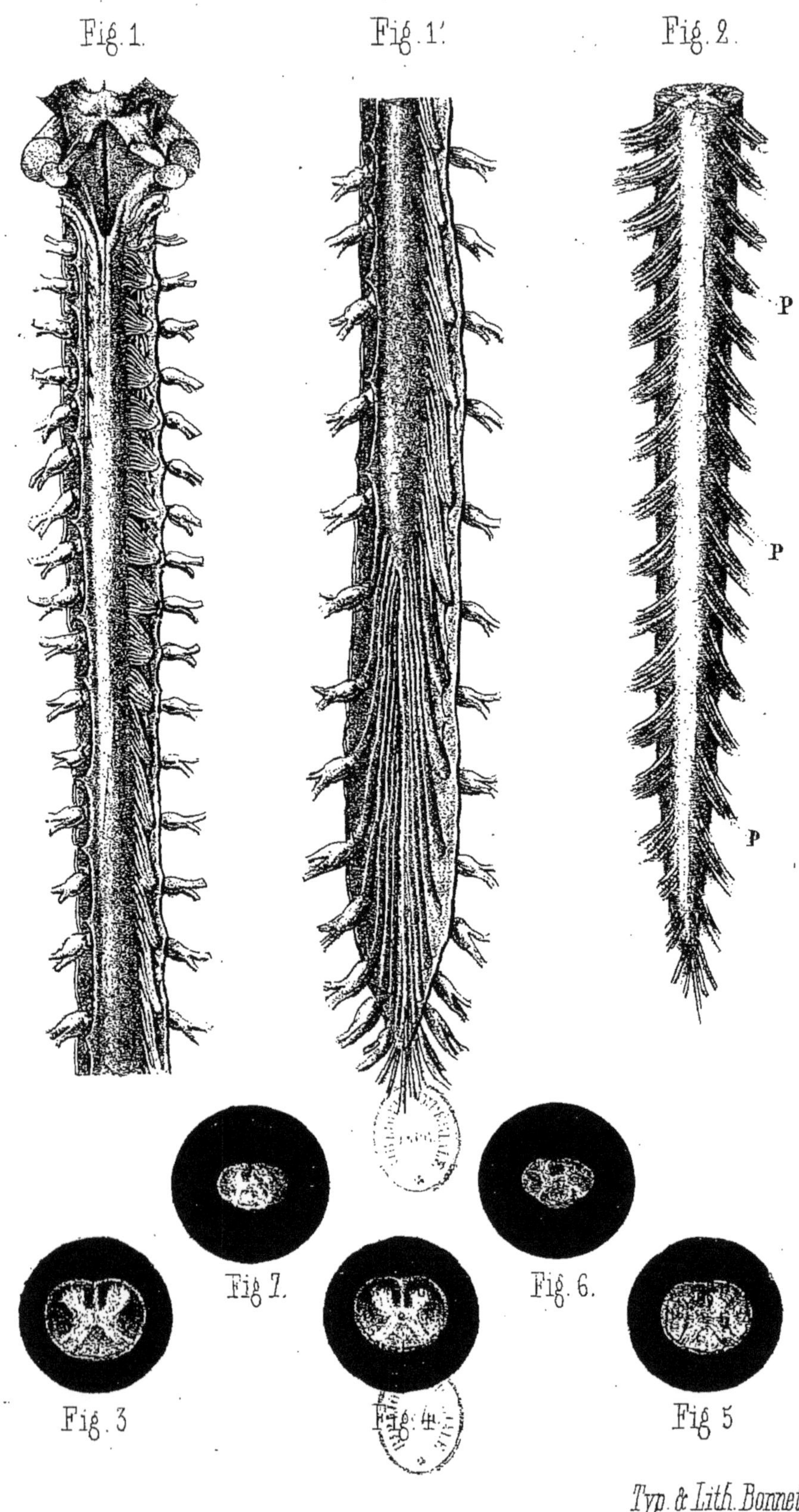

Typ. & Lith. Bonnet fils, Avign.

Pl. 2

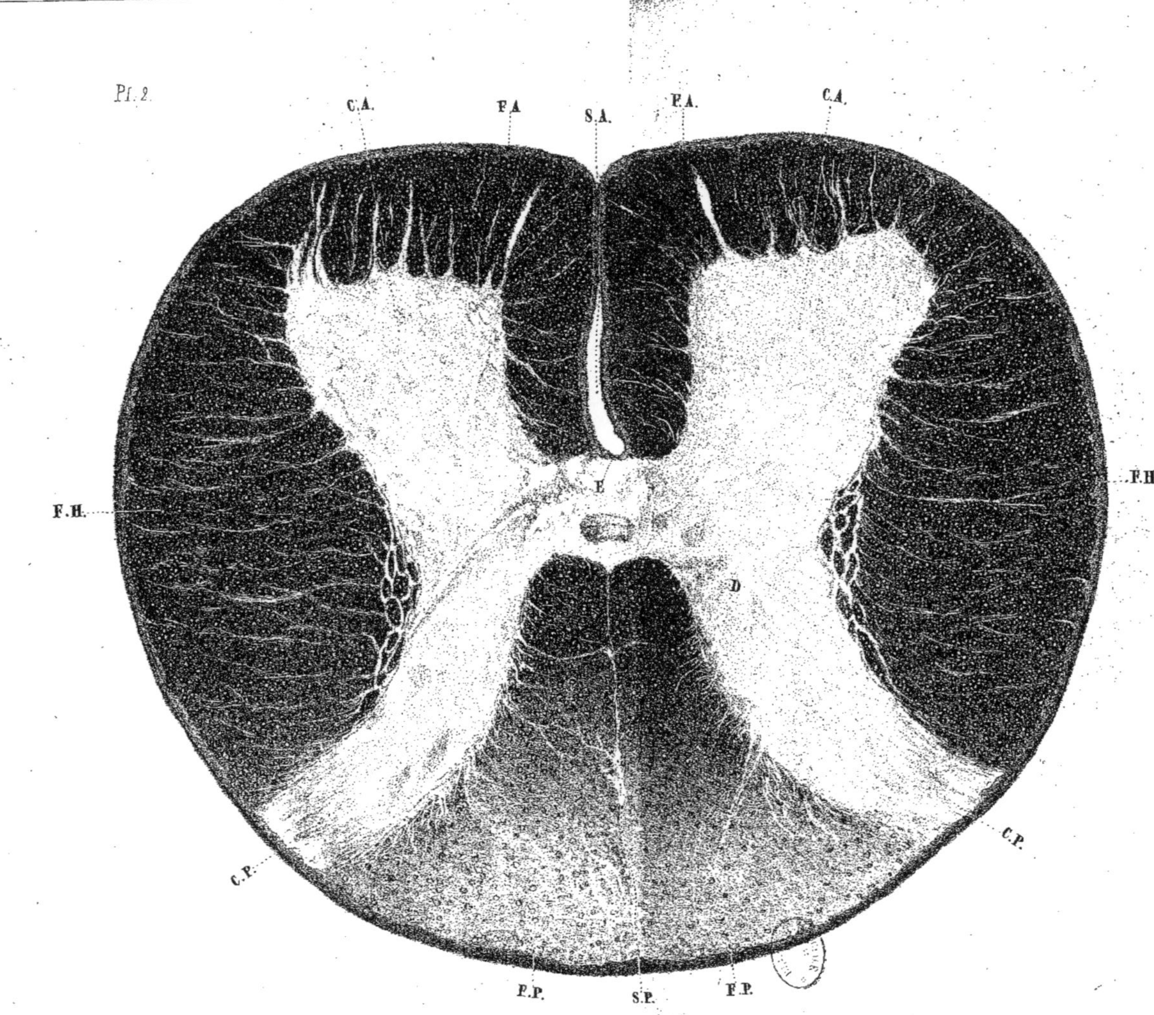

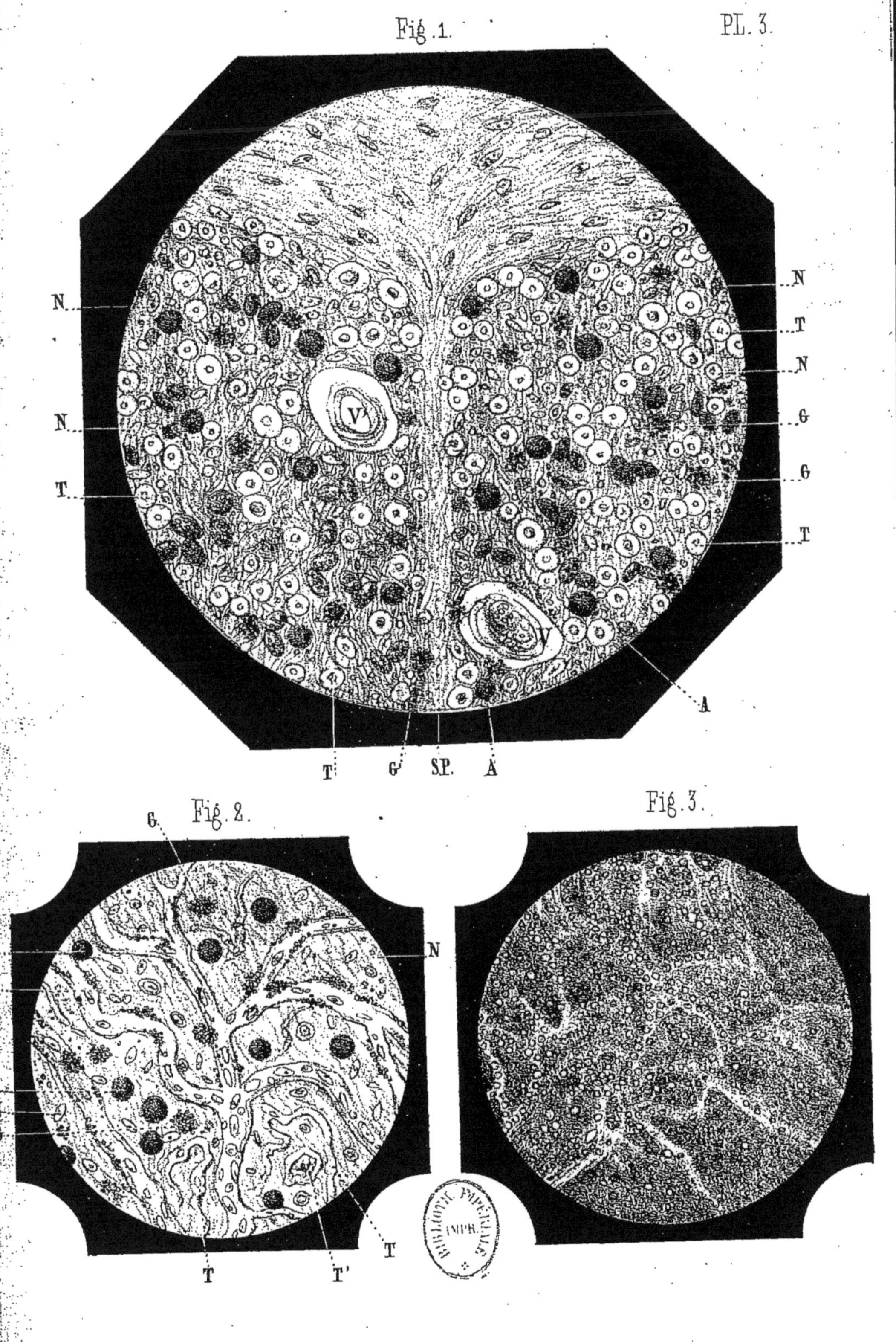
PL. 3.
Fig. 1.
N
N
T
N
T
N
G
G
T
V
V
A
T
G
S.P.
A
Fig. 2.
G
A
N
N
A
N
G
T
T'
T
Fig. 3.

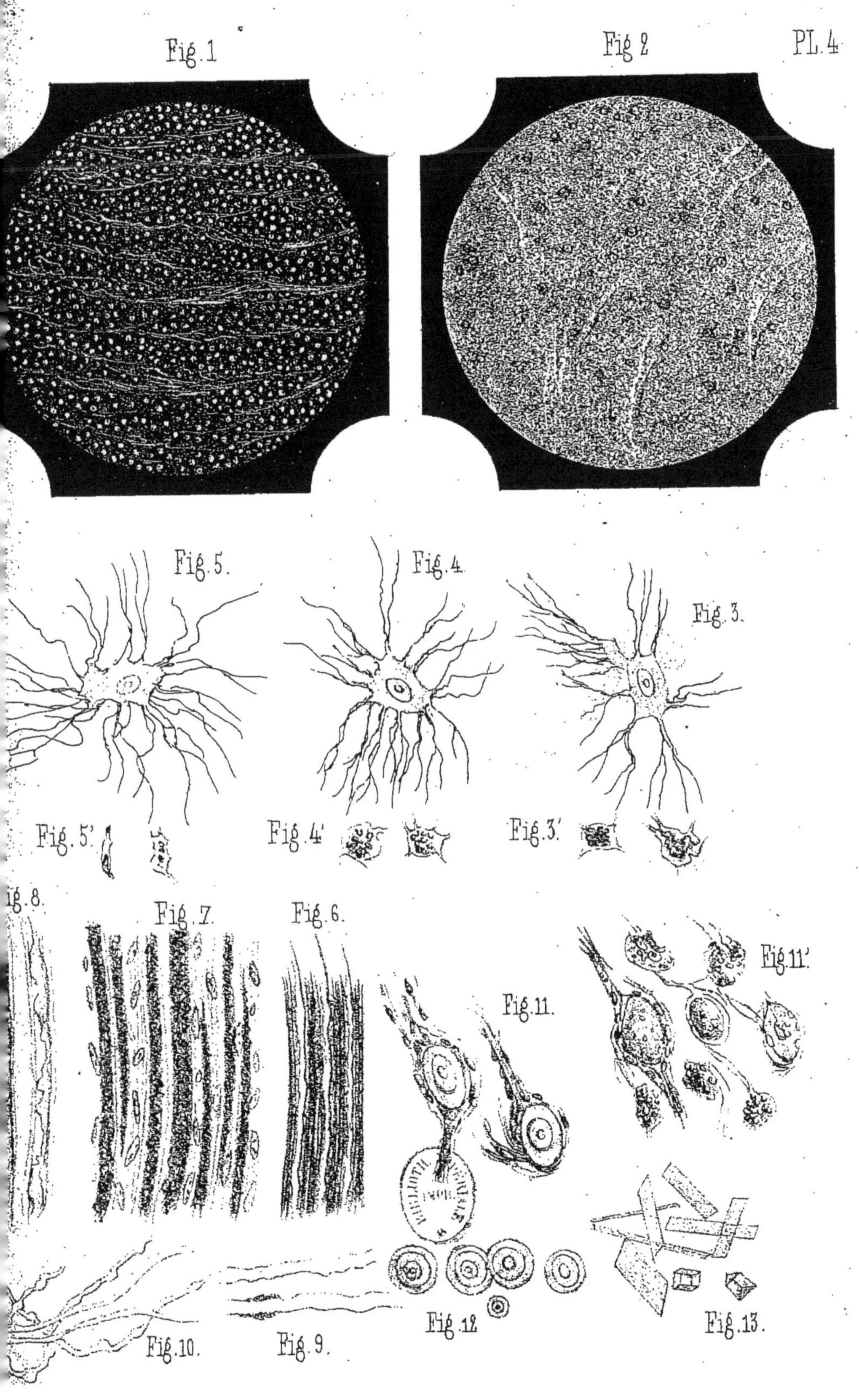
PL. 4
Fig. 1
Fig 2
Fig. 5.
Fig. 4.
Fig. 3.
Fig. 5'
Fig. 4'
Fig. 3.'
ig. 8.
Fig. 7.
Fig. 6.
Fig. 11.
Fig. 11.'
Fig. 12
Fig. 13.
Fig. 10.
Fig. 9.

Avignon, Typ. et Lith. de BONNET FILS.